99포인트로 마스터하는
해커스 중국어 문법
200% 활용법!

교재 MP3 [99포인트의 예문과 연습문제 정답 MP3]

해커스중국어(china.Hackers.com) 접속 후 로그인 ▶
페이지 상단 [교재/MP3 → 교재 MP3/자료] 클릭 ▶ 본 교재 선택 후 이용하기

HSK 단문 분석 연습 [PDF]

해커스중국어(china.Hackers.com) 접속 후 로그인 ▶
페이지 상단 [교재/MP3 → 교재 MP3/자료] 클릭 ▶ 본 교재 선택 후 이용하기

본 교재 인강 **30%** 할인쿠폰

A77C 29BF CC87 2N7X

*쿠폰 유효기간 : 쿠폰 등록 후 30일

이용방법 해커스중국어(china.Hackers.com) 접속 후 로그인 ▶ 나의강의실 ▶
내 쿠폰 확인하기 ▶ 쿠폰번호 등록

*해당 쿠폰은 <99포인트로 마스터하는 해커스 중국어 문법> 단과 강의 구매 시 사용 가능합니다.
*본 쿠폰은 1회에 한해 등록 가능합니다.
*이외 쿠폰 관련 문의는 해커스중국어 고객센터(02-537-5000)으로 연락 바랍니다.

쿠폰 등록하기 ▶

잃었던 자신의 꿈을 위해
자기개발을 다시 시작하는
워킹맘 A씨도

어학성적을 바탕으로
남들보다 빠른 취업을 희망하는
취준생 B씨도

실무를 위한
중국어 어학 능력이 필요한
직장인 C씨도

" **중국어**로 자신의 꿈에 한 걸음 더 가까워졌습니다. "

당신의 꿈에 가까워지는 길
해커스중국어가 함께 합니다.

99 포인트로
마스터하는

jiǔjiǔ
99(九九)포인트로
jiǔjiǔ
두고두고(久久)
써먹는 문법서

해커스
중국어 문법

H
해커스

목차

책의 구성과 특징   4
중국어 문법, 이것만은 알고 시작하자   6

명사

포인트 01	일반명사, 고유명사	10
포인트 02	방위명사	12
포인트 03	장소명사, 시간명사	14

대사

포인트 04	인칭대사	16
포인트 05	지시대사, 특수대사	18
포인트 06	의문대사	20
포인트 07	의문대사의 쓰임	22

수사

포인트 08	다양한 숫자 나타내기	24
포인트 09	확실하지 않은 수를 나타내는 어림수	26
포인트 10	二과 两의 구분	28
포인트 11	날짜, 요일, 시간 나타내기	30
포인트 12	분수, 소수, 퍼센트, 가격, 배수 나타내기	32

양사

포인트 13	양사의 종류와 쓰임	34
포인트 14	명사의 개수나 양을 세는 명량사	36
포인트 15	동작의 횟수를 세는 동량사	38

동사

포인트 16	동사의 쓰임	40
포인트 17	동작, 상태, 관계를 나타내는 동사	42
포인트 18	이중목적어 동사, 이합동사	44
포인트 19	동사의 중첩	46

조동사

포인트 20	조동사의 쓰임	48
포인트 21	능력·허가를 나타내는 조동사 能/可以/会	50
포인트 22	소망·의지를 나타내는 조동사 想/要/愿意	52
포인트 23	필요성을 나타내는 조동사 要/应该/得	54
포인트 24	추측을 나타내는 조동사 会/可能/要	56

형용사

| 포인트 25 | 형용사의 쓰임 | 58 |
| 포인트 26 | 형용사의 중첩 | 60 |

부사

포인트 27	부사의 쓰임과 종류	62
포인트 28	시간부사 刚(刚), 已(经)/曾(经)	64
포인트 29	시간부사 才/就, 快, 범위부사 都/一共	66
포인트 30	정도부사 太/挺, 빈도부사 又/再/还, 부정부사 不/没(有)	68

개사

포인트 31	개사의 쓰임과 종류	70
포인트 32	장소·시간을 나타내는 개사 在, 由, 离, 自从	72
포인트 33	장소·시간, 방향을 나타내는 개사 从, 到, 往/向/朝	74
포인트 34	대상을 나타내는 개사 跟/和, 给/对, 对于/关于	76
포인트 35	근거·방식을 나타내는 개사 按照/根据, 以, 通过	78
포인트 36	원인·목적을 나타내는 개사 由于, 为/为了	80

조사

포인트 37	구조조사 的/地/得의 구별	82
포인트 38	어기조사 吗/呢/吧/啊의 쓰임	84
포인트 39	어기조사 了의 쓰임과 활용	86
포인트 40	동태조사 了의 쓰임	88
포인트 41	동태조사 了의 활용	90
포인트 42	동태조사 过의 쓰임	92
포인트 43	동태조사 过의 활용	94
포인트 44	동태조사 着의 쓰임과 활용	96

접속사

포인트 45	병렬, 점층을 나타내는 접속사	98
포인트 46	전환을 나타내는 접속사	100
포인트 47	인과, 조건을 나타내는 접속사	102
포인트 48	선택을 나타내는 접속사	104
포인트 49	가정을 나타내는 접속사	106

주어·술어·목적어

포인트 50	주어가 될 수 있는 것	108
포인트 51	술어가 될 수 있는 것	110
포인트 52	목적어가 될 수 있는 것	112

관형어

포인트 53	관형어의 쓰임, 的를 포함하는 관형어	114
포인트 54	的를 포함하지 않는 관형어	116
포인트 55	여러 개의 관형어의 배열 순서	118

부사어

포인트 56	부사어의 쓰임, 地를 포함하는 부사어	120
포인트 57	地를 포함하지 않는 부사어	122
포인트 58	여러 개의 부사어의 배열 순서	124

보어

포인트 59	동량보어의 쓰임	126
포인트 60	시량보어의 쓰임	128
포인트 61	정도보어의 쓰임	130
포인트 62	정도보어의 활용	132
포인트 63	정도보어의 고정 형식	134
포인트 64	결과보어의 쓰임과 활용	136
포인트 65	결과보어 完, 好, 到, 懂	138
포인트 66	결과보어 见, 明白/清楚, 在/到/给	140
포인트 67	방향보어의 쓰임	142
포인트 68	단순방향보어의 쓰임	144
포인트 69	복합방향보어의 쓰임	146
포인트 70	가능보어의 쓰임	148
포인트 71	가능보어의 활용	150

문장의 종류

포인트 72	평서문과 감탄문	152
포인트 73	吗 의문문, 呢 의문문, 반문	154
포인트 74	정반의문문, 선택의문문, 의문대사 의문문	156
포인트 75	명령문	158
포인트 76	주어 혹은 술어가 없는 비주술문	160

기본 문형

포인트 77	동사술어문	162
포인트 78	형용사술어문	164
포인트 79	명사술어문	166
포인트 80	주술술어문	168

특수 문형

포인트 81	是자문	170
포인트 82	有자문	172
포인트 83	존재함을 나타내는 존현문	174
포인트 84	나타남, 사라짐을 나타내는 존현문	176
포인트 85	把자문의 쓰임	178
포인트 86	把자문의 활용	180
포인트 87	被자문의 쓰임	182
포인트 88	被자문의 활용	184
포인트 89	연동문이 쓰임	186
포인트 90	연동문의 활용	188
포인트 91	사역, 요청을 나타내는 겸어문	190
포인트 92	호칭, 인정을 나타내는 겸어문과 有 겸어문	192
포인트 93	겸어문의 쓰임과 활용	194
포인트 94	比자문의 쓰임	196
포인트 95	比자문의 활용	198
포인트 96	기타 비교문	200
포인트 97	是…的 강조구문의 쓰임	202
포인트 98	是…的 강조구문의 활용	204
포인트 99	강조내용이 없는 是…的 구문	206

| 부록 <두고두고 써먹는 양사·보어> | 208 |
| 정답·해석·해설 | 216 |

 **99포인트의 예문과
연습문제 정답 MP3** **<HSK 단문 분석 연습> PDF** 교재에 수록된 모든 예문 및 연습문제 정답 MP3와 <HSK 단문 분석 연습> PDF는 해커스중국어 사이트(china.Hackers.com) 에서 무료로 다운받으실 수 있습니다.

책의 구성과 특징

연습문제

1. 제시된 형용사가 들어갈 알맞은 위치를 고르세요.

①
| téng
疼
아프다 | Wǒ de
我的
나의 | [A] | tóu
头
머리 | [B] | hěn
很
(매우) | [C] 。 |

②
| tián
甜
달다 | Zhège
这个
이 | [A] | kāfēi
咖啡
커피 | [B] | bǐjiào
比较
비교적 | [C] 。 |

2. 다음 중 올바르게 쓰인 문장을 고르세요.

①
Zhège bāo fēicháng zhēn.
A 这个包非常真。

Zhège bāo shì zhēn de.
B 这个包是真的。

②
Zhèxiē shì jīběn yàoqiú.
A 这些是基本要求。

Zhèxiē yàoqiú jīběn.
B 这些要求基本。

3. 제시된 그림을 보고 형용사를 사용하여 대화를 완성하세요. `TSC 대비`

①
Wàimian hěn rè ma?
A: 外面很热吗?

Bù, wàimian hěn
B: 不, 外面很＿＿＿＿＿＿＿＿ 。

②
Shéi de gèzi bǐjiào
A: 谁的个子比较＿＿＿＿＿＿＿＿ ?

Nǚde de gèzi bǐjiào
B: 女的的个子比较＿＿＿＿＿＿＿＿ 。

4. 제시된 표현들로 어순에 맞는 문장을 완성하세요. `HSK 대비`

①
yǒudiǎnr   wǒ   jǐnzhāng
有点儿 / 我 / 紧张   ＿＿＿＿＿＿＿＿＿＿＿＿＿＿✎

②
zhè běn shū   yǒuqù   fēicháng
这本书 / 有趣 / 非常   ＿＿＿＿＿＿＿＿＿＿＿＿＿＿✎

정답·해석·해설 p.229

풍부한 연습문제

다양한 연습문제를 풀어보며, 학습한 문법 지식을 바로 적용해볼 수 있습니다.

HSK 및 TSC 대비 연습문제

HSK와 TSC 시험 유형을 반영한 연습문제로 중국어 자격증 시험까지 동시에 대비할 수 있습니다.

상세한 해석 및 해설

연습문제를 푼 후 문제별 해석과 상세히 설명된 해설을 보며, 학습한 문법 지식을 완벽하게 이해하여 내 것으로 만들 수 있습니다.

중국어 문법,
이것만은 알고 시작하자

중국어의 기초를 잘 익혀두면 중국어를 쉽게 이해할 수 있다.
중국어의 품사와 문장성분, 어순을 알아보자.

품사

어휘를 뜻과 문법적 기능에 따라 분류한 것을 품사라고 한다. 어휘는 각각의 역할에 따라 서로 다른 품사로 분류되기 때문에, 품사를 알아두면 문장의 구성을 쉽게 이해할 수 있다.

명사
míngcí
名词

이름을 나타내는 말이다.
사람이나 사물에 붙여진 이름을 나타낸다.

예
dìdi	Zhōngguó	miànbāo	shǒujī
弟弟 남동생	中国 중국	面包 빵	手机 휴대폰

대사
dàicí
代词

어떤 말을 대신해서 쓰는 말이다.
이름이나 행동, 상태를 대신해서 나타낸다.

예
wǒ	zhè	zěnme	zěnmeyàng
我 나	这 이, 이것	怎么 어떻게	怎么样 어떻다, 어떠하다

수사
shùcí
数词

수를 나타내는 말이다.
'하나, 둘…' 같은 숫자나 '첫 번째, 두 번째…' 같은 순서 등을 나타낸다.

예
yī	dì yī	liǎngbǎi	yìqiān
一 1, 하나	第一 첫 번째	两百 200, 이백	一千 1000, 천

양사
liàngcí
量词

사물이나 동작을 세는 단위를 나타내는 말이다.
'사과 한 개'의 '개'처럼 사물의 개수를 세거나, '한 번 보다'의 '번'처럼 동작의 횟수를 셀 때 쓰인다.

예
ge	běn	shuāng	cì
个 개	本 권	双 켤레	次 번

동사
dòngcí
动词

행동을 나타내는 말이다.
사람이 하는 행동을 나타낸다. 상태나 심리를 나타내기도 한다.

예
chī	kàn	yǒu	xǐhuan
吃 먹다	看 보다	有 ~이 있다	喜欢 좋아하다

조동사 néngyuàn dòngcí 能愿动词	동사 앞에서 동사에 뜻을 더해주는 말이다. 동사에 능력, 소망, 필요성, 추측 등의 의미를 더해준다. '능원동사'라고도 한다.

예 néng   huì   xiǎng   yào
能 ~할 수 있다   会 ~할 줄 알다   想 ~하고 싶다   要 ~하려고 하다

형용사 xíngróngcí 形容词	성질이나 상태를 나타내는 말이다. 사람이나 사물이 어떠한지를 나타낸다.

예 gāoxìng   xiǎo   piàoliang   yǒuqù
高兴 기쁘다   小 작다   漂亮 예쁘다   有趣 재미있다

부사 fùcí 副词	동사나 형용사를 꾸며주는 말이다. 동사나 형용사 앞에서 정도, 범위, 빈도 등을 구체적으로 나타낸다.

예 hěn   fēicháng   dōu   jīngcháng
很 매우   非常 아주, 매우   都 모두, 다   经常 자주, 늘

개사 jiècí 介词	대사나 명사(구) 앞에서 장소, 시간, 방향, 대상 등을 나타내는 말이다. 주로 대사나 명사(구)와 함께 쓰여 개사구를 구성한다. '전치사'라고도 한다.

예 zài   xiàng   cóng   duì
在 ~에서, ~에   向 ~를 향해   从 ~부터   对 ~에게, ~에 대해

조사 zhùcí 助词	단독으로 사용될 수 없고, 어법적 의미만을 가지는 말이다. 어휘나 구 뒤에서 어법적 의미를 나타내거나, 문장 끝에서 어기를 나타낸다.

예 de   ma   ba   guo
的 ~의, ~한   吗 ~니?   吧 ~하자/~이지?   过 ~한 적 있다

접속사 liáncí 连词	어휘와 어휘 또는 문장과 문장을 이어주는 말이다. 우리말의 '~와/과'처럼 어휘와 어휘를 이어주거나, '그래서'처럼 문장과 문장을 이어준다.

예 hé   suǒyǐ   yīnwèi   dànshì
和 ~와/과   所以 그래서   因为 ~하기 때문에   但是 그러나

문장에서 어휘가 하는 역할을 문장성분이라고 한다. 문장성분을 알면 어휘가 문장 안에서 어떤 역할을 하는지 이해할 수 있다.

주어
zhǔyǔ
主语

서술이나 묘사의 대상이 되는 부분으로, 보통 문장의 맨 앞에 온다. 주로 명사(구), 대사가 주어로 사용된다.

예   Wǒ chī miànbāo.
我吃面包。   나는 빵을 먹는다.

술어
wèiyǔ
谓语

주어의 행위, 상태, 성질 등을 묘사하는 말로, 보통 주어 뒤에 온다. 동사(구), 형용사(구), 명사(구) 모두 술어가 될 수 있다.

예   Wǒ chī miànbāo.
我吃面包。   나는 빵을 먹는다.

목적어
bīnyǔ
宾语

행위의 대상, 결과, 장소, 존재하는 사람/사물 등을 나타내는 말로, 동사 술어 뒤에 온다. 주로 명사(구)나 대사가 목적어가 된다.

예   Wǒ chī miànbāo.
我吃面包。   나는 빵을 먹는다.

관형어
dìngyǔ
定语

주어나 목적어 앞에서 소유, 소속, 수량, 성질 등을 나타낸다. 的(~한, ~의)를 포함한 관형어가 자주 쓰인다.

예   Wǒ chī hěn dà de miànbāo.
我吃很大的面包。   나는 큰 빵을 먹는다.

부사어
zhuàngyǔ
状语

술어나 문장 전체를 꾸며주는 말이다. 시간, 어기, 정도 등을 나타내며, 주로 부사, 조동사, 개사구가 부사어가 된다.

예   Wǒ zuótiān chīle yí ge miànbāo.
我昨天吃了一个面包。   나는 어제 빵을 한 개 먹었다.

보어
bǔyǔ
补语

술어 뒤에 쓰여 동작의 결과, 정도, 방향, 횟수 등의 의미를 보충해주는 말이다.

예   Wǒ chīwán le yí ge miànbāo.
我吃完了一个面包。   나는 빵 한 개를 다 먹었다.

어순

문장성분이 배열되는 순서를 어순이라고 한다. 어순을 알면 중국어 문장을 올바르게 해석할 수 있다.

부사어 + 관형어 + **주어** + 부사어 + **술어** + 보어 + 관형어 + 목적어

주어+술어

중국어 문장의 뼈대를 만드는 핵심 어순이다.

예

Tāmen kàn diànyǐng.
她们 看 电影。 그녀들은 영화를 본다. (동사술어문)
주어 술어 목적어 ➡ 술어가 동사일 때, 술어 뒤에 목적어가 올 수 있다.

Wǒ hěn máng.
我 很 忙。 나는 바쁘다. (형용사술어문)
주어 부사어 술어

Jīntiān xīngqīyī.
今天 星期一。 오늘은 월요일이다. (명사술어문)
주어 술어

관형어

주어나 목적어를 수식하며, 항상 수식하는 성분 앞에 온다.

예

Wǒ de shǒujī zài nǎr? 　　　　　　　　　　 Xiǎo Míng mǎi yì běn shū.
我的 手机 在 哪儿? 내 휴대폰이 어디에 있지? 　 小明 买 一本 书。 샤오밍은 책을 한 권 산다.
관형어 주어 술어 목적어 　　　　　　　　　　　　 주어 술어 관형어 목적어

부사어

술어 앞에서 술어를 수식한다. 단, 문장 전체를 수식할 경우에는 문장 맨 앞에 온다.

예

Wǒ mǎshàng lái. 　　　　　　　　　　 Shàngwǔ tā qù chāoshì le.
我 马上 来。 내가 금방 갈게. 　 上午 他 去 超市 了。 오전에 그는 슈퍼에 갔다.
주어 부사어 술어 　　　　　　　　　　　 부사어 주어 술어 목적어

보어

술어 뒤에서 술어의 결과, 정도, 방향, 횟수 등을 나타낸다.

예

Wǒ tīngdǒng le. 　　　　　　　　　　 Tā zǒu de hěn kuài.
我 听懂 了。 나는 알아들었다. (결과보어) 　 他 走 得 很快。 그는 빨리 걷는다. (정도보어)
주어 술어+보어 　　　　　　　　　　　 주어 술어 보어

일반명사, 고유명사

🎧 예문·연습문제 정답
바로 듣기

① 일반명사는 사람이나 사물을 나타내는 명사이다.

māma 妈妈 엄마	xuésheng 学生 학생	zìxíngchē 自行车 자전거
bēizi 杯子 컵	rén 人 사람	chéngshì 城市 도시

② 일반명사 앞에 '수사+양사'를 붙여 사람이나 사물을 셀 수 있다.

사람이나 사물을 셀 때, 우리말로는 '사람 한 명', '한 명의 사람'이 모두 가능하지만, 중국어는 반드시 '수사+양사+명사'의 순서로 말한다. 참고로, '수사+양사'를 '수량사'라고 한다.

yí	ge	rén		wǔ	bēi	shuǐ	
一	个	人	사람 한 명	五	杯	水	물 다섯 잔
수사	양사	명사		수사	양사	명사	

③ 사람을 나타내는 일반명사 뒤에 们(men, ~들)을 붙여 복수를 나타낼 수 있다.

lǎoshīmen	péngyoumen
老师们 선생님들	朋友们 친구들

> **TIP** 복수를 나타내는 표현이 명사 앞에 있으면 们을 사용하지 않는다.

sān ge péngyou	hěn duō yīshēng
三个朋友 친구 세 명	很多医生 많은 의사
三个朋友们 (X)	很多医生们 (X)

> ➤ 三个(세 명), 很多(많은)가 쓰여 단수가 아닌 복수임을 알 수 있으므로 们을 사용하지 않는다.

④ 고유명사는 어떤 특정한 사람이나 사물, 지명 등의 이름을 나타내는 명사이다.

고유명사의 병음은 대문자로 표기한다.

Hànyǔ 汉语 중국어	Tiān'ānmén 天安门 천안문	Hánguó 韩国 한국
Zhōngguó 中国 중국	Běijīng dàxué 北京大学 베이징대학교	Chángchéng 长城 만리장성

1. 제시된 문장에서 명사를 찾아 동그라미를 하세요.

Gēge tīng yīnyuè.
① 哥哥听音乐。

Tāmen shì lǎoshī.
② 他们是老师。

Tiān'ānmén hěn dà.
③ 天安门很大。

2. 제시된 명사가 들어갈 알맞은 위치를 고르세요.

	bēizi	Wǒ	yǒu		yí		ge	
①	杯子	我	有	[A]	一	[B]	个	[C]。
	컵	나	~이 있다		한		개	

	yīfu	Tā	mǎi		sān		jiàn	
②	衣服	她	买	[A]	三	[B]	件	[C]。
	옷	그녀	산다		세		벌	

3. 중국어 복수 표현이 맞게 쓰였으면 O, 틀리게 쓰였으면 X 표시를 하세요.

hěn duō rénmen
① 很多人们   많은 사람   (   )

sì ge xuésheng
② 四个学生   학생 네 명   (   )

bēizimen
③ 杯子们   컵들   (   )

4. 제시된 표현들로 어순에 맞는 문장을 완성하세요. HSK 대비

diànshì   māma   kàn
① 电视 / 妈妈 / 看   _____ ✏

Běijīng   zài   Chángchéng
② 北京 / 在 / 长城   _____ ✏

정답·해석·해설 p.218

① **방위명사는 방향이나 위치를 나타내는 명사이며, 방위명사에는 단순방위명사와 복합방위명사가 있다.**

단순방위명사	shàng 上 위	xià 下 아래	qián 前 앞	hòu 后 뒤
	lǐ 里 안	wài 外 밖	zuǒ 左 왼쪽	yòu 右 오른쪽
	dōng 东 동	xī 西 서	nán 南 남	běi 北 북
복합방위명사	단순방위명사 뒤에 边(bian), 面(mian), 方(fāng), 头(tou)를 붙이면 복합방위명사가 된다. 里边(lǐbian, 안쪽), 东面(dōngmian, 동쪽), 前方(qiánfāng, 앞쪽), 外头(wàitou, 바깥쪽)			

> **TIP** 이외에도 복합방위명사 旁边(pángbiān, 옆), 对面(duìmiàn, 맞은편)이 있다. 旁边의 边과 对面의 面은 각각 1성, 4성으로 읽는다.

② **방위명사는 명사와 자주 결합하여 장소를 나타내는 명사구가 된다.**

방위명사 중 上과 里는 명사와 자주 결합하여 장소를 나타내는 명사구가 된다. 이때 上과 里는 경성으로 읽는다.

fángjiān li
房间里 방 안

xuéxiào duìmiàn
学校对面 학교 맞은편

③ **장소의 의미가 없는 일반명사가 장소를 나타낼 때는 방위명사를 붙여야 한다.**

Shū zài zhuōzi shang.
书在桌子上。 책은 책상 위에 있다.
➤ 장소의 의미가 없는 일반명사 桌子는 방위명사 上과 결합해야 桌子上이라는 장소를 나타낼 수 있다.

> **TIP** 장소의 의미가 있는 명사는 방위사를 붙여도 되고 붙이지 않아도 된다.
> Wǒ jiā (lǐ) yǒu hěn duō chuáng.
> 我家（里）有很多床。 우리집에는 많은 침대가 있다.
> ➤ 장소의 의미가 있는 명사 家 뒤에 방위명사가 붙으면 '어느 특정한 집'이라는 장소를 나타낼 수 있다. 이때는 방위명사를 생략해도 무방하다.

④ **지명, 나라명을 나타내는 고유명사 뒤에는 방위명사를 붙이지 않는다.**

Zhōngguó yǒu hěn duō měishí.
中国有很多美食。 중국에는 많은 맛있는 음식이 있다.
➤ 中国는 나라명이므로 방위명사를 붙이지 않는다.

1. 제시된 문장에서 방위명사를 찾아 동그라미를 하세요.

Yǐzi xià yǒu yì bǎ sǎn.
① 椅子下有一把伞。

Nǐ kàn shàngmian.
② 你看上面。

Wàitou hěn lěng.
③ 外头很冷。

2. 빈칸에 들어갈 알맞은 것을 고르세요.

Píngguǒ zài
① 苹果在 _____ 。

    zhuōzi
    A 桌子

    zhuōzi shang
    B 桌子上

    yǒu hǎowán de dìfang.
② _____ 有好玩的地方。

    Běijīng
    A 北京

    Běijīng li
    B 北京里

3. 사진을 보고 알맞은 방위명사를 골라서 대화를 완성하세요. `TSC 대비`

① *Shuǐguǒ zài nǎr?*
A：水果在哪儿？

Shuǐguǒ zài wǎn (lǐmian / wàimian).
B：水果在碗（里面 / 外面）。

② *Xiǎo gǒu zài nǎr?*
A：小狗在哪儿？

Xiǎo gǒu zài xiǎo māo de (pángbiān / shàngmian).
B：小狗在小猫的（旁边 / 上面）。

4. 제시된 표현들로 어순에 맞는 문장을 완성하세요. `HSK 대비`

yǒu   pángbiān   rén
① 有 / 旁边 / 人   _____ ✎

bàba   fángjiān li   zài
② 爸爸 / 房间里 / 在   _____ ✎

정답·해석·해설 p.218

장소명사, 시간명사

🎧 예문·연습문제 정답
바로 듣기

① 장소명사는 장소를 나타내는 명사나 명사구이며, 장소명사에는 아래 4가지 종류가 있다.

장소를 나타내는 일반명사	diànyǐngyuàn 电影院 영화관	cāntīng 餐厅 식당	túshūguǎn 图书馆 도서관
장소를 나타내는 고유명사	Měiguó 美国 미국	Běijīng 北京 베이징	Hángzhōu 杭州 항저우
복합방위명사	wàibian 外边 바깥	hòumian 后面 뒤	zuǒbian 左边 왼쪽
일반명사+방위명사	yǐzi xià 椅子下 의자 아래	shūbāo li 书包里 책가방 안	jiàoshì wàimian 教室外面 교실 바깥쪽

② 시간명사는 시간을 나타내는 명사나 명사구이며, 시간명사에는 아래 2가지 종류가 있다.

① 시점을 나타내는 시간명사

yī diǎn (zhōng) 一点(钟) 1시	yī yuè 1月 1월	xīngqītiān 星期天 일요일
míngtiān 明天 내일	Chūnjié 春节 춘절	chūntiān 春天 봄

② 시간의 길이를 나타내는 시간명사

yì fēnzhōng 一分钟 1분 (동안)	yí ge xiǎoshí 一个小时 1시간 (동안)	yì tiān 一天 하루 (동안)
yí ge xīngqī 一个星期 1주일 (동안)	yí ge yuè 一个月 1개월 (동안)	yì nián 一年 1년 (동안)

> **TIP** '시간의 길이를 나타내는 시간명사'는 어떤 동작을 '얼마 동안' 했는지를 나타내는 시량보어로 자주 쓰인다. 이는 p.128에서 더 자세히 학습할 수 있다.

연습문제

1. 제시된 문장에서 장소명사를 찾아 동그라미를 하세요.

Qiánmian yǒu diànyǐngyuàn.
① 前面有电影院。

Míngtiān wǒ qù Zhōngguó.
② 明天我去中国。

Xǐshǒujiān li yǒu rén.
③ 洗手间里有人。

2. 제시된 시간명사를 한 번씩만 사용하여 문장을 완성하고, 우리말 뜻도 쓰세요. [HSK 대비]

xīngqīsì	yí ge xiǎoshí	sān diǎn
星期四	一个小时	三点

Wǒ děngle
① 我等了＿＿＿＿＿＿。　　　　　　　나는 ＿＿＿＿＿ 기다렸다.

Míngtiān shì
② 明天是＿＿＿＿＿＿。　　　　　　　내일은 ＿＿＿＿＿ 이다.

Xiànzài shì xiàwǔ
③ 现在是下午＿＿＿＿＿＿。　　　　　지금은 오후 ＿＿＿＿＿ 이다.

3. 제시된 표현들로 어순에 맞는 문장을 완성하세요. [HSK 대비]

chūntiān　xǐhuan　wǒ
① 春天 / 喜欢 / 我　　　＿＿＿＿＿＿＿＿＿＿＿＿＿

kāfēidiàn　cāntīng zuǒbian　zài
② 咖啡店 / 餐厅左边 / 在　　＿＿＿＿＿＿＿＿＿＿＿＿

yǒu　yì nián　shí'èr ge yuè
③ 有 / 一年 / 十二个月　　＿＿＿＿＿＿＿＿＿＿＿＿

정답·해석·해설 p.219

포인트 03 장소명사, 시간명사 **15**

① **인칭대사는 사람의 이름이나 사물의 명칭을 대신하여 가리키는 대사이다.**

인칭대사에는 1인칭대사, 2인칭대사, 3인칭대사가 있다. 1인칭대사는 자기 자신을 가리키고, 2인칭대사는 상대방 (듣는 사람)을 가리키며, 3인칭대사는 그, 그녀와 같은 제3자를 가리킨다.

1인칭대사	wǒ 我 나	wǒmen 我们 우리	zánmen 咱们 우리
2인칭대사	nǐ 你 너	nín 您 당신(你의 존칭)	nǐmen 你们 너희들(당신들)
3인칭대사	tā 他 그	tā 她 그녀	tā 它 그것(사물, 동물, 식물)
	tāmen 他们 그들	tāmen 她们 그녀들	tāmen 它们 그것들(사물, 동물, 식물)

TIP 남자와 여자가 함께 있을 때 '그들'은 他们이라고 하면 된다.

② **인칭대사 您(nín, 당신)은 你(nǐ, 너)의 존칭이다. 상대방에게 예의를 표하거나 비즈니스적 상황에서 직급이 높은 사람에게 주로 쓴다.**

Rènshi nín hěn gāoxìng.
认识您很高兴。　만나서 반갑습니다.

Nín jǐ wèi?
您几位？　몇 분이세요?

③ **인칭대사 我们(wǒmen)과 咱们(zánmen)은 모두 '우리'라는 의미이지만, 我们은 듣는 사람을 포함할 수도, 안 할 수도 있고, 咱们은 항상 듣는 사람을 포함한다.**

Wǒmen qù, nǐ bié qù.
我们去，你别去。　우리 갈게, 너는 가지 마. ('우리'에 듣는 사람을 포함하지 않음)

Zánmen yìqǐ qù ba.
咱们一起去吧。　우리 같이 가자. ('우리'에 듣는 사람을 포함함)

1. 제시된 우리말과 중국어 인칭대사가 일치하면 O, 일치하지 않으면 X 표시를 하세요.

① 그것 — tāmen
它们 （ ）

② 그녀들 — tāmen
她们 （ ）

③ 너희들 — tāmen
他们 （ ）

2. 빈칸에 알맞은 인칭대사를 써서 답변을 완성하세요. TSC 대비

① A: Nǐ jiào shénme míngzi?
你叫什么名字?

B: _____ jiào Wáng Míng.
叫王明。

② A: Tā qù nǎr?
她去哪儿?

B: _____ qù chāoshì.
去超市。

③ A: Tāmen shì shéi?
他们是谁?

B: _____ shì yīshēng.
是医生。

3. 제시된 표현들로 어순에 맞는 문장을 완성하세요. HSK 대비

① diànyǐng ba / kàn / zánmen
电影吧 / 看 / 咱们 _____ ✏

② Wáng lǎoshī / nín shì / ma
王老师 / 您是 / 吗 _____ ✏

③ wǒ / diànnǎole / mǎi
我 / 电脑了 / 买 _____ ✏

정답·해석·해설 p.219

지시대사, 특수대사

① **지시대사는 가까운 것을 가리키는 这**(zhè, 이)**, 먼 것을 가리키는 那**(nà, 그, 저)**가 포함된 대사이다.**

가까운 것을 가리키는 지시대사	zhè 这　이, 이것	zhège 这个　이것, 이 사람	zhèr　　　zhèli 这儿 / 这里　이곳, 여기
	zhèyàng 这样　이렇게, 이러하다	zhème 这么　이러한, 이렇게	zhèhuìr 这会儿　이때
먼 것을 가리키는 지시대사	nà 那　그/저, 그/저것	nàge 那个　그/저것, 그/저 사람	nàr　　　nàli 那儿 / 那里　그곳, 거기
	nàyàng 那样　그렇게, 그러하다	nàme 那么　그러한, 그렇게	nàhuìr 那会儿　그때

② **특수대사는 每**(měi, ~마다)**, 各**(gè, 각각)**, 某**(mǒu, 어떤)**, 自己**(zìjǐ, 자신)**, 大家**(dàjiā, 모두) **등이 있다.**

měi 每　매, 모두, ~마다	měi tiān 每天　매일	měi ge rén 每个人　모든 사람, 저마다
gè 各　각각, 여러	gè guó 各国　각국	gè dì 各地　각지
mǒu 某　어떤, 아무, 모	mǒu rén 某人　어떤 사람, 아무개	mǒu zhǒng lǐyóu 某种理由　모종의 이유
zìjǐ 自己　자신, 스스로	Tā dǎsǎole zìjǐ de fángjiān. 他打扫了自己的房间。　그는 자신의 방을 청소했다.	
dàjiā 大家　모두, 여러분	Dàjiā dōu xǐhuan tā. 大家都喜欢她。　모두가 그녀를 좋아한다.	

1. 제시된 문장에서 지시대사와 특수대사를 찾아 모두 동그라미를 하세요.

Zhège dōngxi zhème guì?
① 这个东西这么贵？

Zhèhuìr tā dàojiā le.
② 这会儿他到家了。

Wǒ měi tiān dōu gōngzuò.
③ 我每天都工作。

2. 빈칸에 들어갈 알맞은 지시대사를 고르세요.

shì wǒ de shǒujī.　　　　　zhè　　　　　　zhèli
① _____ 是我的手机。　　A 这　　　　B 这里

yǒu yǐzi.　　　　　　　　　nàli　　　　　　nàhuìr
② _____ 有椅子。　　　A 那里　　　　B 那会儿

Wǒ dǎsuan　　　zuò.　　　　zhèr　　　　　zhèyàng
③ 我打算 _____ 做。　A 这儿　　　　B 这样

3. 제시된 대사를 한 번씩만 사용하여 문장을 완성하고 우리말 뜻도 쓰세요. HSK 대비

gè guó	zìjǐ	dàjiā
各国	自己	大家

dōu hěn gāoxìng.
① _____ 都很高兴。　　　　　　　_____ 가 다 기뻐했다.

Tā qù shìjiè　　　　lǚxíng.
② 他去世界 _____ 旅行。　　　그는 세계 _____ 에 여행을 다녔다.

Tā yǒu　　　　de xiǎngfǎ.
③ 她有 _____ 的想法。　　　　그녀는 _____ 의 생각이 있다.

정답·해석·해설 p.220

의문대사

🎧 예문·연습문제 정답
바로 듣기

① 의문대사는 '누구, 어디, 언제' 등과 같이 묻고자 하는 대상을 대신해서 가리키는 대사이다.

사람/사물	shéi 谁 누구	shénme 什么 무엇, 무슨	nǎ 哪 어느 (것)
장소	nǎr　　　nǎli 哪儿 / 哪里 어디		
시간	shénme shíhou 什么时候 언제	duō jiǔ 多久 얼마 동안	
방식/상태	zěnme 怎么 어떻게	zěnmeyàng 怎么样 어떻다, 어떠하다	
원인	zěnme 怎么 왜	wèishénme 为什么 왜, 어째서	
수량	jǐ 几 몇	duōshao 多少 얼마	

② 의문대사를 써서 의문문을 만들 수 있다.

이때, 의문대사가 쓰인 의문문에서는 일반적으로 吗를 사용하지 않는다. 의문대사가 이미 의문을 나타내므로, 의문의 어기를 나타내는 吗가 필요 없기 때문이다.

Tā shì shéi?
他是谁?

그는 누구인가요?

Tāmen zài chī shénme?
他们在吃什么?

그들은 무엇을 먹고 있나요?

Nǐ yào mǎi nǎ ge?
你要买哪个?

당신은 어느 것을 살 거예요?

Wǒmen qù kàn diànyǐng zěnmeyàng?
我们去看电影怎么样?

우리 영화를 보러 가는 것 어때요?

TIP 의문대사 의문문은 p.156에서 더 자세히 학습할 수 있다.

③ 의문대사 什么(shénme)가 '무엇'이 아닌 '무슨'의 뜻으로 명사나 대사를 꾸며주는 역할을 할 경우,
문장 끝에 吗(ma)가 올 수 있다.

Nǐ yǒu shénme shì ma?
你有什么事吗? 　당신은 무슨 일이 있나요?

　　　　　❯ 의문대사 什么가 명사 事을 꾸며주었기 때문에, 문장 끝에 吗가 올 수 있다.

연습문제

1. 제시된 질문과 잘 이어지는 답변을 찾아 선으로 연결하세요.

Tā shì shéi?
① 他是谁？

Tīng yīnyuè.
A 听音乐。

Nǐ zuò shénme?
② 你做什么？

Wǒ de zhàngfu.
B 我的丈夫。

Nǐ shénme shíhou shuìjiào?
③ 你什么时候睡觉？

Shíyī diǎn.
C 11点。

2. 알맞은 의문대사를 골라서 대화를 완성하세요. 　일반회화 대비

Nǐ qù (nǎr / shénme)?
① A: 你去（哪儿 / 什么）？

Wǒ qù xǐshǒujiān.
　B: 我去洗手间。

Nǐ xǐhuan (nǎ / jǐ) ge?
② A: 你喜欢（哪 / 几）个？

Wǒ xǐhuan zuǒbian nàge.
　B: 我喜欢左边那个。

Zhège shǒujī (zěnme / zěnmeyàng)?
③ A: 这个手机（怎么 / 怎么样）？

Fēicháng hǎo.
　B: 非常好。

3. 제시된 의문문이 맞게 쓰였으면 O, 틀리게 쓰였으면 X 표시를 하세요.

Nǐ de shēngrì shì nǎ tiān ma?
① 你的生日是哪天吗？　　　　　（　　　　）

Nǐ yǒu shénme wèntí ma?
② 你有什么问题吗？　　　　　　（　　　　）

Zhège Hànzì zěnme xiě ma?
③ 这个汉字怎么写吗？　　　　　（　　　　）

정답·해석·해설 p.220

🎧 예문·연습문제 정답,
바로 듣기

① **의문대사 为什么**(wèishénme, 왜)**와 怎么**(zěnme, 왜)**는 모두 원인을 물어볼 때 사용할 수 있다.**

为什么는 구체적인 이유, 원인이 궁금할 때 사용하고, 怎么는 무슨 상황인지 궁금할 때 놀라움과 궁금함의 뉘앙스를 담아 자주 사용한다.

Tā wèishénme bù lái?
他为什么不来?   그는 왜 오지 않죠?

➤ 그가 오지 않는 구체적인 이유를 궁금해한다.

Tā zěnme bù lái?
他怎么不来?   그는 왜 오지 않죠?

➤ 오지 않는 구체적 이유보다는, 무슨 일이 있는지 궁금해한다.

Tā shēngqì le.
A: 他生气了。   그는 화가 났어요.

Wèishénme?
B: 为什么?   왜요?

➤ 왜 화가 났는지 정확한 이유를 궁금해한다.

Xiǎo Dōng!
A: 小东!   샤오둥!

Zěnme le?
B: 怎么了?   왜요?

➤ '무슨 일이에요?'라는 뜻으로 쓰였다. 为什么?라고 대답하지 않는다.

② **의문대사를 써서 반문을 나타낼 수 있다.**

의문대사를 사용해 반문을 나타내면서, 말하고 있는 내용이 사실과 다르다는 것을 드러낸다.

Shéi shuō wǒ bù xǐhuan nǐ?
谁说我不喜欢你?   누가 너를 좋아하지 않는다고 했니? (= 我喜欢你。   나는 너를 좋아한다.)

③ **의문대사 哪儿**(nǎr, 어디)**/哪里**(nǎli, 어디)**, 谁**(shéi, 누구)**는 부사 也**(yě, ~도) **또는 都**(dōu, 모두)**와 함께 쓰여 '어디든, 누구든'이라는 의미를 나타낼 수 있다.**

Wǒ míngtiān qù nǎli dōu kěyǐ.
我明天去哪里都可以。

나는 내일 어디에 가든 모두 다 괜찮다.

Shéi yě bù zhīdào tā de míngzi.
谁也不知道他的名字。

누구도 그의 이름을 알지 못한다.

연습문제

1. 알맞은 의문대사를 골라서 대화를 완성하세요. 일반회화 대비

① A: Lìli, nǐ máng ma?
　 丽丽，你忙吗？

　 B: (Zěnme / Wèishénme) le?
　 （怎么 / 为什么）了？

② A: Tāmen jīntiān bù lái.
　 他们今天不来。

　 B: (Zěnme / Wèishénme)?
　 （怎么 / 为什么）？

③ A: Nǐ (nǎ / zěnme) kū le?
　 你（哪 / 怎么）哭了？

　 B: Wǒ jiā de gǒu bú jiàn le.
　 我家的狗不见了。

2. 제시된 질문과 잘 이어지는 답변을 찾아 선으로 연결하세요.

① Nǐ jīntiān qù nǎr?
　 你今天去哪儿？

　　　　A Shéi shuō wǒ méi kàn shū?
　　　　　 谁说我没看书？

② Xiǎo Lǐ zài ma?
　 小李在吗？

　　　　B Wǒ nǎr yě bú qù.
　　　　　 我哪儿也不去。

③ Nǐ jīntiān méi kàn shū ba?
　 你今天没看书吧？

　　　　C Bú zài, zěnme le?
　　　　　 不在，怎么了？

3. 제시된 표현들로 어순에 맞는 문장을 완성하세요. HSK 대비

① méi shuōhuà / dōu / shéi
　 没说话 / 都 / 谁
　 _____✎

② wǒmen / dōu xíng / qù nǎli
　 我们 / 都行 / 去哪里
　 _____✎

③ huídá wǒ de / shéi yě bù / wèntí
　 回答我的 / 谁也不 / 问题
　 _____✎

정답·해석·해설 p.220

다양한 숫자 나타내기

① 1부터 99까지는 우리나라의 숫자 읽는 법과 같다.

yī 一 1	èr 二 2	sān 三 3	sì 四 4	wǔ 五 5	liù 六 6	qī 七 7	bā 八 8	jiǔ 九 9	shí 十 10
líng 零 0	èrshí'èr 二十二 22		wǔshíliù 五十六 56		qīshíbā 七十八 78		bāshíjiǔ 八十九 89		

> TIP 중국 사람들은 전화번호, 방 호수 등을 읽을 때 1을 一(yī) 대신 幺(yāo)로 읽는다.

② 백, 천, 만, 억은 百(bǎi), 千(qiān), 万(wàn), 亿(yì) 앞에 一(yī)를 붙인다.

yìbǎi 一百 백	yìqiān 一千 천	yíwàn 一万 만	yíyì 一亿 억

③ 숫자 중간에 0이 있으면 개수와 상관없이 零(líng)을 한 번만 쓴다.

wǔbǎi líng yī 五百零一 501	wǔqiān líng yī 五千零一 5,001	wǔwàn líng yī 五万零一 50,001	wǔwàn sìqiān líng yī 五万四千零一 54,001

④ 세 자리 이상의 수의 끝자리가 0이면 零을 쓰지 않고, 마지막 단위를 생략할 수 있다.

sānbǎi wǔ(shí) 三百五(十) 350	qībǎi bā(shí) 七百八(十) 780	sìqiān èr(bǎi) 四千二(百) 4,200	jiǔwàn sān(qiān) 九万三(千) 93,000

> TIP 二十(èrshí, 20), 八十(bāshí, 80)과 같은 두 자리 수는 끝자리가 0이어도, 1부터 99까지는 우리나라의 숫자 읽는 법과 같으므로 마지막 단위를 생략하지 않는다.

⑤ 순서를 나타낼 때는 숫자 앞에 第(dì, ~째, 제)를 붙인다. 이렇게 순서를 나타내는 수를 서수라고 한다.

dì yī 第一 첫 번째	dì èr ge 第二个 두 번째 것	dì qī míng 第七名 7등	dì sān tiān 第三天 셋째 날

연습문제

1. 제시된 숫자를 중국어로 정확하게 나타낸 것을 찾아 선으로 연결하세요.

① 33

A 三百三
　sānbǎi sān

② 303

B 三十三
　sānshísān

③ 330

C 三百零三
　sānbǎi líng sān

2. 제시된 표현을 숫자로 쓰세요.

① 一百五十七
　yìbǎi wǔshíqī
_____

② 六百四
　liùbǎi sì
_____

③ 三千零二
　sānqiān líng èr
_____

3. 제시된 우리말 표현과 일치하는 것을 고르세요.

① 세 번째 것

A 三个　　　　B 第三个
　sān ge　　　　dì sān ge

② 넷째 날

A 四天　　　　B 第四天
　sì tiān　　　　dì sì tiān

4. 제시된 표현들로 어순에 맞는 문장을 완성하세요. （HSK 대비）

① 我 / 第一名 / 拿了
　wǒ　dì yī míng　nále
_____

② 五十本 / 爸爸有 / 书
　wǔshí běn　bàba yǒu　shū
_____

정답·해석·해설 p.221

확실하지 않은 수를 나타내는 어림수

🎧 예문·연습문제 정답
바로 듣기

① **나란히 위치한 두 개의 수를 연이어 사용해서 어림수를 나타낼 수 있다.**

sānsì ge
三四个   3~4개

wǔliù běn
五六本   5~6권

TIP 9와 10을 연이어 사용하면, 九十(jiǔshí, 90)을 의미하게 되므로, 9와 10은 연이어 사용할 수 없다.

② **수사 뒤에 来(lái, ~정도)를 붙여 어림수를 나타낼 수 있다.**

来는 제시된 수보다 약간 많거나 적은, 근접한 정도를 나타낸다. '수사+来' 형태의 어림수 뒤에는 일반적으로 양사가 온다. 来를 사용한 어림수는 회화에서 자주 쓰인다.

shí lái ge rén
十来个人   사람 10명 정도

sānshí lái běn shū
三十来本书   책 30권 정도

③ **수사 뒤에 多(duō, ~여, 남짓)를 붙여 어림수를 나타낼 수 있다.**

多는 제시된 수보다 약간 많은 정도를 나타낸다. '수사+多' 형태의 어림수 뒤에는 일반적으로 양사가 온다.

shí duō ge rén
十多个人   사람 10여 명
　　➤ 10명보다 약간 많음

sānshí duō běn shū
三十多本书   책 30여 권
　　➤ 30권보다 약간 많음

④ **'수사+양사' 뒤에 左右(zuǒyòu, ~정도)를 붙여 어림수를 나타낼 수 있다.**

wǔ diǎn zuǒyòu
五点左右   5시 정도

sān nián zuǒyòu
三年左右   3년 정도

⑤ **시점을 나타내는 시간사 뒤에 前后(qiánhòu, ~전후)를 붙여 어림수를 나타낼 수 있다.**

前后는 左右와 의미는 동일하지만, 시점을 나타내는 시간사 뒤에만 쓰이며, 시간의 길이를 나타내는 시간사 뒤에는 쓸 수 없다.

guóqìngjié qiánhòu
国庆节前后   국경절 전후

kǎoshì qiánhòu
考试前后   시험 전후

wǔ tiān qiánhòu
五天前后   (X)

liù ge yuè qiánhòu
六个月前后   (X)

연습문제

1. 제시된 우리말 어림수 표현과 일치하는 것을 고르세요.

① 사과 4~5개

sì ge wǔ píngguǒ
A 四个五苹果

sìwǔ ge píngguǒ
B 四五个苹果

② 택시 3~4대

sānsì liàng chūzūchē
A 三四辆出租车

sān liàng sì liàng chūzūchē
B 三辆四辆出租车

2. 중국어 어림수 표현이 맞게 쓰였으면 O, 틀리게 쓰였으면 X 표시를 하세요.

shí jiàn lái yīfu
① 十件来衣服   옷 10벌 정도   (   )

sānshí ge qiānbǐ duō
② 三十个铅笔多   연필 30여 개   (   )

wǔshí duō běn shū
③ 五十多本书   책 50여 권   (   )

3. 어림수 左右/前后 중 알맞은 것을 골라서 문장을 완성하세요.

Wǒ zhù shí tiān
① 我住十天 _____。

Tā Chūnjié   huílai.
② 他春节_____回来。

4. 제시된 표현들로 어순에 맞는 문장을 완성하세요. HSK 대비

wǔliù ge rén   xūyào   wǒmen
① 五六个人 / 需要 / 我们   _____ 🖉

zuǒyòu   tā qī diǎn   huí jiā
② 左右 / 他七点 / 回家   _____ 🖉

정답·해석·해설 p.222

二과 两의 구분

🎧 예문·연습문제 정답
바로 듣기

① '2'를 뜻하는 어휘로는 二(èr) 외에, 两(liǎng)이 있다. 二(èr)은 단독으로 사용 가능하지만, 两(liǎng)은 항상 양사 등과 같이 사용해야 한다.

② 양사 앞에는 주로 两을 쓴다.

liǎng　ge　rén
两　个　人　두 사람
수사　양사　명사

liǎng　bēi　shuǐ
两　杯　水　물 두 잔
수사　양사　명사

③ 百, 千, 万, 亿 앞에는 주로 两을 쓰지만, 二도 사용 가능하다. 하지만 十 앞에는 二만 쓸 수 있다.

liǎngbǎi　èrbǎi
两百 / 二百　2백

liǎngqiān　èrqiān
两千 / 二千　2천

liǎngwàn　èrwàn
两万 / 二万　2만

liǎngyì　èryì
两亿 / 二亿　2억

èrshí
二十　20

④ 서수, 날짜, 시간, 소수, 분수에서는 二만 사용한다. 하지만 예외적으로 '2시'는 两点(liǎng diǎn)이라고 한다.

dì èr
第二　두 번째 (서수)

èr yuè èr hào
二月二号　2월 2일 (날짜)

wǔ diǎn líng èr fēn
五点零二分　5시 2분 (시간)

sān diǎn èr
三点二　3.2 (소수)

qī fēn zhī èr
七分之二　7분의 2 (분수)

liǎng diǎn
两点　2시 (시간)

> TIP　날짜, 시간, 소수, 분수를 나타내는 자세한 방법은 p.30~32에서 학습할 수 있다.

연습문제

1. 제시된 우리말 표현을 중국어로 쓰세요.

① 책 두 권 　　　　　　　　　　＿＿＿＿＿＿＿＿＿＿＿＿＿＿ ✎

② 사과 두 개 　　　　　　　　　＿＿＿＿＿＿＿＿＿＿＿＿＿＿ ✎

③ 옷 두 벌 　　　　　　　　　　＿＿＿＿＿＿＿＿＿＿＿＿＿＿ ✎

2. 중국어 숫자 표현이 맞게 쓰였으면 O, 틀리게 쓰였으면 X 표시를 하세요.

　liǎngshí yī
① 两十一　　　　　　　21　　　　　　　（　　　）

　liǎngbǎi wǔ
② 两百五　　　　　　　250　　　　　　　（　　　）

　èrbǎi líng sān
③ 二百零三　　　　　　203　　　　　　　（　　　）

3. 수사 二과 两 중 알맞은 것을 골라서 대화를 완성하세요. 일반회화 대비

　Nǐ yào shénme?
① A: 你要什么？　　　　　　　　　　A: 무엇을 드릴까요?

　Wǒ yào　　　　bēi kāfēi.
　B: 我要＿＿＿＿杯咖啡。　　　　　B: 커피 **두 잔** 주세요.

　Zhè cì kǎoshì nǐ nále dì jǐ míng?
② A: 这次考试你拿了第几名？　　　　A: 이번 시험에서 너 몇 등 했어?

　Wǒ nále dì　　　　míng.
　B: 我拿了第＿＿＿＿名。　　　　　B: **2등** 했어.

　Jīntiān jǐ diǎn kāihuì?
③ A: 今天几点开会？　　　　　　　　A: 오늘 몇 시에 회의를 합니까?

　Xiàwǔ　　　　diǎn.
　B: 下午＿＿＿＿点。　　　　　　　B: 오후 **2시**입니다.

정답·해석·해설 p.222

날짜, 요일, 시간 나타내기

🎧 예문·연습문제 정답
바로 듣기

① 날짜는 수사 뒤에 年(nián, 년), 月(yuè, 월), 号/日(hào/rì, 일)을 붙여 나타낸다.

èr líng èr líng nián shí'èr yuè èrshíwǔ hào/rì
2020年12月25号/日 2020년 12월 25일

yī jiǔ jiǔ yī nián wǔ yuè yī hào/rì
1991年5月1号/日 1991년 5월 1일

> **TIP** 회화에서 날짜를 말할 때는 주로 号를 사용하고, 신문, 뉴스, 회의, 일기 등 서면적이거나 공식적인 상황에서는 日을 사용한다.

② 요일은 星期(xīngqī)/周(zhōu)/礼拜(lǐbài) 뒤에 수사를 붙여 나타낸다.

월요일부터 토요일까지는 星期/周/礼拜 뒤에 수사 一(yī)~六(liù)를 붙이고, 일요일은 天(tiān) 또는 日(rì)을 붙인다.

xīngqīyī   zhōuyī   lǐbàiyī
星期一 / 周一 / 礼拜一   월요일

xīngqī'èr   zhōu'èr   lǐbài'èr
星期二 / 周二 / 礼拜二   화요일

xīngqīsān   zhōusān   lǐbàisān
星期三 / 周三 / 礼拜三   수요일

xīngqīsì   zhōusì   lǐbàisì
星期四 / 周四 / 礼拜四   목요일

xīngqīwǔ   zhōuwǔ   lǐbàiwǔ
星期五 / 周五 / 礼拜五   금요일

xīngqīliù   zhōuliù   lǐbàiliù
星期六 / 周六 / 礼拜六   토요일

xīngqītiān(rì)   zhōurì   lǐbàitiān(rì)
星期天(日) / 周日 / 礼拜天(日)   일요일

③ 시간은 수사 뒤에 点(diǎn, 시)/分(fēn, 분)을 붙여 나타낸다.

shí diǎn shí fēn
十点十分   10시 10분

liǎng diǎn sānshíwǔ fēn
两点三十五分   2시 35분

④ 刻(kè)는 '15분'이라는 뜻으로, 수사 一, 三과 함께 一刻(yí kè, 15분), 三刻(sān kè, 45분)의 형태로 쓰인다. 또한 半(bàn, 반)으로 30분을, 差(chà)를 사용하여 '~시 ~분 전'을 나타낼 수 있다.

sān diǎn yí kè
三点一刻   3시 15분

liù diǎn sān kè
六点三刻   6시 45분

liǎng diǎn bàn
两点半   2시 반

chà wǔ fēn sì diǎn
差五分四点   4시 5분 전

1. 제시된 날짜/요일/시간을 중국어로 쓰세요.

① 2030년 2월 12일 _____ 🖉

② 토요일 _____ 🖉

③ 3시 50분 _____ 🖉

2. 제시된 중국어 시간 표현과 일치하는 것을 고르세요.

wǔ diǎn yí kè
① 五点一刻   A 5시 5분   B 5시 15분

jiǔ diǎn sān kè
② 九点三刻   A 9시 15분   B 9시 45분

shí diǎn bàn
③ 十点半   A 10시 반   B 10시 20분

chà shí fēn liǎng diǎn
④ 差十分两点   A 2시 10분   B 2시 10분 전

3. 제시된 사진을 보고 대화를 완성하세요. [TSC 대비]

①
Xiànzài jǐ diǎn?
A: 现在几点？

Xiànzài
B: 现在_____。

②
Jīntiān jǐ yuè jǐ hào?
A: 今天几月几号？

Jīntiān
B: 今天_____。

정답·해석·해설 p.222

분수, 소수, 퍼센트, 가격, 배수 나타내기

🎧 예문·연습문제 정답
바로 듣기

① 분수는 分之(fēn zhī, ~분의)을 사용해서 나타낸다.

'수사+分之+수사'의 형태로 분수를 나타낼 수 있다. 앞에 있는 수사는 분모, 뒤에 있는 수사는 분자이다.

liù fēn zhī wǔ
六分之五   6분의 5

jiǔ fēn zhī qī
九分之七   9분의 7

② 소수는 点(diǎn)을 사용해서 나타낸다.

소수점은 点으로 읽는다. 소수점 아래의 숫자는 단위 없이 수사를 각각 읽고, 소수점 위의 숫자는 단위를 포함해 읽어도 되고, 단위 없이 숫자만 읽어도 된다.

shísān diǎn yī sì   yī sān diǎn yī sì
13. 14   ▶   十三点一四   혹은   一三点一四

③ 퍼센트는 수사 앞에 百分之(bǎifēnzhī, 퍼센트)을 붙여 나타낸다.

bǎifēnzhī wǔ
百分之五   5퍼센트(5%)

bǎifēnzhī sìshí
百分之四十   40퍼센트(40%)

> **TIP** 100퍼센트는 百分之(一)百(bǎifēnzhī (yì)bǎi)라고 한다.

④ 가격은 수사 뒤에 元/块(yuán/kuài), 角/毛(jiǎo/máo), 分(fēn)을 붙여 나타낸다.

1元/块는 10角/毛이고, 1角/毛는 10分이다. 회화에서는 块/毛가 자주 쓰이고, 서면적이거나 공식적인 상황에서는 元/角를 쓴다.

liǎngbǎi bāshí kuài
两百八十块   280위안

shíwǔ kuài sān máo sān (fēn)
十五块三毛三（分）   15.33위안

> **TIP** 가격 맨 뒤에 오는 角/毛, 分은 생략할 수 있다.

⑤ 배수는 수사 뒤에 倍(bèi)를 붙이거나 또는 '增加了(zēngjiāle)+수사+倍(bèi)' 형태를 사용해서 나타낸다.

이때, 두 가지 방법이 나타내는 뜻이 다르므로 잘 구분해서 사용해야 한다.

shì de bèi **A是B的 + 수사 + 倍** A는 B의 ~배이다.	Jīnnián de rénshù shì qùnián de liǎng bèi. **今年的人数是去年的两倍。** 올해의 인원수는 작년의 두 배이다.
bǐ zēngjiāle bèi **A比B增加了 + 수사 + 倍** A가 B보다 ~배 늘었다. (즉 기존 A의 양(1배)+~배가 되었다.)	Jīnnián de rénshù bǐ qùnián zēngjiāle liǎng bèi. **今年的人数比去年增加了两倍。** 올해의 인원수는 작년보다 두 배 늘었다. ▶ 즉 올해 인원수는 작년의 세 배이다.

연습문제

1. 다음 숫자 표현과 일치하는 것을 고르세요.

① 5분의 4

    sì fēn zhī wǔ   wǔ fēn zhī sì
    A 四分之五   B 五分之四

② 2.71

    èr diǎn qīshíyī   èr diǎn qī yī
    A 二点七十一   B 二点七一

③ 90%

    bǎifēnzhī jiǔshí   jiǔshí bǎifēnzhī
    A 百分之九十   B 九十百分之

2. 제시된 단어를 한 번씩만 사용하여 문장을 완성하세요. [HSK 대비]

yuán	máo	fēn
元	毛	分

①   Yí jiàn yīfu bāqiān   tài guì le.
     一件衣服八千＿＿＿＿太贵了。   옷 한 벌에 8000위안은 너무 비쌉니다.

② A: Zhège bēizi duōshao qián?
     A: 这个杯子多少钱？   A: 이 컵은 얼마입니까?

     Shíyī kuài wǔ
     B: 十一块五＿＿＿＿。   B: 11.5위안입니다.

3. 제시된 중국어 문장과 우리말 뜻이 일치하면 O, 일치하지 않으면 X 표시를 하세요.

① Jīnnián de xuésheng shù shì qùnián de sān bèi.
     今年的学生数是去年的三倍。   — 올해의 학생수는 작년의 네 배이다.   (   )

② Jīnnián de xuésheng shù bǐ qùnián zēngjiāle sān bèi.
     今年的学生数比去年增加了三倍。   — 올해의 학생수는 작년의 세 배이다.   (   )

4. 제시된 표현들로 어순에 맞는 문장을 완성하세요. [HSK 대비]

①   dìdi chīle   de dàngāo   sān fēn zhī èr
     弟弟吃了 / 的蛋糕 / 三分之二   _____ ✏

②   liǎng bèi   wǒ de shōurù   shì tā de
     两倍 / 我的收入 / 是她的   _____ ✏

정답·해석·해설 p.223

포인트 12 99포인트로 마스터하는 해커스 중국어 문법

양사의 종류와 쓰임

🎧 예문·연습문제 정답
바로 듣기

① **양사는 명사의 개수나 양을 세는 명량사와 동작의 횟수를 세는 동량사로 나뉜다.**

sān	běn	shū	
三	本	书	책 세 권 (명사의 개수)
수사	명량사	명사	

kàn	yí	cì	
看	一	次	한 번 보다 (동작의 횟수)
동사	수사	동량사	

liǎng	jīn	xīguā	
两	斤	西瓜	수박 두 근 (명사의 양)
수사	명량사	명사	

chī	yì	kǒu	
吃	一	口	한 입 먹다 (동작의 횟수)
동사	수사	동량사	

TIP 자주 쓰이는 양사는 부록 <두고두고 써먹는 양사·보어>(p.210)에서 자세히 학습할 수 있다.

② **양사를 사용해 명사를 셀 때는 반드시 '수사+양사+명사'의 순서로 쓴다.**

우리나라 말로 명사를 셀 때는 '사람 한 명'이라고 세지만, 중국어에서는 '한 명의 사람', 즉 반드시 '수사+양사+명사'의 순서로 써야 한다.

yí	ge	rén	
一	个	人	사람 한 명
수사	양사	명사	

liǎng	bēi	shuǐ	
两	杯	水	물 두 잔
수사	양사	명사	

③ **지시대사 这(zhè, 이)/那(nà, 저, 그)는 가장 앞에 온다. 이때 수사 一(yī, 1)는 생략이 가능하다.**

zhè	(yì)	bēi	kělè	
这	(一)	杯	可乐	이 콜라 (한 잔)
대사	(수사)	양사	명사	这可乐 (X)

nà	(yí)	jiàn	yīfu	
那	(一)	件	衣服	저 옷 (한 벌)
대사	(수사)	양사	명사	那衣服 (X)

zhè	wǔ	bēi	kělè	
这	五	杯	可乐	이 콜라 다섯 잔
대사	수사	양사	명사	

nà	sì	jiàn	yīfu	
那	四	件	衣服	저 옷 네 벌
대사	수사	양사	명사	

1. 제시된 우리말 표현과 일치하는 것을 고르세요.

① 우유 한 잔

niúnǎi yì bēi
A 牛奶一杯

yì bēi niúnǎi
B 一杯牛奶

② 여행용 가방 한 개

yí ge xínglǐxiāng
A 一个行李箱

yì xínglǐxiāng
B 一行李箱

③ 저 바지 (한 벌)

nà kùzi
A 那裤子

nà tiáo kùzi
B 那条裤子

2. 제시된 양사를 한 번씩만 사용하여 문장을 완성하세요. [HSK 대비]

běn 本	cì 次	ge 个

Wǒ qù yí　　　　yínháng.
① 我去一＿＿＿＿银行。

은행에 한 **번** 간다.

Xiǎo Wáng dúle sān　　　　shū.
② 小王读了三　　＿＿＿＿书。

샤오왕은 책을 세 **권** 읽었다.

Zhè　　　　dōngxi hěn zhòng.
③ 这＿＿＿＿东西很重。

이 (한 **개**) 물건은 아주 무겁다.

3. 제시된 표현들로 어순에 맞는 문장을 완성하세요. [HSK 대비]

niúròu　　liǎng jīn　　wǒ yào
① 牛肉　 /　两斤　 /　我要

＿＿＿＿＿＿＿＿＿＿＿＿＿＿＿ 🖉

zhè　　wǒ jiè　　shū　　sān běn
② 这　 /　我借　 /　书　 /　三本

＿＿＿＿＿＿＿＿＿＿＿＿＿＿＿ 🖉

sān　　xiǎogǒu　　wǒ jiā yǒu　　zhī
③ 三　 /　小狗　 /　我家有　 /　只

＿＿＿＿＿＿＿＿＿＿＿＿＿＿＿ 🖉

정답·해석·해설 p.223

명사의 개수나 양을 세는 명량사

🎧 예문·연습문제 정답
바로 듣기

① 명량사는 명사의 개수를 셀 수 있다.

우리나라의 '~분, ~장, ~켤레'처럼, 하나하나 셀 수 있는 명사는 저마다 고유한 명량사가 있다.

yí　　wèi　　lǎoshī
一　位　老师　선생님 한 분
수사　양사　명사

sān　　zhāng　　piào
三　张　票　표 세 장
수사　양사　명사

yì　　shuāng　　píxié
一　双　皮鞋　가죽 구두 한 켤레
수사　양사　명사

yì　　qún　　rén
一　群　人　사람 한 무리
수사　양사　명사

② 길이, 무게, 용량, 부피 등의 단위를 나타내는 명량사도 있다.

sānbǎi　　mǐ
三百　米　300미터
수사　양사

liǎngbǎi　　kè
两百　克　200그램
수사　양사

* 자주 쓰이는 길이, 무게, 용량, 부피 등의 단위를 나타내는 명량사

길이	límǐ 厘米　센티미터	mǐ 米　미터	qiānmǐ　gōnglǐ 千米 / 公里　킬로미터		
무게, 용량	jīn 斤　근(500g)	kè 克　그램	qiānkè　gōngjīn 千克 / 公斤　킬로그램	dūn 吨　톤	shēng 升　리터
면적, 부피	píngfāngmǐ 平方米　제곱미터	lìfāngmǐ 立方米　세제곱미터			

③ 명량사 些(xiē)와 点儿(diǎnr)은 정해지지 않은 수량을 나타낸다.

명량사 些(xiē)와 点儿(diǎnr)은 수사 一(yī, 1)와만 결합할 수 있으며, 一些(yìxiē)/一点儿(yìdiǎnr)은 '몇몇, 조금, 좀'이라는 뜻을 나타낸다. 문장 안에서 一는 종종 생략되기도 한다.

1) (一)些는 명사 앞에서 정해지지 않은 수량을 나타낸다.

yìxiē shū
一些书　몇몇 책

yìxiē guójiā
一些国家　몇몇 나라

zhèxiē rén
这些人　이 몇몇 사람들
(대사 这/那/哪가 오면 一는 자주 생략된다.)

2) (一)些/(一)点儿은 명사 앞에서 수량이 적음을 나타낼 수 있다. 일반적으로 (一)些는 (一)点儿보다 더 많은 양을 나타낸다.

yìxiē　yìdiǎnr shuǐguǒ
一些 / 一点儿水果　과일 조금

yìxiē　yìdiǎnr cài
一些 / 一点儿菜　요리 조금

3) (一)些와 (一)点儿은 형용사와 동사 뒤에서 '좀, 약간'의 뜻으로 정도가 심하지 않음을 나타낼 수 있다.

Bìng hǎo xiē le.
病好些了。　병이 좀 좋아졌다.

Duō chī diǎnr.
多吃点儿。　좀 많이 먹어라.

1. 제시된 명량사를 한 번씩만 사용하여 문장을 완성하고, 우리말 뜻도 쓰세요. HSK 대비

jiàn	qún	shuāng
件	群	双

Jiějie mǎile liǎng　　　　yīfu.
① 姐姐买了两 _____ 衣服。　　　　언니는 옷 두 _____을 샀다.

Zhè　　　　yùndòngxié hěn hǎokàn.
② 这 _____ 运动鞋很好看。　　　　이 (한 _____) 운동화는 매우 예쁘다.

Duìmiàn láile yì　　　　háizi.
③ 对面来了一 _____ 孩子。　　　　맞은편에 한 _____의 아이들이 왔다.

2. 우리말을 보고 알맞은 명량사에 동그라미를 하세요.

Zhèxiē xiāngjiāo sān (jīn / gōngjīn).
① 这些香蕉三（斤 / 公斤）。　　　　이 바나나들은 세 **근**이다.

Wǒ pǎole liǎng (límǐ / gōnglǐ).
② 我跑了两（厘米 / 公里）。　　　　나는 2**킬로미터**를 달렸다.

Wǒ yì tiān hē yī diǎn wǔ (kè / shēng) shuǐ.
③ 我一天喝1.5（克 / 升）水。　　　　나는 하루에 물 1.5**리터**를 마신다.

3. 제시된 명량사가 들어갈 알맞은 위치를 고르세요.

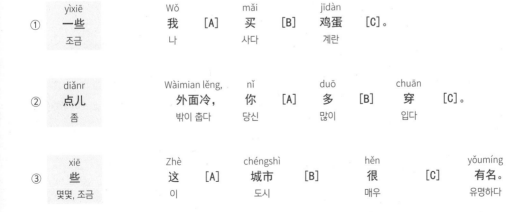

yìxiē	Wǒ		mǎi		jīdàn	
一些	我	[A]	买	[B]	鸡蛋	[C]。
조금	나		사다		계란	

diǎnr	Wàimian lěng,	nǐ		duō		chuān	
点儿	外面冷，	你	[A]	多	[B]	穿	[C]。
좀	밖이 춥다	당신		많이		입다	

xiē	Zhè		chéngshì		hěn		yǒumíng	
些	这	[A]	城市	[B]	很	[C]	有名。	
몇몇, 조금	이		도시		매우		유명하다	

정답·해석·해설 p.224

동작의 횟수를 세는 동량사

🎧 예문·연습문제 정답
바로 듣기

① **동량사는 동작이 발생하는 횟수를 세는 양사이다.**

동량사는 명량사와 다르게 개수가 한정적이다. 동량사는 우리말에서는 대부분 '번'의 의미이지만, 중국어에서는 상황에 따라 동량사를 구분해서 사용한다.

kàn yí cì
看一次 한 번 보다

pǎo yí biàn
跑一遍 한 번 뛰다

② **자주 사용되는 동량사는 아래와 같다.**

cì 次	가장 자주 사용되는 동량사로, 반복할 수 있는 동작의 횟수를 중점적으로 나타낸다. kànle sān cì **看了三次** 세 번 봤다 dúle sān cì **读了三次** 세 번 읽었다
biàn 遍	한 동작의 처음부터 끝까지 완전한 과정을 나타낸다. 次와 달리 동작의 단순한 횟수에 중점을 둔 것이 아닌 동작이 '처음부터 끝까지 다' 이루어 졌다는 것을 강조한다. kànle sān biàn **看了三遍** (처음부터 끝까지) 세 번 봤다 zài shuō yí biàn **再说一遍** 다시 한 번 말하다
tàng 趟	갔다가 오는 횟수를 나타낸다. qù yí tàng yīyuàn **去一趟医院** 병원을 한 번 가다 lái yí tàng wǒ jiā **来一趟我家** 우리집에 한 번 오다
xià 下	짧은 동작이 진행된 횟수를 나타낸다. qiāole yí xià **敲了一下** 한 번 두드렸다 àn liǎng xià **按两下** 두 번 누르다 **TIP** 一下는 '~해 주세요'의 뜻으로 어기를 부드럽게 하는 역할도 한다. 이때는 동작의 횟수를 나타내는 것이 아니다. Nǐ shuō. **你说。** 말씀하세요.　➤　Nǐ shuō yí xià. **你说一下。** 말씀해 주세요. (비교적 딱딱한 명령의 뉘앙스)
chǎng 场	완전하게 한 번 진행되는 동작의 횟수를 나타낸다. 영화, 전시, 공연이나 체육 활동에 많이 쓰인다. kàn yì chǎng diànyǐng **看一场电影** 영화를 한 번 보다 dǎ yì chǎng qiú **打一场球** 공놀이를 한 번 하다
huí 回	동작의 반복 진행을 나타내며 次와 비슷한 뜻이지만, 구어체에서 자주 쓰인다. 回는 명량사로 쓰여 사건을 셀 때 쓸 수도 있다. qù yì huí **去一回** 한 번 가다 (동량사) yì huí shì **一回事** 일 한 개 (명량사)
kǒu 口	'입, 모금, 마디'라는 뜻으로, 입과 관련이 있는 동작을 셀 때 쓰인다. chī yì kǒu **吃一口** 한 입 먹다 hē yì kǒu shuǐ **喝一口水** 물을 한 모금 마시다

연습문제

1. 제시된 동량사의 의미를 찾아 선으로 연결하세요.

zuò yí cì
① 做一次

A 짧은 동작이 진행된 횟수를 나타냄

tuī liǎng xià
② 推两下

B 한 동작의 처음부터 끝까지 완전한 과정을 나타냄

tīng sān biàn
③ 听三遍

C 반복할 수 있는 동작의 횟수를 중점적으로 나타냄

2. 제시된 동량사를 한 번씩만 사용하여 문장을 완성하세요. HSK 대비

chǎng	kǒu	tàng
场	口	趟

Wǒ kěyǐ hē yì ___ jiǔ ma?
① 我可以喝一_____酒吗？

Jīn wǎn wǒ kànle yì ___ bǐsài.
② 今晚我看了一_____比赛。

Wǒ qù yí ___ xǐshǒujiān.
③ 我去一_____洗手间。

3. 제시된 표현들을 어순에 맞게 배열하여 대화를 완성하세요. 일반회화 대비

Nǐ xiàbān hòu huí jiā ma?
① A: 你下班后回家吗？

Bù, (chāoshì / wǒ / qù yí tàng)
B: 不，（超市 / 我 / 去一趟）_____。

Nǐ xǐhuan zuò yùndòng ma?
② A: 你喜欢做运动吗？

Xǐhuan, wǒ yì zhōu (yùndòng / sān cì / zuò)
B: 喜欢，我一周（运动 / 三次 / 做）_____。

정답·해석·해설 p.224

동사의 쓰임

🎧 예문·연습문제 정답
바로 듣기

① **동사는 문장에서 술어로 쓰인다.**

동사는 문장에서 술어가 되어, 주어의 동작이나 상태를 나타낼 수 있다. 이렇게 동사가 술어가 되는 문장을 동사술어문이라고 한다.

Wǒ chī.
我 吃。 나는 먹는다.
주어 술어(동사)

Tā xǐhuan.
他 喜欢。 그는 좋아한다.
주어 술어(동사)

② **대부분의 동사는 명사나 대사를 목적어로 가질 수 있다.**

Tā hē lǜchá.
他 喝 绿茶。 그는 녹차를 마신다.
술어(동사) 목적어(명사)

Háizimen xiě zì.
孩子们 写 字。 아이들은 글씨를 쓴다.
술어(동사) 목적어(명사)

Tāmen tīng shénme?
她们 听 什么? 그녀들은 무엇을 듣고 있나요?
술어(동사) 목적어(대사)

③ **일부 동사는 동사(구), 형용사(구), 술목구, 주술(목)구만을 목적어로 가진다.**

Wǒmen kāishǐ shàngkè.
我们 开始 上课。 우리 수업 시작합시다.
술어(동사) 목적어(동사)

Tā gǎndào hěn gāoxìng.
她 感到 很高兴。 그녀는 기쁘다고 느낀다.
술어(동사) 목적어(형용사구)

Wǒ juéde zhèli hěn rè.
我 觉得 这里很热。 나는 이곳이 덥다고 생각한다.
술어(동사) 목적어(주술구)

* 자주 쓰이는 동사(구)/형용사(구)/술목구/주술(목)구만을 목적어로 갖는 동사

juéde 觉得 ~라고 생각하다	kāishǐ 开始 시작하다	dǎsuan 打算 ~할 계획이다
xīwàng 希望 바라다, 희망하다	gǎndào 感到 ~라고 느끼다	jìnxíng 进行 진행하다

1. 제시된 문장에서 동사를 찾아 동그라미를 하세요.

Wǒ kāi kōngtiáo.
① 我开空调。

Nǐ kàn shū ma?
② 你看书吗？

Xiǎo Wáng tī zúqiú.
③ 小王踢足球。

2. 제시된 동사를 한 번씩만 사용하여 문장을 완성하세요. [HSK 대비]

tīng	dǎ	dú
听	打	读

Yéye   bàozhǐ.
① 爷爷 _____ 报纸。

Xiǎo Dōng   lánqiú.
② 小东 _____ 篮球。

Wǒmen   yīnyuè ba.
③ 我们 _____ 音乐吧。

3. 제시된 동사의 목적어가 될 수 있는 것을 고르세요.

kāishǐ   xuéxí   cídiǎn
① 开始   A 学习   B 词典

juéde   kāfēi   hěn hǎo
② 觉得   A 咖啡   B 很好

xīwàng   nǐ   nǐ kāixīn
③ 希望   A 你   B 你开心

정답·해석·해설 p.225

동작, 상태, 관계를 나타내는 동사

🎧 예문·연습문제 정답
바로 듣기

① 대부분의 동사는 동작이나 행위를 나타낸다.

Wǒ tīng yīnyuè.
我听音乐。 나는 음악을 듣는다.

Tāmen mài shuǐguǒ.
他们卖水果。 그들은 과일을 판다.

② 동사는 심리나 상태를 나타낼 수도 있다. 이런 동사 앞에는 很(hěn, 매우), 非常(fēicháng, 아주)과 같은 정도부사가 올 수 있다.

Tā hěn ài tīng yīnyuè.
她很爱听音乐。 그녀는 음악 듣는 것을 매우 좋아한다.

Bàba fēicháng xǐhuan wán yóuxì.
爸爸非常喜欢玩游戏。 아빠는 게임하는 것을 아주 좋아한다.

* 자주 쓰이는 심리·상태를 나타내는 동사

xǐhuan **喜欢** 좋아하다	ài **爱** 사랑하다	xiǎng **想** 그리워하다
pà **怕** 무서워하다	xīwàng **希望** 바라다, 희망하다	tǎoyàn **讨厌** 싫어하다, 미워하다

③ 동사 是/有/叫는 주어와 목적어 사이의 관계를 나타낸다.

shì **是** ~이다	동사 是이 술어로 쓰인 문장은, 주어와 목적어가 '동격(어떤 단어가 다른 단어와 같은 기능을 가짐)'임을 나타낸다. Wǒ shì xuésheng. 我是学生。 저는 학생입니다. Tā shì shéi? 他是谁? 그는 누구입니까?
yǒu **有** ~이 있다	동사 有가 술어로 쓰인 문장은, 주어가 목적어를 소유함을 나타낸다. Wǒ yǒu shǒujī. 我有手机。 나는 휴대폰이 있다. Tā yǒu kuàizi. 她有筷子。 그녀는 젓가락이 있다.
jiào **叫** ~라고 하다 (불리다)	동사 叫가 술어로 쓰인 문장은, 주어가 '목적어'라고 한다(불린다)라는 뜻을 나타낸다. 첫만남이나 자기소개에서 이름을 말할 때 자주 쓰인다. Wǒ jiào Xiǎo Wáng. 我叫小王。 저는 샤오왕이라고 합니다. Nǐ jiào shénme? 你叫什么? 당신의 이름은 무엇입니까?

1. 제시된 동사와 함께 쓸 수 있는 표현을 찾아 선으로 연결하세요.

dǎ
① 打

píjiǔ
A 啤酒

zuò
② 坐

huǒchē
B 火车

hē
③ 喝

diànhuà
C 电话

2. 빈칸에 동사 是/有/叫 중 알맞은 것을 사용하여 답변을 완성하세요. 〔일반회화 대비〕

Nǐ　　　shénme míngzi?
① A: 你_____什么名字?

Wǒ　　　Lìli.
B: 我_____丽丽。

Nǐ yào qiānbǐ ma?
② A: 你要铅笔吗?

Wǒ　　　qiānbǐ, xièxie.
B: 我_____铅笔，谢谢。

Nín zuò shénme gōngzuò?
③ A: 您做什么工作?

Wǒ　　　yì míng yīshēng.
B: 我_____一名医生。

3. 제시된 표현들로 어순에 맞는 문장을 완성하세요. 〔HSK 대비〕

hěn tǎoyàn　wǒ　　xǐ yīfu
① 很讨厌 / 我 / 洗衣服　　　_____ ✎

xǐhuan　tīng yīnyuè　wǒ　fēicháng
② 喜欢 / 听音乐 / 我 / 非常　　_____ ✎

정답·해석·해설 p.225

① **이중목적어 동사는 목적어를 2개 가지는 동사이다.**

이중목적어 동사는 '~에게 ~을 ~하다'로 해석하면 된다. 첫 번째 목적어에는 '~에게'로 해석되는 사람이, 두 번째 목적어에는 '~을'로 해석되는 사물이 온다.

Lǎoshī　　gěi　　wǒ　　yì běn shū.
老师　　给　　我　　一本书。　　선생님이 나에게 책 한 권을 준다.
　　　　술어　　목적어1　　목적어2

Wǒ　　wèn　　nǐ　　yí ge wèntí.
我　　问　　你　　一个问题。　　내가 너에게 문제 하나 물어볼게.
　　　　숙어　　목절어1　　목적어?

* 자주 쓰이는 이중목적어 동사

gěi 给 ~에게 ~을 주다	wèn 问 ~에게 ~을 묻다	sòng 送 ~에게 ~을 주다/선물하다	gàosu 告诉 ~에게 ~을 알려주다
jiāo 教 ~에게 ~을 가르치다	huán 还 ~에게 ~을 돌려주다	jiè 借 ~에게 ~을 빌려주다/빌리다	chēng 称 ~을 ~이라고 부르다

② **이합동사는 '동사+목적어' 형태로 이루어진 동사이다.**

jiàn　　miàn
见 보다 + 面 얼굴을　　➤　　jiànmiàn
见面 만나다　➤ 见과 面이 합쳐져 하나의 단어가 되었다.

shàng　　kè
上 하다 + 课 수업을　　➤　　shàngkè
上课 수업을 하다　➤ 上과 课가 합쳐져 하나의 단어가 되었다.

* 자주 쓰이는 이합동사

jiànmiàn 见面 만나다	shàngkè 上课 수업하다	jiéhūn 结婚 결혼하다	shēngqì 生气 화내다
bāngmáng 帮忙 도와주다	kāihuì 开会 회의를 하다	xǐzǎo 洗澡 샤워하다, 씻다	sànbù 散步 산책하다
bìyè 毕业 졸업하다	chījīng 吃惊 놀라다	chōuyān 抽烟 담배를 피우다	liáotiān 聊天 이야기하다

③ **이합동사는 목적어를 가질 수 없다.**

이합동사는 동사와 목적어가 이미 합쳐진 형태이기 때문에, 뒤에 다른 목적어가 올 수 없다.

Wǒ jiànmiàn tā.
我见面他。　(X)

Wǒ hé tā jiànmiàn.
我和他见面。　나는 그와 만난다. (O)

Dìdi bìyè dàxué le.
弟弟毕业大学了。　(X)

Dìdi dàxué bìyè le.
弟弟大学毕业了。　남동생은 대학을 졸업했다. (O)

1. 제시된 동사가 들어갈 알맞은 위치를 고르세요.

① gěi
给
~에게 ~을 주다

Wǒ　　[A]　tā　　[B]　yìxiē jiànyì　　[C]。
我　　[A]　他　　[B]　一些建议　　[C]。
나　　　그　　　　　몇몇 제안

② wèn
问
~에게 ~을 묻다

Wǒ　　[A]　nǐ　　[B]　yìxiē wèntí　　[C]。
我　　[A]　你　　[B]　一些问题　　[C]。
나　　　너　　　　　몇몇 질문

③ jiāo
教
~에게 ~을 가르치다

Zhāng lǎoshī　　[A]　wǒmen　　[B]　lìshǐ　　[C]。
张老师　　[A]　我们　　[B]　历史　　[C]。
장 선생님　　　우리　　　　역사

2. 제시된 동사를 한 번씩만 사용하여 문장을 완성하세요. [HSK 대비]

jiànmiàn 见面	sòng 送	gàosu 告诉

① Wǒ
我 _____ 她一件礼物。
　tā yí jiàn lǐwù.

② Nǐmen shénme shíhou
你们什么时候 _____ ？

③ Wǒ
我 _____ 你一个办法。
　nǐ yí ge bànfǎ.

3. 제시된 중국어 문장이 올바르게 쓰였으면 O, 틀리게 쓰였으면 X 표시를 하세요.

① Wǒ bāngmáng tā.
我帮忙她。　　　　　　　(　　　)

② Xuéshengmen shàngkè.
学生们上课。　　　　　　(　　　)

③ Wǒ jīngcháng sànbù gōngyuán.
我经常散步公园。　　　　(　　　)

정답·해석·해설 p.226

동사의 중첩

🎧 예문·연습문제 정답
바로 듣기

① 같은 단어를 2번 반복해서 사용하는 것을 중첩이라고 한다. 동작이나 행위를 나타내는 동사는 대부분 중첩할 수 있다.

shuō
说 말하다 ➤

shuōshuo
说说 말해보다

tīng
听 듣다 ➤

tīng yi tīng
听一听 들어보다

② 동사를 중첩하면 '(잠시) ~해보다', '(한번) ~하다'와 같이 어떤 동작을 짧게 시도해보는 느낌을 나타낸다. 말투를 부드럽게 만들어주기도 한다.

Nǐ kàn.
你看。 보세요.
(딱딱한 말투, 명령의 뉘앙스)
➤

Nǐ kànkan.
你看看。 한번 보세요.
(짧게 시도하는 동작, 부드러운 말투)

③ 1음절 동사는 'AA' 형태 또는 'A一A' 형태로 중첩한다.

'AA' 형태의 두 번째 동사와, 'A一A' 형태의 一(yī)는 경성으로 읽는다.

xiǎng
想 생각하다 ➤

xiǎngxiang / xiǎng yi xiǎng
想想 / 想一想 생각해보다

kàn
看 보다 ➤

kànkan / kàn yi kàn
看看 / 看一看 한번 보다

④ 2음절 동사는 'ABAB' 형태로 중첩한다.

두 번째, 네 번째 음절은 경성으로 읽는다.

dǎsǎo
打扫 청소하다 ➤

dǎsao dǎsao
打扫打扫 청소해보다

jièshào
介绍 소개하다 ➤

jièshao jièshao
介绍介绍 한번 소개해보다

> **TIP** 일부 이합동사도 중첩할 수 있다. 이합동사를 중첩할 때는, 동사 부분만 중첩하고 두 번째 동사를 경성으로 읽으면 된다.
>
> bāngmáng
> 帮忙 도와주다 ➤
>
> bāngbangmáng
> 帮帮忙 잠시 도와주다

1. 제시된 1음절 동사를 중첩해서 쓰세요.

	'AA' 형태	'A一A' 형태

wèn
① 问 _____ _____

děng
② 等 _____ _____

zhǎo
③ 找 _____ _____

2. 제시된 2음절 동사가 올바르게 중첩되었으면 O, 아니면 X 표시를 하세요.

xuéxí　　　　　xuéxi xuéxi
① 学习 　—　 学习学习 　　(　　)

sànbù　　　　　sànsanbù
② 散步 　—　 散散步 　　(　　)

rènshi　　　　　rènshi yi rènshi
③ 认识 　—　 认识一认识 　　(　　)

3. 제시된 동사를 중첩하여 빈칸을 채우고, 우리말 뜻도 쓰세요. HSK 대비

shì	jiǎnchá	liáotiān
试	检查	聊天

Tā xiǎng hé péngyou
① 他想和朋友 _____ 。　　　그는 친구와 _____ 싶어 한다.

Nǐ hǎohāor　　　　　　zhèxiē nèiróng.
② 你好好儿_____这些内容。　　당신은 이 내용들을 잘 _____.

Wǒmen　　　　　bié de fāngfǎ ba.
③ 我们_____别的方法吧。　　우리 다른 방법을 _____.

정답·해석·해설 p.226

포인트 20 조동사의 쓰임

① 조동사는 술어 앞에서 술어에 능력, 소망, 필요성, 추측 등의 의미를 더해준다. 조동사는 문장에서 부사어가 된다.

Tā huì yóuyǒng.
他 会 游泳。 그는 수영을 할 줄 안다.
부사어(조동사) 술어 (능력)

Wǒ xiǎng chī píngguǒ.
我 想 吃 苹果。 나는 사과를 먹고 싶다.
부사어(조동사) 술어 (소망)

② 조동사가 사용된 문장에서 부정을 나타낼 땐 조동사 앞에 不를 붙인다.

Xiǎo Zhāng bù xiǎng kàn shū.
小张不想看书。 샤오장은 책을 보고 싶어하지 않는다.

Nǐ bú yào hē jiǔ.
你不要喝酒。 술을 마시지 마세요.

③ 조동사가 사용된 문장에서 吗와 정반의문문을 사용해서 의문형을 만들 수 있다.

문장 끝에 조사 吗를 붙여 吗 의문문을 만들거나, 조동사의 긍정형과 부정형을 나란히 써서 정반의문문을 만들 수 있다.

Nǐ yào xiūxi ma?
你要休息吗？

Nǐ yào bu yào xiūxi?
你要不要休息？ 당신은 쉴 것인가요?

Wǒ kěyǐ jìnqu ma?
我可以进去吗？

Wǒ kěyǐ bu kěyǐ jìnqu?
我可以不可以进去？

Wǒ kě bu kěyǐ jìnqu?
我可不可以进去？ 들어가도 되나요？

TIP 2음절 조동사로 정반의문문을 만들 때는, 'AB不AB' 혹은 'A不AB' 형식으로 만들 수 있다. 일반적으로 'A不AB' 형식을 더 자주 쓴다.

④ 대부분의 조동사는 단독으로 질문에 답할 수 있다.

Nǐ xiǎng huí jiā ma?
A：你想回家吗？ 당신은 집에 가고 싶나요?

Nǐ míngtiān néng bu néng lái?
A：你明天能不能来？ 내일 올 수 있나요?

Xiǎng.
B：想。 가고 싶어요.

Néng.
B：能。 올 수 있어요.

⑤ 조동사는 동사에서 파생되었기 때문에 일부 조동사는 동사로도 쓰인다.

Wǒ xiǎng māma.
我 想 妈妈。 나는 엄마가 보고 싶다.
동사
➤ 동사 想은 '보고 싶다, 생각하다'라는 뜻으로 쓰인다.

Xiǎo Dōng xiǎng qù Zhōngguó.
小东 想 去 中国。 샤오둥은 중국에 가고 싶어한다.
조동사
➤ 조동사 想은 '~하고 싶다'라는 뜻으로 쓰인다.

1. 제시된 조동사가 들어갈 알맞은 위치를 고르세요.

① huì
会
~할 줄 안다

Tā
他
그

[A]

shuō
说
말하다

[B]

sì zhǒng wàiyǔ
四种外语
네 가지 외국어

[C]。

② kěyǐ
可以
~할 수 있다

Wǒ
我
나

[A]

jiějué
解决
해결하다

[B]

zhège wèntí
这个问题
이 문제

[C]。

2. 제시된 문장의 부정문으로 올바르게 쓰인 것을 고르세요.

① Wǒ xiǎng shuìjiào.
我想睡觉。

A Wǒ bù xiǎng shuìjiào.
我不想睡觉。

B Wǒ xiǎng bú shuìjiào.
我想不睡觉。

② Wǒ néng chī là de.
我能吃辣的。

A Wǒ néng bù chī là de.
我能不吃辣的。

B Wǒ bù néng chī là de.
我不能吃辣的。

3. 제시된 문장을 의문문으로 바꿔 쓰세요.

	吗 의문문	정반의문문
① Xiǎo Dōng xiǎng páshān. 小东想爬山。	_____	_____
② Tāmen kěyǐ lái. 他们可以来。	_____	_____

4. 조동사를 단독으로 사용하여 아래 질문에 답변하세요. [일반회화 대비]

① Nǐ yào hē kāfēi ma?
A：你要喝咖啡吗？

B：_____。

② Nǐ huì huà huàr ma?
A：你会画画儿吗？

B：_____。

정답·해석·해설 p.227

① **조동사 能**(néng, ~할 수 있다)**은 사람이나 사물의 근본적인 능력이나 가능성을 나타낸다. 부정형은 不能**(bù néng, ~할 수 없다)**이다.**

Wǒ néng hē jiǔ.
我能喝酒。　나는 술을 마실 수 있다.

Tā néng cānjiā bǐsài.
她能参加比赛。　그녀는 경기에 참가할 수 있다.

Wǒ bù néng hē jiǔ.
我不能喝酒。　나는 술을 마실 수 없다.

Tā bù néng cānjiā bǐsài.
她不能参加比赛。　그녀는 경기에 참가할 수 없다.

② **조동사 可以**(kěyǐ, ~할 수 있다, ~해도 된다)**는 능력이나 허가를 나타낸다. 부정형은 不能**(bù néng, ~할 수 없다, ~하면 안 된다)**을 자주 쓴다.**

Wǒ kěyǐ bāng nǐ.
我可以帮你。　나는 당신을 도와줄 수 있어요.

Nǐ kěyǐ zài zhèr xīyān.
你可以在这儿吸烟。　당신은 여기서 담배를 피워도 돼요.

Wǒ bù néng bāng nǐ.
我不能帮你。　나는 당신을 도와줄 수 없어요.

Nǐ bù néng zài zhèr xīyān.
你不能在这儿吸烟。　당신은 여기서 담배를 피우면 안 돼요.

> **TIP** 不可以(bù kěyǐ, ~서는 (절대) 안 된다)는 규정, 규칙 상의 이유로 절대 안 된다는 강한 금지의 뜻을 나타낸다.
>
> Fēijī shang bù kěyǐ chōuyān.
> 飞机上不可以抽烟。　비행기에서 담배를 피워서는 (절대) 안 된다.
>
> Wǒmen bù kěyǐ wàngjì zhè jiàn shìqing.
> 我们不可以忘记这件事情。　우리는 이 일을 잊어서는 (절대) 안 된다.

③ **조동사 会**(huì, ~할 줄 알다)**는 배우고 익혀서 얻어낸 능력을 나타낸다. 부정형은 不会**(bú huì, ~할 줄 모른다)**이다.**

Wǒ huì shuō Yīngwén.
我会说英文。　나는 영어를 할 줄 안다.

Nǐ huì kāichē ma?
你会开车吗?　당신은 운전을 할 줄 아나요?

Wǒ bú huì shuō Yīngwén.
我不会说英文。　나는 영어를 할 줄 모른다.

Wǒ bú huì kāichē.
我不会开车。　저는 운전을 할 줄 몰라요.

> **TIP** 추측을 나타내는 조동사 会의 용법은 p.56에서 학습할 수 있다.

연습문제

1. 우리말을 보고 알맞은 조동사에 동그라미를 하세요.

Wǒ (néng / huì) chànggē.
① 我（能 / 会）唱歌。

저는 노래를 부를 <u>줄 알아요</u>.

Nín (huì / kěyǐ) zuò zhèli.
② 您（会 / 可以）坐这里。

여기에 앉아<u>도 됩니다</u>.

Tā (néng / huì) wánchéng rènwu.
③ 他（能 / 会）完成任务。

그는 임무를 완수<u>할 수 있습니다</u>.

2. 제시된 문장의 부정문이 올바르게 쓰였으면 O, 틀리게 쓰였으면 X 표시를 하세요.

Wǒ néng jiē diànhuà.
① 我能接电话。　—

Wǒ bù néng jiē diànhuà.
我不能接电话。　　　（　　　）

Wǒ kěyǐ lái.
② 我可以来。　—

Wǒ bù néng lái.
我不能来。　　　（　　　）

Wǒ huì yóuyǒng.
③ 我会游泳。　—

Wǒ bù kěyǐ yóuyǒng.
我不可以游泳。　　　（　　　）

3. 제시된 표현들로 어순에 맞는 문장을 완성하세요.　[HSK 대비]

huì　　zuò fàn　　tā
① 会 / 做饭 / 他

_____✎

háizi　　wǒ néng　　zhàogù
② 孩子 / 我能 / 照顾

_____✎

nǐ　　zuò　　bù kěyǐ　　zhè zhǒng shì
③ 你 / 做 / 不可以 / 这种事

_____✎

정답·해석·해설 p.227

포인트 22

소망·의지를 나타내는 조동사
想/要/愿意

🎧 예문·연습문제 정답
바로 듣기

① **조동사 想**(xiǎng, ~하고 싶다)**은 화자의 소망을 나타낸다. 부정형은 不想**(bù xiǎng, ~하고 싶지 않다)**이다.**

Wǒ xiǎng xiūxi.
我 想休息。
저는 쉬고 싶어요

Wǒ bù xiǎng xiūxi.
我 不想休息。
저는 쉬고 싶지 않아요

Dìdi xiǎng qù gōngyuán.
弟弟想去公园。
남동생은 공원에 가고 싶어한다.

Dìdi bù xiǎng qù gōngyuán.
弟弟不想去公园。
남동생은 공원에 가고 싶어하지 않는다.

② **조동사 要**(yào, ~하려고 하다, ~하고 싶다)**는 화자의 의지를 나타낸다. 부정형은 不想**(bù xiǎng, ~하고 싶지 않다)**을 자주 쓴다.**

Xiǎo Míng yào xué Hànyǔ.
小明要学汉语。
샤오밍은 중국어를 배우려고 한다.

Xiǎo Míng bù xiǎng xué Hànyǔ.
小明不想学汉语。
샤오밍은 중국어를 배우고 싶어하지 않는다.

Wǒmen yào qù lǚyóu.
我们要去旅游。
우리는 여행을 가려고 한다.

Wǒmen bù xiǎng qù lǚyóu.
我们不想去旅游。
우리는 여행을 가고 싶지 않다.

TIP 필요성, 추측을 나타내는 조동사 要의 용법은 각각 p.54, p.56에서 배울 수 있다.

③ **조동사 愿意**(yuànyì, ~하고 싶다, ~하기를 원하다)**는 화자의 소망이나, 비록 어려움이 있지만 기꺼이 하고자 하는 의지를 나타낸다. 부정형은 不愿意**(bú yuànyì, ~하고 싶지 않다, ~하기를 원하지 않는다)**이다.**

Wǒ yuànyì hé tā jiéhūn.
我 愿意和他结婚。
저는 그와 결혼하고 싶어요

Wǒ bú yuànyì hé tā jiéhūn.
我 不愿意和他结婚。
저는 그와 결혼하고 싶지 않아요

Nàli hěn yuǎn, dànshì wǒ yuànyì qù.
那里很远，但是我愿意去。
그 곳은 멀지만, 저는 가고 싶습니다.

Nàli hěn yuǎn, wǒ bú yuànyì qù.
那里很远，我不愿意去。
그 곳은 멀어서, 저는 가고 싶지 않습니다.

연습문제

1. 우리말을 보고 알맞은 조동사에 동그라미를 하세요.

Wǒ (xiǎng / néng) qǐngjià.
① 我（想 / 能）请假。   저는 휴가를 내고 <u>싶어요</u>.

Wǒ xiànzài (yuànyì / yào) shuìjiào.
② 我现在（愿意 / 要）睡觉。   저는 지금 자려고 <u>해요</u>.

Tā (huì / yuànyì) zuò zhè jiàn shì.
③ 他（会 / 愿意）做这件事。   그는 이 일을 <u>하기를 원해요</u>.

2. 제시된 문장의 부정문이 올바르게 쓰였으면 O, 틀리게 쓰였으면 X 표시를 하세요.

Tā xiǎng dāng lǜshī.   Tā bù néng dāng lǜshī.
① 他想当律师。   —   他不能当律师。   (   )

Wǒ yào shì zhè shuāng xié.   Wǒ bù xiǎng shì zhè shuāng xié.
② 我要试这双鞋。   —   我不想试这双鞋。   (   )

Wǒ yuànyì chūchāi.   Wǒ bú yuànyì chūchāi.
③ 我愿意出差。   —   我不愿意出差。   (   )

3. 제시된 표현들로 어순에 맞는 문장을 완성하세요. [HSK 대비]

bānjiā   yào   tāmen
① 搬家 / 要 / 他们   _____✎

wǒ   jiābān   bú yuànyì
② 我 / 加班 / 不愿意   _____✎

xiǎng   mèimei   xīguā   chī
③ 想 / 妹妹 / 西瓜 / 吃   _____✎

정답·해석·해설 p.228

포인트 **22** 소망·의지를 나타내는 조동사 想/要/愿意 **53**

필요성을 나타내는 조동사 要/应该/得

🎧 예문·연습문제 정답
바로 듣기

① 조동사 要(yào, ~해야 한다)는 어떤 일을 해야 한다는 필요성을 나타낸다. 부정형은 不用(bú yòng, ~할 필요 없다)을 자주 쓴다.

Jīntiān wǎnshang yào zuò zuòyè.
今天晚上要做作业。
오늘 저녁에 숙제를 해야 한다.

Zhè jiàn shì yào gàosu lǎoshī.
这件事要告诉老师。
이 일은 선생님에게 알려야 한다.

Jīntiān wǎnshang bú yòng zuò zuòyè.
今天晚上不用做作业。
오늘 저녁에 숙제를 할 필요 없다.

Zhè jiàn shì bú yòng gàosu lǎoshī.
这件事不用告诉老师。
이 일은 선생님에게 알릴 필요 없다.

TIP 不要(bú yào, ~하면 안 된다)는 금지를 나타낸다.

Míngtiān nǐ bú yào lái!
明天你不要来！　내일은 오지 마세요!

Nǐ bú yào shuōhuà!
你不要说话！　말하지 마세요!

② 조동사 应该(yīnggāi, (마땅히) ~해야 한다)도 필요성을 나타낸다. 부정형은 不应该(bù yīnggāi, ~해서는 안 된다)이다.

应该(yīnggāi)와 비슷한 생김새의 应当(yīngdāng), 应(yīng), 该(gāi) 모두 '(마땅히) ~해야 하다'와 같이 필요성을 나타내는 조동사이다. 이 중에서 应该가 가장 자주 쓰인다.

Xuésheng yīnggāi nǔlì xuéxí.
学生应该努力学习。
학생은 공부를 열심히 해야 한다.

Wǒmen yīnggāi hùxiāng bāngzhù.
我们应该互相帮助。
우리는 서로 도와야 한다.

Nǐ bù yīnggāi zhème shuō.
你不应该这么说。
당신은 이렇게 말해서는 안 됩니다.

Xiànzài bù yīnggāi kàn shǒujì.
现在不应该看手机。
지금은 휴대폰을 봐서는 안 됩니다.

③ 조동사 得(děi, (반드시) ~해야 한다)는 강한 필요성을 나타낸다. 부정형은 不用(bú yòng, ~할 필요 없다)이다.

Zánmen děi líkāi.
咱们得离开。
우리 떠나야 해요.

Qù Běijīng děi zuò fēijī.
去北京得坐飞机。
베이징에 갈 때 비행기를 타야 한다.

Zánmen bú yòng líkāi.
咱们不用离开。
우리는 떠날 필요 없어요.

Qù Běijīng bú yòng zuò fēijī.
去北京不用坐飞机。
베이징에 갈 때 비행기를 탈 필요 없다.

연습문제

1. 우리말을 보고 알맞은 조동사에 동그라미를 하세요.

Nǐ (néng / yào) nǔlì xuéxí.
① 你（能 / 要）努力学习。

너는 열심히 공부**해야 해**.

Wǒmen (huì / děi) děng tā.
② 我们（会 / 得）等他。

우리는 그를 기다려**야 해요**.

Nǐ (yīnggāi / yuànyì) cānjiā zhè cì huìyì.
③ 你（应该 / 愿意）参加这次会议。

당신은 이번 회의에 참석**해야 해요**.

2. 제시된 문장의 부정문이 올바르게 쓰였으면 O, 틀리게 쓰였으면 X 표시를 하세요.

Míngtiān yào jiāo zuòyè.　　　　Míngtiān bù néng jiāo zuòyè.
① 明天要交作业。　　—　　明天不能交作业。　　　　（　　　）

Nǐ yīnggāi zhème zuò.　　　　Nǐ bù yīnggāi zhème zuò.
② 你应该这么做。　　—　　你不应该这么做。　　　　（　　　）

Wǒ děi qù yínháng.　　　　Wǒ bù kěnéng qù yínháng.
③ 我得去银行。　　—　　我不可能去银行。　　　　（　　　）

3. 제시된 표현들로 어순에 맞는 문장을 완성하세요. [HSK 대비]

xiūxi　　nǐ　　yīnggāi
① 休息 / 你 / 应该　　_____ ✎

bú yòng　danxīn　nín
② 不用 / 担心 / 您　　_____ ✎

nǐ　　bànfǎ　xiǎngxiang　yào
③ 你 / 办法 / 想想 / 要　　_____ ✎

정답·해석·해설 p.228

포인트 **23** 표인트

99표인트로 마스터하는 왜커스 중국어 문법

추측을 나타내는 조동사 会/可能/要

🎧 예문·연습문제 정답
바로 듣기

① 조동사 可能(kěnéng, (아마도) ~할 것이다)은 미래나 과거에 대한 추측을 나타낸다. 부정형은 不可能(bù kěnéng, ~할 리 없다)이다.

Tā kěnéng huílai.
他可能回来。
그는 아마도 돌아올 것이다.

Huìyì kěnéng yǐjīng jiéshù le.
会议可能已经结束了。
회의는 아마도 이미 끝났을 것이다.

Tā bù kěnéng huílai.
他不可能回来。
그가 돌아올 리 없다.

Huìyì bù kěnéng yǐjīng jiéshù le.
会议不可能已经结束了。
회의가 이미 끝났을 리 없다.

② 조동사 会(huì, ~할 것이다)는 미래에 일어날 사실에 대한 추측을 나타낸다. 부정형은 不会(bú huì, ~하지 않을 것이다)이다.

Tā huì tóngyì.
他会同意。　그는 동의할 것이다.

Míngtiān huì xià yǔ.
明天会下雨。　내일은 비가 올 것이다.

Tā bú huì tóngyì.
他不会同意。　그는 동의하지 않을 것이다.

Míngtiān bú huì xià yǔ.
明天不会下雨。　내일은 비가 오지 않을 것이다.

③ 추측을 나타내는 조동사 可能과 会는 함께 쓰일 수 있다.

Wǒ kěnéng huì chídào.
我可能会迟到。　나는 아마도 지각할 것이다.

Míngtiān kěnéng huì xià dàxuě.
明天可能会下大雪。　내일 아마도 큰 눈이 내릴 것이다.

④ 조동사 要(yào, ~할 것이다)도 추측을 나타내며, 会, 可能보다 주관적인 어감이 강하다. 부정형은 不会(bú huì, ~하지 않을 것이다), 不可能(bù kěnéng, ~할 리 없다) 모두 사용할 수 있다.

Nǐ bù tīnghuà, bàba yào shuō nǐ de.
你不听话，爸爸要说你的。　말을 듣지 않으면, 아빠가 너를 혼낼 거야.

Wǒ bù tīnghuà, bàba yě bú huì shuō wǒ de.
我不听话，爸爸也不会说我的。　내가 말을 듣지 않아도, 아빠는 나를 혼내지 않을 것이다.

TIP 爸爸要说你的。(아빠가 너를 혼낼 거야.)에서 문장 끝의 的(de)는 '분명히 ~할 것이다'라는 확신의 어기를 나타낸다.

연습문제

1. 우리말을 보고 알맞은 조동사에 동그라미를 하세요.

Wǒmen míngtiān (děi / huì) jiànmiàn.
① 我们明天（得 / 会）见面。 　　　　우리는 내일 **만날 거예요**.

Tā (kěnéng / kěyǐ) wàngjì le.
② 她（可能 / 可以）忘记了。 　　　　그녀는 **아마도** 잊어버렸**을 것이다**.

Nǐ zhèyàng zuò, tā (xiǎng / yào) shēngqì de.
③ 你这样做，他（想 / 要）生气的。 　　당신이 이렇게 하면, 그는 화를 **낼 거예요**.

2. 제시된 문장의 부정문이 올바르게 쓰였으면 O, 틀리게 쓰였으면 X 표시를 하세요.

Xiàwǔ huì xià xuě.　　　　　Xiàwǔ bú huì xià xuě.
① 下午会下雪。　　—　　下午不会下雪。　　　　　（　　　）

Tā kěnéng shēngbìng le.　　Tā bú huì shēngbìng.
② 他可能生病了。　—　　他不会生病。　　　　　（　　　）

Tā yào dǎ wǒ de.　　　　　Tā bù kěnéng dǎ wǒ.
③ 他要打我的。　　—　　他不可能打我。　　　　（　　　）

3. 제시된 표현들로 어순에 맞는 문장을 완성하세요. [HSK 대비]

rènshi wǒ　　bù kěnéng　　tā
① 认识我 / 不可能 / 他 　　　_____ ✎

huì　　tā　　lǐjiě wǒ de
② 会 / 她 / 理解我的 　　　_____ ✎

kěnéng　　hěn lěng　　míngtiān　　huì
③ 可能 / 很冷 / 明天 / 会 　　_____ ✎

정답·해석·해설 p.229

형용사의 쓰임

🎧 예문·연습문제 정답
바로 듣기

① 대부분의 형용사는 문장에서 술어로 쓰인다.

형용사는 문장에서 술어가 되어, 주어가 어떤 상태인지를 나타낼 수 있다.

Tā　hěn　gāoxìng.
他　很　高兴。　그는 기쁘다.
주어　부사어　술어(형용사)

Xīguā　fēicháng　tián.
西瓜　非常　甜。　수박이 아주 달다.
주어　부사어　술어(형용사)

> **TIP** 이렇게 형용사가 술어가 되는 문장을 형용사술어문이라고 한다. 형용사술어문(p.164)에서 더 자세히 학습할 수 있다.

② 술어로 쓰이는 형용사 앞에는 습관적으로 부사 很을 붙인다.

정도부사 很은 원래 '매우'라는 의미이지만, 중국사람들은 형용사 앞에 습관적으로 很을 붙인다. 이때 很은 '매우'라는 뜻이 약하고, 읽을 때도 가볍게 읽으면 된다.

Wǒ　hěn　kě.
我　很　渴。　나는 목마르다.
주어　부사어　술어

Rén　hěn　duō.
人　很　多。　사람이 많다.
주어　부사어　술어

③ 일부 형용사는 술어로 쓰이지 못하고, 的(~한 것)를 붙여 명사처럼 쓰이거나, 명사를 수식하는 관형어가 된다.

nán
男　남자의, 남성의　▶

nán de
男的　남자

zhēn
真　진짜이다, 진실하다　▶

zhēn de
真的　진짜, 정말로

réngōng
人工　인공의　▶

réngōng zhìnéng
人工智能　인공 지능

jīběn
基本　기본적인　▶

jīběn tiáojiàn
基本条件　기본적인 조건

④ 대부분의 형용사 앞에는 정도부사가 올 수 있다.

형용사 앞에 정도를 나타내는 정도부사가 와서 형용사가 나타내는 상태가 어느 정도인지를 나타낼 수 있다.

fēicháng dà
非常大　아주 크다

shífēn ānjìng
十分安静　대단히 조용하다

bǐjiào zǎo
比较早　비교적 이르다

yǒudiǎnr lěng
有点儿冷　조금 춥다

연습문제

1. 제시된 형용사가 들어갈 알맞은 위치를 고르세요.

① téng 疼 아프다 | Wǒ de 我的 나의 [A] tóu 头 머리 [B] hěn 很 (매우) [C]。

② tián 甜 달다 | Zhège 这个 이 [A] kāfēi 咖啡 커피 [B] bǐjiào 比较 비교적 [C]。

2. 다음 중 올바르게 쓰인 문장을 고르세요.

① A Zhège bāo fēicháng zhēn. 这个包非常真。　　B Zhège bāo shì zhēn de. 这个包是真的。

② A Zhèxiē shì jīběn yāoqiú. 这些是基本要求。　　B Zhèxiē yāoqiú jīběn. 这些要求基本。

3. 제시된 그림을 보고 형용사를 사용하여 대화를 완성하세요. TSC 대비

① A：Wàimian hěn rè ma? 外面很热吗？
B：Bù, wàimian hěn 不，外面很＿＿＿＿＿＿＿。

② A：Shéi de gèzi bǐjiào 谁的个子比较＿＿＿＿＿＿＿？
B：Nǚde de gèzi bǐjiào 女的的个子比较＿＿＿＿＿＿＿。

4. 제시된 표현들로 어순에 맞는 문장을 완성하세요. HSK 대비

① yǒudiǎnr 有点儿 / wǒ 我 / jǐnzhāng 紧张　✎ ＿＿＿＿＿＿＿＿＿＿＿

② zhè běn shū 这本书 / yǒuqù 有趣 / fēicháng 非常　✎ ＿＿＿＿＿＿＿＿＿＿＿

정답·해석·해설 p.229

형용사의 중첩

🎧 예문·연습문제 정답
바로 듣기

① **사물의 성질을 나타내는 형용사는 중첩할 수 있다. 형용사를 중첩하면 정도가 강해지고, 생동감 있게 묘사하는 느낌을 준다.**

xiǎo		xiǎoxiǎo		gāoxìng		gāogaoxìngxìng
小 작다	➤	小小 매우 작다		高兴 즐겁다	➤	高高兴兴 매우 즐겁다

> **TIP** 형용사 중첩은 동사 중첩과 다르다. 동사를 중첩하면 동작을 짧게 시도해보는 느낌을 나타내거나 말투를 부드럽게 만들어주지만, 형용사 중첩은 이런 의미가 없고 묘사성이 강조된다.

② **1음절 형용사는 'AA' 형태로 중첩한다.**

hóng		hónghóng de píngguǒ		duǎn		duǎnduǎn de tóufa
红 빨갛다	➤	红红的苹果 새빨간 사과		短 짧다	➤	短短的头发 매우 짧은 머리

③ **2음절 형용사는 'AABB' 형태로 중첩한다.**

2음절 형용사를 중첩할 때는 두 번째 음절을 경성으로 읽는다. 형용사 중첩이 술어 또는 보어로 쓰이는 경우, 중첩한 형용사 뒤에 的를 붙이기도 한다.

piàoliang		Tā chuānle piàopiaoliangliang de qúnzi.
漂亮 예쁘다	➤	她穿了漂漂亮亮的裙子。 그녀는 아주 예쁜 치마를 입었다.

gānjìng		Wǒmen de jiàoshì gānganjìngjìng de.
干净 깨끗하다	➤	我们的教室干干净净的。 우리 교실은 매우 깨끗하다.

④ **중첩한 형용사는 이미 그 정도가 강해졌기 때문에 앞에 정도부사의 수식을 받지 않고, 또한 부정부사를 쓰지 않는다.**

hěn piàopiaoliangliang	bú piàopiaoliangliang
很漂漂亮亮 (X)	不漂漂亮亮 (X)

연습문제

1. 제시된 1음절 형용사를 중첩해서 쓰세요.

gāo
① 高　　　　　＿＿＿＿＿＿＿＿＿ 🖉

pàng
② 胖　　　　　＿＿＿＿＿＿＿＿＿ 🖉

bái
③ 白　　　　　＿＿＿＿＿＿＿＿＿ 🖉

2. 제시된 2음절 형용사가 중첩된 것이 맞으면 O, 틀리면 X 표시를 하세요.

jiǎndān　　　　　　　jiǎndānjiǎndān
① 简单　　—　　简单简单　　　　　（　　　）

shūfu　　　　　　　shūshufufu
② 舒服　　—　　舒舒服服　　　　　（　　　）

ānjìng　　　　　　　ān'anjìngjìng
③ 安静　　—　　安安静静　　　　　（　　　）

3. 제시된 형용사를 중첩하여 빈칸을 채우고, 우리말 뜻도 쓰세요. HSK 대비

xiǎo 小	cháng 长	kāixīn 开心

Tā de tóufa　　　　de.
① 他的头发＿＿＿＿的。　　　　그의 머리카락은 ＿＿＿＿＿＿.

Zhèli yǒu　　　　de cuòwu.
② 这里有＿＿＿＿的错误。　　　여기에 ＿＿＿＿＿＿ 오류가 있습니다.

Tāmen dōu　　　　de.
③ 他们都 ＿＿＿＿的。　　　　그들은 모두 ＿＿＿＿＿＿.

정답·해석·해설 p.230

부사의 쓰임과 종류

🎧 예문·연습문제 정답
바로 듣기

① 부사는 문장에서 부사어가 되어 동사나 형용사 앞에서 그 동사나 형용사, 혹은 문장 전체를 수식하는 역할을 한다.

Tāmen　fēicháng　kāixīn.
他们　非常　开心。　　그들은 매우 즐겁다.
부사어(부사)　　술어(형용사)　　▶ 부사 非常이 형용사 开心을 수식한다.

Yuánlái　tāmen shì Zhōngguórén.
原来　他们是中国人。　　알고 보니 그들은 중국인이었다.
부사어(부사)　문장 전체　　▶ 부사 原来가 문장 전체를 수식한다.

② 才, 当然 등과 같은 일부 부사를 제외하고, 부사는 일반적으로 단독으로 쓰일 수 없다.

Nǐ qù ma?
A: 你去吗? 　당신은 가요?

Bù.　　　　Dāngrán.
B: 不。 아니요. / 当然。 당연하죠.

Nǐ rè ma?
A: 你热吗? 　더워요?

Hěn rè.　　　　Hěn.
B: 很热。 더워요. 　B: 很。 (X)

③ 부사의 종류는 시간/범위/정도/빈도/부정/상태/어기부사로 나뉜다.

시간부사 동작이 발생하거나 상태가 지속되는 시간을 나타낸다.			
刚(刚) gāng(gāng) 방금	已(经) yǐ(jīng) 이미	曾(经) céng(jīng) 이전에, 일찍이	才 cái ~에야
一直 yìzhí 줄곧	马上 mǎshàng 곧, 바로	立刻 lìkè 즉시	就 jiù 벌써
快 kuài 곧, 빨리	早 zǎo 진작, 일찍이	将要 jiāngyào 곧 ~하려 하다	从来 cónglái 지금까지, 여태껏
终于 zhōngyú 드디어	正/在/正在 zhèng/zài/zhèngzài ~하는 중이다		

범위부사 동작이나 상태가 발생하는 범위를 나타낸다.			
都 dōu 모두, 다	全 quán 전부, 모두	一共 yígòng 총	只 zhǐ 단지, ~만
仅仅 jǐnjǐn 단지, 겨우	就 jiù ~만, 오직	光 guāng 오로지 ~만	

정도부사 동작이나 상태의 정도를 나타낸다.			
很 hěn 매우	非常 fēicháng 아주, 매우	十分 shífēn 대단히, 십분	最 zuì 가장
更 gèng 더욱	太 tài 너무	特别 tèbié 특히	比较 bǐjiào 비교적
真 zhēn 정말, 진짜	有点儿 yǒudiǎnr 조금	稍微 shāowēi 약간, 조금	挺 tǐng 꽤, 제법

빈도부사 동작이 얼마나 자주 발생하는지를 나타낸다.			
又 yòu 또, 다시	再 zài 다시, 재차	还 hái 더, 또	也 yě ~도
经常 jīngcháng 자주, 늘	往往 wǎngwǎng 왕왕, 자주		

부정부사 동작이나 상태를 부정한다.		**상태부사** 동작이나 상태를 묘사한다.	
不 bù ~않다	没(有) méi(yǒu) ~않았다	仍然 réngrán 여전히, 변함없이	互相 hùxiāng 서로
别 bié ~하지 마라		顺便 shùnbiàn ~하는 김에	

어기부사 화자의 감정, 어투를 나타낸다.			
可 kě [강조를 나타냄]	难道 nándào 설마 ~하겠는가?	几乎 jīhū 거의	一定 yídìng 꼭, 반드시
究竟 jiūjìng 도대체, 대체	到底 dàodǐ 도대체	却 què ~만, 오히려	原来 yuánlái 원래, 알고 보니
也许 yěxǔ 아마도, 어쩌면	差(一)点儿 chà(yì)diǎnr 하마터면 ~할 뻔하다, 다행히 ~하다		

1. 제시된 부사가 들어갈 알맞은 위치를 고르세요.

① zhèngzài
正在
~하는 중이다

[A]   Xiǎo Zhāng
小张
샤오장
   [B]   fùyìn
复印
복사하다
   [C]   cáiliào
材料。
자료

② fēicháng
非常
아주

[A]   jīntiān de
今天的
오늘의
   [B]   tiānqì
天气
날씨
   [C]   hǎo
好。
좋다

2. 제시된 대화에서 답변이 맞게 쓰였으면 O, 틀리게 쓰였으면 X 표시를 하세요.

① Nǐ lèi ma?
A: 你累吗?

Hěn.
B: 很。   (   )

② Nǐ hē jiǔ ma?
A: 你喝酒吗?

Dāngrán.
B: 当然。   (   )

3. 제시된 부사를 한 번씩만 사용하여 문장을 완성하고, 우리말 뜻도 쓰세요. HSK 대비

jīngcháng 经常	tèbié 特别

① Zhè jiàn yīfu   dà.
这件衣服_____大。   이 옷은 _____ 크다.

② Tā   dǎ lánqiú.
他_____打篮球。   그는 _____ 농구를 한다.

4. 제시된 표현들로 어순에 맞는 문장을 완성하세요. HSK 대비

① lái / wǒ / mǎshàng
来 / 我 / 马上   _____ ✎

② wánchéng / le zuòyè / yǐjīng / tā
完成 / 了作业 / 已经 / 他   _____ ✎

정답·해석·해설 p.230

① **시간부사 刚/刚刚**(gāng/gānggāng, 방금)**은 어떤 행위가 발생한지 얼마 안 되었음을 나타낸다.**

부사 刚/刚刚을 쓴 문장 끝에는 了를 사용할 수 없다.

Gāng mǎi de xiézi hěn piàoliang.
刚买的鞋子很漂亮。　방금 산 신발은 매우 예쁘다.

Huìyì gānggāng jiéshù.
会议刚刚结束。　회의는 방금 끝났다.

> **TIP** 동일한 뜻을 가진 명사 刚才(gāngcái, 방금)와 혼동하지 않도록 주의한다.
>
> 刚才는 명사이며, 주어 앞뒤에 모두 쓸 수 있다. 刚/刚刚과 달리 문장 끝에 了를 쓸 수도 있다.
>
> Tā gāngcái chīle yào.
> 他刚才吃了药。　그는 방금 약을 먹었다.
>
> Gāngcái tā shuō shénme le?
> 刚才她说什么了？　방금 그녀가 뭐라고 했나요?

② **시간부사 已/已经**(yǐ/yǐjīng, 이미)**, 曾/曾经**(céng/céngjīng, 이전에, 일찍이)**은 어떤 행위가 이미 발생했음을 나타낸다.**

부사 已/已经은 말하기 전 혹은 특정한 시간 전에 행위가 발생했고, 그 상황 혹은 결과가 현재까지도 지속됨을 나타낸다. 일상생활에서는 已经을 더욱 자주 쓰고, 已经…了(yǐjīng…le, 이미 ~했다)의 형태로 자주 쓰인다. 已는 일상 회화에서보다는 글을 쓸 때 자주 쓰이며, 了를 자주 생략한다.

Tāmen yǐ jiéhūn.
他们已结婚。　그들은 이미 결혼했다.

Wǒ yǐjīng wǔshí suì le.
我已经五十岁了。　저는 이미 쉰 살입니다.

부사 曾/曾经은 과거에 어떤 행위나 상황이 발생한 적이 있고, 현재는 이미 종료된 상황을 나타낸다. 曾/曾经…过(céng/céngjīng…guo, 이전에 ~한 적 있다)의 형태로 자주 쓰인다.

Wǒ céng qùguo Běijīng.
我曾去过北京。　나는 이전에 베이징에 간 적 있다.

Tā céngjīng xuéguo gāngqín.
他曾经学过钢琴。　그는 이전에 피아노를 배운 적 있다.

1. 다음 중 올바르게 쓰인 문장을 고르세요.

①   Bǐsài gānggāng jiéshù.
   A 比赛刚刚结束。   B 比赛刚刚结束了。
                                       Bǐsài gānggāng jiéshù le.

②   Wǒ míngtiān yǐjīng juédìng le.
   A 我明天已经决定了。   B 我昨天已经决定了。
                                       Wǒ zuótiān yǐjīng juédìng le.

③   Wǒ céngjīng hòuhuǐ guo.
   A 我曾经后悔过。   B 我现在曾经后悔。
                                       Wǒ xiànzài céngjīng hòuhuǐ.

2. 알맞은 어휘를 골라서 대화를 완성하세요.   [일반회화 대비]

①   Nǐ (gāng / gāngcái) zuò shénme le?
   A: 你（刚 / 刚才）做什么了？
     Wǒ kàn diànshìjù le.
   B: 我看电视剧了。

②   Nàxiē yú xiànzài zěnmeyàng le?
   A: 那些鱼现在怎么样了？
     Tāmen (yǐjīng / céngjīng) sǐ le.
   B: 它们（已经 / 曾经）死了。

3. 제시된 표현들로 어순에 맞는 문장을 완성하세요.   [HSK 대비]

①   chūfā   tāmen   gānggāng
   出发 / 他们 / 刚刚   ✏

②   xiàbānle   yǐjīng   tā
   下班了 / 已经 / 她   ✏

③   gāng   huílai   bàba
   刚 / 回来 / 爸爸   ✏

④   wǒ céngjīng   guo Lǐ jiàoshòu   jiàn
   我曾经 / 过李教授 / 见   ✏

정답·해석·해설 p.231

시간부사 才/就, 快, 범위부사 都/一共

🎧 예문·연습문제 정답
바로 듣기

① **시간부사 才**(cái, ~에야)**는 상황의 발생 시간이 늦음을, 就**(jiù, 벌써)**는 상황의 발생 시간이 이름을 나타낸다.**

부사 才는 시간사 뒤에 쓰여 '~에야, 겨우, 비로소'의 뜻으로 상황의 발생 시간이 늦음을 나타낸다.

Wǒ míngnián cái bìyè.
我明年才毕业。
나는 내년에야 졸업한다.

Jīntiān Xiǎo Míng shíyī diǎn cái qǐchuáng.
今天小明11点才起床。
오늘 샤오밍은 11시에야 일어났다.

부사 就(jiù)는 시간사 뒤에 쓰여 상황의 발생 시간이 이르거나 빠름을 나타낸다. 문장 끝에 了를 자주 붙인다.

Wǒ qùnián jiù bìyè le.
我去年就毕业了。
나는 작년에 벌써 졸업했다.

Jīntiān Xiǎo Míng wǔ diǎn jiù qǐchuáng le.
今天小明5点就起床了。
오늘 샤오밍은 5시에 벌써 일어났다.

> **TIP** 就는 一⋯就⋯(yī⋯jiù, ~하자 마자, ~하다)의 형태로도 자주 쓰인다. 이때 就는 두 동작이 긴밀하게 진행됨을 나타낸다.
> Tā yí fàngxué, jiù qù túshūguǎn le.
> 他一放学，就去图书馆了。　그는 학교가 끝나자마자 도서관에 갔다.

② **시간부사 快**(kuài, 곧, 빨리)**는 동작이 곧 발생함을 나타낸다.**

부사 快는 快⋯了(kuài⋯le)의 형태로 자주 쓰이는데, 이를 어떤 일의 발생이 임박했다고 해서 '임박태'라고도 한다.
부사 快 뒤에 要(yào)를 붙여 시간이 급박함을 더욱 강조할 수도 있다. 要만 단독으로 쓸 수도 있다.

Huǒchē kuài dào le.
火车快到了。

Huǒchē kuài yào dào le.
火车快要到了。

Huǒchē yào dào le.
火车要到了。

기차가 곧 도착하려고 한다. ▶快/快要/要⋯了는 모두 '곧 ~하려고 하다'라는 뜻으로 자주 쓰인다.

> **TIP** 就要⋯了(jiù yào⋯le)도 '곧 ~하려고 하다'라는 뜻의 임박태이다. 구체적인 시점이 제시될 때 자주 쓰인다.
> Tāmen míngnián jiù yào jiéhūn le.
> 他们明年就要结婚了。　그들은 내년에 곧 결혼하려고 한다.
> ▶就要⋯了는 明年(내년)과 같이 구체적 시점이 올 때 자주 쓰인다.

③ **범위부사 都**(dōu, 모두, 다)**, 一共**(yígòng, 총)**은 '전체'라는 범위를 나타낸다.**

Tāmen dōu shì dàxuéshēng.
他们都是大学生。　그들은 모두 대학생이다.

Zhèxiē dōngxi yígòng sānshí kuài qián.
这些东西一共30块钱。　이 물건들은 총 30위안이다.

부사 都는 앞에 제시된 여러 개의 사물 하나하나를 다 가리키고, 부사 一共은 합쳐서 '총, 전체'를 가리킨다.

Wǒ hé mèimei dōu yǒu sì ge màozi.
我和妹妹都有四个帽子。　나와 여동생은 모두 4개의 모자를 가지고 있다.
▶나와 여동생이 각자 4개씩, 총 8개의 모자를 가지고 있음을 나타낸다.

Wǒ hé mèimei yígòng yǒu sì ge màozi.
我和妹妹一共有四个帽子。　나와 여동생은 총 4개의 모자를 가지고 있다.
▶나와 여동생이 합쳐서 총 4개의 모자를 가지고 있음을 나타낸다.

1. 제시된 중국어 문장의 우리말 뜻을 찾아 선으로 연결하세요.

Xiǎo Dōng kuài lái le.
① 小东快来了。

A 샤오둥은 곧 올 것이다.

Xiǎo Dōng shàngwǔ jiù lái le.
② 小东上午就来了。

B 샤오둥은 저녁에야 온다.

Xiǎo Dōng wǎnshang cái lái.
③ 小东晚上才来。

C 샤오둥은 오전에 벌써 왔다.

2. 부사 才/就/一共 중 문맥에 알맞은 것을 골라 대화를 완성하세요. 일반회화 대비

Nǐ zěnme xiànzài _____ jiē diànhuà?
① A: 你怎么现在 _____ 接电话？

A: 왜 이제**야** 전화를 받아요？

Wǒ gāngcái hěn máng.
B: 我刚才很忙。

B: 아까 바빴어요.

Zhèxiē dōngxi _____ duōshao qián?
② A: 这些东西 _____ 多少钱？

A: 이 물건들은 **총** 얼마입니까？

Yìbǎi èrshí kuài qián.
B: 120块钱。

B: 120위안입니다.

Nǐ dǎsuan shénme shíhou fā yóujiàn?
③ A: 你打算什么时候发邮件？

A: 언제 이메일을 보낼 계획입니까？

Wǒ zuótiān _____ fā le.
B: 我昨天 _____ 发了。

B: 어제 **벌써** 보냈어요.

3. 제시된 표현들로 어순에 맞는 문장을 완성하세요. HSK 대비

kèrén / láile / kuài yào
① 客人 / 来了 / 快要

_____

shàngbānle / tā zǎoshang / qī diǎn jiù
② 上班了 / 她早上 / 七点就

_____

dōu / lǚyóu / tāmen / xǐhuan
③ 都 / 旅游 / 他们 / 喜欢

_____

정답·해석·해설 p.232

포인트 30

정도부사 太/挺, 빈도부사 又/再/还, 부정부사 不/没(有)

🎧 예문·연습문제 정답
바로 듣기

① **정도부사 太(tài, 너무)와 挺(tǐng, 꽤, 제법)은 주관적인 정도를 나타낸다.**

부사 太는 단독으로 사용될 수도 있고, 了(le)와 함께 太…了(너무 ~하다)의 형태로도 자주 쓰인다. 부사 挺도 단독으로 사용될 수 있고, 的(de)와 함께 挺…的(꽤, 제법 ~하다)의 형태로도 자주 쓰인다.

Zhège cài tài hǎochī le!
这个菜太好吃了!   이 요리는 너무 맛있어요!

Wàimian tǐng lěng de.
外面挺冷的。   바깥이 꽤 추워요.

② **빈도부사 又(yòu, 또), 再(zài, 다시), 还(hái, 더)는 동작·행위·상태가 중복되어 발생함을 나타낸다.**

부사 又는 동작의 중복이 이미 발생했음을 나타낸다. '~데다가'라는 뜻으로 의미를 보충해줄 수도 있다.

Tā yòu chīle yí ge miànbāo.
他又吃了一个面包。

그는 빵 하나를 또 먹었다.

Nàli hěn yuǎn, yòu méiyǒu rén.
那里很远,又没有人。

그곳은 먼데다가, 사람도 없다.

부사 再(zài)는 동작이 앞으로 다시 중복될 것을 나타낸다. '~하고 나서'라는 뜻으로 어떤 동작을 하고 나서 다른 동작을 진행하려는 것을 나타낼 수도 있다.

Nǐ míngtiān zài lái.
你明天再来。

내일 다시 오세요.

Wǒ chīwán fàn zài yùndòng.
我吃完饭再运动。

나는 밥을 다 먹고 나서 운동할게.

부사 还(hái)는 이미 충분하지만 그래도 또 중복해서 진행함을 나타낸다. '여전히, 아직도'라는 뜻으로 동작이나 상태가 지속됨을 나타낼 수도 있다.

Dōu shí diǎn le, nǐ hái yào shuì ma?
都10点了,你还要睡吗?

벌써 10시인데, 더 잘 거예요?

Wǒmen lǎoshī hái hěn niánqīng.
我们老师还很年轻。

우리 선생님은 여전히 젊다.

③ **부정부사 不(bù, ~않다), 没/没有(méi/méiyǒu, ~않았다)는 어떤 동작이나 상태를 부정함을 나타낸다.**

부사 不는 어떤 동작·상태의 발생이나 존재를 주관적으로 부정한다. 주로 현재나 미래의 일을 부정할 때 쓰인다. 부사 没/没有는 과거에 어떤 동작이나 상태가 일어나지 않았음을 객관적인 사실로 부정한다.

Tā bù chī.
他不吃。   그는 먹지 않는다.

Wǒ bù mǎi shuǐguǒ.
我不买水果。   나는 과일을 사지 않는다.

Tā méiyǒu chī.
他没有吃。   그는 먹지 않았다.

Wǒ méiyǒu mǎi shuǐguǒ.
我没有买水果。   나는 과일을 사지 않았다.

1. 제시된 빈도부사를 한 번씩만 사용하여 문장을 완성하세요. [HSK 대비]

zài 再	hái 还	yòu 又

Nǐ zěnme　　　　bù gāoxìng le?
① 你怎么 _____ 不高兴了？　　　　왜 **또** 기분이 안 좋아졌어요?

Jīntiān bù xíng, míngtiān　　　　kàn ba.
② 今天不行，明天 _____ 看吧。　　　　오늘은 안 돼요. 내일 **다시** 봅시다.

Dāngshí tā　　　　hěn xiǎo, cái liù suì.
③ 当时她 _____ 很小，才六岁。　　　　당시 그녀는 **여전히** 어렸는데, 6살밖에 되지 않았다.

2. 부정부사 不와 没 중 알맞은 것을 골라서 문장을 완성하세요.

Wǒ zuótiān　　　　dǎsǎo fángjiān.
① 我昨天 _____ 打扫房间。

Wǒmen xià zhōu　　　　shàngkè.
② 我们下周 _____ 上课。

Tā píngshí　　　　chídào.
③ 他平时 _____ 迟到。

3. 제시된 표현들로 어순에 맞는 문장을 완성하세요. [HSK 대비]

chūqule　　yòu　　dìdi
① 出去了 / 又 / 弟弟　　　　_____

tài　　zhèlǐ de biànhuà　　dàle
② 太 / 这里的变化 / 大了　　　　_____

qúnzi　　zhè tiáo　　piàoliang de　　tǐng
③ 裙子 / 这条 / 漂亮的 / 挺　　　　_____

포인트 31 개사의 쓰임과 종류

예문·연습문제 정답
바로 듣기

① **개사는 주로 대사/명사(구) 앞에 쓰여 개사구를 구성한다.**

　　hé　　tā
　　和　　他　　그와
　　개사 + 대사
　　　개사구
➤ 개사 和가 대사 他 앞에 위치하여 和他라는 개사구를 구성한다.

> **TIP** 개사는 대부분 대사/명사(구)와 함께 쓰이지만, 동사/형용사(구), 주술구, 술목구와 함께 쓰이는 경우도 있다.
>
> 　Tā　　tōngguò　　kàn diànshìjù　　xuéxí　　Hànyǔ.
> 　他　　通过　　　看电视剧　　　学习　　汉语。　　그는 드라마를 보는 것을 통해 중국어를 공부한다.
> 　　　　개사 　+　 술목구　　　　 술어
> 　　　　　　　개사구

② **개사구는 술어 앞에서 행위나 성질과 관련된 장소, 시간, 방향, 대상, 근거, 방식, 원인, 목적 등을 나타낸다.**

　Wǒ　　hé tā　　tī　　zúqiú.
　我　　和他　　踢　　足球。　　나는 그와 축구를 한다.
　　　　개사구　 술어
➤ 개사구 和他는 술어 踢 앞에서 행위를 함께한 대상이 他임을 나타낸다.

③ **为了**(wèile, ~를 위해), **对于/关于**(duìyú/guānyú, ~에 대해), **通过**(tōngguò, ~을 통해), **按照**(ànzhào, ~에 따라) **등과 같은 개사가 포함된 개사구는 주어 앞에 올 수 있다.**

　Wèile zhè cì kǎoshì,　　tā　　zhǔnbèile　　hěn duō.
　为了这次考试，　　　　他　　准备了　　　很多。　　이번 시험을 위해, 그는 많은 준비를 했다.
　　개사구　　　　　　　　주어

④ **개사는 장소, 시간, 방향, 대상, 근거/방식, 원인/목적 등을 나타낸다.**

장소/시간	在 zài ~에서, ~에 到 dào ~까지	于 yú ~에서, ~에 自 zì ~로부터	从 cóng ~부터 由 yóu ~로부터, ~부터
장소	离 lí ~로부터		
시간	自从 zìcóng ~한 이후, ~때부터	当 dāng ~때에	
방향	往 wǎng ~를 향해	向 xiàng ~를 향해	朝 cháo ~를 향해
대상	跟/和 gēn/hé ~와 为 wèi ~에게 除了 chúle ~이외에	给 gěi ~에게, ~를 위해 对于/关于 duìyú/guānyú ~에 대해	对 duì ~에게, ~에 대해 至于 zhìyú ~으로 말하면
근거/방식	按照 ànzhào ~에 따라 以 yǐ ~로(써), ~으로 通过 tōngguò ~을 통해	根据 gēnjù ~에 근거하여 凭 píng ~로써, ~에 의거하여	(依)照 (yī)zhào ~에 의하면 由 yóu ~로
원인/목적	由于 yóuyú ~로 인하여, ~때문에	为 wèi ~때문에, ~를 위해	为了 wèile ~를 위해

> **TIP** 개사 把(bǎ, ~을), 被(bèi, ~에 의해 ~을 당하다), 比(bǐ, ~보다)는 각각 p.178~180, 182~184, 196~198에서 자세히 학습할 수 있다.

1. 제시된 개사가 들어갈 알맞은 위치를 고르세요.

① gēn 跟 ~와   Lìli 丽丽 리리 [A]   wǒmen 我们 우리 [B]   yìqǐ 一起 함께 [C]   chīfàn 吃饭。 밥을 먹다

② zài 在 ~에서   [A] tā 他 그 [B]   gōngzuò shang 工作上 업무 면에서 [C]   yùdàole wèntí 遇到了问题。 문제에 부딪혔다

③ ànzhào 按照 ~에 따라   [A] gōngsī de guīdìng, 公司的规定, 회사의 규정 [B]   wǒmen 我们 우리 [B]   zǎoshang jiǔ diǎn 早上九点 아침 9시 [C]   shàngbān 上班。 출근하다

2. 우리말을 보고 개사가 맞게 쓰였으면 O, 틀리게 쓰였으면 X 표시를 하세요.

① Wǒ zài mèimei qù gōngyuán.
我在妹妹去公园。   나는 여동생과 공원에 간다.   (   )

② Māma duì xīn jiā hěn mǎnyì.
妈妈对新家很满意。   어머니는 새 집에 대해 만족해하신다.   (   )

③ Cóng cānjiā bǐsài, tā měi tiān dōu yùndòng.
从参加比赛，他每天都运动。   경기에 참가하기 위해, 그는 매일 운동을 한다.   (   )

3. 제시된 표현들로 어순에 맞는 문장을 완성하세요. [HSK 대비]

① wǒ 我 / shuō yí xià 说一下 / gēn tā 跟她   _____ ✎

② zài jiàoshì 在教室 / xuéshengmen 学生们 / shàngkè 上课   _____ ✎

③ gōngzuò 工作 / jièshào 介绍 / gěi wǒ 给我 / tā 他   _____ ✎

정답·해석·해설 p.233

① **在(zài, ~에서, ~에)는 행위가 발생하는 장소 혹은 시간을 나타낸다.**

Yéye zài gōngyuán pǎobù.
爷爷**在**公园跑步。   할아버지는 공원에서 달리기를 한다.
➤ 개사 在는 跑步라는 행위가 발생한 장소가 公园임을 나타낸다.

Tā zài èr líng èr líng nián kǎoshàngle dàxué.
她**在**2020年考上了大学。   그녀는 2020년에 대학에 합격했다.
➤ 개사 在는 考上이라는 행위가 발생한 시간이 2020년임을 나타낸다.

TIP 개사 在는 在…上(zài…shàng, ~ 면에서), 在…中(zài…zhōng, ~ 중에), 在…下(zài…xià, ~ 아래)와 같이 범위를 나타낼 때도 자주 쓰인다.
Tā zài xuéxí shàng yǒule hěn dà de jìnbù.
他**在**学习**上**有了很大的进步。   그는 학업 면에서 큰 발전이 있었다.

② **由(yóu, ~로부터, ~부터)는 장소 혹은 시간의 시작점을 나타낸다.**

Wǒmen kěyǐ yóu dàmén jìnrù gōngyuán.
我们可以**由**大门进入公园。   우리는 정문으로부터 공원에 들어갈 수 있다.
(우리는 정문을 통해 공원에 들어갈 수 있다.)
➤ 개사 由는 进入라는 행위가 시작되는 장소가 大门임을 나타낸다.

Yùndònghuì yóu sān hào dào wǔ hào jǔxíng.
运动会**由**三号到五号举行。   운동회는 3일부터 5일까지 열린다.
➤ 개사 由는 举行이라는 행위가 시작되는 시간이 三号임을 나타낸다.

TIP 由는 어떤 행위를 해야 하는 사람을 특별히 강조하는 경우에도 쓰이고, 특정 사물 혹은 조직의 구성 방식을 나타내는 데도 쓰인다.
Zhège gōngzuò yóu Xiǎo Dōng fùzé.
这个工作**由**小东负责。   이 일은 샤오둥이 책임진다.
➤ 개사 由는 다른 사람이 아닌 小东이 책임진다는 것을 강조한다.
Zhège dōngxi yóu sān ge bùfen zǔchéng.
这个东西**由**三个部分组成。   이 물건은 3개의 부분으로 구성되었다.
➤ 개사 由는 三个部分으로 구성됨을 나타낸다.

③ **离(lí, ~로부터)는 장소 혹은 시간이 기준점으로부터 떨어져 있는 정도를 나타낸다.**

Wǒ jiā lí gōngsī hěn jìn.
我家**离**公司很近。   우리집은 회사로부터 가깝다.
➤ 개사 离는 公司라는 장소가 기준점으로부터 가까움을 나타낸다.

Xiànzài lí shàngkè shíjiān hái yǒu wǔ fēnzhōng.
现在**离**上课时间还有五分钟。   지금은 수업 시간으로부터 5분 남았다.
➤ 개사 离는 上课时间이라는 시간이 기준점으로부터 5분이 남았음을 나타낸다.

④ **自从(zìcóng, ~한 이후, ~때부터)은 自从…以后(zìcóng…yǐhòu, ~한 이후)의 형태로 자주 쓰이며, 과거 행위나 상태의 시작 시간을 나타낸다.**

Zìcóng bìyè yǐhòu, tā kāishǐ zhǎo gōngzuò le.
自从毕业以后，他开始找工作了。   졸업한 이후, 그는 일자리를 찾기 시작했다.
➤ 개사 自从은 开始找工作를 毕业라는 과거 행위 후부터 시작했음을 나타낸다.

1. 우리말을 보고 개사가 맞게 쓰였으면 O, 틀리게 쓰였으면 X 표시를 하세요.

Tā zài èr líng yī bā nián lái Zhōngguó le.
① 他在2018年来中国了。　　　　　　　그는 2018년에 중국에 왔다.　　　　（　　　）

Dìtiězhàn zìcóng túshūguǎn hěn yuǎn.
② 地铁站自从图书馆很远。　　　　　　지하철역은 도서관으로부터 멀다.　　（　　　）

Zhège lǚyóutuán yóu èrshí ge rén zǔchéng.
③ 这个旅游团由20个人组成。　　　　　이 여행단은 20명으로 구성되었다.　（　　　）

2. 제시된 개사를 한 번씩만 사용하여 문장을 완성하세요. HSK 대비

yóu	lí	zìcóng
由	离	自从

Zhège gōngzuò　　　　　nǐ lái zuò.
① 这个工作　＿＿＿＿＿你来做。

tā láile yǐhòu, bàngōngshì gèng rènao le.
② ＿＿＿＿＿他来了以后，办公室更热闹了。

fēijī qǐfēi hái yǒu sānshí fēnzhōng.
③ ＿＿＿＿＿飞机起飞还有30分钟。

3. 제시된 표현들로 어순에 맞는 문장을 완성하세요. HSK 대비

hěn jìn　　lí wǒ jiā　　Xiǎo Wáng jiā
① 很近　／　离我家　／　小王家　　　＿＿＿＿＿＿＿＿＿＿＿＿＿＿＿＿＿

hòumén　　tāmen　　yóu　　jìnlaile
② 后门　／　他们　／　由　／　进来了　＿＿＿＿＿＿＿＿＿＿＿＿＿＿＿＿＿

zài péngyou jiā　　dìdi　　wánr　　yóuxì
③ 在朋友家　／　弟弟　／　玩儿　／　游戏　＿＿＿＿＿＿＿＿＿＿＿＿＿＿

정답·해석·해설 p.233

① 从(cóng, ~부터)은 행위의 출발점이나 시작 시간을 나타낸다.

Zánmen cóng zhèr chūfā ba.
咱们从这儿出发吧。 우리 여기서부터 출발하자.
➤ 개사 从은 出发라는 행위의 출발점이 这儿임을 나타낸다.

Kǎoshì cóng xiànzài kāishǐ.
考试从现在开始。 시험은 지금부터 시작합니다.
➤ 개사 从은 开始이라는 행위의 시작 시간이 现在임을 나타낸다.

> **TIP** 개사 从은 从…到…(cóng…dào …, ~부터 ~까지), 从…以来(cóng…yǐlái, ~이후로), 从…上看(cóng…shàng kàn, ~로 보았을 때)의 형태로도 자주 쓰인다.
>
> Cóng zhèr dào xuéxiào hěn jìn.
> **从这儿到学校很近。** 여기서부터 학교까지 가깝다.
>
> Cóng qùnián yǐlái, wǒ yìzhí dōu hěn máng.
> **从去年以来，我一直都很忙。** 작년 이후로, 나는 줄곧 바쁘다.
>
> Cóng zhìliàng shàng kàn, zhè jiàn yīfu zuì hǎo.
> **从质量上看，这件衣服最好。** 품질로 보았을 때, 이 옷이 가장 좋다.

② 到(dào, ~까지)는 행위의 도달점이나 끝나는 시간을 나타낸다.

Tā dào chāoshì qù mǎi xīguā.
她到超市去买西瓜。 그녀는 마트까지 가서 수박을 산다. (그녀는 마트에 가서 수박을 산다.)
➤ 개사 到는 去라는 행위의 도달점이 超市임을 나타낸다.

Tā dào shí diǎn yě méi shàngbān.
他到十点也没上班。 그는 10시까지도 출근하지 않았다.
➤ 개사 到는 上班이라는 행위가 끝나는 시간이 十点임을 나타낸다.

③ 往/向/朝(wǎng/xiàng/cháo, ~을 향해)는 모두 행위의 방향을 나타낸다.

개사 往은 어느 방향으로 '이동'함을 강조하며, 구체적인 방향이나 결과는 강조하지 않는다. 개사 向은 어딘가로 향해 '도착'하는 것이 목표임을 강조한다. 개사 朝는 이동하거나 도착하는 것보다 향하는 방향이 '정면'임을 강조한다.

아래 세 개의 예문은 모두 '그들은 병원을 향해 갔다.'라는 뜻이다.

Tāmen wǎng yīyuàn zǒu le.
他们往医院走了。 ➤ 병원 방향으로 '이동'함을 강조한다. 구체적인 방향이 어느 쪽인지, 도착을 했는지는 강조하지 않는다.

Tāmen xiàng yīyuàn zǒu le.
他们向医院走了。 ➤ 병원에 '도착'하는 것이 목표임을 강조한다.

Tāmen cháo yīyuàn zǒu le.
他们朝医院走了。 ➤ 走라는 행위가 향하고 있는 방향이 '정면에 있는 병원'임을 강조한다.

> **TIP** 向/朝는 사람을 나타내는 명사와 함께 쓰일 수 있지만, 往은 사람을 나타내는 명사와 함께 쓰일 수 없다.

1. 우리말을 보고 개사가 맞게 쓰였으면 O, 틀리게 쓰였으면 X 표시를 하세요.

Tā dào bǎihuò shāngdiàn mǎi yīfu le.
① 她<u>到</u>百货商店买衣服了。   그녀는 백화점<u>까지</u> 가서 옷을 샀다.   (   )

Cóng zhèr wǎng huǒchēzhàn hěn yuǎn ma?
② 从这儿<u>往</u>火车站很远吗?   여기서부터 기차역<u>까지</u> 멀어요?   (   )

Cóng zhè jiàn shì shàng kàn, tā hěn cōngming.
③ <u>从</u>这件事上看，他很聪明。   이 일로 <u>보았을 때</u>, 그는 매우 똑똑하다.   (   )

2. 제시된 개사를 한 번씩만 사용하여 문장을 완성하세요. [HSK 대비]

cóng 从	dào 到	cháo 朝

Tā   shí'èr diǎn yě méiyǒu shuìjiào.
① 他_____12点也没有睡觉。

Xiǎo Wáng   wǒ zhèbian zǒulai le.
② 小王_____我这边走来了。

       sān yuèfèn yǐlái, wǒ měi tiān dōu pǎobù.
③ _____三月份以来，我每天都跑步。

3. 제시된 표현들로 어순에 맞는 문장을 완성하세요. [HSK 대비]

kāishǐ zhǎo ba   cóng nàr   wǒmen
① 开始找吧 / 从那儿 / 我们   _____ ✎

pǎoqule   xiǎo nánhái   xiàng duìmiàn
② 跑去了 / 小男孩 / 向对面   _____ ✎

nàge rén   zǒule   wǎng dōngbian
③ 那个人 / 走了 / 往东边   _____ ✎

정답·해석·해설 p.234

① **跟/和**(gēn/hé, ~와)**는 행위를 함께 하는 대상을 나타낸다.**

Wǒ gēn/hé nǐ qù ba!
我跟/和你去吧!　　내가 너와 갈게!
➤ 개사 跟/和는 去라는 행위를 함께 하는 대상이 你임을 나타낸다.

TIP 개사 跟은 '~에게'라는 뜻으로도 쓰이며, 동사일 때는 '~를 따라서'라는 뜻으로도 쓰인다.

Nǎinai gēn wǒ jiǎngle yí ge gùshi.
奶奶跟我讲了一个故事。　　할머니는 나에게 이야기를 하나 해 주셨다.

Dàjiā dōu gēn wǒ lái!
大家都跟我来!　　모두들 저를 따라서 오세요!

② **给**(gěi, ~에게, ~를 위해), **对**(duì, ~에게, ~에 대해)**는 대상을 나타낸다.**

개사 给는 행위를 받는 대상을 나타내며, 개사 对는 대상을 대하거나 향함(방향)을 나타내거나 대상에 대한 관심을 나타낸다.

Wǒ gěi péngyou xiě xìn.
我给朋友写信。　　나는 친구에게 편지를 쓴다.
➤ 개사 给는 写라는 행위의 대상이 朋友임을 나타낸다.

Wǒ gěi nǐmen zuò fàn ba.
我给你们做饭吧。　　내가 너희를 위해 밥을 해줄게.
➤ 개사 给는 做라는 행위의 대상이 你们임을 나타낸다.

Línjū duì wǒmen hěn hǎo.
邻居对我们很好。　　이웃은 우리에게 잘 해준다.
➤ 개사 对는 잘 해주는 대상이 我们임을 나타낸다.

Tā duì lìshǐ hěn gǎn xìngqù.
他对历史很感兴趣。　　그는 역사에 대해 관심이 있다.
➤ 개사 对는 관심이 있는 대상이 历史임을 나타낸다. 이 경우 对于(~에 대해)도 사용할 수 있다.

③ **对于/关于**(duìyú/guānyú, ~에 대해)**는 대상에 대한 의견, 느낌, 상황 등을 나타낸다.**

개사 对于는 뒤에 오는 대상 전체를 하나로 보는 것을 강조하고, 개사 关于는 뒤에 오는 대상 하나하나를 개별적으로 보는 것을 강조한다.

Duìyú zhège wèntí, wǒmen méiyǒu qítā bànfǎ.
对于这个问题，我们没有其他办法。　　이 문제에 대해, 우리는 다른 방법이 없다.
➤ 개사 对于는 这个问题 전체에 대해 의견이 있음을 강조한다.

Guānyú nàxiē shū, wǒmen míngtiān zài shuō ba.
关于那些书，我们明天再说吧。　　그 책들에 대해, 우리 내일 다시 얘기해요.
➤ 개사 关于는 那些书 한 권 한 권에 대해서 내일 이야기하자는 것을 나타낸다.

연습문제

1. 우리말을 보고 개사가 맞게 쓰였으면 O, 틀리게 쓰였으면 X 표시를 하세요.

Tā duì kèrén hěn rèqíng.
① 他对客人很热情。　　　　　　　　　　그는 손님들에게 매우 친절하다.　　　(　　)

Wǒ hé nǐ yìqǐ dǎsǎo wèishēng.
② 我和你一起打扫卫生。　　　　　　　　내가 너와 청소를 할게.　　　　　　　(　　)

Nà zuò qiáo guānyú, yǒu ge měilì de gùshi.
③ 那座桥关于，有个美丽的故事。　　　　그 다리에 대해, 아름다운 이야기가 있다.　(　　)

2. 제시된 개사를 한 번씩만 사용하여 문장을 완성하세요. HSK 대비

gēn	gěi	duìyú
跟	给	对于

Wǒ　　　　　bàba sòngle lǐwù.
① 我 _____ 爸爸送了礼物。

Dàjiā dōu xǐhuan　　　　wǒ liáotiān.
② 大家都喜欢 _____ 我聊天。

zhè jiàn shì, wǒ méiyǒu yìjiàn.
③ _____ 这件事，我没有意见。

3. 제시된 표현들로 어순에 맞는 문장을 완성하세요. HSK 대비

gěi nǚpéngyou　dǎ diànhuà　tā
① 给女朋友　/　打电话　/　他　　_____ ✎

nǐ　　jiěshì yí xià　　gēn tāmen
② 你　/　解释一下　/　跟他们　　_____ ✎

hé nǐ　　yìqǐ huí jiā　　wǒ
③ 和你　/　一起回家　/　我　　_____ ✎

정답·해석·해설 p.234

포인트 35
근거·방식을 나타내는 개사
按照/根据, 以, 通过

① **按照**(ànzhào, ~에 따라), **根据**(gēnjù, ~에 근거하여)**는 행위의 근거를 나타낸다.**

按照는 지켜야 하는 기준이나 규칙 등과 함께 자주 쓰이고, 根据는 어떤 것을 근거로 삼는 것을 나타낸다.

Ànzhào lǚxíng jìhuà, wǒmen jīntiān yào qù Huángshān.
按照旅行计划，我们今天要去黄山。

여행 계획에 따라, 우리는 오늘 황산에 갈 것이다.
➤ 개사 按照는 旅行计划라는 기준대로 함을 나타낸다.

Gēnjù tiānqì yùbào, míngtiān huì xià yǔ.
根据天气预报，明天会下雨。

일기예보에 근거하면, 내일 비가 올 것이다.
➤ 개사 根据는 天气预报를 근거로 삼았음을 나타낸다.

② **以**(yǐ, ~로(써), ~으로)**는 행위의 방식이나 근거를 나타내고, 以…为**(yǐ…wéi, ~을 ~로 삼다)**의 형태로 자주 쓰인다.**

Xiǎo Wáng yǐ jījí de tàidu miànduì wèntí.
小王以积极的态度面对问题。

샤오왕은 긍정적인 태도로 문제에 직면한다.
➤ 개사 以는 面对라는 행위의 방식이 积极的态度임을 나타낸다.

Tāmen dōu yǐ Hànyǔ wéi dì èr yǔyán.
他们都以汉语为第二语言。

그들은 중국어를 제2언어로 삼는다.
➤ 개사 以는 以…为(~을 ~로 삼다)의 형태로 쓰여, 행위의 근거가 汉语임을 나타낸다.

③ **通过**(tōngguò, ~을 통해)**는 어떤 목적이나 결과를 가져다준 방식 혹은 수단을 나타낸다.**

Tōngguò zhè cì Běijīng lǚxíng, wǒ xuédàole Zhōngguó wénhuà.
通过这次北京旅行，我学到了中国文化。

이번 베이징 여행을 통해, 나는 중국 문화를 배웠다.
➤ 개사 通过는 北京旅行이라는 방식을 통해 중국 문화를 배웠음을 나타낸다.

Tōngguò dǎ lánqiú, tā rènshile hěn duō péngyou.
通过打篮球，他认识了很多朋友。

농구 하는 것을 통해, 그는 많은 친구를 사귀었다.
➤ 개사 通过는 打篮球라는 방식을 통해 많은 친구를 사귀었음을 나타낸다.

1. 우리말을 보고 개사가 맞게 쓰였으면 O, 틀리게 쓰였으면 X 표시를 하세요.

Tā gēnjù yōuxiù de chéngjì bìyè le.
① 他根据优秀的成绩毕业了。　　　　　　　그는 우수한 성적<u>으로</u> 졸업했다.　　　（　　　）

Tōngguò zhè cì huìyì, wǒ liǎojiěle dàjiā de xiǎngfǎ.
② 通过这次会议，我了解了大家的想法。　　이번 회의<u>를 통해</u>, 저는 여러분의 생각을 알게 되었습니다.　（　　　）

Ànzhào kèrén de yāoqiú, zhè jiā fàndiàn huànle càidān.
③ 按照客人的要求，这家饭店换了菜单。　　손님들의 요구<u>에 따라</u>, 이 식당은 메뉴를 바꿨다.　（　　　）

2. 제시된 개사를 한 번씩만 사용하여 문장을 완성하세요. （HSK 대비）

gēnjù	yǐ	tōngguò
根据	以	通过

Zài xuéxiào shàngkè shí, yào　　　　　pǔtōnghuà wéi biāozhǔn.
① 在学校上课时，要 ＿＿＿＿＿＿＿普通话为标准。

tā, wǒ xuédàole hěn duō zhīshi.
② ＿＿＿＿＿＿他，我学到了很多知识。

zìjǐ shēnbiān de gùshi, tā xiěle yì běn xiǎoshuō.
③ ＿＿＿＿＿＿自己身边的故事，他写了一本小说。

3. 제시된 표현들로 어순에 맞는 문장을 완성하세요. （HSK 대비）

wéi zhíyè　　yǐ huà huàr　　tā
① 为职业 / 以画画儿 / 她　　　　＿＿＿＿＿＿＿＿＿＿＿＿＿＿＿＿ ✎

nǔlì　　wǒ xiǎng tōngguò　　tígāo chéngjì
② 努力 / 我想通过 / 提高成绩　　＿＿＿＿＿＿＿＿＿＿＿＿＿＿＿＿ ✎

tā ànzhào　　wánchéngle gōngzuò　　jìhuà
③ 他按照 / 完成了工作 / 计划　　＿＿＿＿＿＿＿＿＿＿＿＿＿＿＿＿ ✎

정답·해석·해설 p.235

원인·목적을 나타내는 개사 由于, 为/为了

🎧 예문·연습문제 정답
바로 듣기

① **由于**(yóuyú, ~로 인하여, ~때문에)**는 행위의 원인을 나타낸다.**

Yóuyú tā de bāngzhù, wǒ wánchéngle gōngzuò.
由于他的帮助，我完成了工作。

그의 도움으로 인하여, 나는 업무를 완수했다.
➤ 개사 由于는 完成이라는 행위의 원인이 他的帮助임을 나타낸다.

Yóuyú tiānqì de guānxi, fēijī tuīchí qǐfēi le.
由于天气的关系，飞机推迟起飞了。

날씨 관계로 인하여, 비행기는 이륙을 연기했다.
➤ 개사 由于는 推迟이라는 행위의 원인이 天气的关系임을 나타낸다.

② **为**(wèi, ~때문에, ~를 위해, ~에게)**는 행위의 원인, 목적, 대상을, 为了**(wèile, ~를 위해)**는 행위의 목적을 나타낸다.**

为가 행위의 목적을 나타낼 때, 为 대신 为了를 사용할 수 있다.

Fùmǔ zǒngshì wèi háizi dānxīn.
父母总是为孩子担心。

부모는 늘 아이 때문에 걱정한다.
➤ 개사 为는 担心이라는 행위의 원인이 孩子임을 나타낸다.

Wèi/Wèile jiànkāng, tā bù chī lājī shípǐn.
为/为了健康，他不吃垃圾食品。

건강을 위해, 그는 정크 푸드를 먹지 않는다.
➤ 개사 为/为了는 不吃이라는 행위의 목적이 健康임을 나타낸다.

Lǎoshī wèi xuéshengmen zhǔnbèile lǐwù.
老师为学生们准备了礼物。

선생님은 학생들에게 선물을 준비했다.
➤ 개사 为는 准备라는 행위의 대상이 学生们임을 나타낸다.

연습문제

1. 우리말을 보고 개사가 맞게 쓰였으면 O, 틀리게 쓰였으면 X 표시를 하세요.

Wǒ wèi nǐ gǎndào gāoxìng.
① 我**为**你感到高兴。　　　　　　　　나는 당신 **때문에** 기쁘다.　　　　　（　　　）

Wǒ yóuyú tā mǎile jǐ jiàn yīfu.
② 我**由于**她买了几件衣服。　　　　　나는 그녀**에게** 옷을 몇 벌 사주었다.　（　　　）

Yóuyú shēntǐ bù shūfu, tā méiyǒu shàngbān.
③ **由于**身体不舒服，她没有上班。　　몸이 좋지 않음**으로 인하여**, 그녀는 출근하지 않았다.　（　　　）

Wèile xué Hànyǔ, tā juédìng qù Zhōngguó.
④ **为了**学汉语，他决定去中国。　　　중국어를 배우기 **위해**, 그는 중국에 가기로 결정했다.　（　　　）

2. 제시된 개사를 한 번씩만 사용하여 문장을 완성하세요.　[HSK 대비]

yóuyú 由于	wèi 为

wǒmen de chénggōng gānbēi!
① _____ 我们的成功干杯！

lùshang dǔchē, wǒ chídào le.
② _____ 路上堵车，我迟到了。

3. 빈칸에 개사 由于/为了 중 알맞은 것을 사용하여 질문과 답변을 완성하세요.　[TSC 대비]

bǎohù huánjìng, nǐ píngshí zuò nǎxiē nǔlì?
① 질문 : _____ 保护环境，你平时做哪些努力？

bǎohù huánjìng, wǒ shàngbān shí hěn shǎo kāichē.
답변 : _____ 保护环境，我上班时很少开车。

Qù guówài lǚxíng duì nǐ yǒu bāngzhù ma?
② 질문 : 去国外旅行对你有帮助吗？

Qù guówài lǚxíng duì wǒ yǒu bāngzhù.　　　měi ge guójiā de wénhuà dōu bù tóng, wǒ kěyǐ xuédào hěn duō dōngxi.
답변 : 去国外旅行对我有帮助。 _____ 每个国家的文化都不同，我可以学到很多东西。

정답·해석·해설 p.236

① 구조조사 的(de)는 명사를 꾸며주는 말을 만든다.

조사 的는 '~의, ~한'이라는 의미로, 뒤에 오는 명사를 꾸며주는 말을 만들 수 있다. 이와 같은 말을 '관형어'라고 하며, 관형어에 대한 자세한 내용은 p.114~118에서 학습할 수 있다.

tā de   shū
她的   **书**   그녀의 책
관형어   명사

hǎochī de   miànbāo
好吃的   **面包**   맛있는 빵
관형어   명사

> **TIP** 的는 대사/명사/형용사(구)/동사(구)/술목구 뒤에 와서 '~한 것, ~한 사람'이라는 뜻의 的자구를 만들어주기도 한다.
> 이때 的자구는 명사와 같은 역할을 한다.
>
> Zhè shì wǒ de.   Dài yǎnjìng de shì wǒ gēge.
> **这是我的。** 이것은 제 것입니다.   **戴眼镜的是我哥哥。** 안경을 쓴 사람은 제 형입니다.

② 구조조사 地(de)는 술어를 꾸며주는 말을 만든다.

조사 地는 '~하게'라는 의미로, 술어를 꾸며주는 말을 만들 수 있다. 이와 같은 말을 '부사어'라고 하며, 부사어에 대한 자세한 내용은 p.120~124에서 학습할 수 있다.

gāoxìng de   shuō
高兴地   **说**   기쁘게 말한다
부사어   술어

rènzhēn de   xuéxí
认真地   **学习**   열심히 공부한다
부사어   술어

③ 구조조사 得(de)는 술어와 보어를 연결한다.

조사 得는 술어와 정도보어 또는 가능보어를 연결할 때 쓰이며, 得 자체에는 뜻이 없으므로 해석하지 않는다. 정도보어와 가능보어에 대한 자세한 내용은 각각 p.130~134, p.148~150에서 학습할 수 있다.

wán   de   hěn kāixīn
玩   **得**   **很开心**   즐겁게 놀다
술어   得   정도보어

kàn   de   dǒng
看   **得**   **懂**   보고 이해할 수 있다
술어   得   가능보어

1. 제시된 문장에서 구조조사가 맞게 쓰였으면 O, 틀리게 쓰였으면 X 표시를 하세요.

Wǒ mǎile yì tiáo xīnxiān de yú.
① 我买了一条新鲜得鱼。 　　　　　　　나는 신선한 생선 한 마리를 샀다. 　　（　　　）

Tā xiǎoshēng de shuōle jǐ jù huà.
② 她小声的说了几句话。 　　　　　　　그녀는 작은 소리로 몇 마디 말했다. 　　（　　　）

Wǒ qīngchu de liǎojiě xiànzài de qíngkuàng.
③ 我清楚地了解现在的情况。 　　　　　나는 현재 상황을 정확히 알고 있다. 　　（　　　）

2. 구조조사 的/地/得 중 알맞은 것을 골라서 문장을 완성하세요.

Tā kāixīn　　　　xiào le.
① 她开心_____笑了。 　　　　　　그녀는 즐겁게 웃었다.

Wǎnfàn chī　　　　tài bǎo le.
② 晚饭吃_____太饱了。 　　　　　저녁을 너무 배불리 먹었어요.

Chuān qúnzi　　　　shì wǒ mèimei.
③ 穿裙子_____是我妹妹。 　　　치마를 입은 사람이 제 여동생입니다.

3. 제시된 표현들로 어순에 맞는 문장을 완성하세요. (HSK 대비)

tā　　hěn rènzhēn　　tīng de
① 他 / 很认真 / 听得 　　　　_____ 🖉

kūle　　Lìli　　nánguò de
② 哭了 / 丽丽 / 难过地 　　　　_____ 🖉

cáiliào　　hěn zhòngyào de　　zhè shì
③ 材料 / 很重要的 / 这是 　　　_____ 🖉

정답·해석·해설 p.236

어기조사 吗/呢/吧/啊의 쓰임

🎧 예문·연습문제 정답
바로 듣기

① 문장 끝에 어기조사 **吗**(ma)를 붙여 의문문을 만들 수 있다.

Nǐ yǒu shíjiān ma?
你有时间吗? 당신 시간 있나요?

Lǐ lǎoshī zài bàngōngshì ma?
李老师在办公室吗? 리 선생님이 사무실에 있나요?

② 의문문에 어기조사 **呢**(ne)를 붙이면 부드러운 어기를 나타내고, 서술문에 어기조사 呢를 붙이면 단정적인 어기를 나타낸다.

Jīntiān nǐ zuò shénme ne?
今天你做什么呢? 오늘 뭐 하세요?
(부드러운 의문)

Tā bú shì dàxuéshēng ne.
他不是大学生呢。 그는 대학생이 아닌걸요.
(단정적인 어기)

> **TIP** 대사나 명사 바로 뒤에 어기조사 呢를 붙여서 '~는요?'라는 의문문을 만들 수도 있다.
>
> Nǐ ne?
> 你呢? 당신은요?
>
> Wǒ de diànnǎo ne?
> 我的电脑呢? 제 컴퓨터는요?

③ 문장 끝에 어기조사 **吧**(ba)를 붙여 상대방에게 제안하거나, 어떤 사실을 추측하거나, 부드러운 명령의 어기를 나타낼 수 있다.

Wǒmen xiànzài jiù chūfā ba.
我们现在就出发吧。 우리 지금 출발하자. (제안)

Hǎo, wǒmen jiù zhème zuò ba.
好，我们就这么做吧。 좋아요, 이렇게 합시다. (제안)

Tā shì nǐ nánpéngyou ba?
他是你男朋友吧? 그는 당신 남자친구죠? (추측)

Nǐ kuài qù kànkan ba.
你快去看看吧。 너 빨리 가서 봐봐. (부드러운 명령)

④ 문장 끝에 어기조사 **啊**(a)를 붙여 감탄을 나타내거나 찬성, 긍정하는 어조를 나타낼 수 있다. 의문문 끝에 쓰여 의문의 어기를 부드럽게 하기도 하고, 문장 앞에 단독으로 사용될 수도 있다.

Nǐ de yīfu zhēn hǎokàn a!
你的衣服真好看啊! 네 옷은 정말 예쁘다!
(감탄)

Shì a, nǐ shuō de dōu duì.
是啊，你说的都对。 맞아, 네가 말한 것이 다 옳아.
(찬성, 긍정)

Tā zěnme hái bù lái a?
他怎么还不来啊? 그는 왜 아직도 안 오죠?
(부드러운 의문)

A! Xià xuě le!
啊! 下雪了! 와! 눈이 온다!
(감탄)

1. 제시된 중국어 문장과 우리말 뜻이 일치하면 O, 일치하지 않으면 X 표시를 하세요.

Tā hái méi lái ne.
① 他还没来呢。 　　　　　　　　그는 아직 오지 않은걸요. 　　(　　)

Nǐ xǐ yīfu le ba?
② 你洗衣服了吧? 　　　　　　　　당신 빨래했나요? 　　(　　)

Wǒmen zǎo diǎnr huí jiā ma.
③ 我们早点儿回家吗。 　　　　　　우리 일찍 집에 가자. 　　(　　)

2. 알맞은 어기조사를 골라서 대화를 완성하세요. 　[일반회화 대비]

Wǒ xiǎng qù shūdiàn, nǐ (ne / ba)?
① A: 我想去书店，你（呢 / 吧）?

Wǒ xiǎng qù kāfēidiàn.
B: 我想去咖啡店。

Nǐ kuài gěi tā dǎ diànhuà (ma / ba).
② A: 你快给他打电话（吗 / 吧）。

Zhīdào le.
B: 知道了。

Nǐ zěnme hái bú shàngbān?
③ A: 你怎么还不上班?

Wǒ jīntiān xiūxi (ne / ba).
B: 我今天休息（呢 / 吧）。

3. 제시된 표현들로 어순에 맞는 문장을 완성하세요. 　[HSK 대비]

ba 　　xīn lái de 　　nǐ shì
① 吧 / 新来的 / 你是 　　　_____ ✎

bù xǐhuan 　　tā 　　ne 　　hē jiǔ
② 不喜欢 / 他 / 呢 / 喝酒 　　_____ ✎

zhēn hǎo 　　zhèli de 　　huánjìng 　　a
③ 真好 / 这里的 / 环境 / 啊 　　_____ ✎

정답·해석·해설 p.237

🎧 예문·연습문제 정답 바로 듣기

① **어기조사 了(le)는 문장 맨 뒤에 와서 상태에 변화가 생겼음을 나타낸다.**

Wǒ yǒu nǔpéngyǒu le.
我有女朋友了。　　나는 여자친구가 생겼다.
　　　　　　　　　▶ 이전에는 여자친구가 없었지만, 지금은 있음을 나타낸다.

Xià yǔ le.
下雨了。　　비가 내린다.
　　　　　　▶ 아까는 비가 오지 않았지만, 지금은 내림을 나타낸다.

Wǒ mǎi shū le.
我买书了。　　나는 책을 샀다.
　　　　　　　▶ 책을 사지 않은 상태에서 책을 산 상태로 변했음을 나타낸다.

② **어기조사 了는 동사는 물론 형용사, 명사, 수량사(수사+양사), 각종 구 뒤에 모두 올 수 있다.**

Tiān hēi le.
天黑了。　　날이 어두워졌다.
형용사　　　(원래는 밝았지만, 지금은 어두워졌다.)

Chūntiān le.
春天了。　　봄이 되었다.
명사　　　　(이전에는 봄이 아니었지만, 지금은 봄이 되었다.)

Shí diǎn le.
十点了。　　10시이다.
수량사　　　(지금 10시가 되었다.)

Wǒ mǎi yīfu le.
我买衣服了。　　나는 옷을 샀다.
술목구　　　　　(옷을 산 상태가 되었다.)

③ **어기조사 了가 사용된 문장에서 부정을 나타낼 때는 술어 앞에 还不(hái bù, 아직 ~하지 않다)/还没 (有)(hái méi(yǒu), 아직 ~하지 않았다)를 쓴다. 이때 了는 사용하지 않는다.**

어기조사 了는 상태에 변화가 생겼음을 나타내므로, 이를 부정할 때는 还不 혹은 还没(有)를 쓰면 된다. 还不/还没 (有)로 부정한 문장에서 어기조사 了는 사용하지 않는다.

Tā èrshí suì le.
他二十岁了。　그는 스무 살이 되었다.
　➡　
Tā hái bú shì èrshí suì.
他还不是二十岁。　그는 아직 스무 살이 아니다.

Wǒ chīfàn le.
我吃饭了。　나는 밥을 먹었다.
　➡　
Wǒ hái méi(yǒu) chīfàn.
我还没 (有) 吃饭。　나는 아직 밥을 먹지 않았다.

Tāmen yǒu háizi le.
他们有孩子了。　그들은 아이가 생겼다.
　➡　
Tāmen hái méi(yǒu) háizi.
他们还没 (有) 孩子。　그들은 아직 아이가 없다.

④ **어기조사 了가 사용된 문장 끝에 조사 吗를 붙여 吗 의문문을, 没有를 붙여 정반의문문을 만들 수 있다.**

Nǐ chīfàn le ma?
你吃饭了吗?
Nǐ chīfàn le méiyǒu?
你吃饭了没有?　　밥 먹었어요?

Tā èrshí suì le ma?
他二十岁了吗?
Tā èrshí suì le méiyǒu?
他二十岁了没有?　　그는 스무 살이 되었나요?

Tāmen yǒu háizi le ma?
他们有孩子了吗?
Tāmen yǒu háizi le méiyǒu?
他们有孩子了没有?　　그들은 아이가 생겼나요?

연습문제

1. 제시된 문장의 부정문으로 올바르게 쓰인 것을 고르세요.

Wǒ lèi le.
① 我累了。

Wǒ hái bú lèi le.
A 我还不累了。

Wǒ hái bú lèi.
B 我还不累。

Bàba tóngyì le.
② 爸爸同意了。

Bàba hái méiyǒu tóngyì le.
A 爸爸还没有同意了。

Bàba hái méiyǒu tóngyì.
B 爸爸还没有同意。

Dùzi è le.
③ 肚子饿了。

Dùzi hái bú è.
A 肚子还不饿。

Dùzi méi è.
B 肚子没饿。

2. 제시된 문장을 의문문으로 바꿔 쓰세요.

	吗 의문문	정반의문문

Huār kāi le.
① 花儿开了。 _____ _____

Tāmen yíng le.
② 他们赢了。 _____ _____

Tā yǒu zìjǐ de chē le.
③ 他有自己的车了。 _____ _____

3. 제시된 표현들로 어순에 맞는 문장을 완성하세요. （HSK 대비）

le   wǒmen   xiàkè
① 了 / 我们 / 下课   _____ ✎

kāishǐ   le   tā   xué Hànyǔ
② 开始 / 了 / 他 / 学汉语   _____ ✎

xǐng   nǐ   ma   le
③ 醒 / 你 / 吗 / 了   _____ ✎

정답·해석·해설 p.238

동태조사 了의 쓰임

🎧 예문·연습문제 정답
바로 듣기

① **동사 바로 뒤에 동태조사 了를 붙이면 동작이 발생했음을 나타낸다.**

중국어는 다른 언어와 다르게 시제에 따라 어휘가 변화하지 않는다. 동사 바로 뒤에 동태조사 了를 붙여 동작이 이미 발생했음을 나타낼 수 있다.

kàn		kànle		chī		chīle
看 보다	>	看了 봤다		吃 먹다	>	吃了 먹었다
동사		동사+了		동사		동사+了

TIP 동태조사 了는 동작이 발생한 '시간'을 직접적으로 나타내지 않는다. 동태조사 了는 과거/현재/미래를 나타내는 문장에서 모두 쓰일 수 있다.

Zuótiān tā lái le.
昨天他来了。　어제 그가 왔다. (과거를 나타냄)

Nǐ kàn, tā lái le!
你看，他来了！　보세요, 그가 왔어요! (현재를 나타냄)

Míngtiān tā láile jiù qù chī fàn ba.
明天他来了就去吃饭吧。　내일 그가 오면 밥 먹으러 가요. (미래를 나타냄)

② **동태조사 了가 있는 문장에서, 목적어 앞에는 일반적으로 관형어가 있어야 한다.**

동사 뒤에 동태조사 了를 사용할 경우, 목적어 앞에는 목적어를 꾸며주는 관형어가 있어야 한다. 목적어 앞에 관형어가 오면 목적어가 더욱 구체적이고 명확해진다.

Wǒ	kànle	liǎng běn	shū.	
我	看了	两本	书。	나는 책 두 권을 봤다.
	술어(동사)+了	관형어	목적어	▶ 술어 看 바로 뒤에 동태조사 了가 있으므로, 목적어 书 앞에 관형어 两本이 쓰였다.

Tā	chīle	dàdà de	xīguā.	
他	吃了	大大的	西瓜。	그는 커다란 수박을 먹었다.
	술어(동사)+了	관형어	목적어	▶ 술어 吃 뒤에 동태조사 了가 있으므로, 목적어 西瓜 앞에 관형어 大大的가 쓰였다.

TIP 관형어가 없어도 틀린 문장은 아니지만, 문장이 덜 끝난 느낌을 준다.

③ **동태조사 了는 已经**(yǐjīng, 이미)**, 刚才**(gāngcái, 방금)**, 昨天**(zuótiān, 어제)**과 같이 과거의 시간을 나타내는 표현과 함께 자주 쓰인다.**

Wǒ yǐjīng zuòwánle jīntiān de zuòyè.
我已经做完了今天的作业。　나는 오늘의 숙제를 이미 다 했다.

Zuótiān wǒ tīngle yì shǒu gē.
昨天我听了一首歌。　어제 나는 노래 한 곡을 들었다.

1. 제시된 문장을 동태조사 了를 사용하여 바꿔 쓰세요.

Wǒ hē liǎng bēi kāfēi.
① 我喝两杯咖啡。 _____ ✎

Tāmen kàn yí bù diànyǐng.
② 她们看一部电影。 _____ ✎

Tā mǎi yì shuāng wàzi.
③ 他买一双袜子。 _____ ✎

2. 우리말을 보고 동태조사 了를 사용하여 대화를 완성하세요. 〔일반회화 대비〕

Zuótiān shéi
① A: 昨天谁 _____ ? A: 어제 누가 **왔어요**?

Lìli
  B: 丽丽 _____ 。 B: 리리가 **왔어요**.

Nǐ zǎoshang   shénme?
② A: 你早上 _____ 什么? A: 아침에 뭘 **먹었어요**?

Wǒ   liǎng ge bāozi.
  B: 我 _____ 两个包子。 B: 만두 두 개 **먹었어요**.

Wǒ gāngcái   hěn duō shìqing.
③ A: 我刚才 _____ 很多事情。 A: 저 방금 많은 일을 **했어요**.

Xīnkǔ nǐ le.
  B: 辛苦你了。 B: 수고하셨어요.

3. 제시된 표현들로 어순에 맞는 문장을 완성하세요. 〔HSK 대비〕

líkāile   Xiǎo Lǐ   wǒmen gōngsī
① 离开了 / 小李 / 我们公司 _____ ✎

wǒ   liǎng jiàn   chènshān   mǎile
② 我 / 两件 / 衬衫 / 买了 _____ ✎

duìmiàn de   qùle   cāntīng   tāmen
③ 对面的 / 去了 / 餐厅 / 他们 _____ ✎

정답·해석·해설 p.238

동태조사 了의 활용

🎧 예문·연습문제 정답
바로 듣기

① 동태조사 了가 사용된 문장에서 부정을 나타낼 때는 술어 앞에 '没(有)'를 쓴다. 이때 了는 사용하지 않는다.

Wǒ mǎile nà jiàn yīfu.
我买了那件衣服。 ➤

나는 그 옷을 샀다.

Wǒ méi mǎi nà jiàn yīfu.
我没买那件衣服。

나는 그 옷을 사지 않았다.

Dìdi cānjiāle zhè cì kǎoshì.
弟弟参加了这次考试。 ➤

남동생은 이번 시험을 보았다.

Dìdi méiyǒu cānjiā zhè cì kǎoshì.
弟弟没有参加这次考试。

남동생은 이번 시험을 보지 않았다.

② 동태조사 了가 사용된 문장 끝에 조사 吗를 붙여 吗 의문문을, 没有를 붙여 정반의문문을 만들 수 있다.

Nǐ mǎile yīfu ma?
你买了衣服吗？

Nǐ mǎile yīfu méiyǒu?
你买了衣服没有？

당신은 옷을 샀나요?

Dìdi cānjiāle zhè cì kǎoshì ma?
弟弟参加了这次考试吗？

Dìdi cānjiāle zhè cì kǎoshì méiyǒu?
弟弟参加了这次考试没有？

남동생은 이번 시험을 보았나요?

③ 목적어가 동사(구), 술목구일 때는 了를 쓸 수 없다.

Cóng qùnián qǐ, tā kāishǐ yùndòng.
从去年起， 她 开始 运动。 작년에 그녀는 운동을 시작했다.
　　　　　　　　술어　목적어(동사)

从去年起，她开始了运动。 (X)

④ 한 문장에 동태조사 了와 어기조사 了가 동시에 있으면, 발생한 동작이 지금까지도 유지되고 있음을 나타낸다.

Tā xuéle sān nián Hànyǔ.
他 学了 三年 汉语。 그는 중국어를 3년 배웠다.
　　동태조사 了
　　　　　　　　　　　　　➤중국어를 3년 동안 배웠는데, 지금도 배우고 있는지 아닌지는 알 수 없다.

Tā xuéle sān nián Hànyǔ le.
他 学了 三年 汉语 了。 그는 중국어를 3년 배웠다.
　　동태조사 了　　　　　어기조사 了
　　　　　　　　　　　　　➤중국어를 3년 동안 배웠고, 지금 배운 지 3년째가 되었다는 변화가
　　　　　　　　　　　　　　생겼음을 나타낸다. 따라서 지금도 계속 배우고 있음을 나타낸다.

연습문제

1. 제시된 문장의 부정문으로 올바르게 쓰인 것을 고르세요.

Wǒmen chūfā le.
① 我们出发了。

Wǒmen méi chūfā.
A 我们没出发。

Wǒmen méi chūfā le.
B 我们没出发了。

Wǒ shōushile yīfu.
② 我收拾了衣服。

Wǒ méiyǒu shōushi yīfu.
A 我没有收拾衣服。

Wǒ hái bù shōushi yīfu.
B 我还不收拾衣服。

2. 제시된 문장을 의문문으로 바꿔 쓰세요.

	吗 의문문	정반의문문

Tā tīngle zhè shǒu gē.
① 她听了这首歌。　　_____　　_____

Jiějie mǎile nàxiē huā.
② 姐姐买了那些花。　　_____　　_____

3. 다음 중 올바르게 쓰인 문장을 고르세요.

Wǒ dǎsuan le huí jiā.
① A 我打算了回家。

Wǒ dǎsuan huí jiā.
B 我打算回家。

Wǒ shàng ge yuè kāishǐ xué Yīngyǔ.
② A 我上个月开始学英语。

Wǒ shàng ge yuè kāishǐle xué Yīngyǔ.
B 我上个月开始了学英语。

4. 제시된 표현들로 어순에 맞는 문장을 완성하세요. [HSK 대비]

chīle fàn　　yǐjīng　　wǒ
① 吃了饭　/　已经　/　我　　_____ ✐

nǐ　　méiyǒu　　zuòle zuòyè
② 你　/　没有　/　做了作业　　_____ ✐

정답·해석·해설 p.239

동태조사 过의 쓰임

🎧 예문·연습문제 정답
바로 듣기

① **동사 바로 뒤에 동태조사 过(guo)를 붙이면 어떤 동작을 해봤거나 어떤 상태였음을 나타낸다.**

zuò
坐 타다 ➤
동사

zuòguo
坐过 타본 적 있다
동사+过

kàn
看 보다 ➤
동사

kànguo
看过 본 적 있다
동사+过

② **동태조사 过가 있는 문장에서, 목적어는 过 뒤에 온다.**

Tā zuòguo fēijī.
他 坐过 飞机. 그는 비행기를 타본 적 있다.
　　 술어+过　목적어

Wǒ kànguo nà bù diànyǐng.
我 看过 那部电影. 나는 그 영화를 본 적 있다.
　　 술어+过　관형어+목적어

> **TIP** 동태조사 过가 있는 문장에서 목적어 앞에 관형어가 있는 경우, 목적어를 주어 앞으로 가져와 목적어를 강조할 수 있다.
> 우리가 흔히 아는 '주어+술어+목적어' 순이 아니라고 해서 틀린 문장이 아니니 주의해야 한다.
>
> Wǒ kànguo nà bù diànyǐng.
> **我看过 那部电影。** 나는 그 영화를 본 적 있다.
> 　　　　 관형어+목적어
>
> Nà bù diànyǐng wǒ kànguo.
> **那部电影 我看过。** 그 영화를 나는 본 적 있다. (목적어 강조)
> 관형어+목적어

③ **동태조사 过는 부사 曾经(céngjīng, 이전에, 일찍이), 시간사 以前(yǐqián, 예전), 过去(guòqù, 과거)와 자주 함께 쓰인다.**

동태조사 过는 시간부사 曾经과 자주 호응하여 쓰인다. 또한 동태조사 过가 쓰인 문장은 구체적인 시간을 나타내는 시간사보다, 以前, 过去와 같이 대략적인 과거의 시간을 나타내는 시간사와 자주 쓰인다.

Tā céngjīng qùguo Shànghǎi.
她曾经去过上海。 그녀는 이전에 상하이에 가본 적 있다.

Zhè běn shū wǒ yǐqián kànguo.
这本书我以前看过。 이 책을 나는 예전에 본 적 있다.

Guòqù wǒ xǐhuanguo tā.
过去我喜欢过他。 과거에 나는 그를 좋아한 적 있다.

1. 다음 중 올바르게 쓰인 문장을 고르세요.

① Yéye qùguo Běijīng.
A 爷爷去过北京。

Yéye qù Běijīng guo.
B 爷爷去北京过。

② Wǒ wánguo diànnǎo yóuxì.
A 我玩过电脑游戏。

Wǒ guo wán diànnǎo yóuxì.
B 我过玩电脑游戏。

③ Zhège wèntí wǒ wèn lǎoshī guo.
A 这个问题我问老师过。

Zhège wèntí wǒ wènguo lǎoshī.
B 这个问题我问过老师。

2. 우리말을 보고 동태조사 过를 사용하여 대화를 완성하세요. 〔일반회화 대비〕

① Nǐ_____ nàge rén ma?
A: 你_____那个人吗?

A: 그 사람을 <u>만난 적 있나요</u>?

Méiyǒu.
B: 没有。

B: 없어요.

② Nàge gēshǒu de gē nǐ_____ ma?
A: 那个歌手的歌你_____吗?

A: 그 가수의 노래를 <u>들어본 적 있나요</u>?

Wǒ
B: 我_____。

B: <u>들어본 적 있어요</u>.

③ Nǐ_____ chuán ma?
A: 你_____船吗?

A: 배를 <u>타본 적 있나요</u>?

Wǒ yǐqián
B: 我以前_____。

B: 예전에 <u>타본 적 있어요</u>.

3. 제시된 표현들로 어순에 맞는 문장을 완성하세요. 〔HSK 대비〕

① zìxíngchē / wǒ / qíguo
自行车 / 我 / 骑过 _____

② dāngguo / jìzhě / tā céngjīng
当过 / 记者 / 他曾经 _____

③ wǒ gěi tā / xìn / jìguo
我给她 / 信 / 寄过 _____

정답·해석·해설 p.240

동태조사 过의 활용

🎧 예문·연습문제 정답
바로 듣기

① 동태조사 过가 사용된 문장에서 부정을 나타낼 때는 술어 앞에 부사 没(有)를 쓴다.

Tā cānjiāguo bǐsài.
他参加过比赛。 ➤
그는 경기에 참가한 적 있다.

Tā méiyǒu cānjiāguo bǐsài.
他没有参加过比赛。
그는 경기에 참가한 적 없다.

Wǒ chīguo Zhōngguó cài.
我吃过中国菜。 ➤
나는 중국 음식을 먹어본 적 있다.

Wǒ méi chīguo Zhōngguó cài.
我没吃过中国菜。
나는 중국 음식을 먹어본 적 없다.

② 동태조사 过가 사용된 문장 끝에 조사 吗를 붙여 吗 의문문을, 没有를 붙여 정반의문문을 만들 수 있다.

Tā cānjiāguo bǐsài ma?
他参加过比赛吗?

Tā cānjiāguo bǐsài méiyǒu?
他参加过比赛没有?

그는 경기에 참가한 적 있나요?

Nǐ chīguo Zhōngguó cài ma?
你吃过中国菜吗?

Nǐ chīguo Zhōngguó cài méiyǒu?
你吃过中国菜没有?

당신은 중국 음식을 먹어본 적 있나요?

③ 한 번밖에 할 수 없는 동작, 인지를 나타내는 동작은 동태조사 过와 함께 사용할 수 없다.

出生(chūshēng, 태어나다) , 死(sǐ, 죽다)와 같이 평생동안 한 번뿐이거나, 毕业(bìyè, 졸업하다), 出发(chūfā, 출발하다)
와 같이 전체적인 과정에서 한 번밖에 할 수 없는 동작은 동태조사 过와 함께 사용할 수 없다. 또한 知道(zhīdào,
알다), 懂(dǒng, 이해하다), 了解(liǎojiě , 알다, 이해하다)와 같은 인지를 나타내는 동작도 동태조사 过와 함께 사용할
수 없다.

Wǒ bìyèguo.
我毕业过。 (X)

Wǒ bìyè yì nián le.
我毕业一年了。 (O) 나는 졸업한 지 1년이 되었다.

Wǒ zhīdàoguo tā shì hǎorén.
我知道过他是好人。 (X)

Wǒ zhīdào tā shì hǎorén.
我知道他是好人。 (O) 나는 그가 좋은 사람이라는 것을 안다.

연습문제

1. 제시된 문장의 부정문으로 올바르게 쓰인 것을 고르세요.

Wǒ tīngguo zhè jiàn shì.
① 我听过这件事。

Wǒ tīngguo méi zhè jiàn shì.
A 我听过没这件事。

Wǒ méi tīngguo zhè jiàn shì.
B 我没听过这件事。

Wáng lǎoshī jiāoguo Hànyǔ.
② 王老师教过汉语。

Wáng lǎoshī jiāoguo Hànyǔ méiyǒu.
A 王老师教过汉语没有。

Wáng lǎoshī méiyǒu jiāoguo Hànyǔ.
B 王老师没有教过汉语。

2. 제시된 문장을 의문문으로 바꿔 쓰세요.

	吗 의문문	정반의문문

Lìli dúguo zhè běn shū.
① 丽丽读过这本书。 _____ _____

Tā jiǎnchá guo zuòyè.
② 他检查过作业。 _____ _____

3. 제시된 문장이 맞게 쓰였으면 O, 틀리게 쓰였으면 X 표시를 하세요.

Tā chūshēngguo.
① 他出生过。 ( )

Wǒ liǎojiěguo tā.
② 我了解过他。 ( )

Wǒ fùxíguo zhèxiē nèiróng.
③ 我复习过这些内容。 ( )

4. 제시된 표현들로 어순에 맞는 문장을 완성하세요. [HSK 대비]

jiēguo tā de / wǒ / diànhuà
① 接过她的 / 我 / 电话 _____ ✎

chīguo jiǎozi / méiyǒu / wǒ
② 吃过饺子 / 没有 / 我 _____ ✎

정답·해석·해설 p.240

① 동사 바로 뒤에 동태조사 着(zhe)를 붙이면 동작이나 상태가 지속되고 있음을 나타낸다.

zuò
坐 앉다
동사
▶
zuòzhe
坐着 앉아 있다
동사+着

zǒu
走 걷다
동사
▶
zǒuzhe
走着 걷고 있다
동사+着

chuān
穿 입다
동사
▶
chuānzhe
穿着 입고 있다
동사+着

guà
挂 걸다
동사
▶
guàzhe
挂着 걸려 있다
동사+着

TIP 일부 형용사 뒤에도 동태조사 着가 올 수 있다.

Dēng   liàngzhe.
灯   亮着。   불이 켜져 있다.(불이 밝은 채로 있다.)
        형용사+着

② 동태조사 着가 있는 문장에서, 목적어는 着 뒤에 온다.

Gēge   chuānzhe   píxié.
哥哥   穿着   皮鞋。   형이 구두를 신고 있다.
        술어+着   목적어

Qiáng shang   guàzhe   jìngzi.
墙上   挂着   镜子。   벽에 거울이 걸려 있다.
              술어+着   목적어

③ 동태조사 着가 사용된 문장에서 부정을 나타낼 때는 술어 앞에 부사 没(有)를 쓴다.

Mén kāizhe.
门开着。   문은 열려 있다.
▶
Mén méi kāizhe.
门没开着。   문은 열려 있지 않다.

Tā zuòzhe.
他坐着。   그는 앉아 있다.
▶
Tā méiyǒu zuòzhe.
他没有坐着。   그는 앉아 있지 않다.

④ 동태조사 着가 사용된 문장 끝에 조사 吗를 붙여 吗 의문문을, 没有를 붙여 정반의문문을 만들 수 있다.

Mén kāizhe ma?
门开着吗？
Mén kāizhe méiyǒu?
门开着没有？   문이 열려 있나요？

Tā zuòzhe ma?
他坐着吗？
Tā zuòzhe méiyǒu?
他坐着没有？   그가 앉아 있나요？

⑤ 동태조사 着는 '술어1+着(+목적어)+술어2'의 형태로 자주 쓰인다.

동태조사 着가 첫 번째 동작 뒤에 오면, 첫 번째 동작이 지속되는 상태에서 두 번째 동작을 하는 것을 나타낸다.

Tā   xiàozhe   shuō.
她   笑着   说。   그녀는 웃으면서 말한다.
      술어1+着   술어2

Xiǎo Lǐ   tīngzhe   yīnyuè   zǒulù.
小李   听着   音乐   走路。   샤오리는 음악을 들으며 걷는다.
          술어1+着   술어2

TIP 이렇게 한 문장에 동사 술어가 여러 개 있는 문장을 연동문이라고 한다. 연동문에 대한 자세한 내용은 p.186~188 에서 학습할 수 있다.

1. 다음 중 올바르게 쓰인 문장을 고르세요.

① Nàli guà yì fú huà zhe.
A 那里挂一幅画着。

B Nàli guàzhe yì fú huà.
B 那里挂着一幅画。

② Xiǎo Dōng tǎngzhe kàn shū.
A 小东躺着看书。

B Xiǎo Dōng kàn shū tǎngzhe.
B 小东看书躺着。

2. 제시된 문장의 부정문으로 올바르게 쓰인 것을 고르세요.

① Nǎinai dàizhe yǎnjìng.
奶奶戴着眼镜。

A Nǎinai dàizhe méiyǒu yǎnjìng.
A 奶奶戴着没有眼镜。

B Nǎinai méiyǒu dàizhe yǎnjìng.
B 奶奶没有戴着眼镜。

② Lǎoshī kànzhe wǒ.
老师看着我。

A Lǎoshī méiyǒu kànzhe wǒ.
A 老师没有看着我。

B Lǎoshī kànzhe méiyǒu wǒ.
B 老师看着没有我。

3. 제시된 문장을 의문문으로 바꿔 쓰세요.

	吗 의문문	정반의문문
① Kōngtiáo kāizhe. 空调开着。	_____	_____
② Wàimian xiàzhe yǔ. 外面下着雨。	_____	_____

4. 제시된 표현들로 어순에 맞는 문장을 완성하세요. [HSK 대비]

① tāmen   xiàofú   chuānzhe
他们 / 校服 / 穿着   ✎ _____

② jiàoshì   kūzhe   tā   líkāile
教室 / 哭着 / 她 / 离开了   ✎ _____

정답·해석·해설 p.241

병렬, 점층을 나타내는 접속사

🎧 예문·연습문제 정답
바로 듣기

① 병렬을 나타내는 접속사는 연결하는 대상이 동등한 관계임을 나타낸다.

hé gēn yǔ **和 / 跟 / 与** ~와/과	연결하는 대상이 동등한 관계임을 나타내며, 단어와 단어, 구와 구를 연결한다. 회화에서는 和나 跟을, 글을 쓸 때는 与를 주로 사용한다. qiānbǐ hé běnzi **铅笔和本子**　연필과 공책　　　　zhuōzi gēn yǐzi **桌子跟椅子**　책상과 의자 báisè yǔ hēisè **白色与黑色**　흰색과 검은색
jí yǐjí **及 / 以及** 및	동등한 대상을 연결하지만, 가장 뒤에 나오는 대상이 제일 중요하다는 뉘앙스를 담고 있어서 대상 간의 위치는 바꿀 수 없다. 회화에서는 거의 사용하지 않고, 주로 글을 쓸 때 사용한다. zhǒnglèi jí qí tèdiǎn **种类及其特点**　종류 및 그 특징　　　gōngyè, nóngyè yǐjí shāngyè **工业、农业以及商业**　공업, 농업 및 상업
yìbiān…, yìbiān… **一边…, 一边…** ~하면서 ~하다	동시에 두 가지 동작을 진행하고 있음을 나타낸다. Tāmen yìbiān zǒu, yìbiān shuōhuà. **他们一边走，一边说话。**　그들은 걸으면서 이야기한다.
jì yòu… **既…又…** ~하고 ~하다/ ~하고 ~하기도 하다	두 가지 상황을 나타낼 때 자주 쓰인다. 既 대신 又…又…의 형태로도 사용할 수 있다. Zhè jiàn yīfu jì piàoliang yòu piányi. **这件衣服既漂亮又便宜。**　이 옷은 예쁘고 저렴하다.

② 점층을 나타내는 접속사는 앞의 상황보다 정도가 더 깊은 상황이 나옴을 나타낸다.

búdàn bùjǐn…, **不但 / 不仅…,** érqiě hái yě… **而且 / 还 / 也…** ~뿐만 아니라, 또한~	앞에서 제시된 상황보다 뒤의 상황이 더 심화되거나 강조됨을 나타낸다. Wǒ bàba búdàn shì lǎoshī, hái shì zuòjiā. **我爸爸不但是老师，还是作家。** 우리 아빠는 선생님일뿐만 아니라, 또한 작가이기도 하다. Tā bùjǐn xǐhuan chànggē, érqiě xǐhuan tiàowǔ. **她不仅喜欢唱歌，而且喜欢跳舞。** 그녀는 노래 부르는 것을 좋아할 뿐만 아니라, 또한 춤 추는 것도 좋아한다.

1. 제시된 표현이 들어갈 알맞은 위치를 고르세요.

① hé
和
~와/과

[A] wǒ
我
나

[B] Lìli
丽丽
리리

[C] xuéguo huà huàr
学过画画儿。
그림 그리는 것을 배운 적 있다

② yòu
又
~하기도 하다

Nàge háizi
那个孩子
그 아이

[A] jì
既
~하고

[B] kě'ài
可爱
귀엽다

[C] cōngming
聪明。
똑똑하다

③ érqiě
而且
또한

Zhè jiàn chènshān
这件衬衫
이 셔츠

[A] búdàn
不但
~뿐만 아니라

[B] hěn hǎokàn,
很好看,
예쁘다

[C] hěn piányi
很便宜。
저렴하다

2. 문맥에 맞는 어휘를 고르세요.

① Lǐ xiānsheng (yǔ / yòu) Zhāng xiānsheng dōu shì wàiguórén.
李先生（与 / 又）张先生都是外国人。

② Běijīng, Shànghǎi (érqiě / yǐjí) Guǎngzhōu dōu shì dà chéngshì.
北京、上海（而且 / 以及）广州都是大城市。

③ Zhè běn shū bùjǐn nèiróng fēngfù, (yě / gēn) hěn yǒuqù.
这本书不仅内容丰富，（也 / 跟）很有趣。

④ Tā zǒngshì (hé / yìbiān) zǒulù (hé / yìbiān) kàn shǒujī.
他总是（和 / 一边）走路（和 / 一边）看手机。

3. 제시된 접속사를 한 번씩만 사용하여 문장을 완성하세요. [HSK 대비]

gēn	jì	bùjǐn
跟	既	不仅

① Wǒ _____ tā dōu láizì Hánguó.
我_____他都来自韩国。

② Tā _____ huì shuō Hànyǔ, hái huì shuō Yīngyǔ.
她_____会说汉语，还会说英语。

③ Wǒ māma _____ niánqīng yòu piàoliang.
我妈妈_____年轻又漂亮。

정답·해석·해설 p.242

전환을 나타내는 접속사

① **전환을 나타내는 접속사는 앞의 상황과 뒤의 상황이 다름을 나타낸다.**

dànshì　kěshì　búguò **但是 / 可是 / 不过** 그러나, 하지만, 그런데	앞에서 나온 상황과 다른 상황이 펼쳐짐을 나타낸다. 但是/可是을 가장 많이 사용하고, 不过의 뉘앙스는 但是/可是보다는 조금 약해서 '그런데' 정도의 뉘앙스로 회화에서 자주 쓰인다. Zhè jiā gōngsī hěn búcuò, dànshì lí wǒ jiā tài yuǎn le. **这家公司很不错，但是离我家太远了。** 이 회사는 매우 좋은데, 그러나 우리집에서 너무 멀다. Wǒ hěn xǐhuan hē jiǔ, kěshì wǒ zhàngfu bù xǐhuan hē jiǔ. **我很喜欢喝酒，可是我丈夫不喜欢喝酒。** 나는 술 마시는 것을 좋아하지만, 내 남편은 술 마시는 것을 좋아하지 않는다. Zhè jiàn yīfu piàoliang shì piàoliang, búguò yǒudiǎnr guì. **这件衣服漂亮是漂亮，不过有点儿贵。** 이 옷은 예쁘긴 예쁜데, 조금 비싸다.
suīrán　jǐnguǎn…, **虽然 / 尽管…,** dàn(shì)　kě(shì)　rán'ér… **但(是) / 可(是) / 然而…** 비록 ~이지만, 그러나 ~	虽然/尽管이 있는 앞 문장은 이미 발생한 사실을 설명하며, 但(是)/可(是)/然而 뒤에 나오는 문장이 강조된다. Tā suīrán niánlíng hěn xiǎo, dànshì huì zhàogù biérén. **她虽然年龄很小，但是会照顾别人。** 그녀는 비록 나이가 어리지만, 그러나 다른 사람을 배려할 줄 안다. Tā jǐnguǎn hěn máng, rán'ér háishi bāngzhùle wǒ. **他尽管很忙，然而还是帮助了我。** 그는 비록 바쁘지만, 그러나 여전히 나를 도와주었다.

TIP 알쏭달쏭 뜻이 너무나도 많은 접속사 而 !

而은 병렬, 점층, 전환을 모두 나타낼 수 있는 접속사이다. 뜻이 많지만, 앞뒤 문맥에 따라 해석하면 된다.

kě'ài ér huópō de háizi
可爱而活泼的孩子　　귀엽고 활발한 아이 (병렬)

Yùndòng yǒu hěn duō zhǒng, ér wǒ zuì xǐhuan pǎobù.
运动有很多种，而我最喜欢跑步。　　운동에는 여러 가지가 있는데, 나는 달리기를 가장 좋아한다. (점층)

Wǒ xǐhuan shān, ér tā xǐhuan hǎi.
我喜欢山，而他喜欢海。　　나는 산을 좋아하지만, 그는 바다를 좋아한다. (전환)

1. 제시된 표현이 들어갈 알맞은 위치를 고르세요.

① búguò
不过
그런데

Zhège diànyǐng
这个电影   [A]
이 영화

hěn cháng,
很长,   [B]
길다

hěn yǒuyìsi
很有意思   [C]。
재미있다

② dànshì
但是
그러나

Zhège fángzi
这个房子   [A]
그 집

suīrán
虽然   [B]
비록 ~이지만

bú dà,
不大,   [C]
크지 않다

fēicháng gānjìng
非常干净。
아주 깨끗하다

③ ér
而
~지만

Wǒ
我   [A]
나

xiǎng qù guàngjiē,
想去逛街,   [B]
쇼핑하고 싶다

zhàngfu
丈夫   [C]
남편

xiǎng zài jiā xiūxi
想在家休息。
집에서 쉬고 싶다

2. 문맥에 맞는 어휘를 고르세요.

Wǒ yǐjīng hěn nǔlì le, (suīrán / kěshì) méiyǒu tōngguò kǎoshì.
① 我已经很努力了，（虽然 / 可是）没有通过考试。

(Jǐnguǎn / Rán'ér) zhège rènwu hěn nán, dàn wǒmen háishi wánchéng le.
② （尽管 / 然而）这个任务很难，但我们还是完成了。

Tāmen suīrán shì tóngshì, (érqiě / rán'ér) píngshí hěn shǎo shuōhuà.
③ 他们虽然是同事，（而且 / 然而）平时很少说话。

3. 제시된 접속사를 한 번씩만 사용하여 문장을 완성하세요. HSK 대비

rán'ér	jǐnguǎn
然而	尽管

Tā　　　　bú yuànyì zuò nà jiàn shì, kě háishi zuò le.
① 他＿＿＿＿＿不愿意做那件事，可还是做了。

Wǒ rènshi tā hěn duō nián le,　　　　bìng bú shì hěn liǎojiě tā.
② 我认识他很多年了，＿＿＿＿＿并不是很了解他。

정답·해석·해설 p.242

인과, 조건을 나타내는 접속사

예문·연습문제 정답
바로 듣기

---

① 인과를 나타내는 접속사는 어떤 상황이 발생하게 된 원인과 그 결과를 나타낸다.

yīnwèi···, suǒyǐ··· **因为···，所以··· /** yóuyú···, yīncǐ··· **由于···，因此···** ~하기 때문에, 그래서	因为/由于가 있는 앞 문장은 원인을, 所以/因此가 있는 뒷 문장은 결과를 나타낸다. 因为···, 所以···는 회화에서 자주 쓰이고, 由于···, 因此···는 글을 쓸 때 자주 쓰인다. Yīnwèi tā méiyǒu shíjiān, suǒyǐ wǒ lái le. **因为**他没有时间，**所以**我来了。 그는 시간이 없기 때문에, 그래서 제가 왔습니다. Yóuyú cóngxiǎo nǔlì xuéxí, yīncǐ tā kǎoshàngle zuì hǎo de gāozhōng. **由于**从小努力学习，**因此**他考上了最好的高中。 어렸을 때부터 열심히 공부했기 때문에, 그래서 그는 가장 좋은 고등학교에 합격했다.
···, yúshì **···，于是** ~하여, 그래서	뒤의 상황이 앞의 상황 때문에 일어남을 나타낸다. Jīntiān shì dìdi de shēngrì, yúshì wǒ mǎile lǐwù. 今天是弟弟的生日，**于是**我买了礼物。 오늘은 남동생의 생일이어서, 나는 선물을 샀다.
jìrán···, jiù··· **既然···，就···** ~하는 만큼/~인 이상	既然이 있는 앞 문장은 기정 사실을, 뒷 문장은 결론을 나타낸다. Jìrán dàjiā dōu xǐhuan chī miàntiáo, wǒmen jiù diǎn miàntiáo ba. **既然**大家都喜欢吃面条，我们**就**点面条吧。 다들 국수 먹는 것을 좋아하는 만큼, 우리 국수를 주문합시다.

② 조건을 나타내는 접속사는 어떤 결과가 나오기 위한 조건을 나타낸다.

zhǐyào···, jiù··· **只要···，就···** ~하기만 하면	어떤 결과를 얻기 위해 필요한 조건을 나타낸다. Zhǐyào rènzhēn xuéxí, jiù néng dédào hǎo chéngjì. **只要**认真学习，**就**能得到好成绩。 열심히 공부하기만 하면, 좋은 성적을 얻을 수 있다.
zhǐyǒu···, cái··· **只有···，才···** ~해야만, 비로소~	어떤 결과를 얻기 위한 유일한 조건을 나타낸다. Zhǐyǒu nǔlì, cái néng chénggōng. **只有**努力，**才**能成功。 노력을 해야만, 비로소 성공할 수 있다.
wúlùn bùguǎn búlùn···, **无论/不管/不论···，** dōu yě··· **都/也···** ~든/~에 관계없이	어떤 조건이 와도 예외없이 결과가 다르지 않다는 것을 나타낸다. Wúlùn nǐ shì shéi, wǒ dōu huì bāng nǐ. **无论**你是谁，我**都**会帮你。 네가 누구든, 나는 도울 것이다. Bùguǎn duō nán de wèntí, wǒ yě néng jiějué. **不管**多难的问题，我**也**能解决。 얼마나 어려운 문제든, 나는 해결할 수 있다.
chúfēi···, cái··· **除非···，才···** ~하여야만, 비로소~	어떤 상황이 발생하기 위한 유일한 조건을 나타낸다. Chúfēi shì zhōumò, tā cái huì huí jiā. **除非**是周末，他**才**会回家。 주말이어야만, 비로소 그는 집에 간다.
chúfēi···, fǒuzé bùrán··· **除非···，否则/不然···** ~하지 않으면	어떤 상황이 발생하기 위해서 일정한 조건을 갖춰야 함을 나타낸다. Chúfēi nǐ qù, fǒuzé dàjiā dōu bú qù. **除非**你去，**否则**大家都不去。 네가 가지 않으면, 우리 모두 가지 않을 거야.

연습문제

1. 제시된 표현이 들어갈 알맞은 위치를 고르세요.

① suǒyǐ / 所以 / 그래서

Yīnwèi / 因为 / ~하기 때문에 [A] yǒu shì, / 有事, / 일이 있다 [B] děi / 得 / 반드시 ~해야 한다 [C] qù yí tàng gōngsī / 去一趟公司。 / 회사에 한 번 가다

② yúshì / 于是 / 그래서

Tīngshuō / 听说 / 듣자 하니 Xiǎo Wáng / 小王 / 샤오왕 [A] yào lái, / 要来, / 오려고 하다 [B] wǒ yě / 我也 / 나도 [C] lái le / 来了。 / 왔다

③ wúlùn / 无论 / ~든

[A] wǒ / 我 / 나 zěnme / 怎么 / 어떻게 jiěshì, / 解释, / 설명하다 tā / 他 / 그 dōu / 都 [B] bù xiāngxìn / 不相信 / 믿지 않는다 [C] wǒ / 我。 / 나

2. 문맥에 맞는 어휘를 고르세요.

① Zhǐyǒu nǔlì liànxí, (cái / jiù) néng nádào hǎo chéngjì.
只有努力练习，（才 / 就）能拿到好成绩。

② Zhè zhǒng dōngxi zhǐyào yǒu qián, (cái / jiù) néng mǎidào.
这种东西只要有钱，（才 / 就）能买到。

③ Chúfēi tā lái, (cái / jiù) néng jiějué zhège wèntí.
除非他来，（才 / 就）能解决这个问题。

3. 제시된 접속사를 한 번씩만 사용하여 문장을 완성하세요. [HSK 대비]

yīncǐ 因此	jìrán 既然	bùguǎn 不管

① nǐ bú yuànyì, nà jiù suànle ba.
_____ 你不愿意，那就算了吧。

② Yóuyú tā shēngbìng le, méiyǒu lái shàngkè.
由于他生病了，_____ 没有来上课。

③ nǐ shénme shíhou lái, wǒ dōu huānyíng nǐ.
_____ 你什么时候来，我都欢迎你。

정답·해석·해설 p.243

포인트 47 인과, 조건을 나타내는 접속사 **103**

선택을 나타내는 접속사

🎧 예문·연습문제 정답
바로 듣기

① **선택을 나타내는 접속사는 나열된 여러 대상 중 1개를 선택하는 것을 나타낸다.**

…huò huòzhě háishi… , **…或 / 或者 / 还是…** ~ 아니면 ~	或/或者는 의문문에 사용하지 않으며, 还是은 의문문에만 사용한다. Wǒ jīnnián huòzhě míngnián qù Zhōngguó. **我今年或者明年去中国。**　나는 올해 아니면 내년에 중국에 가요. Nǐ jīnnián qù Zhōngguó háishi míngnián qù Zhōngguó? **你今年去中国还是明年去中国？** 너는 올해 중국에 가니, 아니면 내년에 중국에 가니?
yàome… , yàome… **要么… , 要么…** ~하든지, ~하든지	要么… , 要么…는 회화에서 자주 쓰인다. Yàome chī jīdàn, yàome chī miànbāo, nǐ zìjǐ juédìng. **要么吃鸡蛋，要么吃面包，你自己决定。** 계란을 먹든지, 빵을 먹든지, 네가 스스로 결정해.
bú shì… , ér shì… **不是… , 而是…** ~이 아니라 ~이다	而是 뒤에 나오는 대상을 더 강조하며, 주로 글을 쓸 때 사용한다. Wǒmen bān de dì yī míng bú shì Xiǎo Lǐ, ér shì Xiǎo Zhào. **我们班的第一名不是小李，而是小赵。** 우리 반 1등은 샤오리가 아니라 샤오자오이다.
bú shì… , jiù shì… **不是… , 就是…** ~ 아니면 ~이다	앞에 나오는 대상과 뒤에 나오는 대상 둘 중 하나임을 나타낸다. Wǒmen bān de dì yī míng bú shì Xiǎo Lǐ, jiù shì Xiǎo Zhào. **我们班的第一名不是小李，就是小赵。** 우리 반 1등은 샤오리 아니면 샤오자오이다.
yǔqí… , bùrú… **与其… , 不如…** ~하느니, ~하는 것이 낫다	앞에서 제시된 상황보다는 뒤에서 제시된 상황을 선호함을 나타낸다. Yǔqí zài jiā dāizhe, bùrú qù gōngyuán zǒuzou. **与其在家待着，不如去公园走走。** 집에서 가만히 있으니, 공원에 가서 좀 걷는 것이 낫다.
nìngkě nìngyuàn… , **宁可 / 宁愿… ,** yě yào yě bù… **也要 / 也不…** ~지언정, ~하겠다/~하지 않겠다	宁可/宁愿와 也要가 사용되었을 때는 也要 뒤에 이어져 나오는 상황을 선택하겠다는 의지를 나타낸다. 也不가 함께 사용되었을 때는 두 가지 모두 원하는 선택은 아니지만, 둘 중에서 차라리 전자를 선택한다는 의미를 나타낸다. Wǒ nìngkě bú shuìjiào, yě yào zuòwán zuòyè. **我宁可不睡觉，也要做完作业。** 나는 잠을 안 잘지언정, 숙제를 다 할 것이다. Wǒ nìngyuàn chūqu zhuàn qián, yě bú yuànyì huā fùmǔ de qián. **我宁愿出去赚钱，也不愿意花父母的钱。** 나는 나가서 돈을 벌지언정, 부모님의 돈을 쓰고 싶지 않다.

1. 제시된 표현이 들어갈 알맞은 위치를 고르세요.

① **而是** *ér shì*
~이다

前面那个楼 *Qiánmian nàge lóu* (앞의 저 건물) [A] 不是 *bú shì* (아니다) [B] 书店, *shūdiàn,* (서점) [C] 图书馆。 *túshūguǎn* (도서관)

② **或者** *huòzhě*
~ 아니면 ~

你 *Nǐ* (당신) 去超市 *qù chāoshì* (마트에 가다) 的话, *dehuà,* (~다면) [A] 买 *mǎi* (사다) [B] 香蕉 *xiāngjiāo* (바나나) [C] 西瓜 *xīguā* (수박) 吧。 *ba*

③ **宁可** *nìngkě*
~지언정

我 *Wǒ* (나) [A] 一个人 *yí ge rén* (혼자) 去, *qù,* (가다) 也 *yě* [B] 不愿意 *bú yuànyì* (~하고 싶지 않다) [C] 跟他去。 *gēn tā qù* (그와 함께 가다)

2. 문맥에 맞는 어휘를 고르세요.

Yǔqí zài jiā shàngwǎng, (huò / bùrú) chūqu wánr.
① 与其在家上网，（或 / 不如）出去玩儿。

(Nìngyuàn / Yàome) wǒ qù, (yě / yàome) nǐ lái.
② （宁愿 / 要么）我去，（也 / 要么）你来。

Lǐ jīnglǐ bú shì zài kāihuì, (jiù shì / háishi) zài jiàn kèrén.
③ 李经理不是在开会，（就是 / 还是）在见客人。

3. 제시된 접속사를 한 번씩만 사용하여 문장을 완성하세요. [HSK 대비]

háishi 还是	*jiù shì* 就是	*yǔqí* 与其

Tā zhōumò bú shì jiàn péngyou,   dǎ lánqiú.
① 他周末不是见朋友，＿＿＿＿＿＿打篮球。

zuòzhe děng jīhuì, bùrú chūqu zhǎo jīhuì.
② ＿＿＿＿＿＿坐着等机会，不如出去找机会。

Nǐ xiǎng kàn diànyǐng   kàn diànshìjù?
③ 你想看电影 ＿＿＿＿＿＿看电视剧？

정답·해석·해설 p.243

① 가정을 나타내는 접속사는 어떤 상황을 가정하는 것을 나타낸다.

rúguǒ jiǎrú (…dehuà) **如果 / 假如**（…的话） 만약 ~다면	如果와 假如 모두 가정을 나타낸다. …的话는 붙일 수도 있고, 생략해도 된다. Rúguǒ bú xià yǔ dehuà, jiù qù páshān ba. **如果不下雨的话，就去爬山吧。** 만약 비가 오지 않으면, 등산을 하러 갑시다. Jiǎrú nǐ néng huídào guòqù, nǐ huì zuò shénme? **假如你能回到过去，你会做什么？** 만약 당신이 과거로 돌아갈 수 있다면, 무엇을 하시겠습니까?
yàoshi (…jiù) **要是**（…就） 만약 ~라면	要是은 就와 자주 쓰여 가정을 나타낸다. 要是은 명사와 바로 결합할 수도 있으며, 회화에서 자주 쓰인다. Nǐ yàoshi yǒu shénme wèntí, kěyǐ gěi wǒ dǎ diànhuà. **你要是有什么问题，可以给我打电话。** 만약 무슨 문제가 있다면, 저에게 전화해도 돼요. Yàoshi Xiǎo Dōng, jiù bú huì zhème shēngqì le. **要是小东，就不会这么生气了。** 만약 샤오둥이었다면, 이렇게 화내지 않았을 거야.
jíshǐ nǎpà jiùshì…, **即使 / 哪怕 / 就是…,** yě **也** 설령 ~할지라도	即使/哪怕/就是이 있는 앞 문장은 이미 발생한 상황일 수도, 아직 발생하지 않은 상황일 수도 있다. Jíshǐ zhǐyǒu bǎifēnzhī yī de kěnéng, yě yào shìshi kàn. **即使只有百分之一的可能，也要试试看。** 설령 1%의 가능성밖에 없을지라도, 도전해봐야 한다. Nǎpà míngtiān xià yǔ, wǒ yě yào qù. **哪怕明天下雨，我也要去。** 설령 내일 비가 올지라도, 나는 갈 것이다. Jiùshì gěi wǒ yìbǎi kuài, wǒ yě bú mài. **就是给我一百块，我也不卖。** 설령 나에게 백 위안을 줄지라도, 나는 팔지 않을 것이다.
wànyī **万一** 만일, 만에 하나 ~라면	万一는 발생하기를 바라지 않는 일을 가정할 때 쓴다. Wànyī tā bù lái, wǒmen yīnggāi zěnmebàn? **万一他不来，我们应该怎么办？** 만일 그가 오지 않는다면, 우리는 어떻게 해야 하나요?
bùrán **不然** 그렇지 않으면	不然은 주로 회화에서 자주 쓰인다. Kāi dēng ba, bùrán kàn bu jiàn. **开灯吧，不然看不见。** 불을 켭시다, 그렇지 않으면 안 보여요.

연습문제

1. 제시된 표현이 들어갈 알맞은 위치를 고르세요.

① rúguǒ
如果
만약 ~다면

[A] nǐ hěn lèi
你很累
당신이 힘들다

[B] dehuà,
的话,
~다면

[C] jiù xiūxi yí xià ba
就休息一下吧。
좀 쉬다

② nǎpà
哪怕
설령 ~할지라도

[A] jīn wǎn bú shuìjiào
今晚不睡觉
오늘 저녁에 자지 않는다

[B], [C] yě yào kàn zúqiú bǐsài
也要看足球比赛。
축구 경기를 본다

③ bùrán
不然
그렇지 않으면

[A] wǒmen
我们
우리

[B] kuài diǎnr zǒu
快点儿走
빨리 가다

ba, [C] jiù chídào le
吧, 就迟到了。
지각하다

2. 문맥에 맞는 어휘를 고르세요.

① (Wànyī / Bùrán) xià yǔ yě méi guānxi, wǒ dàile sǎn.
（万一 / 不然）下雨也没关系，我带了伞。

② (Jiǎrú / Wànyī) yǒu jīhuì dehuà, wǒ xiǎng chūguó liúxué.
（假如 / 万一）有机会的话，我想出国留学。

③ (Rúguǒ / Jiùshì) dàjiā dōu fǎnduì, wǒ yě yào jiānchí.
（如果 / 就是）大家都反对，我也要坚持。

3. 제시된 접속사를 한 번씩만 사용하여 문장을 완성하세요. [HSK 대비]

yàoshi 要是	jíshǐ 即使	bùrán 不然

① nǐ hěn jiànkāng, yě yào jīngcháng duànliàn shēntǐ.
_____ 你很健康，也要经常锻炼身体。

② wǒ yùdàole zhè zhǒng shì, jiù bú huì zhème zuò.
_____ 我遇到了这种事，就不会这么做。

③ Nǐ xiǎng mǎi jiù mǎi ba, huì hòuhuǐ de.
你想买就买吧， _____ 会后悔的。

정답·해석·해설 p.244

① 주어는 서술이나 묘사의 대상이 되는 부분으로, 보통 문장의 맨 앞에 온다.

Wǒ　qù　shìchǎng.
我　去　市场。　나는 시장에 간다.
주어

Kōngqì　hěn　hǎo.
空气　很　好。　공기가 좋다.
주어

> **TIP** 문맥상 주어가 무엇인지 아는 경우나, 명령 및 건의를 할 때 주어는 생략될 수 있다. 주어가 없는 문장을 비주술문이
> 라고 하며, 비주술문에 관한 자세한 내용은 p.160에서 학습할 수 있다.

② 명사(구), 대사는 주어가 될 수 있다.

Xiǎo Zhāng　shì　Zhōngguórén.
小张　是　中国人。　샤오장은 중국 사람이다.
주어(명사)

Zhè　shì　tā de　bāo.
这　是　他的　包。　이것은 그의 가방이다.
주어(대사)

③ 수사 또는 수량사(수사+양사)는 주어가 될 수 있다.

Sān　shì　jīshù.
三　是　奇数。　3은 홀수이다.
주어(수사)

Yì jīn　shì　wǔbǎi kè.
一斤　是　五百克。　한 근은 500그램이다.
주어(수량사)

④ 동사(구)는 주어가 될 수 있다.

Yóuyǒng　shì　zuì hǎo de　yùndòng.
游泳　是　最好的　运动。　수영하는 것은 가장 좋은 운동이다.
주어(동사)

⑤ 형용사(구)는 주어가 될 수 있다.

Jiànkāng　zuì　zhòngyào.
健康　最　重要。　건강한 것이 가장
주어(형용사)　　중요하다.

Tài zháojí le　huì　chū　wèntí.
太着急了　会　出　问题。　너무 급하면 문제가
주어(형용사구)　　생길 수 있다.

⑥ 주술(목)구, 술목구는 주어가 될 수 있다.

Wǒ kàn shū　shì　wèile　xuéxí.
我看书　是　为了　学习。　내가 책을 보는 것은 공부하기 위함이다.
주어(주술목구)

Xuéxí yǔyán　hěn　yǒuqù.
学习语言　很　有趣。　언어를 배우는 것은 재미있다.
주어(술목구)

⑦ '…的' 형태의 的자구는 주어가 될 수 있다. 的는 '~한 것'이라는 뜻이다.

Nǐ mǎi de　shì　shénme?
你买的　是　什么?　당신이 산 것은 무엇입니까?
주어(的자구)

Nǐ shuō de　dōu　duì.
你说的　都　对。　당신이 말하는 것은 모두 옳다.
주어(的자구)

연습문제

1. 제시된 문장에서 주어를 찾아 동그라미를 하세요.

Nǐ néng lái yí xià ma?
① 你能来一下吗？

Ānquán zuì zhòngyào.
② 安全最重要。

Liù shì wǒ zuì xǐhuan de shùzì.
③ 六是我最喜欢的数字。

2. 제시된 표현과 잘 이어지는 내용을 찾아 선으로 연결하여 완전한 문장을 완성하세요.

wǒ bàba
① 我爸爸

lǐbàitiān
A 礼拜天

hòutiān
② 后天

jiāo Hànyǔ
B 教汉语

dúshū
③ 读书

shì hěn hǎo de xíguàn
C 是很好的习惯

3. 제시된 표현을 주어 자리에 넣어 문장을 완성하세요. (HSK 대비)

yì gōnglǐ	wǒ jiābān	nǐ chī de
一公里	我加班	你吃的

shì shénme?
① ＿＿＿＿＿＿是什么？

shì yìqiān mǐ.
② ＿＿＿＿＿＿是一千米。

shì wèile wánchéng gōngzuò.
③ ＿＿＿＿＿＿是为了完成工作。

정답·해석·해설 p.244

포인트 51

술어가 될 수 있는 것

🎧 예문·연습문제 정답
바로 듣기

① 술어는 주어의 행위, 상태, 성질 등을 서술하거나 묘사하는 말로, 보통 주어 뒤에 온다.

Xiǎo Míng   xiūxi.
小明　　　　休息。　　샤오밍은 쉰다.
주어　　　　술어

Wǒ   hěn   è.
我　　很　　饿。　　나는 배고프다.
주어　　　　술어

> **TIP** 술어가 주어 앞에 오는 경우도 있다. 주로 구어체에서 쓰이며, 술어가 강조된다.
>
> Zǒu ba, wǒmen!
> 走吧，我们！　　가자, 우리!
> 　　　　　　　(= 我们走吧。)

② 동사(구)는 술어가 될 수 있다.

Tā   pǎo.
她　　跑。　　그녀는 달린다.
　　　술어(동사)

Nǐ   qù shìshi.
你　　去试试。　　(네가) 가서 한번 시도해봐.
　　　술어(동사구)

③ 형용사(구)는 술어가 될 수 있다.

Tiānqì   hǎo   ma?
天气　　好　　吗？　　날씨가 좋나요?
　　　술어(형용사)

Fángjiān   gānjìng piàoliang.
房间　　　干净漂亮。　　방은 깨끗하고 예쁘다.
　　　　　술어(형용사구)

④ 명사(구)는 술어가 될 수 있다. 주로 출신, 날짜 등을 나타낸다.

Tā   Běijīngrén.
他　　北京人。　　그는 베이징 사람이다. (출신)
　　　술어(명사구)

Jīntiān   wǔ yuè wǔ hào.
今天　　　五月五号。　　오늘은 5월 5일이다. (날짜)
　　　　　술어(명사구)

⑤ 수량사(수사+양사)는 술어가 될 수 있다. 주로 시간, 나이, 가격 등을 나타낸다.

Xiànzài   wǔ diǎn.
现在　　　五点。　　지금은 5시다. (시간)
　　　　　술어(수량사)

Wǒ   sānshí suì.
我　　三十岁。　　나는 30살이다. (나이)
　　　술어(수량사)

⑥ 주술구는 술어가 될 수 있다.

Wǒ bàba   gèzi hěn gāo.
我爸爸　　个子很高。　　우리 아빠는 키가 크다.
　　　　　술어(주술구)

Tā   chéngjì hěn hǎo.
他　　成绩很好。　　그는 성적이 좋다.
　　　술어(주술구)

⑦ 의문대사는 술어가 될 수 있다.

Nǐ   zěnme   le?
你　　怎么　　了？　　(당신) 무슨 일이에요?
　　　술어(의문대사)

Gōngzuò   zěnmeyàng?
工作　　　怎么样？　　업무는 어때요?
　　　　　술어(의문대사)

1. 제시된 문장에서 술어를 찾아 동그라미를 하세요.

Nǐ qù shuìjiào ba.
① 你去睡觉吧。

Zhège gōngyuán hěn dà.
② 这个公园很大。

Nín de shēntǐ zěnmeyàng?
③ 您的身体怎么样？

2. 제시된 표현과 잘 이어지는 내용을 찾아 선으로 연결하여 완전한 문장을 완성하세요.

míngtiān
① 明天

hěn hòu
A 很厚

zhè běn shū
② 这本书

guānxi hěn hǎo
B 关系很好

tāmen sì ge rén
③ 他们四个人

bā yuè shíwǔ hào
C 八月十五号

3. 제시된 표현을 술어 자리에 넣어 문장을 완성하세요. (HSK 대비)

zěnme 怎么	sānshí kuài 三十块	xìnggé hěn hǎo 性格很好

Mèimei
① 妹妹＿＿＿＿＿＿＿＿＿。

Xiǎo Wáng   le?
② 小王 ＿＿＿＿＿＿＿＿＿了？

Zhèxiē píngguǒ yígòng
③ 这些苹果一共 ＿＿＿＿＿＿＿＿＿。

정답·해석·해설 p.245

목적어가 될 수 있는 것

🎧 예문·연습문제 정답
바로 듣기

① **목적어는 동사 술어 뒤에 와서 행위의 대상, 결과, 장소, 존재하는 사람/사물 등을 나타낸다.**

Tā xǐ liǎn.
他 洗 脸。   그는 얼굴을 씻는다. (대상)
술어(동사) 목적어

Xiǎo Dōng huà huàr.
小东 画 画儿。   샤오둥은 그림을 그린다. (결과)
술어(동사) 목적어

Wǒ zhù Shànghǎi.
我 住 上海。   나는 상하이에 산다. (장소)
술어(동사) 목적어

Fángjiān li yǒu rén.
房间里 有 人。   방 안에 사람이 있다. (존재)
술어(동사) 목적어

② **명사(구)와 대사는 목적어가 될 수 있다.**

Tāmen zuò cài.
他们 做 菜。   그들은 요리를 한다.
술어 목적어(명사)

Lǎoshī zhǎo nǐ.
老师 找 你。   선생님이 너를 찾는다.
술어 목적어(대사)

③ **수사 또는 수량사**(수사+양사)**는 목적어가 될 수 있다.**

Zhōngguórén zuì xǐhuan de shùzì shì bā.
中国人最喜欢的 数字 是 八。   중국 사람이 가장 좋아하는 숫자는 8이다.
술어 목적어(수사)

④ **동사(구)는 목적어가 될 수 있다.**

Tā dǎsuan qù mǎi shū.
他 打算 去买书。   그는 책을 사러 갈 계획이다.
술어 목적어(동사구)

⑤ **형용사(구)는 목적어가 될 수 있다.**

Lǎobǎn juéde búcuò.
老板 觉得 不错。   사장님은 좋다고 생각한다.
술어 목적어(형용사)

Tā gǎndào hěn nánguò.
她 感到 很难过。   그녀는 슬프다고 느낀다.
술어 목적어(형용사구)

⑥ **주술(목)구, 술목구는 목적어가 될 수 있다.**

Wǒ bù zhīdào tā xǐhuan shénme.
我 不 知道 她喜欢什么。   나는 그녀가 무엇을 좋아하는지 모른다.
술어 목적어(주술목구)

Mèimei xǐhuan kàn diànshì.
妹妹 喜欢 看电视。   여동생은 텔레비전을 보는 것을 좋아한다.
술어 목적어(술목구)

⑦ **'…的' 형태의 的자구는 목적어가 될 수 있다. 的는 '~한 것'이라는 뜻이다.**

Nàge xīguā shì māma mǎi de.
那个西瓜 是 妈妈买的。   그 수박은 엄마가 산 것이다.
술어 목적어(的자구)

1. 제시된 문장에서 목적어를 찾아 동그라미를 하세요.

Lǎoshī hěn guānxīn wǒmen.
① 老师很关心我们。

Wǒ zhīdào tā qùle nǎli.
② 我知道他去了哪里。

Zhè shì Lǐ āyí gěi de.
③ 这是李阿姨给的。

2. 제시된 표현과 잘 이어지는 내용을 찾아 선으로 연결하여 완전한 문장을 완성하세요.

wǒ xiǎng mǎi
① 我想买

hěn lèi
A 很累

wǒ dǎsuan
② 我打算

yǐnliào
B 饮料

dàjiā dōu juéde
③ 大家都觉得

cānjiā bǐsài
C 参加比赛

3. 제시된 표현을 목적어 자리에 넣어 문장을 완성하세요. [HSK 대비]

wǒ fùmǔ	nǐ kāixīn	liǎngbǎi duō kuài
我父母	你开心	两百多块

Wǒ xīwàng
① 我希望＿＿＿＿＿＿＿＿＿。

Tāmen shì
② 他们是＿＿＿＿＿＿＿＿＿。

Nàxiē cídiǎn màile
③ 那些词典卖了＿＿＿＿＿＿＿＿＿。

정답·해석·해설 p.245

관형어의 쓰임, 的를 포함하는 관형어

🎧 예문·연습문제 정답
바로 듣기

① **관형어는 명사를 꾸며준다.**

wǒ de bǐ
我的 笔 나의 펜
관형어 명사

wǒmen xuéxiào
我们 学校 우리 학교
관형어 명사

② **관형어는 문장에서 주어나 목적어 앞에 위치하여 소유, 소속, 수량, 성질 등을 나타낸다.**

Wǒmen xuéxiào hěn dà.
我们 学校 很 大。 우리 학교는 크다
관형어 주어 (소속)

Zhè shì wǒ de bǐ.
这 是 我的 笔。 이것은 나의 펜이다.
관형어 목적어 (소유)

③ **명사, 대사는 대부분 的와 함께 쓰여 관형어가 된다.**

Xiǎo Wáng de shēngrì
小王的 生日 샤오왕의 생일
명사+的

zhèli de huánjìng
这里的 环境 이곳의 환경
대사+的

④ **2음절 형용사, 형용사구, 중첩된 형용사는 대부분 的와 함께 쓰여 관형어가 된다.**

shūfu de xiézi
舒服的 鞋子 편안한 신발
2음절 형용사+的

gāogāo de dàlóu
高高的 大楼 높디 높은 빌딩
형용사 중첩+的

⑤ **동사(구)는 的와 함께 쓰여 관형어가 된다.**

yóuyǒng de rén
游泳的 人 수영하는 사람
동사+的

xīn kāi de fàndiàn
新开的 饭店 새로 연 식당
동사구+的

⑥ **개사구, 술목구, 주술구는 的와 함께 쓰여 관형어가 된다.**

guānyú huánjìng de wèntí
关于环境的 问题 환경에 대한 문제
개사구+的

jiějué wèntí de nénglì
解决问题的 能力 문제를 해결하는 능력
술목구+的

Xiǎo Lǐ zuò de Zhōngguó cài
小李做的 中国菜 샤오리가 만든 중국 음식
주술구+的

tā gěi wǒ mǎi de xié
她给我买的 鞋 그녀가 나에게 사 준 신발
주술구+的

1. 제시된 표현이 들어갈 알맞은 위치를 고르세요.

① jiǎndān 简单 간단하다 [A] wǒ 我 나 [B] zhǎodàole 找到了 찾았다 [C] de bànfǎ 的办法。 ~한 방법

② hěn kāixīn 很开心 즐겁다 [A] wǒmen 我们 우리 [B] yǒu yí ge 有一个 하나 있다 [C] de jīnglì 的经历。 ~한 경험

③ tā zhīdào 他知道 그는 안다 [A] de 的 ~한 [B] nèiróng 内容 내용 [C] bù duō 不多。 많지 않다

2. 제시된 문장들 중 관형어가 올바르게 쓰인 것을 고르세요.

① Xīn lái de lǎoshī hěn niánqīng.
A 新来的老师很年轻。
B Xīn lái lǎoshī hěn niánqīng.
新来老师很年轻。

② Wǒ xiǎng mǎi gèng hǎo diànnǎo.
A 我想买更好电脑。
B Wǒ xiǎng mǎi gèng hǎo de diànnǎo.
我想买更好的电脑。

③ Shū li xiěle guānyú Zhōngguó lìshǐ.
A 书里写了关于中国历史。
B Shū li xiěle guānyú Zhōngguó de lìshǐ.
书里写了关于中国的历史。

3. 제시된 표현들로 어순에 맞는 문장을 완성하세요. [HSK 대비]

① hěn jīngcǎi / zuótiān de / bǐsài
很精彩 / 昨天的 / 比赛 _____ ✎

② tā yǒu / tóufa / chángcháng de
她有 / 头发 / 长长的 _____ ✎

③ zì / hěn hǎokàn / tā xiě de
字 / 很好看 / 她写的 _____ ✎

정답·해석·해설 p.246

的를 포함하지 않는 관형어

🎧 예문·연습문제 정답
바로 듣기

① **1음절 형용사는 的 없이 관형어가 된다.**

xīn　　shǒujī
新　　手机　새 휴대폰
1음절 형용사

hǎo　　bànfǎ
好　　办法　좋은 방법
1음절 형용사

② **가족, 친척이나 소속을 나타내는 인칭대사는 的 없이 관형어가 된다.**

wǒ　　māma
我　　妈妈　나의 엄마(가족)
인칭대사

tāmen　　gōngsī
他们　　公司　그들의 회사(소속)
인칭대사

> **TIP** 가족, 친척이나 소속을 나타내는 인칭대사가 아닌 관형어는 的가 있어야 한다.
>
> Xiǎo Míng de bàba
> 小明的爸爸　샤오밍의 아빠

③ **'대사+양사', '수사+양사'는 的 없이 관형어가 된다.**

zhè běn　　shū
这本　　书　이 (한 권의) 책
대사+양사

liǎng zhāng　　piào
两张　　票　표 두 장
수사+양사

④ **수식을 받는 명사와 의미적으로 밀접한 명사, 동사는 的 없이 관형어가 된다.**

명사+명사 관형어	Zhōngguórén 中国+人　중국 사람	Hánguó péngyou 韩国+朋友　한국 친구	Yīngwén shū 英文+书　영어 책
	Hànyǔ kǎoshì 汉语+考试　중국어 시험	shēngrì dàngāo 生日+蛋糕　생일 케이크	jiāotōng jǐngchá 交通+警察　교통 경찰
동사+명사 관형어	xuéxí fāngfǎ 学习+方法　학습(하는) 방법	xiūxi shíjiān 休息+时间　휴식(하는) 시간	jiějué bànfǎ 解决+办法　해결(하는) 방법

1. 제시된 표현이 들어갈 알맞은 위치를 고르세요.

① wǒmen
我们
우리

[A] 公司
gōngsī
회사
[B] 很
hěn
(매우)
[C] 大。
dà
크다

② liǎng ge
两个
두 개

[A] 我
wǒ
나
[B] 要
yào
필요하다
[C] 杯子。
bēizi
컵

③ xuéxí
学习
학습하다

[A] 她的
tā de
그녀
[B] 态度
tàidu
태도
[C] 很好。
hěn hǎo
매우 좋다

2. 제시된 문장들 중 관형어가 올바르게 쓰인 것을 고르세요.

① Xiǎo Wáng bàba shì jiāotōng jǐngchá.
A 小王爸爸是交通警察。

Xiǎo Wáng de bàba shì jiāotōng jǐngchá.
B 小王的爸爸是交通警察。

② Māma mǎile sān jīn píngguǒ.
A 妈妈买了三斤苹果。

Māma mǎile sān jīn de píngguǒ.
B 妈妈买了三斤的苹果。

③ Wǒ de línjū shì Zhōngguó de rén.
A 我的邻居是中国的人。

Wǒ de línjū shì Zhōngguórén.
B 我的邻居是中国人。

3. 제시된 표현들로 어순에 맞는 문장을 완성하세요. （HSK 대비）

① xiāngzi / nàge / hěn zhòng
箱子 / 那个 / 很重

_____ ✎

② bīng / tā xǐhuan / hē / kāfēi
冰 / 他喜欢 / 喝 / 咖啡

_____ ✎

③ māo / yǒu / nǎinai jiā / sān zhī
猫 / 有 / 奶奶家 / 三只

_____ ✎

정답·해석·해설 p.246

포인트 55 여러 개의 관형어의 배열 순서

예문·연습문제 정답
바로 듣기

① 지시대사 관형어는 '수사+양사' 관형어 앞에 온다.

Wǒ	hēle	zhè	liǎng bēi	shuǐ.
我	喝了	这	两杯	水。
		관형어1	관형어2	목적어
		(지시대사)	(수사+양사)	(명사)

나는 이 물 두 잔을 마셨다.

▶ 지시대사 관형어 这는 '수사+양사' 형태의 两杯 앞에 온다.

② 형용사 관형어는 '수사+양사', '대사+양사' 관형어 뒤에 온다.

Zhè	shì	yí jiàn	hǎo	shì.
这	是	一件	好	事。
		관형어1	관형어2	목적어
		(수사+양사)	(형용사)	

이것은 (하나의) 좋은 일이다.

▶ 형용사 관형어 好가 '수사+양사' 형태의 一件 뒤에 온다.

Tāmen	dōu	bú huì	wàngji	zhè cì	tèbié de	bǐsài.
他们	都	不会	忘记	这次	特别的	比赛。
				관형어1	관형어2	목적어
				(대사+양사)	(형용사+的)	

그들은 이번 특별한 시합을 잊지 못할 것이다.

▶ 형용사 관형어 特别的가 '대사+양사' 형태의 这次 뒤에 온다.

③ 한 문장에 여러 개의 관형어가 있을 때, 소유, 소속, 시간, 장소를 나타내는 관형어는 가장 앞에 온다.

Gēge de	nà liàng	zìxíngchē	hěn guì.
哥哥的	那辆	自行车	很贵。
관형어1	관형어2	주어	

오빠의 그 자전거는 비싸다.

▶ 소유를 나타내는 관형어 哥哥的가 가장 앞에 온다.

Shāngdiàn de	nà jiàn	hóngsè	yīfu	hěn piàoliang.
商店的	那件	红色	衣服	很漂亮。
관형어1	관형어2	관형어3	주어	

가게의 그 빨간색 옷은 매우 예쁘다.

▶ 장소를 나타내는 관형어 商店的가 가장 앞에 온다.

④ 형용사구, 동사(구), 주술구 관형어는 보통 '대사+양사', '수사+양사' 관형어보다 앞에 온다.

Tā	yào	mǎi	gèng piányi de	zhè tiáo	qúnzi.
她	要	买	更便宜的	这条	裙子。
			관형어1	관형어2	목적어
			(형용사구+的)	(대사+양사)	

그녀는 더 저렴한 이 치마를 사려고 한다.

▶ 형용사구 관형어 更便宜的가 '대사+양사' 형태의 这条 앞에 온다.

Gānggāng lái de	liǎng wèi	Hánguó	liúxuéshēng	hěn huópō.
刚刚来的	两位	韩国	留学生	很活泼。
관형어1	관형어2	관형어3	목적어	
(동사구+的)	(수사+양사)	(명사)		

방금 온 두 명의 한국 유학생은 활발하다.

▶ 동사구 관형어 刚刚来的가 '수사+양사' 형태의 两位 앞에 온다.

Wǒ mǎi de	sān běn	gùshi	shū	dōu	hěn hǎokàn.
我买的	三本	故事	书	都	很好看。
관형어1	관형어2	관형어3	주어		
(주술구+的)	(수사+양사)	(명사)			

내가 산 세 권의 이야기책은 모두 재미있다.

▶ 주술구 관형어 我买的가 '수사+양사' 형태의 三本 앞에 온다.

1. 제시된 표현이 들어갈 알맞은 위치를 고르세요.

① 那 nà
그

[A] 他吃了 tā chīle
그는 먹었다 [B] 几块 jǐ kuài
몇 점 [C] 肉。 ròu
고기

② 一部 yí bù
한 편

[A] 我昨天看了 wǒ zuótiān kànle
나는 어제 보았다 [B] 好 hǎo
좋다 [C] 电影。 diànyǐng
영화

③ 更大的 gèng dà de
더 큰

[A] 我选了 wǒ xuǎnle
나는 선택했다 [B] 那个 nàge
그 盘子 pánzi
접시 [C]。

2. 제시된 문장에서 관형어가 맞게 쓰였으면 O, 틀리게 쓰였으면 X 표시를 하세요.

① Nà bǎ wǒ de yǔsǎn huài le.
那把我的雨伞坏了。 （　　　）

② Wǒ hěn gǎnxiè nà wèi rèqíng de línjū.
我很感谢那位热情的邻居。 （　　　）

③ Xiǎo Lǐ de gēge shì yǒumíng de yí wèi zuòjiā.
小李的哥哥是有名的一位作家。 （　　　）

3. 제시된 표현들로 어순에 맞는 문장을 완성하세요. HSK 대비

① 很重要 hěn zhòngyào / 那场考试 nà chǎng kǎoshì / 昨天参加的 zuótiān cānjiā de
_____ ✎

② 新鲜的 xīnxiān de / 一杯 yì bēi / 果汁 guǒzhī / 我想喝 wǒ xiǎng hē
_____ ✎

③ 那是 nà shì / 城市 chéngshì / 小小的 xiǎoxiǎo de / 一座 yí zuò
_____ ✎

정답·해석·해설 p.247

부사어의 쓰임, 地를 포함하는 부사어

① 부사어는 동사나 형용사 술어를 수식하거나, 주어 앞에서 문장 전체를 수식한다.

Wǒ yǒudiǎnr lěng.
我 有点儿 冷。　나는 조금 춥다.
　　　부사어　　술어(형용사)

Míngtiān nǐ zuò shénme?
明天 你 做 什么?　내일 뭐 해요?
부사어　　　문장 전체

② 부사어는 술어(동작)나 주어(동작자)를 묘사하거나, 시간, 어기, 장소, 정도, 부정, 목적 등을 나타낸다.

Nǐ kuài zǒu ba.
你 快 走 吧。　당신은 빨리 가세요. (술어(동작) 묘사)
　　부사어　술어　　➤ 부사어 快는 走라는 동작을 묘사한다.

Lìli gāoxìng de huí jiā le.
丽丽 高兴地 回家了。　리리는 기쁘게 집에 간다. (주어(동작자) 묘사)
　　　부사어　　술어+了　　➤ 부사어 高兴地는 丽丽라는 동작자를 묘사한다.

Mèimei zài Běijīng liúxuéle sān nián.
妹妹 在北京 留学了 三年。　여동생은 베이징에서 3년 동안 유학했다. (장소)
　　　부사어　　술어+了　　➤ 부사어 在北京은 동작이 진행된 장소를 나타낸다.

③ 대부분의 2음절 형용사(구)와 중첩된 형용사는 地와 함께 쓰여 부사어가 된다.

Tā ānjìng de líkāi le.
她 安静地 离开了。　그녀는 조용히 떠났다.
　　부사어(형용사+地)　술어+了

Tā mànmàn de jìnlai le.
她 慢慢地 进来了。　그녀는 천천히 들어왔다.
　　부사어(형용사 중첩+地)　술어+了

> **TIP** 일부 2음절 형용사는 地를 생략할 수도 있다.

nǔlì gōngzuò	rènzhēn xuéxí	róngyì wàngjì	zǐxì kànkan
努力工作	认真学习	容易忘记	仔细看看
열심히 일하다	열심히 공부하다	쉽게 잊어버리다	자세히 보다

④ 동사(구)는 일반적으로 地와 함께 쓰여 부사어가 된다.

Xiǎo Dōng chījīng de kànzhe wǒ.
小东 吃惊地 看着 我。　샤오둥은 놀라서 나를 바라보고 있다.
　　　부사어(동사+地)　술어+着

⑤ 사자성어와 같은 고정적으로 쓰이는 표현은 일반적으로 地와 함께 쓰여 부사어가 된다.

Tāmen yīyībùshě de huí jiā le.
他们 依依不舍地 回家了。　그들은 아쉬워하며 집에 갔다.
　　　부사어(사자성어+地)　술어+了

1. 제시된 표현이 들어갈 알맞은 위치를 고르세요.

① ānquán de
   安全地
   안전하게

   [A]   fēijī
         飞机   [B]   qǐfēi
               비행기   起飞   [C]   le
                         이륙하다   了。

② nǔlì
   努力
   열심이다

   Nǐ
   你   [A]   yīnggāi
   당신   应该   [B]   xuéxí
            (마땅히) ~해야 한다   学习   [C]。
                                 공부하다

③ hěn hǎo de
   很好地
   잘

   [A]   tā
         她   [B]   jiějuéle
         그녀   解决了   [C]   zhège wèntí
                  해결했다   这个问题。
                             이 문제

2. 제시된 문장들 중 부사어가 올바르게 쓰인 것을 고르세요.

① Tā rèqíng bāngzhùle wǒ.
  A 她热情帮助了我。

  Tā rèqíng de bāngzhùle wǒ.
  B 她热情地帮助了我。

② Tā shùnqízìrán jiēshòu le.
  A 他顺其自然接受了。

  Tā shùnqízìrán de jiēshòu le.
  B 他顺其自然地接受了。

③ Tóngxuémen gāogāo de jǔle shǒu.
  A 同学们高高地举了手。

  Tóngxuémen gāogāo jǔle shǒu.
  B 同学们高高举了手。

3. 제시된 표현들로 어순에 맞는 문장을 완성하세요. [HSK 대비]

① chūménle   tā   kāixīn de
   出门了 / 她 / 开心地

   _____ ✎

② jiàozhe   bù tíng de   xiǎo gǒu
   叫着 / 不停地 / 小狗

   _____ ✎

③ qīngchu de   wǒ   zhè jiàn shì   liǎojiě
   清楚地 / 我 / 这件事 / 了解

   _____ ✎

④ wǒmen   le   liáotiān   yúkuài de
   我们 / 了 / 聊天 / 愉快地

   _____ ✎

정답·해석·해설 p.247

地를 포함하지 않는 부사어

🎧 예문·연습문제 정답
바로 듣기

① **부사는 일반적으로 地 없이 부사어가 된다.**

Wǒ　　mǎshàng　　dào.
我　　马上　　　 到。　　저는 금방 도착해요.
　　부사어(부사)　 술어

Tāmen　　dōu　　shì　　xuésheng.
他们　　 都　　 是　　 学生。　　그들은 모두 학생이다.
　　부사어(부사)　 술어

TIP 정도부사의 정도를 강조할 때 地를 추가하는 경우가 있다.

fēicháng de ānjìng
非常地安静　　매우 조용하다

② **시간명사, 장소명사, 개사구, 조동사는 地 없이 부사어가 된다.**

Wǒ　　shàng xīngqī　　qù　　Běijīng　　le.
我　　 上星期　　　　去　　北京　　　了。　　나는 지난 주에 베이징에 갔다.
　　부사어(시간명사)　 술어

Dìtiězhàn　　jiàn!
地铁站　　　见!　　지하철역에서 봐요!
부사어(장소명사)　술어

Wǎng yòubian　　zǒu　　wǔ fēnzhōng　　jiù　　dào　　le.
往右边　　　　 走　　 5分钟　　　　就　　到　　了。　　오른쪽으로 5분만 가면 도착해요.
부사어(개사구)　　술어

Nǐ　　huì　　huábīng　　ma?
你　　会　　滑冰　　　吗?　　스케이트를 탈 줄 알아요?
　　부사어(조동사)　 술어

③ **1음절 형용사, 의문대사는 地 없이 부사어가 된다.**

Duō　　chī　　yìdiǎnr.
多　　 吃　　一点儿。　　많이 드세요.
부사어　 술어
(1음절 형용사)

Tā　　zǎo　　láile　　yí ge xiǎoshí.
她　　早　　来了　　一个小时。　　그녀는 한 시간 일찍 왔다.
　　부사어　 술어+了
　 (1음절 형용사)

Zhège　　Hànzì　　zěnme　　xiě?
这个　　 汉字　　 怎么　　写?　　이 한자는 어떻게 쓰나요?
　　　　　　　　부사어　 술어
　　　　　　　 (의문대사)

1. 제시된 표현이 들어갈 알맞은 위치를 고르세요.

① jīngcháng
经常
자주
　[A] wǒ 我 나 [B] wàngjì 忘记 잊어버리다 [C] zhòngyào de shì 重要的事。 중요한 일

② wǎn
晚
늦다
　[A] tā 她 그녀 [B] dàole 到了 도착했다 [C] shí fēnzhōng 十分钟。 10분

③ zuìjìn
最近
최근
　[A] tā 他 그 hěn shǎo 很少 거의 ~하지 않는다 [B] qù 去 가다 [C] nàli 那里。 그곳

2. 제시된 문장들 중 부사어가 올바르게 쓰인 것을 고르세요.

① A Gōngsī ménkǒu jiàn.
公司门口见。
B Gōngsī ménkǒu de jiàn.
公司门口地见。

② A Nǐ duō de chuān diǎnr yīfu.
你多地穿点儿衣服。
B Nǐ duō chuān diǎnr yīfu.
你多穿点儿衣服。

③ A Wǒ xiǎng gēn nǐ qù dòngwùyuán.
我想跟你去动物园。
B Wǒ xiǎng gēn nǐ de qù dòngwùyuán.
我想跟你地去动物园。

3. 제시된 표현들로 어순에 맞는 문장을 완성하세요. [HSK 대비]

① gōngzuò / tā / zài Shànghǎi
工作 / 她 / 在上海
　_____ ✎

② néng / kāichē / ma / nǐ
能 / 开车 / 吗 / 你
　_____ ✎

③ xǐhuan zhè zhǒng / wǒ / yīnyuè / bǐjiào
喜欢这种 / 我 / 音乐 / 比较
　_____ ✎

정답·해석·해설 p.248

여러 개의 부사어의 배열 순서

🎧 예문·연습문제 정답
바로 듣기

① 한 문장에 여러 개의 부사어가 있을 때, 부사 → 조동사 → 개사구의 순서로 온다.

Tāmen	yìzhí	zài Shànghǎi	gōngzuò.
他们	一直	在上海	工作。
	부사어1	부사어2	술어
	(부사)	(개사구)	

그들은 계속 상하이에서 일하고 있다.

Wǒ	kěyǐ	gēn nǐmen	tī	zúqiú	ma?
我	可以	跟你们	踢	足球	吗?
	부사어1	부사어2			
	(조동사)	(개사구)			

제가 당신들과 축구를 해도 되나요?

Wǒmen	dōu	néng	cóng shū shang	xuédào	hěn duō zhīshi.
我们	都	能	从书上	学到	很多知识。
	부사어1	부사어2	부사어3	술어+보어	
	(부사)	(조동사)	(개사구)		

우리는 모두 책으로부터 많은 지식을 배울 수 있다.

② 동작이 일어난 장소를 나타내는 개사 在…(zài…, ~에서)와 从…(cóng…, ~로부터)이 포함된 개사구의 위치는 시간부사의 앞이나 뒤에 모두 올 수 있다.

Tā	yǐjīng	zài chāoshì	mǎihǎole	shūcài.
她	已经	在超市	买好了	蔬菜。
	부사어1	부사어2		
	(시간부사)	(개사구)		

그녀는 이미 슈퍼에서 채소를 다 샀다.

Tā	zài chāoshì	yǐjīng	mǎihǎole	shūcài.
她	在超市	已经	买好了	蔬菜。
	부사어1	부사어2		
	(개사구)	(시간부사)		

그녀는 슈퍼에서 이미 채소를 다 샀다.

Bàba	gāng	cóng Běijīng	huílai.
爸爸	刚	从北京	回来。
	부사어1	부사어2	
	(시간부사)	(개사구)	

아빠는 막 베이징에서 돌아왔다.

Bàba	cóng Běijīng	gāng	huílai.
爸爸	从北京	刚	回来。
	부사어1	부사어2	
	(개사구)	(시간부사)	

아빠는 베이징에서 막 돌아왔다.

③ 한 문장에 여러 개의 부사어가 있을 때, 시간과 어기를 나타내는 부사어는 가장 앞에 온다.

Shí duō nián qián	tā	réngrán	shì	yí ge xuésheng.
十多年前	他	仍然	是	一个学生。
부사어1		부사어2	술어	
(명사구)		(부사)		

10여 년 전 그는 여전히 학생이었다.
➤ 시간을 나타내는 부사어 十多年前이 부사어 중 가장 앞에 온다.

Wǒmen	dàodǐ	zài nǎr	chīfàn?
我们	到底	在哪儿	吃饭?
	부사어1	부사어2	
	(부사)	(개사구)	

우리 도대체 어디서 밥을 먹나요?
➤ 어기를 나타내는 부사어 到底가 부사어 중 가장 앞에 온다.

1. 제시된 표현이 들어갈 알맞은 위치를 고르세요.

① dōu
都
모두

Wǒmen
我们 [A]
우리

néng
能 [B]
~할 수 있다

cānjiā
参加 [C]
참가하다

bǐsài
比赛。
경기

② qùnián
去年
작년

Tā
他 [A]
그

cóng guówài
从国外 [B]
외국으로부터

huílai
回来 [C]
돌아오다

le
了。

③ cóng jiāli
从家里
집에서

[A]

wǒ
我
나

mǎshàng
马上 [B]
곧

chūfā
出发 [C]。
출발하다

2. 제시된 문장에서 부사어가 맞게 쓰였으면 O, 틀리게 쓰였으면 X 표시를 하세요.

① Wǒ jīngcháng zài túshūguǎn xuéxí.
我经常在图书馆学习。 ( )

② Nǐ hái nándào bù zhīdào ma?
你还难道不知道吗？ ( )

③ Wǒ gēn nǐ kěyǐ qù chāoshì.
我跟你可以去超市。 ( )

3. 제시된 표현들로 어순에 맞는 문장을 완성하세요. HSK 대비

① nǐ dàodǐ / zěnme zuò / xiǎng
你到底 / 怎么做 / 想
_____

② zài jiāli / tā yìzhí / xiūxi
在家里 / 他一直 / 休息
_____

③ huì / wǒmen / yídìng / chénggōng
会 / 我们 / 一定 / 成功
_____

정답·해석·해설 p.249

동량보어의 쓰임

① 동량보어는 동사 술어 뒤에서 동작이 발생한 횟수를 나타내며, '수사+동량사'는 동량보어가 될 수 있다.

Tā　　qùguo　　yí cì.
他　　去过　　一次。　　그는 한 번 가본 적 있다.
술어(동사)+过　동량보어
　　　　　　　(수사+동량사)

Wǒ　　chīle　　sān kǒu.
我　　吃了　　三口。　　나는 세 입 먹었다.
술어(동사)+了　동량보어
　　　　　　　(수사+동량사)

> **TIP** 모든 동량사는 동량보어가 될 수 있다. 동량사에 대한 내용은 p.38에서 학습할 수 있다.

② 동량보어가 쓰인 문장에서 사물을 나타내는 목적어는 동량보어 뒤에 온다.

Tā　　kànle　　liǎng biàn　　diànyǐng.
她　　看了　　两遍　　电影。　　그녀는 영화를 두 번 봤다.
술어+了　동량보어　목적어

Wǒ　　zuòguo　　yí cì　　Zhōngguó cài.
我　　做过　　一次　　中国菜。　　나는 중국 음식을 한 번 만들어본 적 있다.
술어+过　동량보어　목적어

> **TIP** 동량사 下는 짧은 동작이 진행된 횟수를 나타내지만, '수사+동량사' 형태의 一下는 '~해 주세요'의 뜻으로 어기를 부드럽게 하는 역할도 한다.
>
> Tā qiāole yí xià zhuōzi.
> 他敲了一下桌子。　그는 책상을 한 번 두드렸다.
> 　　　　　(짧은 동작의 횟수)
>
> Nǐ shuō yí xià.
> 你说一下。　말씀해 주세요.
> 　　　(부드러운 어기)

③ 동량보어가 쓰인 문장에서, 사람이나 지명/장소를 나타내는 목적어는 동량보어 앞, 뒤에 모두 올 수 있다.

Wǒ　　jiànguo　　Xiǎo Míng　　sān cì.
我　　见过　　小明　　三次。
술어+过　목적어　동량보어

Wǒ　　jiànguo　　sān cì　　Xiǎo Míng.
我　　见过　　三次　　小明。
술어+过　동량보어　목적어

나는 샤오밍을 세 번 본 적 있다.

Tāmen　　qùle　　yīyuàn　　yí tàng.
他们　　去了　　医院　　一趟。
술어+了　목적어　동량보어

Tāmen　　qùle　　yí tàng　　yīyuàn.
他们　　去了　　一趟　　医院。
술어+了　동량보어　목적어

그들은 병원에 한 번 다녀왔다.

④ 동량보어가 쓰인 문장에서, 목적어가 대사인 경우 동량보어 앞에만 올 수 있다.

Wǒ　　jiànguo　　tā　　sān cì.
我　　见过　　他　　三次。
술어+过　목적어　동량보어

나는 그를 세 번 본 적 있다.
我见过三次他。 (X)

Tā　　qùguo　　nàr　　yí cì.
他　　去过　　那儿　　一次。
술어+过　목적어　동량보어

그는 그곳에 한 번 가봤다.
他去过一次那儿。 (X)

1. 제시된 표현이 들어갈 알맞은 위치를 고르세요.

① liǎng biàn
两遍
두 번

[A]　我 wǒ
나　[B]　复习了 fùxíle
복습했다　[C] 。

② diànyǐng
电影
영화

他 Tā
그　[A]　看了 kànle
봤다　[B]　一场 yì chǎng
한 번　[C] 。

③ nǐ
你
당신

她 Tā
그녀　[A]　找过 zhǎoguo
찾은 적이 있다　[B]　三回 sān huí
세 번　[C] 。

2. 제시된 문장에서 동량보어가 맞게 쓰였으면 O, 틀리게 쓰였으면 X 표시를 하세요.

① Wǒ qù yí tàng gōngsī.
我去一趟公司。　　　　　　　(　　　)

② Tā láiguo liǎng cì zhèr.
她来过两次这儿。　　　　　　(　　　)

③ Xiǎo Lǐ chīle yì kǒu bǐnggān.
小李吃了一口饼干。　　　　　(　　　)

3. 제시된 표현들로 어순에 맞는 문장을 완성하세요. [HSK 대비]

① shìle / wǒmen / sì cì
试了 / 我们 / 四次
_____ ✎

② liǎng huí / wǒ jiànguo / tā
两回 / 我见过 / 他
_____ ✎

③ tā / jǐ kǒu / kāfēi / hēle
她 / 几口 / 咖啡 / 喝了
_____ ✎

정답·해석·해설 p.249

🎧 예문·연습문제 정답
바로 듣기

① 시량보어는 동사/형용사 술어 뒤에서 행위나 상태가 지속되는 시간을 나타내며, 시간의 길이를 나타내는 시간명사는 시량보어가 될 수 있다.

Tā	kànle	yí ge xiǎoshí.	
她	看了	一个小时。	그녀는 한 시간
	술어(동사)+了	시량보어 (시간명사)	동안 봤다.

Tāmen	gāoxìng le	bàntiān.	
他们	高兴了	半天。	그들은 한참 동안
	술어(형용사)+了	시량보어 (시간명사)	즐거워 했다.

TIP 자주 시량보어로 사용되는 시간명사

yì fēnzhōng 一分钟 1분 (동안)	yí ge xiǎoshí 一个小时 1시간 (동안)	yì tiān 一天 하루 (동안)	bàntiān 半天 한나절 (동안), 한참 동안
yí ge xīngqī 一个星期 1주일 (동안)	yí ge yuè 一个月 1개월 (동안)	yì nián 一年 1년 (동안)	yí huìr 一会儿 잠시 (동안)

② 시량보어가 쓰인 문장에서, 사물을 나타내는 목적어는 시량보어 뒤에 오거나, 술어 앞에 온다. 이때 목적어 앞에 술어를 반복할 수 있으며, 생략도 가능하다.

'주어+술어+시량보어(+的)+목적어' 혹은 '주어(+술어)+목적어+술어+시량보어'의 순서로 쓴다.

Tā	kànle	yí ge xiǎoshí	(de)	shū.
他	看了	一个小时	(的)	书。
주어	술어+了	시량보어	(的)	목적어

Tā	(kàn)	shū	kànle	yí ge xiǎoshí.	
他	(看)	书	看了	一个小时。	그는 한 시간 동안
주어	(술어 반복)	목적어	술어+了	시량보어	책을 봤다.

③ 시량보어가 쓰인 문장에서, 사람이나 호칭을 나타내는 목적어는 일반적으로 시량보어 앞에 온다.

'주어+술어+목적어+시량보어' 혹은 '주어+술어+목적어+술어+시량보어'의 순서로 쓴다.

Wǒ	zhǎole	tā	bàntiān.
我	找了	他	半天。
주어	술어+了	목적어	시량보어

Wǒ	zhǎo	tā	zhǎole	bàntiān.	
我	找	他	找了	半天。	나는 그를 한참 동안
주어	술어	목적어	술어+了	시량보어	찾았다.

④ 한 번 발생하면 지속될 수 없는 동사와 시량보어가 함께 쓰여 동작이 발생한 지 얼마나 된지를 나타낼 수 있다.

来(lái, 오다), 离开(líkāi, 떠나다), 毕业(bìyè, 졸업하다), 结婚(jiéhūn, 결혼하다), 死(sǐ, 죽다)와 같이 한 번 발생하면 지속될 수 없는 동사는 시량보어와 함께 쓰여 '~한 지 ~이 되었다'의 뜻을 나타낼 수 있다. '주어+술어+목적어(+有)+시량보어'의 형태로 나타낸다.

Tā	lái	Hánguó	(yǒu)	yì nián	le.	
她	来	韩国	(有)	一年	了。	그녀는 한국에 온 지 1년이 되었다.
주어	술어(동사)	목적어		시량보어		

Wǒ	líkāi	jiāxiāng	(yǒu)	sān ge yuè	le.	
我	离开	家乡	(有)	三个月	了。	나는 고향을 떠난 지 3개월이 되었다.
주어	술어(동사)	목적어		시량보어		

연습문제

1. 제시된 표현이 들어갈 알맞은 위치를 고르세요.

①
shí ge xiǎoshí
十个小时
10시간 (동안)
　　　[A]　我　[B]　睡了　[C]。
　　　　　wǒ　　　shuìle
　　　　　나　　　잤다

②
tā
他
그
　　　Wǒ　[A]　等了　[B]　半天　[C]。
　　　我　　　děngle　　　bàntiān
　　　나　　　기다렸다　　한참 동안

③
yì tiān
一天
하루 (동안)
　　　Wǒmen　[A]　上了　[B]　的　课　[C]。
　　　我们　　　shàngle　　de　kè
　　　우리　　(수업을) 했다　　수업

2. 제시된 문장에서 시량보어가 맞게 쓰였으면 O, 틀리게 쓰였으면 X 표시를 하세요.

Wǒ bìyè wǔ nián yǒu le.
① 我毕业五年有了。　　　　　　　（　　　）

Zhāng lǎoshī jiāole wǒmen sān nián.
② 张老师教了我们三年。　　　　　　（　　　）

Tāmen kāihuì kāile liǎng ge xiǎoshí.
③ 他们开会开了两个小时。　　　　　（　　　）

3. 제시된 표현들로 어순에 맞는 문장을 완성하세요. [HSK 대비]

xiūxi　　wǒmen　　yí huìr ba
① 休息 / 我们 / 一会儿吧　　_____　✎

le　　jiéhūn yǒu　　tāmen　　sìshí nián
② 了 / 结婚有 / 他们 / 四十年　_____　✎

yí ge xiǎoshí　　dǎle　　de lánqiú　　tā
③ 一个小时 / 打了 / 的篮球 / 他　_____　✎

정답·해석·해설 p.250

정도보어의 쓰임

🎧 예문·연습문제 정답
바로 듣기

① **정도보어는 동사 술어 뒤에서 동작이나 상태가 어느 정도인지를 나타낸다.**

이때, 구조조사 得(de)를 사용하여 동사와 정도보어를 이어준다. 조사 得 자체에는 아무 의미가 없다.

chī
吃 먹다 ≫
동사

chī　de　hěn duō
吃　得　很多　　많이 먹는다
술어(동사)　得　정도보어
　　　　≫ 동사 술어 吃 뒤에 정도보어 很多가 쓰여 '먹는 정도가 많다', 즉 '많이 먹는
　　　　다'라는 뜻을 나타낸다.

shuì
睡 자다 ≫
동사

shuì　de　hěn wǎn
睡　得　很晚　　늦게 잔다
술어(동사)　得　정도보어
　　　　≫ 동사 술어 睡 뒤에 정도보어 很晚이 쓰여 '자는 정도가 늦다', 즉 '늦게 잔
　　　　다'라는 뜻을 나타낸다.

② **정도보어는 동사/형용사 술어의 결과를 나타낼 수도 있다. 어떤 동작이나 상황이 주어를 어떤**
상태에 처하게 했는지를 나타낸다.

gǎndòng
感动 감동하다 ≫
동사

Xiǎo Lì　gǎndòng　de　kū le.
小丽　感动　得　哭了。　　샤오리는 감동해서 울었다.
주어　술어(동사)　得　정도보어
　　　　≫ 동사 술어 感动 뒤에 정도보어 哭了가
　　　　쓰여 '감동해서 울었다'라는 뜻을 나타
　　　　낸다.

máng
忙 바쁘다 ≫
형용사

Tā　máng　de　méi shíjiān chīfàn.
他　忙　得　没时间吃饭。　　그는 바빠서 밥 먹을 시간도 없다.
주어　술어(형용사)　得　정도보어
　　　　≫ 형용사 술어 忙 뒤에 정도보어 没时间
　　　　吃饭이 쓰여 '바빠서 밥 먹을 시간도 없
　　　　다'라는 뜻을 나타낸다.

③ **동사(구), 형용사(구), 술목구 등이 정도보어가 될 수 있다.**

Māma　qì de　bù shuōhuà le.
妈妈　气得　不说话了。　　엄마는 화가 나서 말을 하지 않는다.
　　술어+得　동사구

Tā　chàng de　búcuò.
她　唱得　不错。　　그녀는 (노래를) 잘 부른다.
　　술어+得　형용사

Tā　shuō de　fēicháng liúlì.
他　说得　非常流利。　　그는 매우 유창하게 말했다.
　　술어+得　형용사구

Tāmen　jīdòng de　liúxiale yǎnlèi.
他们　激动得　流下了眼泪。　　그들은 감격해서 눈물을 흘렸다.
　　술어+得　술목구

1. 제시된 표현이 들어갈 알맞은 위치를 고르세요.

① hěn màn
很慢
느리다

[A] dìdi 弟弟 [B] zǒu 走 de 得 [C]。
남동생   걷다

② hěn piányi
很便宜
싸다

[A] zhèxiē wǎn 这些碗 [B] mài 卖 de 得 [C]。
이 그릇들   팔다

③ kūle
哭了
울었다

[A] tā 她 [B] nánguò 难过 de 得 [C]。
그녀   슬프다

2. 제시된 표현을 한 번씩만 사용하여 문장을 완성하세요. HSK 대비

hěn gānjìng 很干净	fēicháng duì 非常对	jiàole yì shēng 叫了一声

① Tā téng de
他疼得 _____ 。

② Tā dǎsǎo de
她打扫得 _____ 。

③ Nǐ shuō de
你说得 _____ 。

3. 제시된 표현들로 어순에 맞는 문장을 완성하세요. HSK 대비

① chuān de / tā / hěn piàoliang
穿得 / 她 / 很漂亮   _____ ✎

② māma / liúle yǎnlèi / gāoxìng de
妈妈 / 流了眼泪 / 高兴得   _____ ✎

③ lěng de / bù néng shuìjiào / nàge dìfang
冷得 / 不能睡觉 / 那个地方   _____ ✎

정답·해석·해설 p.251

정도보어의 활용

🎧 예문·연습문제 정답
바로 듣기

① 정도보어가 쓰인 문장에서 목적어는 '술어+得(de)+정도보어' 앞에 온다. 목적어 앞에 술어를 한 번 더 반복하기도 하지만, 주로 생략된다.

Wǒ	(chàng)	gē	chàng de	hěn hǎo.	
我	(唱)	歌	唱得	很好。	나는 노래를 잘 부른다.
	(술어 반복)	목적어	술어+得	정도보어	

Tā	(shuō)	Hànyǔ	shuō de	fēicháng liúlì.	
他	(说)	汉语	说得	非常流利。	그는 중국어를 매우 유창하게 한다.
	(술어 반복)	목적어	술어+得	정도보어	

② 정도보어가 쓰인 문장에서 부정을 나타낼 때 '술어+得' 바로 뒤에 不를 붙인다.

정도보어가 쓰인 문장에서 부정을 나타낼 때는 술어 앞에 不를 붙이는 것이 아닌, '술어+得' 바로 뒤에 不를 붙여 정도보어를 부정해야 한다.

Wǒ	gē	chàng de	bù hǎo.	
我	歌	唱得	不好。	나는 노래를 잘 하지 못 한다.
	목적어	술어+得	정도보어	他歌不唱得好。 (X)

Tā	Hànyǔ	shuō de	bù liúlì.	
他	汉语	说得	不流利。	그는 중국어를 유창하게 하지 못 한다.
	목적어	술어+得	정도보어	他汉语不说得流利。 (X)

③ 정도보어가 쓰인 문장은 吗 의문문/정반의문문/의문대사 의문문을 만들 수 있다.

'그는 노래를 잘 하나요?' 라는 말을 세 가지 방법으로 할 수 있다.

Tā gē chàng de hǎo ma?
他歌唱得好吗?

Tā gē chàng de hǎo bu hǎo?
他歌唱得好不好?

Tā gē chàng de zěnmeyàng?
他歌唱得怎么样?

연습문제

1. 제시된 표현이 들어갈 알맞은 위치를 고르세요.

① zuòyè
作业
숙제

Xiǎo Wáng　　zuò　　de　　　　hěn rènzhēn
小王　　[A]　做　得　[B]　很认真　[C]。
샤오왕　　　　하다　　　　　성실하다

② chē
车
차

Tā　　　　kāi　　　　kāi　　de　　　　hěn hǎo
他　[A]　开　[B]　开　得　[C]　很好。
그　　　(차를) 운전하다　　운전하다　　　좋다

2. 정도보어가 있는 문장에서 부정문이 올바르게 쓰였으면 O, 틀리게 쓰였으면 X 표시를 하세요.

① Xiǎo Lǐ zì xiě de hěn hǎokàn.
小李字写得很好看。　　　—　　Xiǎo Lǐ zì xiě de bù hǎokàn.
小李字写得不好看。　　　（　　　）

② Tā huà huàr huà de hěn hǎo.
她画画儿画得很好。　　　—　　Tā huà huàr bú huà de hěn hǎo.
她画画儿不画得很好。　　　（　　　）

3. 제시된 문장을 의문문으로 바꿔 쓰세요.

정반의문문　　　　　　　의문대사 怎么样 의문문

① Tā wǎngqiú dǎ de hěn bàng.
他网球打得很棒。　　　_____　　_____

② Tā gāngqín tán de hěn hǎo.
她钢琴弹得很好。　　　_____　　_____

4. 제시된 표현들로 어순에 맞는 문장을 완성하세요. [HSK 대비]

① xià de　　wàimian yǔ　　hěn dà
下得　/　外面雨　/　很大　　　_____ ✎

② Hànyǔ　　hěn hǎo　　jiāo de　　Wáng lǎoshī
汉语　/　很好　/　教得　/　王老师　　　_____ ✎

③ tī zúqiú　　tā　　bù hǎo　　tī de
踢足球　/　他　/　不好　/　踢得　　　_____ ✎

정답·해석·해설 p.251

포인트 63 정도보어의 고정 형식

🎧 예문·연습문제 정답
바로 듣기

① 일부 정도보어는 고정적으로 쓰여 정도가 충분하거나 지나침을 나타낸다.

이때 술어는 형용사 혹은 심리 상태를 나타내는 동사이다.

② 极了/死了/坏了는 술어 뒤에서 得 없이 정도보어가 될 수 있다.

jí le 술어+极了 정말, 아주(극도로) ~하다	Bàngōngshì de huánjìng hǎo jí le. 办公室的环境好极了。 　사무실의 환경이 정말 좋다.
sǐ le 술어+死了 ~해 죽겠다	Dùzi è sǐ le. 肚子饿死了。 　배가 고파 죽겠다.
huài le 술어+坏了 몹시 ~하다	Tā qì huài le. 他气坏了。 　그는 몹시 화가 났다.

③ '술어+得+很/多了'는 정도의 충분함 또는 지나침을 나타낸다.

de hěn 술어+得+很	Tā gāoxìng de hěn. 她高兴得很。 　그녀는 아주 기쁘다.
de duō le 술어+得+多了	Xiànzài tā bǐ yǐqián shòu de duō le. 现在他比以前瘦得多了。 　지금 그는 이전보다 많이 날씬해졌다.

④ '술어+得+要命/不得了/不行'은 정도의 지나침을 나타낸다.

de yàomìng 술어+得+要命	Wàimian rè de yàomìng. 外面热得要命。 　바깥은 더워 죽을 지경이다.
de bùdéliǎo 술어+得+不得了	Tiānqì hǎo de bùdéliǎo. 天气好得不得了。 　날씨가 정말 좋다.
de bùxíng 술어+得+不行	Wǒ xiànzài máng de bùxíng. 我现在忙得不行。 　나는 지금 몹시 바쁘다.

1. 제시된 표현이 들어갈 알맞은 위치를 고르세요.

① 坏 huài

Tā
她 [A]
그녀

gāoxìng
高兴 [B]
기쁘다

le
了 [C]。

② 不行 bùxíng

Bàba
爸爸 [A]
아빠

qì de
气 得 [B]
화가 나다

le
了 [C]。

③ 要命 yàomìng

Wǒ méi chīfàn
我没吃饭 [A]，
나는 밥을 먹지 않았다

[B]

è de
饿 得 [C]。
배가 고프다

2. 제시된 문장에서 정도보어가 맞게 쓰였으면 O, 틀리게 쓰였으면 X 표시를 하세요.

① Wǒ de yá téng sǐ le.
我的牙疼死了。   (   )

② Zhège yào hěn kǔ de.
这个药很苦得。   (   )

③ Wǒmen de tiáojiàn bǐ tāmen duō de hǎo le.
我们的条件比她们多得好了。   (   )

3. 제시된 표현들로 어순에 맞는 문장을 완성하세요. （HSK 대비）

① bùdéliǎo / tā / lìhài de
不得了 / 她 / 厉害得

_____ ✏

② xiàtiān / rè de hěn / nánfāng de
夏天 / 热得很 / 南方的

_____ ✏

③ měilì / jǐngsè / zhèli de / jí le
美丽 / 景色 / 这里的 / 极了

_____ ✏

정답·해석·해설 p.252

결과보어의 쓰임과 활용

① 결과보어는 동사 술어 뒤에서 동작이나 상태가 어떤 결과로 변화했는지를 나타낸다.

<table>
<tr><td>zuò
做 하다
동사</td><td>▶</td><td>zuò
做
술어(동사)</td><td>wán
完
결과보어</td><td>다 하다</td></tr>
</table>

▶동사 술어 做 뒤에 결과보어 完이 쓰여 '하다'라는 동작이 '다 하다'라는 결과로 변화했다.

<table>
<tr><td>ná
拿 가지다
동사</td><td>▶</td><td>ná
拿
술어(동사)</td><td>zǒu
走
결과보어</td><td>가지고 가다</td></tr>
</table>

▶동사 술어 拿 뒤에 결과보어 走가 쓰여 '가지다'라는 동작이 '가지고 가다'라는 결과로 변화했다.

② 동사와 형용사만 결과보어가 될 수 있다.

<table>
<tr><td>dào
到 해내다
동사</td><td>▶</td><td>zhǎodào
找到 찾아내다
술어+결과보어</td><td>gānjìng
干净 깨끗하다
형용사</td><td>▶</td><td>dǎsǎo gānjìng
打扫干净 깨끗하게 청소하다
술어+결과보어 (청소한 결과 깨끗하다)</td></tr>
</table>

③ 결과보어가 쓰인 문장에서 목적어는 결과보어 뒤에 온다. 목적어를 강조할 경우, 문장의 맨 앞으로 올 수도 있다.

<table>
<tr><td>Wǒ
我</td><td>zuòwán
做完
술어+결과보어</td><td>le
了</td><td>zhè jiàn shì.
这件事。
목적어</td><td>나는 이 일을 다 했다. (=这件事我做完了。)</td></tr>
</table>

<table>
<tr><td>Tā
他</td><td>názǒu
拿走
술어+결과보어</td><td>le
了</td><td>qiánbāo.
钱包。
목적어</td><td>그는 지갑을 가지고 갔다.</td></tr>
</table>

> **TIP** 이합동사의 경우, 결과보어는 동사 성분 뒤에 온다.
>
> <table>
> <tr><td>shàngkè
上课 수업을 하다
동사</td><td>▶</td><td>shàng
上
술어(동사)</td><td>wán
完
결과보어</td><td>kè
课
목적어</td><td>수업을 다 하다</td></tr>
> </table>

④ 결과보어가 쓰인 문장에서 부정을 나타낼 때는 술어 앞에 没(有)를 사용한다.

Wǒ méi zuòwán zhè jiàn shì.
我没做完这件事。　나는 이 일을 다 하지 못했다.

Tā méiyǒu názǒu qiánbāo.
他没有拿走钱包。　그는 지갑을 가지고 가지 않았다.

⑤ 결과보어가 쓰인 문장은 吗 의문문/정반의문문을 만들 수 있다.

Nǐ zuòwán zhè jiàn shì le ma?
你做完这件事了吗？

Nǐ zuòwán zhè jiàn shì le méiyǒu?
你做完这件事了没有？　당신은 이 일을 다 했나요?

Tā názǒu qiánbāo le ma?
他拿走钱包了吗？

Tā názǒu qiánbāo le méiyǒu?
他拿走钱包了没有？　그는 지갑을 가지고 갔나요?

1. 제시된 결과보어가 들어갈 알맞은 위치를 고르세요.

① | dào
到
~해 내다 | | Wǒ
我
나 | [A] | zhǎo
找
찾다 | [B] | le
了 | [C] | gèng hǎo de bànfǎ
更好的办法。
더 좋은 방법 |

② | wán
完
다 ~하다 | | Nǐ
你
당신 | [A] | kàn
看
보다 | [B] | nà běn shū
那本书
그 책 | le
了 | [C] | ma
吗? |

2. 제시된 문장에서 부정문이 올바르게 쓰였으면 O, 틀리게 쓰였으면 X 표시를 하세요.

① Wǒ mǎidàole yùndòngxié.
我买到了运动鞋。 — Wǒ bù mǎidào yùndòngxié.
我不买到运动鞋。 ( )

② Tā dàizǒule zìjǐ de bāo.
他带走了自己的包。 — Tā méiyǒu dàizǒu zìjǐ de bāo.
他没有带走自己的包。 ( )

3. 제시된 문장을 의문문으로 바꿔 쓰세요.

	吗 의문문	정반의문문
① Tāmen bānzǒu le. **他们搬走了。**	_____	_____
② Xiǎo Wáng chīle zǎofàn. **小王吃了早饭。**	_____	_____

4. 제시된 표현들로 어순에 맞는 문장을 완성하세요. HSK 대비

① lái   Lìli   wǎnle
来 / 丽丽 / 晚了 _____ ✎

② dōu   zuòwánle   nàxiē shì wǒ
都 / 做完了 / 那些事我 _____ ✎

③ wǒmen   zhǔnbèi   yǐjīng   hǎole
我们 / 准备 / 已经 / 好了 _____ ✎

정답·해석·해설 p.253

포인트 65

결과보어 完, 好, 到, 懂

① 동사 完(wán, 다 ~하다)이 결과보어로 쓰이면 어떤 동작이 다 완료되었음을 나타낸다.

Wǒmen　chīwán　fàn　le.
我们　吃完　饭　了。　우리는 밥을 다 먹었다.
　　　술어+결과보어

Tāmen　kànwán　le　diànyǐng.
他们　看完　了　电影。　그들은 영화를 다 봤다.
　　　술어+결과보어

② 형용사 好(hǎo, 다 ~하다, 잘 ~하다)가 결과보어로 쓰이면 어떤 동작이 완료되었거나, 만족한 상태에 이르렀음을 나타낸다.

Dàjiā　fùxí hǎo　le　ma?
大家　复习好　了　吗?　여러분 복습 다 했나요?
　　　술어+결과보어

Tā　zhǔnbèi hǎo　le.
他　准备好　了。　그는 준비를 다 했다.
　　술어+결과보어

③ 동사 到(dào, ~해 내다)가 결과보어로 쓰이면 어떤 동작을 이루어 내거나 달성해 냄을 나타낸다.

Wǒ　zhōngyú　mǎidào　le　nà běn shū.
我　终于　买到　了　那本书。　나는 드디어 이 책을 샀다.
　　　　술어+결과보어　　　▶ 사는 동작을 이루어 냄

Tā　yǐjīng　zǒudào　Xiǎo Dōng jiā　le.
他　已经　走到　小东家　了。　그는 이미 샤오둥 집까지 걸어갔다.
　　　술어+결과보어　　　　▶ 어떤 장소까지 걸어가는 동작을 달성함

④ 동사 懂(dǒng, 이해하다)이 결과보어로 쓰이면 어떤 동작을 통해 이해했음을 나타낸다.

Nǐ　tīngdǒng　le　ma?
你　听懂　了　吗?　알아들었나요?
　　술어+결과보어　　▶ 듣고 이해함

Nà běn shū　wǒ　kàndǒng　le.
那本书　我　看懂　了。　그 책을 나는 이해했다.
　　　　술어+결과보어　　▶ 보고 이해함

1. 제시된 중국어 문장의 우리말 뜻을 찾아 선으로 연결하세요.

Wǒ kàndàole tā de huàr.
① 我看到了他的画儿。

A 나는 그의 그림을 이해했다.

Wǒ kànwánle tā de huàr.
② 我看完了他的画儿。

B 나는 그의 그림을 보았다.

Wǒ kàndǒngle tā de huàr.
③ 我看懂了他的画儿。

C 나는 그의 그림을 다 보았다.

2. 우리말을 보고 제시된 결과보어를 한 번씩만 사용하여 문장을 완성하세요. [HSK 대비]

dào 到	dǒng 懂	hǎo 好

Diàntī yǐjīng xiūlǐ　　　　le.
① 电梯已经修理_____了。

엘리베이터는 이미 다 수리되었다.

Wǒ néng tīng　　　　tā shuō de huà.
② 我能听_____他说的话。

나는 그가 하는 말을 알아들을 수 있다.

Xiǎo Dōng lái　　　　wǒ jiā lóuxià le.
③ 小东来_____我家楼下了。

샤오둥은 우리집 아래까지 왔다.

3. 제시된 표현들로 어순에 맞는 문장을 완성하세요. [HSK 대비]

kànwán　　diànshìjùle　　nǎinai
① 看完 / 电视剧了 / 奶奶

shēngyīn　　wǒ　　qíguài de　　tīngdàole
② 声音 / 我 / 奇怪的 / 听到了

nǐ　　hǎo　　yīfule ma　　chuān
③ 你 / 好 / 衣服了吗 / 穿

정답·해석·해설 p.254

포인트 66 **결과보어 见, 明白/清楚, 在/到/给**

🎧 예문·연습문제 정답
바로 듣기

① **동사 见(jiàn, 느끼다, 파악하다)이 결과보어로 쓰이면 어떤 동작을 통해 감각을 인지하고 느끼는 것을 나타낸다.**

주로 감각 기관과 관련된 동사 뒤에 쓰인다.

Wǒ　tīngjiàn　le　tā de shēngyīn.
我　听见　了　他的声音。　　나는 그의 목소리를 들었다.
　　술어+결과보어　　　　　　　　▶ 듣고 인지함, '들리다'

Nǐ néng　kànjiàn　tā　ma?
你能　看见　他　吗?　　당신 그가 보이나요?
　　술어+결과보어　　　　　　　　▶ 보고 인지함, '보이다'

② **형용사 明白/清楚(míngbai/qīngchu, 분명하다, 명백하다)가 결과보어로 쓰이면 어떤 동작을 통해 명확해짐을 나타낸다.**

Tā　méiyǒu　shuō míngbai.
他　没有　说明白。　　그는 명확하게 말하지 않았다.
　　　　술어+결과보어

Zhè jiàn shìqing　yídìng　yào　diàochá qīngchu.
这件事情　一定　要　调查清楚。　　이 일은 반드시 분명하게 조사해야 한다.
　　　　　　　　　　술어+결과보어

③ **동사 在(zài, ~에)/到(dào, ~까지)/给(gěi, ~에게)는 결과보어로 쓰여 동작의 결과가 미치는 장소, 시간, 대상을 구체적으로 드러낸다.**

동사 在가 결과보어로 쓰이면 장소나 시간이, 到가 결과보어로 쓰이면 시간이, 给가 결과보어로 쓰이면 대상이 목적어로 와야 한다.

Dìdi　zuòzài　yǐzi shang.
弟弟　坐在　椅子上。　　남동생은 의자에 앉아 있다.
　　술어+결과보어　목적어(장소)

Huìyì shíjiān　dìngzài　zhōuwǔ.
会议时间　定在　周五。　　회의 시간은 금요일로 정해졌다.
　　　　술어+결과보어　목적어(시간)

Jīntiān　tā　shuìdào　shíyī diǎn le.
今天　她　睡到　十一点了。　　오늘 그녀는 11시까지 잤다.
　　　　술어+결과보어　목적어(시간)

Wǒ　sònggěi　tā　yí ge lǐwù.
我　送给　他　一个礼物。　　나는 그에게 선물을 하나 준다.
　　술어+결과보어　목적어1(대상)　목적어2

TIP 더 많은 자주 쓰이는 결과보어는 부록 <두고두고 써먹는 양사·보어>(p.212)에서 학습할 수 있다.

연습문제

1. 제시된 중국어 문장에서 결과보어가 맞게 쓰였으면 O, 틀리게 쓰였으면 X 표시를 하세요.

Yùndònghuì ānpái zài xīngqīsì.
① 运动会安排在星期四。　　　　　　　　운동회는 목요일에 계획되어 있다.　（　　　）

Wǒ dàigěi nǐ yìxiē chī de.
② 我带给你一些吃的。　　　　　　　　　제가 먹을 것 좀 가져다 드릴게요.　（　　　）

Kǎoshì dìdiǎn dìngdào A yāo líng sān jiàoshì.
③ 考试地点定到A103教室。　　　　　　　시험 장소는 A103교실로 정했다.　（　　　）

2. 우리말을 보고 제시된 결과보어를 한 번씩만 사용하여 문장을 완성하세요. [HSK 대비]

jiàn 见	qīngchu 清楚	zài 在

Wǒ méiyǒu tīng
① 我没有听 ＿＿＿＿＿＿＿。　　　　　　나는 분명하게 듣지 못했다.

Tā zhàn　　　　 wǒ pángbiān.
② 他站 ＿＿＿＿＿我旁边。　　　　　　그는 내 옆에 서 있다.

Wǒ mèng　　　　 le zìjǐ xǐhuan de yǎnyuán.
③ 我梦 ＿＿＿＿＿了自己喜欢的演员。　나는 꿈에 내가 좋아하는 배우를 보았다.

3. 제시된 표현들로 어순에 맞는 문장을 완성하세요. [HSK 대비]

nǐ　　　 jǐ ge táng　　 wǒ fēngěi
① 你 / 几个糖 / 我分给　　　　　＿＿＿＿＿＿＿＿＿＿＿＿＿＿＿＿＿

xiǎng　 míngbai　 tā zhōngyú　 le
② 想 / 明白 / 他终于 / 了　　　＿＿＿＿＿＿＿＿＿＿＿＿＿＿＿＿＿

dào　　 jìnxíng　 wǎnshang　 bǐsài
③ 到 / 进行 / 晚上 / 比赛　　　＿＿＿＿＿＿＿＿＿＿＿＿＿＿＿＿＿

포인트 67 방향보어의 쓰임

① **방향보어는 동사 술어 뒤에서 동작의 진행 방향을 나타낸다.**

방향보어는 경성으로 가볍게 읽는다.

zǒu		zǒu	lai	
走	걷다	走	来	걸어오다
동사		술어(동사)	방향보어	▶ 동사 走 뒤에 방향보어 来가 쓰여 '걸어서 오다'라는 방향을 나타낸다.

② **방향을 나타내는 동사 来**(lái, 오다)**와 去**(qù, 가다)**는 방향보어가 될 수 있다.**

Tā	zǒu lai.	
他	走来。	그가 걸어온다.
	술어+방향보어	▶ 동작이 말하는 사람과 가까워짐을 나타낸다.

Tā	zǒu qu.	
他	走去。	그가 걸어간다.
	술어+방향보어	▶ 동작이 말하는 사람과 멀어짐을 나타낸다.

③ **방향보어 来/去가 사용된 문장에서, 장소를 나타내는 목적어는 来/去 바로 앞에 온다.**

Tā	jìn	jiàoshì	lai.	
他	进	教室	来。	그는 교실로 들어온다.
	술어	목적어	방향보어	

Xiǎo Lǐ	huí	Zhōngguó	qu	le.	
小李	回	中国	去	了。	샤오리는 중국으로 돌아갔다.
	술어	목적어	방향보어		

④ **방향보어 来/去가 사용된 문장에서, 장소가 아닌 일반 목적어는 방향보어 앞이나 뒤에 모두 올 수 있다.**

Wǒ	ná	shūbāo	lai.		Wǒ	ná	lai	shūbāo.	
我	拿	书包	来。		我	拿	来	书包。	내가 책가방을 가지고 올게.
	술어	목적어	방향보어			술어	방향보어	목적어	

Gēge	dài	zhàoxiàngjī	qu.		Gēge	dài	qu	zhàoxiàngjī.	
哥哥	带	照相机	去。		哥哥	带	去	照相机。	형이 카메라를 가지고 갔다.
	술어	목적어	방향보어			술어	방향보어	목적어	

1. 제시된 방향보어가 들어갈 알맞은 위치를 고르세요.

① qu
去
가다

[A] 她 [B] 进 [C] 了。
tā　　　jìn　　　le
그녀　　　들다

② lai
来
오다

[A] 小东 [B] 跑 [C] 了。
Xiǎo Dōng　　pǎo　　le
샤오둥　　　뛰다

2. 제시된 문장에서 방향보어가 맞게 쓰였으면 O, 틀리게 쓰였으면 X 표시를 하세요.

① Tā huíqu Běijīng le.
他回去北京了。 (　　　)

② Nǐ ná yí ge bēizi lai.
你拿一个杯子来。 (　　　)

③ Gēge jièqule yìxiē qián.
哥哥借去了一些钱。 (　　　)

④ Xiǎo Wáng dàilaile jǐ ge péngyou.
小王带来了几个朋友。 (　　　)

3. 제시된 표현들로 어순에 맞는 문장을 완성하세요. [HSK 대비]

① qule　　bàba huí　　fángjiān
去了 / 爸爸回 / 房间
_____ ✎

② jìn shūdiàn　　laile　　yí ge xiǎohái
进书店 / 来了 / 一个小孩
_____ ✎

③ yìxiē shuǐguǒ　　línjū　　sònglaile
一些水果 / 邻居 / 送来了
_____ ✎

정답·해석·해설 p.255

단순방향보어의 쓰임

🎧 예문·연습문제 정답
바로 듣기

① 방향을 나타내는 동사 来/去 이외에도, 上/下/进/出/回/过/起/开는 방향보어가 될 수 있다. 이와 같은 1음절 방향보어를 단순방향보어라고 한다.

lai 来	qu 去	shang 上	xia 下	jin 进	chu 出	hui 回	guo 过	qi 起	kai 开
오다	가다	오르다	내리다	들다	나다	돌다	지나다	서다	열리다, 분리되다

② 단순방향보어는 동사 술어 뒤에서 동작의 진행 방향을 나타낸다.

nálai 拿来 가져오다	*náqu* 拿去 가져가다	*tiàoshang* 跳上 뛰어오르다	*tiàoxia* 跳下 뛰어내리다
zǒujin 走进 걸어 들어오다	*zǒuchu* 走出 걸어 나가다	*sònghui* 送回 돌려 보내다	*zǒuguo* 走过 지나가다
zhànqi 站起 일어서다	*lākai* 拉开 당겨서 열다		

③ 来/去를 제외한 단순방향보어가 사용된 문장에서 목적어는 단순방향보어 뒤에 온다.

Wáng jīnglǐ　　zǒujin　　le　　bàngōngshì.
王经理　　走进　　了　　办公室。　　왕 매니저는 사무실로 걸어 들어갔다.
　　　　　술어+방향보어　　　목적어

Háizimen　　zǒuxia　　shānlù.
孩子们　　走下　　山路。　　아이들은 산길을 내려간다.
　　　　술어+방향보어　목적어

Tā　　cóng　　bāo li　　náchu　　le　　bǐ.
他　　从　　包里　　拿出　　了　　笔。　　그는 가방에서 펜을 꺼냈다.
　　　　　　　술어+방향보어　　　목적어

1. 제시된 중국어 문장에서 단순방향보어가 맞게 쓰였으면 O, 틀리게 쓰였으면 X 표시를 하세요.

Tā nálaile chī de.
① 他**拿来**了吃的。　　　　　　　　　그는 먹을 것을 **가져왔다**.　　　　　(　　　)

Yì qún rén zǒujìnle kāfēidiàn.
② 一群人**走进**了咖啡店。　　　　　　　한 무리의 사람들이 카페로 **걸어 들어왔다**.　(　　　)

Nàge gēshǒu tiàoshangle wǔtái.
③ 那个歌手**跳上**了舞台。　　　　　　　그 가수는 무대로 **뛰어내렸다**.　　　(　　　)

2. 우리말을 보고 제시된 단순방향보어를 한 번씩만 사용하여 문장을 완성하세요.　[HSK 대비]

kai	guo	qi
开	过	起

Gāngcái zǒu　　　　　de rén shì shéi?
① 刚才走 _____ 的人是谁？　　　　　방금 지나간 사람은 누구인가요？

Cóng zuòwèi shang zhàn　　　　le yí ge nǚhái.
② 从座位上站 _____ 了一个女孩。　　자리에서 한 여자아이가 일어섰다.

Māma lā　　　　le chuānghu.
③ 妈妈拉 _____ 了窗户。　　　　　　어머니는 창문을 당겨서 열었다.

3. 제시된 표현들로 어순에 맞는 문장을 완성하세요.　[HSK 대비]

zǒuxiale　　lóutī　　rénmen
① 走下了　/　楼梯　/　人们　　　　_____ ✎

tā　　dàmén　　tuīkaile
② 他　/　大门　/　推开了　　　　　_____ ✎

yì běn shū　　tā　　náchule
③ 一本书　/　她　/　拿出了　　　　_____ ✎

정답·해석·해설 p.255

복합방향보어의 쓰임

🎧 예문·연습문제 정답
바로 듣기

① 단순방향보어 上/下/进/出/回/过/起 뒤에 来나 去가 결합되어 있는 것을 복합방향보어라고 한다.

shànglai 上来	xiàlai 下来	jìnlai 进来	chūlai 出来	huílai 回来	guòlai 过来	qǐlai 起来
올라오다	내려오다	들어오다	나오다	돌아오다	다가오다, 지나오다	일어서다

shàngqu 上去	xiàqu 下去	jìnqu 进去	chūqu 出去	huíqu 回去	guòqu 过去	
올라가다	내려가다	들어가다	나가다	돌아가다	다가가다, 지나가다	

② 복합방향보어는 동사 술어 뒤에서 동작의 진행 방향을 나타낸다.

zǒu shànglai 走上来 걸어 올라오다	pá xiàlai 爬下来 기어 내려오다	pǎo jìnlai 跑进来 뛰어들어오다	sòng guòqu 送过去 보내다
zǒu shàngqu 走上去 걸어 올라가다	pá xiàqu 爬下去 기어 내려가다	pǎo jìnqu 跑进去 뛰어들어가다	zhàn qǐlai 站起来 일어서다

TIP 방향보어는 기본적으로 동작의 진행 방향을 나타내지만, 기본 의미에서 파생된 의미도 자주 쓰인다. 방향보어의 파생 의미는 부록 <두고두고 써먹는 양사·보어>(p.214)에서 학습할 수 있다.

③ 복합방향보어가 사용된 문장에서, 장소를 나타내는 목적어는 来/去 바로 앞에 온다.

Tāmen zǒushàng shān lai le.
他们 走上 山 来 了。   그들은 산에 걸어 올라왔다.
　　　술어+방향보어　목적어　방향보어

Tā pǎojìn tǐyùchǎng qu le.
他 跑进 体育场 去 了。   그는 체육관으로 뛰어 들어갔다.
　　술어+방향보어　목적어　방향보어

④ 복합방향보어가 사용된 문장에서, 장소가 아닌 일반 목적어는 복합방향보어 앞, 뒤, 사이에 모두 올 수 있다.

'여러분, 공책을 꺼내세요.'라는 말을 세 가지 방법으로 할 수 있다.

Dàjiā ná běnzi chūlai.
大家拿本子出来。
목적어
(복합방향보어 앞)

Dàjiā ná chūlai běnzi.
大家拿出来本子。
목적어
(복합방향보어 뒤)

Dàjiā ná chū běnzi lai.
大家拿出本子来。
목적어
(복합방향보어 사이)

연습문제

1. 제시된 중국어 문장에서 복합방향보어가 맞게 쓰였으면 O, 틀리게 쓰였으면 X 표시를 하세요.

Tā qǐlai zhàn le.
① 他起来站了。 그가 일어섰다. (   )

Tāmen zǒu chāoshì jìnqu le.
② 他们走超市进去了。 그들은 마트로 걸어 들어갔다. (   )

Tā bānchū yì bǎ yǐzi lai.
③ 她搬出一把椅子来。 그녀는 의자를 하나 내왔다. (   )

2. 우리말을 보고 제시된 복합방향보어를 한 번씩만 사용하여 문장을 완성하세요. [HSK 대비]

guòqu	huílai	chūqu
过去	回来	出去

Zhèxiē shū bù néng dài
① 这些书不能带 _____ 。 이 책들은 가지고 나갈 수 없습니다.

Nǐ mǎi   jǐ ge bāozi ba.
② 你买_____几个包子吧。 만두 몇 개 사서 돌아오세요.

Wǒ gěi nǐmen sòng   yìxiē lǐwù.
③ 我给你们送 _____一些礼物。 제가 여러분에게 선물을 좀 보내겠습니다.

3. 제시된 표현들로 어순에 맞는 문장을 완성하세요. [HSK 대비]

zǒu guòqu   wǒmen   cóng zhèli
① 走过去 / 我们 / 从这里 _____ 🖉

páxià shān   laile   tāmen
② 爬下山 / 来了 / 他们 _____ 🖉

pǎohuí   wǒ jiā laile   nà zhī xiǎo gǒu
③ 跑回 / 我家来了 / 那只小狗 _____ 🖉

정답·해석·해설 p.256

포인트 70 가능보어의 쓰임

🎧 예문·연습문제 정답
바로 듣기

① **가능보어는 동사 술어 뒤에서 동작이나 상태가 실현 가능한지 불가능한지를 나타낸다. 동사 술어와 결과보어/방향보어 사이에 得와 不를 추가하면 가능보어가 된다.**

'술어+得+가능보어'는 가능보어의 긍정형을 나타내고, '술어+不+가능보어'는 가능보어의 부정형을 나타낸다. 이때, 구조조사 得는 술어와 가능보어를 이어주는 기능만 할 뿐, 아무 뜻이 없다.

tīngdǒng 听懂 술어(동사)+결과보어	알아듣다	➤	tīng de dǒng 听得懂 술어(동사)+得+가능보어	알아들을 수 있다	/	tīng bu dǒng 听不懂 술어(동사)+不+가능보어	알아들을 수 없다
huílai 回来 술어(동사)+방향보어	돌아오다	➤	huí de lai 回得来 술어(동사)+得+가능보어	돌아올 수 있다	/	huí bu lai 回不来 술어(동사)+不+가능보어	돌아올 수 없다

② **술어 뒤에 得了/不了 또는 得/不得가 와서 가능보어가 될 수도 있다.**

hē 喝 마시다	hē de liǎo 喝得了 마실 수 있다	/	hē bu liǎo 喝不了 마실 수 없다	mǎi 买 사다	mǎi de liǎo 买得了 살 수 있다	/	mǎi bu liǎo 买不了 살 수 없다
chī 吃 먹다	chī de 吃得 먹을 수 있다	/	chī bu de 吃不得 먹을 수 없다	bān 搬 옮기다	bān de 搬得 옮길 수 있다	/	bān bu de 搬不得 옮길 수 없다

③ **한 단어처럼 자주 쓰이는 가능보어 표현은 아래와 같다.**

xiǎng bu dào 想不到	미처 생각하지 못하다	jì bu de 记不得	기억하지 못하다
mǎi bu qi 买不起	(돈이 없어서) 살 수 없다	kàn bu qi 看不起	무시하다, 경멸하다
lái de jí 来得及	(제 시간에) ~하다, 늦지 않다	lái bu jí 来不及	(제 시간에) ~하지 못하다,~할 시간이 없다
chà bu duō 差不多	큰 차이가 없다, 비슷하다	shòu bu liǎo 受不了	참을 수 없다, 견딜 수 없다

1. 제시된 표현을 가능보어의 긍정형과 부정형으로 바꿔 쓰세요.

	가능보어의 긍정형	가능보어의 부정형
① zuòwán 做完	_____	_____
② mǎidào 买到	_____	_____
③ kàn qīngchu 看清楚	_____	_____

2. 제시된 가능보어 표현을 한 번씩만 사용하여 문장을 완성하고, 우리말 뜻도 쓰세요. HSK 대비

lái bu jí	chà bu duō	kàn bu qi
来不及	差不多	看不起

① Tā juéde biérén _____ zìjǐ.
他觉得别人 _____ 自己。   그는 다른 사람들이 자신을 _____ 고 생각한다.

② Zhè liǎng ge dōngxi
这两个东西 _____ 。   이 두 물건은 _____ .

③ Wǒ yào chídào le, chī zǎofàn le.
我要迟到了, _____ 吃早饭了。   저 늦을 거 같아요, 아침을 먹을 _____ .

3. 제시된 표현들로 어순에 맞는 문장을 완성하세요. HSK 대비

① yú / chī bu de / zhè zhǒng
鱼 / 吃不得 / 这种   _____ ✎

② chūlai ma / huídá de / nǐ néng
出来吗 / 回答得 / 你能   _____ ✎

③ xíguàn / gǎi de liǎo zhège / wǒ kěyǐ
习惯 / 改得了这个 / 我可以   _____ ✎

정답·해석·해설 p.256

① 가능보어가 쓰인 문장에서 목적어는 가능보어 뒤에 온다. 목적어를 강조할 경우, 문장의 맨 앞으로 올 수도 있다.

Wǒ   tīng bu dǒng   tā shuō de huà.
我   听不懂   他说的话。   나는 그가 하는 말을 알아듣지 못한다.

술어+不+가능보어   목적어

Nàme gāo de shān   wǒ   zǒu bu shàngqu.
那么高的山   我   走不上去。   저렇게 높은 산은 나는 걸어서 올라갈 수 없다.

목적어   술어+不+가능보어

② 가능보어가 쓰인 문장에서 吗, 정반의문문을 사용해서 의문형을 만들 수 있다.

문장 끝에 吗를 붙여 吗 의문문을 만들거나, '술어+가능보어'의 긍정형과 부정형을 나란히 써서 정반의문문을 만들 수 있다.

Nǐ kàn de jiàn nà zhī niǎo ma?   Nǐ kàn de jiàn kàn bu jiàn nà zhī niǎo?
你看得见那只鸟吗?   你看得见看不见那只鸟?   저 새가 보이나요?

③ 가능보어 앞에 조동사 能/可以(néng/kěyǐ, ~할 수 있다)를 추가하여 가능성을 더욱 강조할 수 있다.

가능보어와 '~할 수 있다'라는 뜻의 조동사 能/可以의 뜻은 거의 같으며, 함께 쓰면 가능성을 더욱 강조할 수 있다.

나는 중국어를 알아들을 수 있다.			나는 걸어 올라갈 수 있다.	
Wǒ 我	tīng de dǒng 听得懂 술어+得+가능보어	Zhōngwén. 中文。	Wǒ 我	zǒu de shàngqu. 走得上去。 술어+得+가능보어
Wǒ 我	néng 能 부사어(조동사)	tīng de dǒng 听得懂 술어+得+가능보어 Zhōngwén. 中文。	Wǒ 我	kěyǐ 可以 부사어(조동사) zǒu de shàngqu. 走得上去。 술어+得+가능보어

④ 가능보어와 정도보어 모두 구조조사 得를 사용하여 동사와 보어를 이어주기 때문에 겉으로 봤을 때는 동일하게 보일 수 있지만, 아래와 같은 차이가 있다.

	가능보어	정도보어
	shuō de qīngchu 说得清楚 정확하게 말할 수 있다	shuō de qīngchu 说得清楚 정확하게 말하다
의미	가능보어 清楚를 사용해 说라는 동작이 실현 가능하다는 뜻을 나타낸다.	가능보어 清楚를 사용해 说라는 동작이 어느 정도인지를 표현한다. 직역하면 '말하는 정도가 정확하다'이다.
부정형	shuō bu qīngchu 说不清楚 정확하게 말할 수 없다 ▶得를 不로 바꾸어 말한다. 이때 不는 경성이다.	shuō de bù qīngchu 说得不清楚 정확하지 않게 말하다 ▶정도보어 清楚 앞에 不를 추가하여 말한다. 이때 不는 4성이다.
수식어	술어와 가능보어 사이에 어떠한 성분도 올 수 없다.	정도보어가 형용사일 경우 得 앞에 很(hěn, 매우), 非常(fēicháng, 아주) 등의 부사어가 올 수 있다.

1. 제시된 표현이 들어갈 알맞은 위치를 고르세요.

① 这件衣服 (zhè jiàn yīfu, 이 옷)   　 我 [A] 穿 [B] 得上 [C]。
Wǒ (나)　chuān (입다)　de shang (~할 수 있다)

② 这些事 (zhèxiē shì, 이 일들)　 [A] 你 [B] 能 [C] 做得到吗?
nǐ (당신)　néng (~할 수 있다)　zuò de dào ma (해낼 수 있어요)

2. 제시된 문장을 의문문으로 바꿔 쓰세요.

	吗 의문문	정반의문문
① 小王来得了。 Xiǎo Wáng lái de liǎo.	_____	_____
② 她听得懂汉语。 Tā tīng de dǒng Hànyǔ.	_____	_____
③ 他吃得了那些东西。 Tā chī de liǎo nàxiē dōngxi.	_____	_____

3. 제시된 표현들로 어순에 맞는 문장을 완성하세요. HSK 대비

① 你的 / 听得见 / 声音我　 _____
nǐ de　tīng de jiàn　shēngyīn wǒ

② 能 / 我 / 用得完它　 _____
néng　wǒ　yòng de wán tā

③ 看得懂 / 可以 / 这本书我　 _____
kàn de dǒng　kěyǐ　zhè běn shū wǒ

정답·해석·해설 p.257

🎧 예문·연습문제 정답
바로 듣기

① **어떤 사실이나 상태를 서술하는 문장을 평서문이라고 한다. 평서문은 마침표(。)로 끝난다.**

Wǒ kàn diànshì.
我看电视。　나는 텔레비전을 본다.

Zhè běn shū hěn piányi.
这本书很便宜。　이 책은 저렴하다.

Tā yǐjīng huí jiā le.
他已经回家了。　그는 이미 집에 돌아갔다.

Wǒ měi tiān hē yì bēi kāfēi.
我每天喝一杯咖啡。　나는 매일 커피 한 잔을 마신다.

② **감탄사와 어기조사를 사용하여 감탄문을 만들 수 있다.**

감탄사는 기쁨, 감탄, 놀람, 탄식, 불만 등의 감정을 나타낼 때 쓰이는 품사다. 감탄사와 p.84에서 배운 어기조사로 감탄문을 만들 수 있으며, 감탄사와 어기조사는 문장성분이 되지 않는다.

Āiyā, Xiǎo Wáng, shì nǐ ya!
哎呀，小王，是你呀！　어머, 샤오왕, 너구나!

Āiyō, shíjiān zhēn kuài a!
哎哟，时间真快啊！　아이고, 시간이 정말 빠르네!

③ **'多(么)(duō(me), 정말, 얼마나)+형용사+啊(a)'의 형식으로 감탄문을 만들 수 있다.**

Shuǐguǒ duō(me) xīnxiān a!
水果多（么）新鲜啊！　과일이 정말 신선하군요!

Zhège dìfang duō(me) měilì a!
这个地方多（么）美丽啊！　이 곳은 얼마나 아름답습니까!

④ **'好/真(hǎo/zhēn, 정말)+형용사'의 형식으로 감탄문을 만들 수 있다. 이때 문장 끝에 어기조사 啊를 함께 쓸 수 있다.**

Hǎo rè!
好热！　정말 덥네요!

Zhēn bàng a!
真棒啊！　정말 대단해요!

⑤ **문장의 내용 자체가 감탄을 나타내는 경우도 있다.**

Xīnnián kuàilè!
新年快乐！　새해 복 많이 받으세요!

Yílù shùnfēng!
一路顺风！　잘 다녀오세요!

1. 우리말을 보고 평서문으로 대화를 완성하세요. 〔일반회화 대비〕

Nǐ zuò shénme?
① A: 你做什么？　　　　　　　　　　　A: 당신 뭐해요?

Wǒ
　B: 我 ＿＿＿＿＿＿＿＿＿。　　　　　　B: 저는 **영화를 봐요**.

Xiǎo Wáng huílaile ma?
② A: 小王回来了吗？　　　　　　　　　A: 샤오왕이 돌아왔나요?

Tā yǐjīng
　B: 他已经 ＿＿＿＿＿＿＿＿＿。　　　　B: 그는 이미 **돌아왔어요**.

2. 제시된 어휘들을 모두 사용하여 아래의 문장을 감탄문으로 바꿔 쓰세요.

Tiānqì hěn lěng.　　　　　　　hǎo
① 天气很冷。　　　　　　　　　（好）　　　＿＿＿＿＿＿＿＿＿＿＿＿ ✎

Zhè zhī xiǎo māo hěn kě'ài.　　duō　a
② 这只小猫很可爱。　　　　　　（多，啊）　＿＿＿＿＿＿＿＿＿＿＿＿ ✎

Zhè jiàn chènshān hěn hǎokàn.　zhēn　a
③ 这件衬衫很好看。　　　　　　（真，啊）　＿＿＿＿＿＿＿＿＿＿＿＿ ✎

3. 제시된 표현들로 어순에 맞는 문장을 완성하세요. 〔HSK 대비〕

xīn lái de　　tā shì　　tóngxué
① 新来的　/　她是　/　同学　　　　＿＿＿＿＿＿＿＿＿＿＿＿ ✎

a　　nǐ de fángjiān　zhēn　gānjìng
② 啊　/　你的房间　/　真　/　干净　＿＿＿＿＿＿＿＿＿＿＿＿ ✎

gāo　duōme　zhè zuò shān　a
③ 高　/　多么　/　这座山　/　啊　　＿＿＿＿＿＿＿＿＿＿＿＿ ✎

정답·해석·해설 p.258

吗 의문문, 呢 의문문, 반문

🎧 예문·연습문제 정답
바로 듣기

① 평서문 끝에 어기조사 吗(ma)를 붙여 의문문을 만들 수 있다. 이를 吗 의문문이라고 한다.

吗 의문문에 대답할 때는 의문문이 나타내는 의미에 동의하면 是(的)(shì de, 네)/嗯(èng, 네, 응) 등을 사용해 대답하고, 동의하지 않으면 不(bù, 아니요)/没有(méiyǒu, 아니요)를 사용해서 대답하면 된다.

Tā shì xuésheng ma?
A: 他是学生吗？　그는 학생인가요?

Shì (de)/Èng, tā shì xuésheng.
B: 是(的)/嗯，他是学生。　네, 그는 학생이에요.

Nǐ zuòwán zuòyè le ma?
A: 你做完作业了吗？　숙제 다 했어?

Méiyǒu, wǒ hái méi zuòwán.
B: 没有，我还没做完。　아니요, 아직 덜 했어요.

② 문장 끝에 어기조사 呢(ne)를 붙여 부드러운 뉘앙스의 의문문을 만들 수 있다.

Nǐ ne?
你呢？　당신은요?

Wǒ de shǒujī ne?
我的手机呢？　제 휴대폰은요?

③ 술어 앞에 부정부사 不/没(有)를 붙이고, 문장 끝에 吗를 붙이면 반문을 할 수 있다.

반문에 대답할 때는 吗 의문문처럼 대답하는 사람이 의문문이 나타내는 의미에 동의하면 是的(shì de, 네)/嗯(èng, 네, 응)을 사용해 대답하고, 의문문의 의미에 동의하지 않으면 不를 사용해서 대답하면 된다.

Nǐ bú shì Hánguórén ma?
A: 你不是韩国人吗？　당신은 한국 사람이 아닌가요?

Shì de/Èng, wǒ bú shì Hánguórén.
B: 是的/嗯，我不是韩国人。　네, 저는 한국 사람이 아니에요.

Xiǎo Lì hái méi(yǒu) lái ma?
A: 小丽还没(有)来吗？　샤오리는 아직 오지 않았나요?

Bù, tā lái le.
B: 不，她来了。　아니요, 그녀는 왔어요.

> **TIP** 부사 没(有)는 이미 발생한 과거 동작을 부정하므로, 반문을 만들 때 조사 了는 함께 사용하지 않는다.

④ 문장 끝에 好吗?(hǎo ma?, 괜찮아요?)/对吗?(duì ma?, 맞아요?)/行吗?(xíng ma?, 괜찮아요?)/可以吗?(kěyǐ ma?, 그래도 돼요?)를 붙이거나, 평서문의 문장 끝을 올려 읽는 것만으로도 의문문을 만들 수 있다.

Wǒmen shuō Hànyǔ, hǎo ma?
我们说汉语，好吗？　우리 중국어로 말하자, 괜찮지?

Zhè shì nǐ de, duì ma?
这是你的，对吗？　이건 당신 것이에요, 맞죠?

Tā shì lǎoshī?
他是老师？　그는 선생님인가요?

Wǒ méiyǒu gēn nǐ shuō?
我没有跟你说？　제가 당신에게 말 안했나요?

연습문제

1. 우리말을 보고 알맞은 표현에 동그라미를 하세요.

Wǒmen chī Zhōngguó cài, (duì ma / hǎo ma)?
① 我们吃中国菜，（对吗 / 好吗）？

우리 중국 요리 먹읍시다, **괜찮나요**?

Wǒmen míngtiān kǎoshì, (xíng ma / duì ma)?
② 我们明天考试，（行吗 / 对吗）？

우리 내일 시험 쳐, **맞지**?

2. 우리말을 보고 吗 의문문으로 대화를 완성하세요. 일반회화 대비

Xiǎo Lǐ
① A: 小李 _____ ?

A: 샤오리는 **화장실에 갔나요**?

Shì de, Xiǎo Lǐ qù xǐshǒujiān le.
B: 是的，小李去洗手间了。

B: 네, 샤오리는 화장실에 갔어요.

Nǐ
② A: 你 _____ ?

A: 당신 **퇴근했나요**?

Méiyǒu, wǒ hái méi xiàbān.
B: 没有，我还没下班。

B: 아니요, 저는 아직 퇴근 안 했어요.

3. 제시된 문장을 반문 형식으로 바꿔 쓰세요.

Bàba zài jiā.
① 爸爸在家。 _____

Tāmen zhǔnbèi hǎo le.
② 她们准备好了。 _____

4. 제시된 표현들로 어순에 맞는 문장을 완성하세요. HSK 대비

shuō nǐ ne shénme
① 说 / 你 / 呢 / 什么 _____

nǐ bú wǒ ma rènshi
② 你不 / 我 / 吗 / 认识 _____

정답·해석·해설 p.258

정반의문문, 선택의문문, 의문대사 의문문

① 술어의 긍정형과 부정형을 나란히 써서 만든 의문문을 정반의문문이라고 한다.

정반의문문의 뜻은 吗 의문문과 크게 다르지 않지만, 吗 의문문보다 좀 더 완곡하고 부드러운 뉘앙스를 담고 있다. 정반의문문은 그 자체로 의문문이므로, 어기조사 吗가 올 필요가 없다. 정반의문문의 不는 경성으로 읽는다.

Nǐ qù bu qù?
你去不去？ 당신은 가나요?

Jīntiān nǐ yǒu méiyǒu kòng?
今天你有没有空？ 오늘 당신 시간 있나요?

② 여러 개 중에 하나를 선택하는 의문문을 선택의문문이라고 한다. 주로 '(是)A还是B' 형식을 사용한다.

선택의문문도 그 자체로 의문문이므로, 어기조사 吗가 올 필요가 없다.

Nǐ xǐhuan chànggē, háishi tiàowǔ?
你喜欢唱歌，还是跳舞？ 당신은 노래 부르는 것을 좋아하나요, 아니면 춤 추는 것을 좋아하나요?

Tā shì Hánguórén, háishi Zhōngguórén?
他是韩国人，还是中国人？ 그는 한국인인가요, 아니면 중국인인가요?

> **TIP** 정반의문문/선택의문문/의문대사 의문문은 문장 끝에 모두 어기조사 吗가 올 수 없다. 이 세 가지 의문문 뒤에 吗를 붙이는 것은 중국어 초보 학습자가 가장 많이 하는 실수 중 하나이니, 꼭 기억하자!

③ 의문대사가 포함된 의문문을 의문대사 의문문이라고 한다.

문장에 의문대사가 있으면 이미 의문문이므로, 어기조사 吗가 올 필요가 없다.

Nǐ mǎi shénme?
你买什么？ 당신은 무엇을 사나요?

Tāmen qù nǎr?
他们去哪儿？ 그들은 어디에 가나요?

Lǐ zǒng shénme shíhou huílai?
李总什么时候回来？
리 사장님은 언제 돌아오나요?

Zhōngguó Yínháng zěnme zǒu?
中国银行怎么走？
중국은행은 어떻게 가나요?

Nǐ wèishénme bù tīng wǒ de huà?
你为什么不听我的话？
당신은 왜 제 말을 안 듣나요?

Yígòng duōshao qián?
一共多少钱？
총 얼마인가요?

> **TIP** 의문대사 多(duō, 얼마나) 뒤에 1음절 형용사를 붙이면 '얼마나 ~하나요?'와 같은 의문문이 된다.
> 이때 多 앞에 有(yǒu)를 붙이기도 하는데, 큰 의미 차이는 없다.
>
> Nǐ duō dà?
> 你多大？ 당신은 얼마나 나이가 많나요?
> (= 당신은 몇 살인가요?)
>
> Nàr yǒu duō yuǎn?
> 那儿有多远？ 그곳은 얼마나 먼가요?

연습문제

1. 다음 중 올바르게 쓰인 문장을 고르세요.

① Nǐ míngtiān lái bu lái ma?
A 你明天来不来吗？

B Nǐ míngtiān lái bu lái?
你明天来不来？

② Wǒ qù, háishi nǐ qù ma?
A 我去，还是你去吗？

B Wǒ qù, háishi nǐ qù?
我去，还是你去？

③ Nǐ xiànzài gǎnjué zěnmeyàng?
A 你现在感觉怎么样？

B Nǐ xiànzài gǎnjué zěnmeyàng ma?
你现在感觉怎么样吗？

2. 빈칸에 알맞은 표현을 써서 대화를 완성하세요. 〔일반회화 대비〕

① A: Nǐ xǐhuan zài jiā zuò fàn chī, _____ zài wàimian chī?
你喜欢在家做饭吃，_____ 在外面吃？

B: Wǒ xǐhuan zài wàimian chī.
我喜欢在外面吃。

A: 당신은 집에서 요리해서 먹는 것을 좋아하나요, **아니면** 밖에서 먹는 것을 좋아하나요?

B: 저는 밖에서 먹는 것을 좋아해요.

② A: Qǐngwèn, Yángguāng xiǎoxué _____ zǒu?
请问，阳光小学 _____ 走？

B: Wǎng qián zǒu sìbǎi mǐ jiù dào le.
往前走400米就到了。

A: 실례합니다. 양광 초등학교에 **어떻게** 가나요?

B: 앞으로 400m만 가면 도착합니다.

3. 제시된 표현들로 어순에 맞는 문장을 완성하세요. 〔HSK 대비〕

① chī / bù chī miàntiáo / nǐ
吃 / 不吃面条 / 你
_____ ✎

② huí / tā xiàwǔ / bù huí / gōngsī
回 / 她下午 / 不回 / 公司
_____ ✎

③ qǐngjià / Xiǎo Lǐ / shénme shíhou
请假 / 小李 / 什么时候
_____ ✎

정답·해석·해설 p.259

🎧 예문·연습문제 정답
바로 듣기

① **단독으로 쓰인 동사나 일부 형용사는 명령문이 될 수 있다. 명령문에서는 주어가 생략되는 경우가 많다.**

Zuò!
坐! 앉아!
동사

Ānjìng!
安静! 조용히 해!
형용사

TIP 동사를 중첩하면 명령의 어감을 부드럽게 할 수 있으며, 1음절 동사를 중첩할 때는 동사 사이에 一(yī)를 추가할 수도 있다. 이때 一는 경성으로 읽는다.

Xiūxi xiūxi.
休息休息. 좀 쉬어.

Zuòzuo   Zuò yi zuò.
坐坐 / 坐一坐 앉으세요.

② **문장 맨 앞에 请**(qǐng, ~하세요)**, 문장 끝에 吧**(ba, ~하세요)**, 동사 뒤에 一下**(yí xià, 좀 ~해 주세요)**를 붙여 가벼운 명령문을 만들 수 있다.**

Qǐng zuò.
请坐. 앉으세요.

Qǐng shuōshuo.
请说说. 말씀하세요.

Xiūxi ba.
休息吧. 쉬세요.

Ānjìng yí xià.
安静一下. 좀 조용히 해주세요.

③ **동사나 형용사 뒤에 (一)点儿**((yì)diǎnr, 좀 ~해 주세요)**을 추가하여 명령문을 만들 수도 있다.**

Kuài diǎnr.
快点儿. 빨리 좀 하세요.

Zhùyì yìdiǎnr ba.
注意一点儿吧. 주의 좀 해주세요.

④ **동사나 형용사 앞에 别/不要**(bié/bú yào, ~하지 마라)**, 不用/不必**(bú yòng, bú bì, ~할 필요 없다)**를 사용하여 부정을 나타내는 명령문을 만들 수 있다.**

Bié pǎo!
别跑! 뛰지 마세요!

Bú yào chūqu.
不要出去. 나가지 마세요.

Nǐ bú yòng lái le.
你不用来了. 당신은 올 필요 없어요.

Nǐ bú bì zháojí.
你不必着急. 서두를 필요 없어요.

연습문제

1. 우리말을 보고 제시된 어휘를 사용하여 대화를 완성하세요. [일반회화 대비]

Nǐ hǎo, Lǐ jīnglǐ zài ma?
① A: 你好，李经理在吗？

A: 안녕하세요, 리 매니저님 계신가요?

Wǒ jiù shì,   qǐng
B: 我就是，_____。   （请）

B: 제가 바로 리 매니저입니다. **앉으세요.**

Xiǎo Wáng, nǐ   yí xià
② A: 小王，你_____。   （一下）

A: 샤오왕, **좀 와주세요.**

Hǎo de, wǒ mǎshàng qù.
B: 好的，我马上去。

B: 네, 바로 가겠습니다.

Zǒu   bié zháojí.   yìdiǎnr
③ A: 走_____，别着急。 （一点儿）

A: **천천히 좀** 가, 조급해하지 말고.

Wǒ dānxīn wǒmen shàngkè chídào.
B: 我担心我们上课迟到。

B: 우리가 수업에 늦을까 봐 걱정이야.

2. 우리말을 보고 알맞은 표현에 동그라미를 하세요.

Nǐ (bú yào / bú yòng) jìnlai.
① 你（不要 / 不用）进来。

들어오지 **마세요.**

Nǐ (bié / bú yòng) gēn wǒ jiěshì.
② 你（别 / 不用）跟我解释。

저에게 설명할 **필요 없어요.**

Nín (bié / bú bì) shuō le.
③ 您（别 / 不必）说了。

말할 **필요 없어요.**

3. 제시된 표현들로 어순에 맞는 문장을 완성하세요. [HSK 대비]

yí xià   nǐmen   děng
① 一下 / 你们 / 等   _____ ✎

qǐng   hēibǎn   kàn
② 请 / 黑板 / 看   _____ ✎

nǐ   yìdiǎnr   chī   zài
③ 你 / 一点儿 / 吃 / 再   _____ ✎

정답·해석·해설 p.259

포인트 76 주어 혹은 술어가 없는 비주술문

🎧 예문·연습문제 정답
바로 듣기

① 주어나 술어 중 하나가 없는 문장을 비주술문이라고 한다.

일반적으로 중국어의 문장은 반드시 주어와 술어 두 부분으로 구성되며, 이를 주술문이라고도 한다. 그러나 어떤 특수한 상황에서 주어가 없거나, 단독의 어휘만으로 구성되는 문장도 있는데, 이를 비주술문이라고 한다. 앞서 p.158에서 배운 주어가 없는 명령문도 비주술문 중 하나이다.

② 자연 현상을 표현하거나, 어떤 동작이나 변화를 나타낼 때 주어가 없는 비주술문을 자주 쓴다.

Xià yǔ le.
下雨了。　비가 온다.

Kuài qǐchuáng!
快起床!　빨리 일어나세요!

Yào xiàkè le.
要下课了。　수업이 곧 끝나요.

Chīwán le!
吃完了!　다 먹었다!

TIP 이때 문장 끝에 오는 了는 상태의 변화를 나타내는 어기조사 了다.

③ 어떤 상황에 대한 응답으로 주어나 술어가 없는 비주술문을 쓸 수 있다.

Nǐ shì nánfāng rén ma?
A: 你是南方人吗?　당신은 남방 사람인가요?

Shì de.
B: 是的。　네. (주어가 없는 비주술문)

Wǒmen qù kāfēitīng hē chá ba.
A: 我们去咖啡厅喝茶吧。　우리 카페 가서 차 마셔요.

Hǎo!
B: 好!　좋아요! (주어가 없는 비주술문)

Nǐ gāngcái chīle shénme?
A: 你刚才吃了什么?　당신은 방금 무엇을 먹었나요?

Xiāngjiāo.
B: 香蕉。　바나나요. (술어가 없는 비주술문)

Zhè shì shéi de?
A: 这是谁的?　이건 누구 거예요?

Wǒ de.
B: 我的。　제 거요. (술어가 없는 비주술문)

④ 감탄, 호칭을 나타낼 때 비주술문을 쓸 수 있다.

Hǎochī!
好吃!　맛있다!

Xiǎo Dōng!
小东!　샤오둥!

1. 비주술문으로 대화를 완성하세요. `일반회화 대비`

Jīntiān shéi dǎsǎo jiàoshì?
① A: 今天谁打扫教室？

B: ＿＿＿＿＿＿＿＿＿＿！

A: 오늘은 누가 교실 청소를 하나요?

B: <u>저요</u>!

Wǒmen zuò huǒchē qù ba.
② A: 我们坐火车去吧。

B: ＿＿＿＿＿＿＿＿＿＿！

A: 우리 기차 타고 갑시다.

B: <u>좋아요</u>!

Lǎoshī láile ma?
③ A: 老师来了吗？

B: ＿＿＿＿＿＿＿＿＿＿。

A: 선생님 오셨어?

B: <u>오셨어</u>.

2. 두 사람의 대화 내용으로 잘 이어지는 문장을 선으로 연결하세요.

Zuò de hěn hǎo!
① 做得很好！

Xīnkǔ le.
A 辛苦了。

Zhōngyú zuòwán le.
② 终于做完了。

Wǒ bú qù.
B 我不去。

Kuài huílai!
③ 快回来！

Xièxie!
C 谢谢！

3. 제시된 표현을 한 번씩만 사용하여 문장을 완성하고, 우리말 뜻도 쓰세요. `HSK 대비`

shuìjiào ba	xià xuě le	kāihuì le
睡觉吧	下雪了	开会了

Kuài   nǐ míngtiān děi shàngbān.
① 快＿＿＿＿＿＿＿＿，你明天得上班。

어서 ＿＿＿＿＿＿＿. 당신 내일 출근해야 해요.

Yào   wǒmen qù huìyìshì ba.
② 要＿＿＿＿＿＿＿＿，我们去会议室吧。

곧 ＿＿＿＿＿＿＿. 우리 회의실로 갑시다.

                    lùshang zhùyì ānquán.
③ ＿＿＿＿＿＿＿＿，路上注意安全。

＿＿＿＿＿＿＿, 길에서 안전에 주의하세요.

정답·해석·해설 p.260

🎧 예문·연습문제 정답
바로 듣기

① 술어가 동사인 문장을 동사술어문이라고 한다.

Wǒ　　　kàn.
我　　　看。　　나는 본다.
주어　　술어(동사)

Gēge　　pǎo.
哥哥　　跑。　　형은 달린다.
주어　　술어(동사)

② 동사술어문에는 목적어가 있을 수도 있고, 없을 수도 있다.

Wǒ　　　kàn.
我　　　看。　　　나는 본다.
주어　　술어(동사)　　➤ 동사 술어가 1개인 동사술어문이다.

Wǒ　　　kàn　　shū.
我　　　看　　书。　나는 책을 본다.
주어　　술어(동사)　목적어　➤ 동사 술어 뒤에 목적어가 온 동사술어문이다.

> TIP 동사술어문은 한 문장에서 여러 개의 술어와 목적어가 나올 수도 있다. 이런 문장을 연동문, 겸어문이라고 하며,
> 각각 p.186~188, p.190~194에서 학습할 수 있다.

③ 동사술어문의 술어 앞에 부사 不/没(有)를 붙여 부정문을 만들 수 있다.

Xiǎo Dōng bù lái.
小东不来。　　샤오둥은 오지 않는다.

Xiǎo Dōng méi(yǒu) lái.
小东没(有)来。　　샤오둥은 오지 않았다.

> TIP 동사 有(~이 있다)는 부사 不가 아닌 동사 没有(~이 없다) 자체로 부정해야 한다.
> Wǒ méiyǒu qián.
> 我没有钱。　　나는 돈이 없다.
> ➤ 동사 没有(~이 없다)자체가 술어이다. 不有라고 하지 않는다.

④ 동사술어문은 吗 의문문/정반의문문/의문대사 의문문을 만들 수 있다.

Nǐ zuò huǒchē ma?
你坐火车吗？　　당신은 기차를 타나요?

Nǐ qù bu qù xǐshǒujiān?
你去不去洗手间？　　당신은 화장실에 가나요?

Tā zài gàn shénme?
他在干什么？　　그는 무엇을 하나요?

Qiánmian nà wèi shì shéi?
前面那位是谁？　　앞에 저 사람은 누구인가요?

> TIP 2음절 동사로 정반의문문을 만들 때는, 'AB不AB' 혹은 'A不AB'의 형식으로 만들 수 있다. 회화에서는 'A不AB' 형식이
> 더 자주 사용된다.
> Nǐ xǐhuan bu xǐhuan chī Zhōngguó cài?　Nǐ xǐ bu xǐhuan chī Zhōngguó cài?
> 你喜欢不喜欢吃中国菜？　　你喜不喜欢吃中国菜？　　당신은 중국음식 먹는 것을 좋아하나요?

연습문제

1. 제시된 동사술어문에서 술어를 찾아 동그라미를 하세요.

Wǒ dǎ yǔmáoqiú.
① 我打羽毛球。

Tāmen bān xiāngzi.
② 他们搬箱子。

2. 제시된 동사술어문의 부정문을 완성하세요.

Wǒ míngtiān shàngbān.
① 我明天上班。

Wǒ míngtiān _____ shàngbān.
我明天 _____ 上班。

Tā gāngcái xǐ yīfu le.
② 她刚才洗衣服了。

Tā gāngcái _____ xǐ yīfu.
她刚才 _____ 洗衣服。

Xiǎo Dōng yǒu qiānbǐ.
③ 小东有铅笔。

Xiǎo Dōng _____ qiānbǐ.
小东 _____ 铅笔。

3. 제시된 동사술어문을 의문문으로 바꿔 쓰세요.

	吗 의문문	정반의문문
Lìli chī wǎnfàn. ① 丽丽吃晚饭。	_____	_____
Tā zhīdào zhè jiàn shì. ② 他知道这件事。	_____	_____

4. 제시된 표현들로 어순에 맞는 문장을 완성하세요. (HSK 대비)

shuǐguǒ   tāmen   chī
① 水果 / 她们 / 吃   _____ ✏

mǎile   zuótiān wǒ   yì běn zázhì
② 买了 / 昨天我 / 一本杂志   _____ ✏

정답·해석·해설 p.260

포인트 78 형용사술어문

예문·연습문제 정답
바로 듣기

① 술어가 형용사인 문장을 형용사술어문이라고 한다.

형용사는 보통 단독으로 술어가 되지 않고, 형용사 앞에 부사 很을 붙여서 함께 쓴다. 很이 없으면 문장이 덜 끝난 느낌을 주기 때문에 습관적으로 很을 붙인다.

Tā   hěn   niánqīng.
她   很   年轻。   그녀는 젊다.
주어   부사어   술어(형용사)

Gōngzuò   hěn   máng.
工作   很   忙。   일이 바쁘다.
주어   부사어   술어(형용사)

TIP 이때 정도부사 很은 '매우'라는 뜻이 약하고, 읽을 때도 가볍게 읽으면 된다.

② 비교의 뉘앙스가 있는 문장에서는 형용사 앞에 부사 很이 없어도 된다.

Xiàtiān rè, dōngtiān lěng.
夏天热，冬天冷。   여름은 덥고, 겨울은 춥다.

Xuéxiào yuǎn, yīyuàn jìn.
学校远，医院近。   학교는 멀고, 병원은 가깝다.

③ 형용사술어문의 술어 앞에 부사 不를 붙여 부정문을 만들 수 있다.

형용사술어문에서 형용사 앞에 습관적으로 부사 很을 붙이지만, 부정문을 만들 때는 很을 붙이지 않는다.

Wǒ bú è.
我不饿。   나는 배가 고프지 않다.

Chéngjì bù hǎo.
成绩不好。   성적이 좋지 않다.

④ 형용사술어문은 吗 의문문/정반의문문을 만들 수 있다.

형용사술어문에서 의문문을 만들 때는 습관적으로 붙는 부사 很을 쓰지 않는다.

Nǐ lèi ma?
你累吗？   당신은 피곤한가요?

Tā gāo bu gāo?
她高不高？   그녀는 키가 큰가요?

TIP 2음절 형용사로 정반의문문을 만들 때는, 'AB不AB' 혹은 'A不AB'의 형식으로 만들 수 있다. 회화에서는 'A不AB' 형식이 더 자주 사용된다.

Nǐ gāoxìng bu gāoxìng?   Nǐ gāo bu gāoxìng?
你高兴不高兴？   你高不高兴？   당신은 기쁜가요?

연습문제

1. 제시된 형용사술어문에서 술어를 찾아 동그라미를 하세요.

Zhège wèntí hěn jiǎndān.
① 这个问题很简单。

Jīdàn guì, xīhóngshì piányi.
② 鸡蛋贵，西红柿便宜。

2. 제시된 형용사를 한 번씩만 사용하여 형용사술어문을 완성하고, 우리말 뜻도 쓰세요. [HSK 대비]

xīnxiān 新鲜	shūfu 舒服

Zhè shuāng xié bù
① 这双鞋不 _____ 。   이 신발은 _____지 않아요.

Zhè tiáo yú bù
② 这条鱼不 _____ 。   이 생선은 _____지 않아요.

3. 제시된 형용사술어문을 의문문으로 바꿔 쓰세요.

	吗 의문문	정반의문문

Tiānqì hěn hǎo.
① 天气很好。   _____   _____

Dàngāo hěn hǎochī.
② 蛋糕很好吃。   _____   _____

4. 제시된 표현들로 어순에 맞는 문장을 완성하세요. [HSK 대비]

huār   hěn piàoliang   zhèxiē
① 花儿 / 很漂亮 / 这些   _____ ✎

hěn shùnlì   yíqiè   dōu
② 很顺利 / 一切 / 都   _____ ✎

정답·해석·해설 p.261

명사술어문

🎧 예문·연습문제 정답
바로 듣기

① 술어가 명사(구)인 문장을 명사술어문이라고 한다.

Jīntiān　　xīngqīyī.
今天　　星期一。　　오늘은 월요일이다.
주어　　술어(명사)　▶ 술어가 '~이다'라는 뜻의 동사 是이 아니지만, 명사 星期一 자체가 술어가 되어 '오늘은 월요일이다.'라는
　　　　　　　　　　　뜻의 문장이 되었다.

② 명사술어문은 시간/날짜/출신지/나이/키/무게/가격과 같이 수량과 관련된 특징을 나타낼 때 자주
쓰인다.

Xiànzài liǎng diǎn èrshí fēn.
现在两点二十分。　　지금은 2시 20분이다. (시간)

Jīntiān wǔ yuè wǔ hào.
今天五月五号。　　오늘은 5월 5일이다. (날짜)

Tā Shànghǎi rén.
他上海人。　　그는 상하이 사람이다. (출신지)

Wǒ jīnnián èrshí suì.
我今年二十岁。　　나는 올해 20살이다. (나이)

Wǒ yì mǐ bā.
我一米八。　　나는 180cm이다. (키)

Zhèxiē píngguǒ sān gōngjīn.
这些苹果三公斤。　　이 사과들은 3kg이다. (무게)

TIP 명사술어문의 긍정문에 동사 是이 추가되어도 틀린 문장은 아니다. 하지만 위와 같이 시간/날짜/출신지 등의 내용을
말하고자 할 때 중국 사람들은 명사술어문을 가장 자주 쓴다.

③ 명사술어문의 술어 앞에 不是을 붙여 부정문을 만들 수 있다.

일반적으로 술어 앞에 부사 不를 붙여 부정문을 만들지만, 명사술어문은 술어인 명사(구) 앞에 不가 아닌 '부사+
동사' 형태의 不是을 붙여야 한다. 따라서 명사술어문의 부정문은 동사 是이 술어인 동사술어문이다.

Jīntiān bú shì xīngqītiān.
今天不是星期天。　　오늘은 일요일이 아니다.

Wǒ bú shì shíyī suì.
我不是十一岁。　　나는 11살이 아니다.

④ 명사술어문은 吗 의문문/의문대사 의문문을 만들 수 있다.

명사술어문에서 의문문을 만들 때는 동사 是을 써도 되고, 쓰지 않아도 된다.

Jīntiān xīngqītiān ma?
今天星期天吗?　　오늘은 일요일이에요?

Tā shíyī suì ma?
他十一岁吗?　　그는 11살이에요?

Tā shì nǎ guó rén?
他是哪国人?　　그는 어느 나라 사람인가요?

Xiànzài jǐ diǎn?
现在几点?　　지금은 몇 시인가요?

⑤ 명사술어문의 정반의문문을 만들 때는 술어 앞에 是不是을 붙여서 만든다. 이때 문장 끝에 조사
吗를 붙이지 않는다.

Jīntiān shì bu shì xīngqītiān?
今天是不是星期天?　　오늘은 일요일인가요?

Nǐ shì bu shì shíyī suì?
你是不是十一岁?　　당신은 11살인가요?

1. 제시된 명사술어문에서 술어를 찾아 동그라미를 하세요.

Jiějie èrshíqī suì.
① 姐姐二十七岁。

Tā yì mǐ liù bā.
② 她一米六八。

2. 제시된 명사술어문의 부정문으로 올바르게 쓰인 것을 고르세요.

Xiànzài liǎng diǎn.　　　　　　Xiànzài méiyǒu liǎng diǎn.　　　　Xiànzài bú shì liǎng diǎn.
① 现在两点。　　　　A 现在没有两点。　　　B 现在不是两点。

Hòutiān jiǔ yuè shí hào.　　　　Hòutiān bú shì jiǔ yuè shí hào.　　　Hòutiān bù jiǔ yuè shí hào.
② 后天九月十号。　　　A 后天不是九月十号。　　B 后天不九月十号。

3. 제시된 명사술어문을 의문문으로 바꿔 쓰세요.

　　　　　　　　　　　　　　　吗 의문문　　　　　　　　　　정반의문문

Míngtiān xīngqīyī.
① 明天星期一。　　　_____　　　_____

Xiǎo Dōng Zhōngguórén.
② 小东中国人。　　　_____　　　_____

4. 그림을 보고 제시된 어휘를 사용하여 명사술어문을 완성하세요. [TSC 대비]

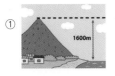
Zhè zuò shān　　　　　　　　　mǐ
① 这座山 _____。　（米）

Zhège huāpíng　　　　　　　　gōngjīn
② 这个花瓶 _____。　（公斤）

Xiāngjiāo　　　　　　　　　　yuán
③ 香蕉 _____。　（元）

정답·해석·해설 p.261

포인트
80 주술술어문

🎧 예문·연습문제 정답
바로 듣기

① 술어가 주술구인 문장을 주술술어문이라고 한다.

Tā	gèzi	hěn	gāo.
他	个子	很	高。
주어	주어	부사어	술어

술어(주술구)

그는 키가 크다.

➤ 주어 他 뒤에 '주어+술어' 형태의 주술구 个子很高가 술어로 와서 주술술어문이 되었다.

Wǒ	shēntǐ	hěn	hǎo.
我	身体	很	好。
주어	주어	부사어	술어

술어(주술구)

나는 건강이 좋다. (나는 건강하다.)

➤ 주어 我 뒤에 '주어+술어' 형태의 주술구 身体很好가 술어로 와서 주술술어문이 되었다.

② 주술술어문에서 주술구의 술어 앞에 不를 붙여 부정문을 만들 수 있다.

Tā gèzi bù gāo.
他个子不高。　그는 키가 크지 않다.

Wǒ shēntǐ bù hǎo.
我身体不好。　나는 건강이 좋지 않다.

Tā xuéxí bù nǔlì.
他学习不努力。　그는 공부를 열심히 하지 않는다.

Zhège gōngyuán yǐzi bù duō.
这个公园椅子不多。　이 공원에는 의자가 많지 않다.

TIP 주술구 앞에 不를 붙여 문장 전체를 부정하는 것이 아닌, 주술구 내부의 술어를 부정한다.

③ 주술술어문은 吗 의문문/정반의문문을 만들 수 있다.

Tā gèzi gāo ma?
他个子高吗?　그는 키가 큰가요?

Nǐ shēntǐ hǎo ma?
你身体好吗?　당신은 건강이 좋나요?

Tā xuéxí nǔlì bu nǔlì?
他学习努力不努力?　그는 공부를 열심히 하나요?

Zhège gōngyuán yǐzi duō bu duō?
这个公园椅子多不多?　이 공원은 의자가 많나요?

TIP 주술술어문의 정반의문문은 주술구의 긍정형과 부정형을 나란히 쓰는 것이 아닌, 주술구 내부 술어의 긍정형과 부정형을 나란히 써서 만든다.

1. 제시된 주술술어문에서 술어를 찾아 동그라미를 하세요.

Tā tóu téng.
① 他头疼。

Zhèli dōngtiān hěn lěng.
② 这里冬天很冷。

2. 제시된 주술술어문의 부정문으로 올바르게 쓰인 것을 고르세요.

Tā gōngzuò hěn máng.
① 他工作很忙。

Tā gōngzuò bù máng.
A 他工作不忙。

Tā gōngzuò méiyǒu máng.
B 他工作没有忙。

Xiǎo Wáng chéngjì hěn hǎo.
② 小王成绩很好。

Xiǎo Wáng bù chéngjì hǎo.
A 小王不成绩好。

Xiǎo Wáng chéngjì bù hǎo.
B 小王成绩不好。

3. 제시된 주술술어문을 의문문으로 바꿔 쓰세요.

	吗 의문문	정반의문문

Nàli huánjìng hěn hǎo.
① 那里环境很好。 _____ _____

Tāmen bān xuésheng hěn duō.
② 他们班学生很多。 _____ _____

4. 제시된 표현들로 어순에 맞는 문장을 완성하세요. [HSK 대비]

bù hǎo   xīnqíng   tā
① 不好 / 心情 / 他 _____ 🖊

hěn dà   yǎnjing   mèimei
② 很大 / 眼睛 / 妹妹 _____ 🖊

zhè bēi chá   búcuò   wèidao
③ 这杯茶 / 不错 / 味道 _____ 🖊

정답·해석·해설 p.262

① **是자문은 술어가 동사 是(shì, ~이다)인 문장이다.**

是자문은 '주어+是+목적어'의 형태로, '주어는 목적어이다'라는 뜻을 나타낸다. 이를 주어와 목적어가 '동격(어떤 단어가 다른 단어와 같은 기능을 가짐)'이라고 한다.

Tā   shì   wǒ de   péngyou.
他   是   我的   朋友。   그는 나의 친구이다.
주어   술어   관형어   목적어

Xiànzài   shì   dōngtiān.
现在   是   冬天。   지금은 겨울이다.
주어   술어   목적어

② **是자문의 是 앞에 부사 不를 붙여 부정문을 만들 수 있다.**

Tā bú shì wǒ de péngyou.
他不是我的朋友。   그는 나의 친구가 아니다.

Xiànzài bú shì dōngtiān.
现在不是冬天。   지금은 겨울이 아니다.

③ **是자문은 吗 의문문/정반의문문/의문대사 의문문을 만들 수 있다.**

Tā shì nǐ de péngyou ma?
他是你的朋友吗？   그는 당신의 친구인가요?

Xiànzài shì bu shì dōngtiān?
现在是不是冬天？   지금은 겨울인가요?

Zhè shì shénme?
这是什么？   이것은 무엇입니까?

Zhè jiā gōngsī de jīnglǐ shì shéi?
这家公司的经理是谁？   이 회사의 매니저는 누구입니까?

④ **是자문은 '확실히 ~하다'라는 인정하는 뉘앙스를 나타낼 수 있다. 이때 목적어로는 주로 동사(구), 형용사(구)가 온다.**

Zhè zhī xiǎo gǒu hěn kě'ài a.
A: 这只小狗很可爱啊。
이 강아지는 귀엽네요.

Zhè dào cài shì bu shì hěn hǎochī?
A: 这道菜是不是很好吃？
이 요리 확실히 맛있죠?

Zhè zhī xiǎo gǒu shì hěn kě'ài.
B: 这只小狗是很可爱。
이 강아지는 확실히 귀여워요.

Shì tǐng hǎochī de.
B: 是挺好吃的。
확실히 매우 맛있네요.

⑤ **…是…(…shì…, ~하긴 ~한데), 不是…而是…(bú shì…ér shì…, ~이 아니라 ~이다)은 자주 쓰이는 是자문을 활용한 문형이다.**

Zhè ge bēizi hǎokàn shì hǎokàn, jiù shì tài guì le.
这个杯子好看是好看，就是太贵了。

이 컵은 예쁘긴 예쁜데, 너무 비싸요.
➤ …是… 문형을 활용하여 '~하긴 ~한데'라는 뜻을 나타낸다.

Tā bú shì jìzhě, ér shì lǎoshī.
他不是记者，而是老师。

그는 기자가 아니라, 선생님이에요.
➤ 不是…而是… 문형을 활용하여 '~가 아니라 ~이다'라는 뜻을 나타낸다.

1. 제시된 是자문을 의문문으로 바꿔 쓰세요.

吗 의문문   정반의문문

Tā shì shùxuéjiā.
① 他是数学家。 _____ _____

Míngtiān shì Lìli de shēngrì.
② 明天是丽丽的生日。 _____ _____

Zhè jiàn yīfu shì bàba de.
③ 这件衣服是爸爸的。 _____ _____

2. 우리말을 보고 是자문을 활용하여 아래 질문에 답변하세요. 〔일반회화 대비〕

Zhège shāfā hěn shūfu a.
① A: 这个沙发很舒服啊。

A: 이 소파는 정말 편안하네요.

Zhège shāfā
B: 这个沙发_____。

B: 이 소파는 **확실히 편안해요**.

Nǐ juéde zhège cài zěnmeyàng?
② A: 你觉得这个菜怎么样?

A: 당신 생각에는 이 요리 어때요?

jiù shì yǒudiǎnr xián.
B: _____, 就是有点儿咸。

B: **맛있긴 맛있는데**, 좀 짜네요.

Zhège cídiǎn shì nǐ de ma?
③ A: 这个词典是你的吗?

A: 이 사전은 당신 것입니까?

Zhège cídiǎn   wǒ de,   Xiǎo Wáng de.
B: 这个词典_____我的, _____小王的。

B: 이 사전은 제 것이 **아니라** 샤오왕의 것**입니다**.

3. 제시된 표현들로 어순에 맞는 문장을 완성하세요. 〔HSK 대비〕

àihào   shì shénme   nǐ de
① 爱好 / 是什么 / 你的 _____ ✎

shuǐguǒ   xīhóngshì   bú shì
② 水果 / 西红柿 / 不是 _____ ✎

정답·해석·해설 p.262

有자문

① 有자문은 술어가 동사 有(yǒu, ~이 있다)인 문장이다.

有자문은 '주어+有+목적어'의 형태로, '주어는 목적어를 가지고 있다'라는 뜻을 나타낸다.

Wǒ   yǒu   cídiǎn.
我   有   词典。   나는 사전이 있다.
주어   술어   목적어

Tā   yǒu   nǚpéngyou.
他   有   女朋友。   그는 여자친구가 있다.
주어   술어   목적어

> **TIP** 有는 기본적으로 '소유'를 나타낸다. 有를 사용한 존현문(p.174), 연동문(p.186), 겸어문(p.192), 비교문(p.200)은 각각의 포인트에서 배울 수 있다.

② 有자문은 동사 没有(méiyǒu, ~이 없다)를 사용해서 부정한다.

Wǒ méiyǒu cídiǎn.
我没有词典。   나는 사전이 없다.

Tā méiyǒu nǚpéngyou.
他没有女朋友。   그는 여자친구가 없다.

③ 有자문은 吗 의문문/정반의문문/의문대사 의문문을 만들 수 있다.

Nǐ yǒu cídiǎn ma?
你有词典吗？   당신은 사전이 있나요?

Tā yǒu méiyǒu nǚpéngyou?
他有没有女朋友？   그는 여자친구가 있나요?

Nàli yǒu shénme?
那里有什么？   저기에 무엇이 있나요?

Zhèli yǒu duōshao ge rén?
这里有多少个人？   이곳에는 몇 명의 사람이 있나요?

④ 有자문은 나이나 기간도 나타낼 수 있다.

Tā yǒu èrshí suì.
他有二十岁。   그는 스무 살이다.

Mǎ lǎoshī yǒu wǔshí duō suì.
马老师有五十多岁。   마 선생님은 쉰 살 남짓 된다.

Wǒ xué Hànyǔ yǒu sān nián le.
我学汉语有三年了。
나는 중국어를 배운 지 3년이 되었다.

Tā kàn shū yǒu yí ge xiǎoshí le.
他看书有一个小时了。
그는 책을 읽은 지 1시간이 되었다.

⑤ 有자문은 길이, 넓이, 무게, 깊이 등의 대략적인 수치를 나타낼 수 있다.

'有+수량사(수사+양사)+1음절 형용사'의 형태로 '대략 ~정도이다'라는 추측의 뉘앙스를 나타내는 有자문을 만들 수 있다. 이때 자주 쓰이는 1음절 형용사로는 高(gāo, 높다, 키가 크다), 长(cháng, 길다), 宽(kuān, 넓다), 重(zhòng, 무겁다), 深(shēn, 깊다) 등이 있다.

Nà zuò shān yǒu yìqiān mǐ gāo.
那座山有一千米高。
저 산은 대략 1000m (높이) 정도이다.

Tā de zhuōzi méiyǒu liǎng mǐ cháng.
他的桌子没有两米长。
그의 책상은 대략 2m (길이)가 되지 않는다.

연습문제

1. 제시된 有자문을 부정문으로 바꿔 쓰세요.

Wǒ yǒu shíjiān.
① 我有时间。 ✎

Xiǎo Wáng yǒu dìtú.
② 小王有地图。 ✎

2. 제시된 有자문을 의문문으로 바꿔 쓰세요.

吗 의문문	정반의문문

Tā yǒu bié de shì.
① 她有别的事。

Tāmen yǒu xìnxīn.
② 他们有信心。

3. 제시된 표현을 한 번씩만 사용하여 문장을 완성하세요. [HSK 대비]

shí nián 十年	bāshí suì 八十岁

Wǒ nǎinai yǒu
① 我奶奶有_____。

Xiǎo Lǐ lái Hánguó yǒu le.
② 小李来韩国有_____了。

4. 제시된 표현들로 어순에 맞는 문장을 완성하세요. [HSK 대비]

yǒu / wǔqiān mǐ cháng / nà tiáo hé
① 有 / 五千米长 / 那条河 ✎

zhège xiāngzi / sān gōngjīn zhòng / yǒu
② 这个箱子 / 三公斤重 / 有 ✎

정답·해석·해설 p.263

🎧 예문·연습문제 정답
바로 듣기

① **존재함을 나타내는 존현문은 어떤 사람이나 사물이 어떤 장소에 존재함을 나타낸다.**

존재함을 나타내는 존현문을 '존재문(存在句)'이라고 부르기도 한다.

Zhuōzi shang yǒu yí ge bēizi.
桌子上有一个杯子。　책상 위에는 컵 하나가 있다.

Dìshang tǎngzhe yì zhī māo.
地上躺着一只猫。　바닥에 고양이 한 마리가 누워 있다.

② **존재함을 나타내는 존현문의 형태는 '장소명사**(주어)**+동사**(술어)**+존재하는 사람이나 사물**(목적어)**' 이다.**

이때 동사 是(shì, ~이다)/有(yǒu, ~이 있다)가 아닌 다른 동사가 술어로 쓰인 경우, 일반적으로 목적어 앞에 '수사+양사' 또는 '…+的' 형태의 관형어가 온다.

Qiáng shang	guàzhe	piàoliang de	huà.	
墙上	挂着	漂亮的	画。	벽에 예쁜 그림이 걸려 있다.
주어	술어+着	관형어	목적어	

Shāfā shang	fàngzhe	yí jiàn	yīfu.	
沙发上	放着	一件	衣服。	소파 위에 옷 한 벌이 놓여 있다.
주어	술어+着	관형어	목적어	

③ **존재함을 나타내는 존현문에서 자주 쓰이는 동사 술어는 아래와 같다.**

존재함을 나타내는 존현문에서 是과 有을 제외한 동사 술어는 일반적으로 동태조사 着와 함께 쓰인다.

shì	yǒu	zuòzhe	zhànzhe
是　~이다	有　~이 있다	坐着　앉아 있다	站着　서 있다
zhùzhe	fàngzhe	guàzhe	tǎngzhe
住着　살고 있다	放着　놓여 있다	挂着　걸려 있다	躺着　누워 있다

Wǒ jiā hòumian	shì	shìchǎng.	
我家后面	是	市场。	우리집 뒤는 시장이다.
주어	술어	목적어	

Yǐzi shang	zuòzhe	yí ge	xuésheng.	
椅子上	坐着	一个	学生。	의자에 학생 한 명이 앉아 있다.
주어	술어+着	관형어	목적어	

TIP 有(~이 있다) 존현문과 在(~에 있다) 술어문을 구분해서 알아둬야 한다. 有 존현문은 어느 장소에 무엇이 있는지를 나타내고, 在 술어문은 무엇이 어느 장소에 있는지를 나타낸다.

Xuéxiào pángbiān yǒu yīyuàn.
学校旁边有医院。
학교 옆(장소)에 병원(존재하는 사물)이 있다.

Yīyuàn zài xuéxiào pángbiān.
医院在学校旁边。
병원(존재하는 사물)은 학교 옆(장소)에 있다.

연습문제

1. 제시된 존현문이 맞게 쓰였으면 O, 틀리게 쓰였으면 X 표시를 하세요.

Yī lóu shì huādiàn.
① 一楼是花店。 （ ）

Kètīng li yí wèi lǎorén zuòzhe.
② 客厅里一位老人坐着。 （ ）

Yì zhāng dìtú guàzhe bàngōngshì li.
③ 一张地图挂着办公室里。 （ ）

2. 제시된 표현을 한 번씩만 사용하여 존현문을 완성하고 우리말 뜻도 쓰세요. ［HSK 대비］

guàzhe	zhùzhe	fàngzhe
挂着	住着	放着

Shùshang _____ hěn duō dēng.
① 树上 _____ 很多灯。　　　　나무에 많은 전등이 _____.

Ménkǒu _____ yì bǎ yǐzi.
② 门口 _____ 一把椅子。　　　　문 앞에 의자 하나가 _____.

Nàli _____ niánqīng fūqī.
③ 那里_____年轻夫妻。　　　　그곳에는 젊은 부부가 _____.

3. 제시된 표현들로 어순에 맞는 문장을 완성하세요. ［HSK 대비］

wàimian　hěn duō rén　yǒu
① 外面 / 很多人 / 有　　　　　_____ ✎

tǎngzhe　dìshang　yí ge rén
② 躺着 / 地上 / 一个人　　　　_____ ✎

nánzǐ　zhànzhe　shí duō ge　duìmiàn
③ 男子 / 站着 / 十多个 / 对面　　　_____ ✎

정답·해석·해설 p.263

포인트 **83**

99포인트로 마스터하는 **해커스 중국어 문법**

나타남, 사라짐을 나타내는 존현문

🎧 예문·연습문제 정답
바로 듣기

① **나타남, 사라짐을 나타내는 존현문은 어떤 사람·사물이 어떤 장소나 어느 시간에 나타나거나 사라짐을 나타낸다.**

나타남, 사라짐을 나타내는 존현문을 '은현문(隐现句)'이라고 부르기도 한다.

Qiánmian láile yí wèi kèrén.
前面来了一位客人。　앞에 손님 한 분이 왔다.
(나타남)

Zuótiān diūle yí ge qiánbāo.
昨天丢了一个钱包。　어제 지갑 한 개를 잃어버렸다.
(사라짐)

② **나타남, 사라짐을 나타내는 존현문의 형태는 '장소나 시간을 나타내는 표현**(주어)**+동사**(술어)**+나타나는/사라지는 사람이나 사물**(목적어)**'이다.**

존재함을 나타내는 존현문과 마찬가지로, 나타남/사라짐을 나타내는 존현문도 동사 是(shì, ~이다)/有(yǒu, ~이 있다)가 아닌 다른 동사가 술어로 쓰인 경우, 일반적으로 목적어 앞에 '수사+양사' 또는 '…+的' 형태의 관형어가 온다.

Zuótiān　fāshēngle　yí jiàn　shìqing.
昨天　发生了　一件　事情。　어제 한 사건이 발생했다. (나타남)
주어　술어+了　관형어　목적어

Nàge　dìfang　sǐle　yí ge　rén.
那个　地方　死了　一个　人。　그 곳에 사람 한 명이 죽었다. (사라짐)
관형어　주어　술어+了　관형어　목적어

③ **나타남, 사라짐을 나타내는 존현문에서 자주 쓰이는 동사 술어는 아래와 같다.**

나타남, 사라짐을 나타내는 존현문에서 동사 술어는 일반적으로 방향보어, 결과보어, 동태조사 了와 함께 쓰인다.

나타남	láile 来了 왔다	zǒu chūlai 走出来 걸어 나오다	pǎo guòlai 跑过来 뛰어오다	kāilaile 开来了 (차를) 몰고 왔다	chūxiànle 出现了 나타났다	fāshēngle 发生了 발생했다
사라짐	sǐle 死了 죽었다	zǒule 走了 떠났다	pǎole 跑了 도망갔다	kāizǒule 开走了 (차를) 몰고 떠났다	bānzǒule 搬走了 이사 갔다, 치웠다	diūle 丢了 잃어버렸다

Zuótiān　láile　hěn duō　rén.
昨天　来了　很多　人。　어제 많은 사람이 왔다. (나타남)
주어　술어(동사)+了　관형어　목적어

Qiánmian　kāilaile　yí liàng　qìchē.
前面　开来了　一辆　汽车。　앞에 차 한 대가 왔다. (나타남)
주어　술어(동사)+방향보어+了　관형어　목적어

Xiǎoqū li　bānzǒule　liǎng hù　rénjiā.
小区里　搬走了　两户　人家。　단지 내에 두 가구가 이사 갔다. (사라짐)
주어　술어(동사)+결과보어+了　관형어　목적어

Nóngchǎng　pǎole　yì tóu　niú.
农场　跑了　一头　牛。　농장에서 소 한 마리가 도망갔다. (사라짐)
주어　술어(동사)+了　관형어　목적어

1. 제시된 존현문이 맞게 쓰였으면 O, 틀리게 쓰였으면 X 표시를 하세요.

Línjū jiā diūle yì zhī māo.
① 邻居家丢了一只猫。 ( )

Yì qún rén zǒu chūlai fángjiān li.
② 一群人走出来房间里。 ( )

Zuótiān chūxiànle nà sān ge rén.
③ 昨天出现了那三个人。 ( )

2. 제시된 표현을 한 번씩만 사용하여 존현문을 완성하고 우리말 뜻도 쓰세요. [HSK 대비]

láile	fāshēngle	pǎole
来了	发生了	跑了

Gāngcái   hěn qíguài de shì.
① 刚才 ＿＿＿＿＿＿＿ 很奇怪的事。   방금 이상한 일이 ＿＿＿＿＿＿.

Wǒmen xuéxiào   xīn lǎoshī.
② 我们学校 ＿＿＿＿＿＿＿ 新老师。   우리 학교에 새로운 선생님이 ＿＿＿＿＿＿.

Tāmen jiā   sān zhī jī.
③ 他们家＿＿＿＿＿＿＿三只鸡。   그들의 집에 닭 세 마리가 ＿＿＿＿＿＿.

3. 제시된 표현들로 어순에 맞는 문장을 완성하세요. [HSK 대비]

pǎo guòlai   yí ge xuésheng   duìmiàn
① 跑过来 / 一个学生 / 对面   ＿＿＿＿＿＿＿＿＿＿＿＿＿＿ ✎

hěn duō rén   zǒule   wǒmen gōngsī
② 很多人 / 走了 / 我们公司   ＿＿＿＿＿＿＿＿＿＿＿＿＿＿ ✎

chūzūchē   kāilaile   ménkǒu   yí liàng
③ 出租车 / 开来了 / 门口 / 一辆   ＿＿＿＿＿＿＿＿＿＿＿＿＿＿ ✎

정답·해석·해설 p.264

把자문의 쓰임

🎧 예문·연습문제 정답
바로 듣기

① 把자문은 목적어 앞에 개사 把(bǎ, ~을)를 붙여 술어 앞으로 둔 문장이다.

중국어의 일반적인 어순은 '주어+술어+목적어'이지만, 목적어 앞에 개사 把를 붙여 술어 앞으로 가져올 수도 있으며 이러한 형태의 문장을 把자문이라고 한다. 목적어를 술어 앞으로 가져옴으로써 '행위의 대상'이 '어떻게 되었는지', 즉 어떤 변화나 결과가 생겼는지를 강조할 수 있다. 따라서 개사 把가 붙은 후의 목적어는 '행위의 대상'이라고 한다. 이때 '把+행위의 대상'은 개사 把가 이끄는 개사구로, 문장 내에서는 부사어이다.

Wǒ	kànwánle	nà běn shū.	
我	看完了	那本书。	나는 그 책을 다 봤다.
주어	술어+결과보어+了	관형어+목적어	▶ 일반적인 '주어+술어+목적어' 어순이다.

Wǒ	bǎ nà běn shū	kàn	wán le.	
我	把那本书	看	完了。	나는 그 책을 다 봤다.
주어	부사어(把+행위의 대상)	술어	기타성분(결과보어+了)	▶ 那本书 앞에 개사 把를 붙여 술어 看 앞으로 둔 把자문이다.

TIP 목적어를 '처리'한다고 해서 把자문을 '처치문(处置句)'이라고도 한다.

② 把자문의 기본 어순은 '주어+把+행위의 대상+술어+기타성분'이다.

Wǒ	bǎ miànbāo	chī	guāng le.	
我	把面包	吃	光了。	나는 빵을 남김없이 다 먹었다.
주어	부사어(把+행위의 대상)	술어	기타성분(결과보어+了)	

③ 把자문에서 행위를 나타내는 동사가 술어로 쓰인다.

Xiǎo Zhāng	bǎ wǎn	xǐ	gānjìng le.	
小张	把碗	洗	干净了。	샤오장은 그릇을 깨끗이 씻었다.
주어	부사어(把+행위의 대상)	술어(동사)	기타성분(결과보어+了)	

④ 把자문에서 행위의 대상이 어떻게 되었는지 나타내는 기타성분이 술어 뒤에 반드시 와야 한다.

把자문은 행위의 대상이 '어떻게 되었는지'를 강조하는 문장이기 때문에, 술어는 단독으로 나올 수 없고 기타성분이 술어 뒤에 반드시 와서 행위의 결과를 나타내야 한다.

Tā	bǎ zuòyè	zuò	hǎo le.	
他	把作业	做	好了。	그는 숙제를 다 했다.
주어	부사어(把+행위의 대상)	술어	기타성분(결과보어+了)	▶ 술어 做 뒤에 결과보어 好와 동태조사 了를 붙여 행위의 대상인 作业가 '다 되었음'을 강조한다. 이때 술어 뒤에 붙은 好와 了는 모두 기타성분이다.

Tā	bǎ zuòyè	zuò.		
他	把作业	做。	(X)	▶ 행위 做 후 행위의 대상인 作业가 어떻게 되었는지를 나타내는 기타성분이 없기 때문에, 이 문장은 틀린 문장이다.

1. 把가 들어갈 알맞은 위치를 고르세요.

① 我 [A] 垃圾 [B] 扔 [C] 了。
　Wǒ　　　　lājī　　　　rēng　　　　le
　나　　　　쓰레기　　　버리다

② [A] 你 [B] 这些钱 [C] 存起来。
　　　　nǐ　　　zhèxiē qián　　cún qǐlai
　　　　당신　　이 돈　　　　저축하다

2. 다음 중 把자문이 올바르게 쓰인 문장을 고르세요.

① A 他把这瓶酒喝。
　　Tā bǎ zhè píng jiǔ hē.

　B 他把这瓶酒喝完了。
　　Tā bǎ zhè píng jiǔ hēwán le.

② A 小东把他的书带走了。
　　Xiǎo Dōng bǎ tā de shū dàizǒu le.

　B 小东把他的书带。
　　Xiǎo Dōng bǎ tā de shū dài.

3. 제시된 문장을 把자문으로 바꿔 쓰세요.

① 我打扫完房间了。
　Wǒ dǎsǎo wán fángjiān le.
　_____

② 他弄坏了我的手机。
　Tā nònghuàile wǒ de shǒujī.
　_____

4. 제시된 표현들로 어순에 맞는 문장을 완성하세요. HSK 대비

① 收拾好了 / 把东西 / 她
　shōushi hǎole　　bǎ dōngxi　　tā
　_____

② 复印 / 你把 / 一下 / 这些材料
　fùyìn　　nǐ bǎ　　yí xià　　zhèxiē cáiliào
　_____

정답·해석·해설 p.265

把자문의 활용

🎧 예문·연습문제 정답
바로 듣기

① 把자문에서 행위의 대상은 '특정한' 것이어야 한다.

把 뒤에 오는 행위의 대상은 문맥상 말하는 사람과 듣는 사람이 모두 아는 것이어야 한다. '빵 한 개', '빵 몇 개'와 같은 불특정한 사물은 把자문에서 행위의 대상이 될 수 없다.

Nǐ　bǎ nà ge miànbāo　gěi　wǒ.
你　把那个面包　给　我。　당신 그 빵을 저에게 주세요.
주어　부사어(把+행위의 대상)　술어　기타성분(목적어) ➤ 만약 행위의 대상이 불특정한 사물인 几个面包(빵 몇 개)라면 틀린 문장이 된다.
你把几个面包给我。 (X)

② 把자문에서 동태조사 了/着, 각종 보어, 중첩된 동사, 목적어 등이 기타성분이 될 수 있다.

Tā bǎ nà jiàn yīfu tuō le.
他把那件衣服脱了。
그는 그 옷을 벗었다. (동태조사 了)

Bàba bǎ zhuōzi bān chūqu le.
爸爸把桌子搬出去了。
아빠가 책상을 밖으로 옮겼다. (방향보어)

Zánmen bǎ fángjiān dǎsao dǎsao.
咱们把房间打扫打扫。
우리 방을 청소해보자. (동사 중첩)

Wǒ bǎ zuótiān xué de nèiróng fùxíle yí biàn.
我把昨天学的内容复习了一遍。
나는 어제 배운 내용을 한 번 복습했다. (동량보어)

> **TIP** 보어 중 가능보어는 把자문의 기타성분으로 쓰일 수 없다.

③ 부정부사, 시간부사, 조동사와 같은 부사어는 일반적으로 把 앞에 온다.

Tā　méiyǒu　bǎ niúnǎi　hē　wán.
她　没有　把牛奶　喝　完。　그녀는 우유를 다 마시지 않았다.
주어　부사어(부정부사)　부사어(把+행위의 대상)　술어　기타성분(결과보어)

Wǒ　zhōngyú　bǎ zhè ge wèntí　jiějué　le.
我　终于　把这个问题　解决　了。　나는 드디어 이 문제를 해결했다.
주어　부사어(시간부사)　부사어(把+행위의 대상)　술어　기타성분(了)

> **TIP** 범위부사 都(dōu, 모두), 全/全部(quán/quánbù, 전부)는 '把+행위의 대상' 뒤에 온다.

Xiǎo Lín　bǎ qián　quánbù　huā　guāng le.
小林　把钱　全部　花　光了。　샤오린은 돈을 전부 다 썼다.
주어　부사어(把+행위의 대상)　부사어　술어　기타성분(결과보어+了)

④ 把 대신 将(jiāng, ~을)을 쓸 수 있다.

용법은 把자문과 같으며, 일상 회화에서보다는 글을 쓸 때 주로 사용한다.

Tā jiāng zhuōzi tái qǐlai le.
他将桌子抬起来了。　그는 책상을 들어 올렸다.

1. 제시된 把자문이 맞게 쓰였으면 O, 틀리게 쓰였으면 X 표시를 하세요.

Nǐ bǎ yì běn shū gěi wǒ.
① 你把一本书给我。　　　　　　　（　　　　）

Tāmen jiāng shāfā bān chūqu le.
② 他们将沙发搬出去了。　　　　　（　　　　）

2. 제시된 把자문을 부정문으로 바꿔 쓰세요.

Tā bǎ gōngzuò zuòwán le.
① 他把工作做完了。　　　　＿＿＿＿＿＿＿＿＿＿＿＿＿＿ ✎

Wǒ bǎ hùzhào nálai le.
② 我把护照拿来了。　　　　＿＿＿＿＿＿＿＿＿＿＿＿＿＿ ✎

3. 제시된 표현을 한 번씩만 사용하여 把자문을 완성하세요. `HSK 대비`

chīwán	yí biàn	shōushi shōushi
吃完	一遍	收拾收拾

Wǒmen bǎ zhèxiē yīfu　　　　　ba.
① 我们把这些衣服＿＿＿＿＿＿＿吧。

Wǒ bǎ suǒyǒu bēizi xǐle
② 我把所有杯子洗了＿＿＿＿＿＿＿。

Tā bǎ jiāli de miànbāo dōu　　　　le.
③ 她把家里的面包都＿＿＿＿＿＿＿了。

4. 제시된 표현들로 어순에 맞는 문장을 완성하세요. `HSK 대비`

bǎ diànnǎo xiū　　tā　　zhōngyú　　hǎole
① 把电脑修 / 他 / 终于 / 好了　　＿＿＿＿＿＿＿＿＿＿＿＿＿ ✎

gàosu wǒ ma　　bǎ dìzhǐ　　nǐ　　kěyǐ
② 告诉我吗 / 把地址 / 你 / 可以　　＿＿＿＿＿＿＿＿＿＿＿ ✎

정답·해석·해설 p.265

被자문의 쓰임

🎧 예문·연습문제 정답
바로 듣기

① 被자문은 개사 被(bèi, ~에 의해 ~을 당하다)를 사용해 피동의 의미를 나타내는 문장이다.

'(주어)가 (목적어)를 (술어)했다'라는 문장을 '(목적어)는 (주어)에 의해 (술어) 당했다'라는 뜻의 피동문으로 만들고 싶을 때, '~에 의해 ~을 당하다'라는 뜻의 개사 被를 주어 앞에 붙인 후, 목적어를 문장 맨 앞으로 이동하면 된다. 개사 被가 붙은 후의 주어는 '행위의 주체'라고 한다. 이때 '被+행위의 주체'는 개사 被가 이끄는 개사구로, 문장 내에서는 부사어이다.

Māma　　pīpíngle　　wǒ.
妈妈　　批评了　　我。　　엄마는 나를 혼냈다.
주어　　술어+了　　목적어

Wǒ　　bèi māma　　pīpíng　　le.
我　　被妈妈　　批评　　了。　　나는 엄마에게(엄마에 의해) 혼났다.
주어　부사어(被+행위의 주체)　술어　기타성분(了)

② 被자문의 기본 어순은 '주어+被+행위의 주체+술어+기타성분'이다.

Tā　　bèi bàba　　shuōfú　　le.
他　　被爸爸　　说服　　了。　　그는 아빠에게 설득당했다.
주어　부사어(被+행위의 주체)　술어　기타성분(了)

③ 被자문에서 행위를 나타내는 동사가 술어로 쓰인다.

Zhège　　wèntí　　bèi tā　　jiějué　　le.
这个　　问题　　被她　　解决　　了。　　이 문제는 그녀에 의해서 해결되었다.
관형어　주어　부사어(被+행위의 주체)　술어　기타성분(了)

④ 被자문에서 행위의 주체를 알 수 없거나, 밝힐 필요가 없을 때 행위의 주체는 생략할 수 있다.

Qiánbāo　　bèi　　　　　　tōu　　le.
钱包　　被　　(행위의 주체 생략)　偷　　了。　　지갑을 도둑맞았다.
주어　부사어(被)　　　　　술어　기타성분(了)　▶ 행위의 주체가 누구인지 알 수 없어 생략되었다.

⑤ 被자문에서 주어가 어떻게 되었는지 나타내는 기타성분이 술어 뒤에 자주 온다.

일반적으로 被자문은 술어 뒤에 기타성분이 따라 나와 주어가 '어떻게 되었는지' 나타낸다.

Píngguǒ　　bèi xiǎo māo　　chī　　le.
苹果　　被小猫　　吃　　了。　　사과는 고양이에게 먹혔다.
주어　부사어(被+행위의 주체)　술어　기타성분(了)　▶ 술어 吃 뒤에 동태조사 了를 붙여 주어 苹果가 '이미 먹혔음'을 강조한다. 이때 了는 기타성분이다.

1. 被가 들어갈 알맞은 위치를 고르세요.

① 钥匙 [A] 我 [B] 弄丢 [C] 了。
　Yàoshi　　wǒ　　　nòngdiū　　　le
　열쇠　　　나　　　잃어버리다

② [A] 我的建议 [B] 他 [C] 拒绝 了。
　　　wǒ de jiànyì　　tā　　jùjué　le
　　　나의 제안　　　그　　거절하다

2. 제시된 被자문이 맞게 쓰였으면 O, 틀리게 쓰였으면 X 표시를 하세요.

① 蛋糕小王被吃了。　　　　　　　(　　)
　Dàngāo Xiǎo Wáng bèi chī le.

② 环境被污染了。　　　　　　　　(　　)
　Huánjìng bèi wūrǎn le.

3. 제시된 문장을 被자문으로 바꿔 쓰세요.

① 他发现了这个问题。　　　_____
　Tā fāxiànle zhège wèntí.

② 我扔掉了旧衣服。　　　　　_____
　Wǒ rēngdiàole jiù yīfu.

4. 제시된 표현들로 어순에 맞는 문장을 완성하세요. [HSK 대비]

① 水 / 浪费了 / 被　　　　　　　_____
　shuǐ　làngfèile　bèi

② 被 / 电视 / 房间里了 / 搬到　　_____
　bèi　diànshì　fángjiān li le　bāndào

정답·해석·해설 p.266

被자문의 활용

🎧 예문·연습문제 정답
바로 듣기

① 被자문의 주어는 '특정한' 것이어야 한다.

被자문의 주어는 문맥상 말하는 사람과 듣는 사람이 모두 아는 것이어야 한다.

Huāpíng	bèi wǒ	dǎ	suì le.
花瓶	被我	打	碎了。
주어	부사어(被+행위의 주체)	술어	기타성분(결과보어+了)

꽃병은 나에 의해 깨졌다.

➤ 주어인 花瓶(꽃병)은 어떤 꽃병인지 말하는 사람과 듣는 사람이 모두 아는 것이다. 만약 주어가 불특정한 사물인 一个花瓶(꽃병 한 개)이라면 틀린 문장이 된다.
一个花瓶被我打碎了。 (X)

② 被자문에서 동태조사 了/过, 각종 보어, 목적어 등이 기타성분이 될 수 있다.

Hěn duō guānzhòng dōu bèi gǎndòng le.
很多观众都被感动了。
많은 관중이 모두 감동받았다. (동태조사 了)

Zhuōzi bèi Xiǎo Dōng cā de gāngānjìngjìng.
桌子被小东擦得干干净净。
책상은 샤오둥에 의해 깨끗하게 닦아졌다. (정도보어)

Mèimei de shū bèi wǒ nòngzāng le.
妹妹的书被我弄脏了。
여동생의 책은 나로 인해 더러워졌다. (결과보어)

Dìdi bèi gēge dǎle yí dùn.
弟弟被哥哥打了一顿。
남동생은 형에게 한바탕 맞았다. (동량보어)

TIP 보어 중 가능보어는 被자문의 기타성분으로 쓰일 수 없다.

③ 술어가 2음절 동사이고, 被 앞에 특정 상황을 나타내주는 부사어가 있는 경우, 기타성분이 오지 않아도 된다.

반드시 기타성분이 있어야 하는 把자문과 다르게, 被자문은 기타성분이 오지 않을 때도 있다.

Zhège jìhuà	hěn kěnéng	bèi	fàngqì.
这个计划	很可能	被	放弃。
주어	부사어	부사어(被)	술어

이 계획은 버려질 가능성이 매우 높다.

➤ 2음절 술어 放弃(버려지다) 앞에 부사어 很可能(~할 가능성이 매우 높다)이 있어, 술어 뒤에 기타성분이 오지 않아도 된다.

④ 부정부사, 시간부사, 조동사와 같은 부사어는 일반적으로 被 앞에 온다.

Tāmen	méiyǒu	bèi	yāoqǐng.
他们	没有	被	邀请。
주어	부사어(부정부사)	부사어(被)	술어

그들은 초대받지 않았다.

Dìdi de chéngjìdān	yǐjīng	bèi māma	fāxiàn	le.
弟弟的成绩单	已经	被妈妈	发现	了。
주어	부사어(시간부사)	부사어(被+행위의 주체)	술어	기타성분(了)

남동생의 성적표는 이미 엄마에게 들켰다.

1. 제시된 被자문이 맞게 쓰였으면 O, 틀리게 쓰였으면 X 표시를 하세요.

Wǒ de yǎnjìng bèi nònghuài le.
① 我的眼镜被弄坏了。 　　　　　(　　　)

Yí ge wèntí bèi wǒ jiějué le.
② 一个问题被我解决了。 　　　　　(　　　)

2. 제시된 被자문을 부정문으로 바꿔 쓰세요.

Tā bèi wǒ nòngkū le.
① 他被我弄哭了。 ＿＿＿＿＿＿＿＿＿＿＿＿＿＿＿ ✎

Nà běn cídiǎn bèi Xiǎo Dōng jièzǒu le.
② 那本词典被小东借走了。 ＿＿＿＿＿＿＿＿＿＿＿＿＿＿＿ ✎

3. 제시된 표현을 한 번씩만 사용하여 被자문을 완성하세요. [HSK 대비]

yí xià	dàizǒu	piàopiaoliangliang
一下	带走	漂漂亮亮

Tā bèi dǎbàn de
① 她被打扮得 ＿＿＿＿＿＿＿＿＿＿。

Wǒ bèi biérén tuīle
② 我被别人推了 ＿＿＿＿＿＿＿＿＿＿。

Nà zhī xiǎo māo bèi bàba　　　　　　le.
③ 那只小猫被爸爸 ＿＿＿＿＿＿＿＿＿＿了。

4. 제시된 표현들로 어순에 맞는 문장을 완성하세요. [HSK 대비]

kěnéng huì　　yùndònghuì　　bèi tuīchí
① 可能会 / 运动会 / 被推迟 ＿＿＿＿＿＿＿＿＿＿＿＿＿＿＿ ✎

bèi tā　　yǐjīng　　fāxiànle　　zhè jiàn shì
② 被他 / 已经 / 发现了 / 这件事 ＿＿＿＿＿＿＿＿＿＿＿＿＿＿＿ ✎

정답·해석·해설 p.267

① **연동문은 한 문장에서 하나의 주어에 두 개 이상의 술어가 있는 문장이다.**

Wǒ	qù	shūdiàn	mǎi	shū.	
我	去	书店	买	书。	나는 책 사러 서점에 간다.
주어	술어1	목적어1	술어2	목적어2	

② **연동문의 첫 번째 술어와 두 번째 술어는 연속되는 동작의 발생 순서를 나타낼 수 있다.**

연속되는 동작의 발생 순서를 나타내는 연동문일 때는 술어1 뒤에 결과보어나 동태조사 了, 过가 자주 온다. '(술어1) 하고 (술어2) 한다'로 해석하면 된다.

Tā	dài	yéye	qù	yīyuàn.
他	带	爷爷	去	医院。
주어	술어1	목적어1	술어2	목적어2

그는 할아버지를 모시고 병원에 간다.

Māma	tīngle	nàge	xiāoxi	hěn	gǎndòng.
妈妈	听了	那个	消息	很	感动。
주어	술어1+了	관형어	목적어	부사어	술어2

엄마는 그 소식을 듣고 매우 감동했다.

③ **연동문의 두 번째 술어는 첫 번째 술어의 목적을 나타낼 수 있다.**

술어2가 술어1의 목적을 나타낼 때는, 술어1로 来(lái, 오다), 去(qù, 가다), 到(dào, ~에 가다) 등이 자주 온다. '(술어2) 하러 (술어1) 한다'로 해석하면 된다.

Tā	qù	yóujú	jì	xìn.
他	去	邮局	寄	信。
주어	술어1	목적어1	술어2	목적어2

그는 편지를 부치러 우체국에 간다.

Nǐ	lái	zhèr	gàn	shénme?
你	来	这儿	干	什么？
주어	술어1	목적어1	술어2	목적어2

당신은 여기 뭐 하러 왔나요?

> **TIP** 来가 술어1일 때, '오다'라는 뜻이 아닌 어떤 일을 적극적으로 하려는 것을 강조하는 경우도 있다.
>
> Wǒ lái jièshào yí xià.
> 我来介绍一下。　제가 한번 소개해보겠습니다.
>
> Wǒmen lái kànkan zhè zhāng tú.
> 我们来看看这张图。　우리 이 그림을 한번 봅시다.

④ **연동문의 첫 번째 술어는 두 번째 술어의 수단이나 방식을 나타낼 수 있다.**

술어1이 술어2의 수단이나 방식을 나타낼 때는, 술어1로 用(yòng, 사용하다), 骑(qí, 타다), 坐(zuò, 타다) 등이 자주 온다.

Tā	qí	zìxíngchē	shàngbān.
她	骑	自行车	上班。
주어	술어1	목적어	술어2

그녀는 자전거를 타고 출근한다.

Wǒ	měi tiān	yòng	shǒujī	kàn	xīnwén.
我	每天	用	手机	看	新闻。
주어	부사어	술어1	목적어1	술어2	목적어2

나는 매일 휴대폰으로 뉴스를 본다.

⑤ **연동문에서 有/没有가 첫 번째 술어로 올 수 있다.**

술어1에 有/没有가 오면, '(술어2(+목적어2)) 할 (목적어1)이 있다/없다'라는 뜻을 나타낸다. 중국어 문장의 뒤에서부터 해석하면 쉽게 해석할 수 있다.

Tāmen	yǒu	xìnxīn	kèfú	kùnnan.
他们	有	信心	克服	困难。
주어	술어1	목적어1	술어2	목적어2

그들은 어려움을 극복할 자신이 있다.

Wǒ	méiyǒu	yīfu	chuān.
我	没有	衣服	穿。
주어	술어1	목적어	술어2

나는 입을 옷이 없다.

1. 제시된 연동문에서 술어를 찾아 모두 동그라미를 하세요.

Nǎinai qù shìchǎng mǎi cài.
① 奶奶去市场买菜。

Wǒ yǒu shíjiān hē kāfēi.
② 我有时间喝咖啡。

Māma kànle wǒ de chéngjì hěn shēngqì.
③ 妈妈看了我的成绩很生气。

2. 제시된 연동문이 맞게 쓰였으면 O, 틀리게 쓰였으면 X 표시를 하세요.

Tā cānguān xuéxiào dài wǒmen.
① 他参观学校带我们。　　　　　(　　　)

Péngyou lái wǒ jiā chīfàn.
② 朋友来我家吃饭。　　　　　　(　　　)

Nǐ xiě yí xià yòng qiānbǐ.
③ 你写一下用铅笔。　　　　　　(　　　)

3. 제시된 표현들로 어순에 맞는 문장을 완성하세요. HSK 대비

qù xuéxiào　　wǒ　　zuò gōnggòng qìchē
① 去学校　/　我　/　坐公共汽车　　　＿＿＿＿＿＿＿＿＿＿＿＿ ✎

méiyǒu　　wǒ　　shíjiān　　shuìjiào
② 没有　/　我　/　时间　/　睡觉　　　＿＿＿＿＿＿＿＿＿＿＿＿ ✎

lái Běijīng　　tāmen huì　　huìyì　　cānjiā
③ 来北京　/　他们会　/　会议　/　参加　＿＿＿＿＿＿＿＿＿＿＿＿ ✎

정답·해석·해설 p.268

① 연동문의 주어는 하나여야 하며, 동사의 순서는 바뀔 수 없다.

Tāmen	zuò	fēijī	wǒmen	qù	Zhōngguó.
他们	坐	飞机	我们	去	中国。(X)

➤ 동사 坐와 去의 주어가 하나가 아니므로 틀린 문장이다.
他们坐飞机去中国。 (O) 그들은 비행기를 타고 중국에 간다.

Wǒ	chī	zǎofàn	qù	cāntīng.
我	吃	早饭	去	餐厅。(X)

➤ 동사 吃이 먼저 진행되는 동사 去보다 먼저 나왔으므로 틀린 문장이다.
我去餐厅吃早饭。 (O) 나는 아침을 먹으러 식당에 간다.

② 연동문에서 부정부사 不/没(有), 조동사는 첫 번째 술어 앞에 온다.

Wǒ	bú	zuò	dìtiě	huí	jiā.
我	不	坐	地铁	回	家。
주어	부사어(부정부사)	술어1	목적어1	술어2	목적어2

나는 지하철을 타고 집에 가지 않는다.

Wǒ	yào	qù	Shànghǎi	zhǎo	gōngzuò.
我	要	去	上海	找	工作。
주어	부사어(조동사)	술어1	목적어1	술어2	목적어2

나는 상하이에 가서 일자리를 구하려고 한다.

③ 연속되는 동작의 발생 순서를 나타내는 연동문을 제외하고, 목적이나 수단/방식을 나타내는 연동문에서 了/过는 일반적으로 두 번째 술어 뒤에 온다.

Tā	dào	cāntīng	chīle	yì wǎn	miàn.
他	到	餐厅	吃了	一碗	面。
주어	술어1	목적어1	술어2+了	관형어	목적어2

그는 식당에 가서 국수 한 그릇을 먹었다. (목적)

Wǒ	yòng	bǐ	huàle	yì tiáo	xiàn.
我	用	笔	画了	一条	线。
주어	술어1	목적어1	술어2+了	관형어	목적어2

나는 펜으로 선을 하나 그렸다. (수단/방식)

Wǒ	kāi	chē	qùguo	hěn duō	chéngshì.
我	开	车	去过	很多	城市。
주어	술어1	목적어1	술어2+过	관형어	목적어2

나는 차를 몰고 많은 도시에 가 본 적 있다. (수단/방식)

④ 연동문에서 동태조사 着는 첫 번째 술어 뒤에 온다.

술어1 뒤에 동태조사 着가 오면, '첫 번째 동작이 지속되는 상태에서 두 번째 동작(주된 동작)을 한다'라는 뜻을 나타내는 연동문이 된다.

Tāmen	zuòzhe	liáotiān.
他们	坐着	聊天。
주어	술어1+着	술어2

그들은 앉아서 이야기를 한다.
➤ 술어1 坐가 지속되는 상태에서 술어2 聊天을 하는 것을 나타낸다.

Tā	jīngcháng	tǎngzhe	kàn	shū.
她	经常	躺着	看	书。
주어	부사어	술어1+着	술어2	목적어

그녀는 종종 누워서 책을 읽는다.
➤ 술어1 躺이 지속되는 상태에서 술어2 看을 하는 것을 나타낸다.

연습문제

1. 제시된 연동문이 맞게 쓰였으면 O, 틀리게 쓰였으면 X 표시를 하세요.

Wǒ qù dòngwùyuán kàn xióngmāo.
① 我去动物园看熊猫。　　　　　　（　　　）

Wǒ shuōwán dàjiā xiào qǐlai le.
② 我说完大家笑起来了。　　　　　（　　　）

Wǒ zuòzhe méiyǒu xiūxi.
③ 我坐着没有休息。　　　　　　　（　　　）

2. 제시된 어휘가 들어갈 알맞은 위치를 고르세요.

| ① | le 了 | Wǒ 我 나 | yòng 用 ~(으)로 | [A] | shǒujī 手机 휴대폰 | [B] | pāizhào 拍照 사진을 찍다 | [C]。 |

| ② | guo 过 | Wǒ 我 나 | qù 去 가다 | [A] | Shànghǎi 上海 상하이 | kàn 看 보다 | [B] | yīnyuèhuì 音乐会 음악회 | [C]。 |

| ③ | zhe 着 | Nǐ 你 당신 | bié 别 ~하지 마라 | [A] | zhàn 站 서다 | [B] | shuōhuà 说话 말하다 | [C]。 |

3. 제시된 표현들로 어순에 맞는 문장을 완성하세요. （HSK 대비）

yòng diànnǎo　Xiǎo Dōng　huàguo huàr
① 用电脑　/　小东　/　画过画儿　　_____ ✎

liáotiān　tāmen　xiàozhe　zhèngzài
② 聊天　/　他们　/　笑着　/　正在　　_____ ✎

qù Zhōngguó　xiǎng　lǚyóu　wǒ
③ 去中国　/　想　/　旅游　/　我　　_____ ✎

정답·해석·해설 p.268

사역, 요청을 나타내는 겸어문

🎧 예문·연습문제 정답
바로 듣기

① 겸어문은 첫 번째 술어의 목적어가 두 번째 술어의 주어를 겸하는 문장이다.

한 문장에서 첫 번째 술어의 목적어가 두 번째 술어의 주어로 사용되면, 이 어휘는 목적어와 주어를 겸하게 된다. 이런 어휘를 '겸어'라고 하며, 겸어가 포함된 문장을 겸어문이라고 한다.

Lǎoshī	ràng	wǒ	huídá	wèntí.	
老师	让	我	回答	问题。	선생님은 내가 문제에 대답하게 했다.
주어1	술어1	겸어(목적어1/주어2)	술어2	목적어2	

② 겸어문에서 명령, 지시, 허락 등을 나타내는 사역동사와 요청, 제안 등을 나타내는 요청동사가 첫 번째 술어로 올 수 있다.

	ràng 让 ~하게 하다(시키다)	shǐ 使 ~하게 하다(시키다)	jiào 叫 ~하게 하다(명령하다)
사역동사	lìng 令 ~로 하여금 ~하게 하다	yǔnxǔ 允许 허락하다	jìnzhǐ 禁止 금지하다
요청동사	yāoqiú 要求 요구하다	qǐng 请 요구하다, 초청하다	jiànyì 建议 제안하다

Nà jiàn	shìqing	shǐ	wǒmen	hěn	gāoxìng.	
那件	事情	使	我们	很	高兴。	그 일은 우리를 기쁘게 했다.
관형어	주어1	술어1	겸어(목적어1/주어2)	부사어	술어2	

Lǐngdǎo	yāoqiú	tāmen	míngtiān	kāihuì.	
领导	要求	他们	明天	开会。	대표는 그들에게 내일 회의할 것을 요구했다.
주어1	술어1	겸어(목적어1/주어2)	부사어	술어2	

③ 겸어문에서 가장 자주 쓰이는 '~하게 하다(시키다)'라는 뜻의 사역동사 让/使/叫/令의 차이점은 아래와 같다.

ràng 让	겸어문에서 가장 자주 쓰이는 동사로, 두 번째 술어로 올 수 있는 어휘에 큰 제한이 없다. Bàba ràng wǒ dǎsǎo fángjiān. **爸爸让我打扫房间。**　아빠는 내가 방을 청소하게 했다.
shǐ 使	글을 쓸 때 자주 쓰이며, 두 번째 술어로 사람의 감정과 관련된 형용사나 동작성이 없는 비동작동사가 온다. Zhè jié kè shǐ wǒ xuédàole hěn duō dōngxi. **这节课使我学到了很多东西。**　이 수업은 내가 많은 것을 배우게 했다.
jiào 叫	'말로 시키는'이라는 뉘앙스를 가지며, 구어체에서 주로 쓰인다. 두 번째 술어로 동작동사가 온다. Lǎoshī jiào Xiǎo Wáng jìnlai le. **老师叫小王进来了。**　선생님은 샤오왕에게 들어오라고 했다.
lìng 令	겸어로 人(rén, 사람)이 자주 오며, 두 번째 술어로 사람의 감정과 관련된 동사나 형용사가 온다. Zhège xiāoxi zhēn lìng rén shīwàng. **这个消息真令人失望。**　이 소식은 정말 사람을 실망하게 한다.

1. 제시된 문장에서 겸어를 찾아 동그라미를 하세요.

Tāmen ràng wǒ xiàwǔ zài lái.
① 他们让我下午再来。

Wǒmen gōngsī jìnzhǐ wàirén jìnlai.
② 我们公司禁止外人进来。

Zhāng lǎoshī jiào nǐ qù tā de bàngōngshì.
③ 张老师叫你去她的办公室。

2. 제시된 동사를 한 번씩만 사용하여 겸어문을 완성하세요. HSK 대비

shǐ	yǔnxǔ	qǐng
使	允许	请

Wǒ bù _____ nǐ zhème zuò.
① 我不_____你这么做。

Zhè jiàn shì _____ dàjiā hěn nánguò.
② 这件事_____大家很难过。

_____ nín zài zhèli xiě míngzi.
③ _____您在这里写名字。

3. 제시된 표현들로 어순에 맞는 문장을 완성하세요. HSK 대비

lìng Xiǎo Dōng   hěn mǎnyì   jiéguǒ
① 令小东 / 很满意 / 结果

jiànyì nǐ   wǒ   chóngxīn kǎolǜ
② 建议你 / 我 / 重新考虑

zhěnglǐ zīliào   jīnglǐ   yāoqiú wǒmen
③ 整理资料 / 经理 / 要求我们

정답·해석·해설 p.269

포인트 92
호칭, 인정을 나타내는 겸어문과 有 겸어문

🎧 예문·연습문제 정답
바로 듣기

① **호칭의 의미를 나타내는 겸어문은 称/叫(chēng/jiào, ~라고 부르다)와 같은 동사가 첫 번째 술어로 온다.**

두 번째 술어로는 '~로 삼다, 여기다, 간주하다'라는 뜻을 가진 동사 做(zuò), 为(wéi), 当(dāng), 是(shì)이 자주 온다.

Wǒ	chēng	tā	wéi	dàgē.	
我	称	他	为	大哥。	나는 그를 형님이라고 부른다.
주어1	술어1	겸어(목적어1/주어2)	술어2	목적어2	

Nǎinai	jiào	wǒ	shì	jiāli de	bǎobèi.	
奶奶	叫	我	是	家里的	宝贝。	할머니는 나를 집안의 보배라고 부른다.
주어1	술어1	겸어(목적어1/주어2)	술어2	관형어	목적어2	

② **인정의 의미를 나타내는 겸어문은 选(xuǎn, 뽑다, 고르다), 认(rèn, 인정하다)과 같은 동사가 첫 번째 술어로 온다.**

두 번째 술어로는 호칭을 나타내는 동사와 같이, '~로 삼다, 여기다, 간주하다'라는 뜻을 가진 동사 做(zuò), 为(wéi), 当(dāng), 是(shì)이 자주 온다.

Wǒ	xuǎn	tā	dāng	wǒmen bān de	bānzhǎng.	
我	选	他	当	我们班的	班长。	나는 그를 우리 반의 반장으로 뽑겠다.
주어1	술어1	겸어(목적어1/주어2)	술어2	관형어	목적어2	

Wǒ	rèn	nǐ	zuò	wǒ de	túdì	ba.	
我	认	你	做	我的	徒弟	吧。	나는 당신을 내 제자로 삼겠습니다.
주어1	술어1	겸어(목적어1/주어2)	술어2	관형어	목적어2	

③ **有 겸어문은 동사 有(yǒu, 있다)가 첫 번째 술어로 온다.**

겸어문에서 有가 첫 번째 술어로 오면 겸어는 어떤 사람이나 사물을 나타내며, 겸어 뒤에 오는 '술어2+목적어2'는 겸어를 묘사하고 설명한다.

Yǐqián	yǒu	yí ge	rén	jiào	Wáng Míng.
以前	有	一个	人	叫	王明。
주어1	술어1	관형어	겸어(목적어1/주어2)	술어2	목적어2

예전에 왕밍이라는 사람이 있었다.
➤ '술어2+목적어2'인 叫王明이 겸어 人를 설명한다.

Bīngxiāng li	yǒu	jǐ ge	shuǐguǒ	shì	wǒ mǎi de.
冰箱里	有	几个	水果	是	我买的。
주어1	술어1	관형어	겸어(목적어1/주어2)	술어2	목적어2

냉장고 속 과일 몇 개는 내가 산 것이다.
➤ '술어2+목적어2'인 是我买的가 겸어 水果를 설명한다.

1. 제시된 어휘가 들어갈 알맞은 위치를 고르세요.

① jiào
叫
~라고 부르다

Rénmen
人们 [A]
사람들

zhè dào cài
这道菜 [B]
이 요리

wéi
为 [C]
~로 삼다

'kǎoyā'
"烤鸭"。
'오리구이'

② xuǎn
选
뽑다

[A]

tóngshìmen
同事们 [B]
동료들

wǒ dāng
我 当 [C]
나 ~로 삼다

fùzérén
负责人。
책임자

③ yǒu
有
~이 있다

Wǒ
我 [A]
나

yí ge péngyou
一个朋友 [B]
한 친구

jiào
叫 [C]
~라고 부르다

Zhāng Míng
张明。
장밍

2. 제시된 동사를 한 번씩만 사용하여 겸어문을 완성하세요. [HSK 대비]

chēng 称	rèn 认	yǒu 有

① Zhāng jiàoshòu
张教授 _____

wǒ dāng tā de xuésheng le.
我当他的学生了。

② Rénmen
人们 _____

tā wéi 'Zhōngguó diànyǐng zhī fù'.
他为"中国电影之父"。

③ Wǒmen gōngsī
我们公司 _____

jǐ ge rén shì wàiguórén.
几个人是外国人。

3. 제시된 표현들로 어순에 맞는 문장을 완성하세요. [HSK 대비]

① xuǎn Lǎo Wáng
选老王 /

dàjiā
大家 /

dāng xiàozhǎng
当校长

_____ ✎

② zhè zhǒng niǎo wéi
这种鸟为 /

'sēnlín yīshēng'
"森林医生" /

rénmen chēng
人们称

_____ ✎

③ shì wǒ huà de
是我画的 /

zhèli yǒu
这里有 /

jǐ zhāng huàr
几张画儿

_____ ✎

정답·해석·해설 p.269

겸어문의 쓰임과 활용

🎧 예문·연습문제 정답
바로 듣기

① **겸어문에서 일반적으로 부정부사 不/没(有)는 첫 번째 술어 앞에 오고, 금지를 나타내는 别/不要**
(bié/bú yào, ~하지 마라)**는 두 번째 술어 앞에 온다.**

Xiǎo Míng	bú	ràng	wǒ	zǒu.	
小明	不	让	我	走。	샤오밍은 나를 못 가게 한다.
주어1	부사어	술어1	겸어(목적어1/주어2)	술어2	

Yīshēng	jiànyì	wǒ	bié	chī	língshí.	
医生	建议	我	别	吃	零食。	의사는 나에게 간식을 먹지 말라고 제안했다.
주어1	술어1	겸어(목적어1/주어2)	부사어	술어2	목적어2	

> **TIP** 사역동사 让이 쓰인 겸어문에서 别/不要는 첫 번째 술어 앞에 올 수 있다.

Bié	ràng	tā	zhīdào	zhège	mìmì.	
别	让	她	知道	这个	秘密。	그녀가 이 비밀을 알도록 하지 마세요.
부사어	술어1	겸어(목적어1/주어2)	술어2	관형어	목적어2	

② **겸어문에서 첫 번째 술어 뒤에는 일반적으로 동태조사 了/着/过를 쓸 수 없다. 두 번째 술어 뒤에는**
사용 가능하다.

Tā de	huà	shǐ	wǒ	gǎibiànle	xiǎngfǎ.	
他的	话	使	我	改变了	想法。	그의 말은 내가 생각을 바꾸게 했다.
관형어	주어1	술어1	겸어(목적어1/주어2)	술어2+了	목적어2	

Nǐ	ràng	tā	děngzhe.	
你	让	他	等着。	당신이 그에게 기다리고 있으라고 하세요.
주어1	술어1	겸어(목적어1/주어2)	술어2+着	

③ **겸어문에서 첫 번째 술어는 중첩할 수 없으며, 마지막으로 나오는 술어는 중첩할 수 있다.**

Wǒ	ràng	tāmen	zhǎo yi zhǎo.	
我	让	他们	找一找。	제가 그들에게 찾아보라고 할게요.
주어1	술어1	겸어(목적어1/주어2)	술어2	

④ **사역동사 让이 쓰인 겸어문은 첫 번째 주어를 생략할 수 있다.**

让 앞의 주어가 생략되면, '(겸어)가 한번 ~해보겠다'라는 뜻의 의지나 희망의 뉘앙스를 나타낸다.

Ràng wǒ xiǎngxiang.
让我想想。 생각 좀 해볼게요.

Ràng tāmen xiān kāishǐ ba.
让他们先开始吧。 그들이 먼저 시작해보라고 해요.

⑤ **동사 请**(qǐng, ~해 주세요), **祝(贺)**(zhù(hè), 축하하다), **感谢**(gǎnxiè, 감사하다), **麻烦**(máfan, 번거롭게 하다)**이**
첫 번째 술어로 쓰인 겸어문에서 첫 번째 주어는 보통 생략된다.

Qǐng nǐ dú yí xià.
请你读一下。 한번 읽어 주세요.

Zhù nǐ shēngrì kuàilè!
祝你生日快乐! 생일 축하합니다!

Gǎnxiè nǐ yāoqǐng wǒ.
感谢你邀请我。 저를 초대해주셔서 감사합니다.

Máfan nǐ zài shuō yí biàn.
麻烦你再说一遍。 번거로우시겠지만 다시 한번 말씀
해 주세요.

1. 제시된 어휘가 들어갈 알맞은 위치를 고르세요.

①
méiyǒu	Tā	yāoqiú	wǒ	zhème zuò
没有	他 [A]	要求 [B]	我 [C]	这么做。
~않았다	그	요구하다	나	이렇게 하다

②
bié	Māma	jiào	wǒ	wán shǒujī
别	妈妈 [A]	叫 [B]	我 [C]	玩手机。
~하지 마라	엄마	~하게 하다	나	휴대폰을 가지고 놀다

2. 제시된 겸어문이 맞게 쓰였으면 O, 틀리게 쓰였으면 X 표시를 하세요.

Tā shǐle wǒ míngbai yí jiàn shì.
① 他使了我明白一件事。　　　　　（　　　）

Nǐ ràng wǒ kǎolü kǎolü.
② 你让我考虑考虑。　　　　　　　（　　　）

Ràng tā jìnlai.
③ 让他进来。　　　　　　　　　　（　　　）

Nǐ zhù gōngzuò shùnlì!
④ 你祝工作顺利!　　　　　　　　　（　　　）

3. 제시된 표현들로 어순에 맞는 문장을 완성하세요. HSK 대비

nǐ　　guòlai yí xià　　máfan
① 你 / 过来一下 / 麻烦　　＿＿＿＿＿＿＿＿＿＿＿＿＿＿ 🖉

méiyǒu　　shīwàng　　ràng dàjiā　　tā
② 没有 / 失望 / 让大家 / 他　　＿＿＿＿＿＿＿＿＿＿＿＿＿ 🖉

nǐ　　yúkuài　　zhù　　lǚxíng
③ 你 / 愉快 / 祝 / 旅行　　＿＿＿＿＿＿＿＿＿＿＿＿＿＿ 🖉

정답·해석·해설 p.270

比자문의 쓰임

🎧 예문·연습문제 정답
바로 듣기

① **比자문은 개사 比**(bǐ, ~보다)**를 사용하여 비교를 나타내는 문장이다.**

比자문은 '주어+比+비교대상+술어'의 형태로, '(주어)가 (비교대상)보다 (술어)하다'라는 뜻을 나타낸다. 이때 '比+비교대상'은 개사 比가 이끄는 개사구로, 문장 내에서는 부사어이다.

Tā　　　bǐ wǒ　　　gāo.
他　　 比我　　 高。　　 그는 나보다 키가 크다.
주어　 부사어(比+비교대상)　 술어

Jīntiān　　bǐ zuótiān　　lěng.
今天　　 比昨天　　 冷。　　 오늘은 어제보다 춥다.
주어　 부사어(比+비교대상)　 술어

② **比자문의 기본 어순은 '주어+比+비교대상+술어'이다.**

Zhè běn shū　　bǐ nà běn shū　　nán.
这本书　　 比那本书　　 难。　　 이 책은 저 책보다 어렵다.
관형어+주어　 부사어(比+비교대상)　 술어

Zhège　　bǐ nàge　　guì.
这个　　 比那个　　 贵。　　 이것은 저것보다 비싸다.
주어　 부사어(比+비교대상)　 술어

③ **比자문에서 비교대상에 주어와 동일한 명사가 쓰인 경우, 비교대상에서 사용된 명사는 생략할 수 있다.**

Tā de chē　　bǐ wǒ de (chē)　　gèng　　hǎo.
他的车　　 比我的(车)　　 更　　 好。　　 그의 차는 내 것(차)보다 더 좋다.
관형어+주어　 부사어(比+비교대상)　 부사어　 술어

Zhège dàngāo　　bǐ nàge (dàngāo)　　gèng　　hǎochī.
这个蛋糕　　 比那个(蛋糕)　　 更　　 好吃。　　 이 케이크는 저 것(케이크)보다 더 맛있다.
관형어+주어　 부사어(比+비교대상)　 부사어　 술어

1. 比가 들어갈 알맞은 위치를 고르세요.

① [A]　香蕉　[B]　西瓜　[C]　甜。
xiāngjiāo / xīguā / tián
바나나　수박　달다

② 这件衣服　[A]　那件　[B]　漂亮　[C]。
Zhè jiàn yīfu / nà jiàn / piàoliang
이 옷　저것　예쁘다

2. 제시된 문장을 중국어로 쓰세요.

① 저것은 이것보다 싸다. _____ ✎

② 국수는 쌀밥보다 맛있다. _____ ✎

③ 올해는 작년보다 덥다. _____ ✎

3. 제시된 표현들로 어순에 맞는 문장을 완성하세요. (HSK 대비)

① 简单 / 那个题 / 这个题比
jiǎndān / nàge tí / zhège tí bǐ
_____ ✎

② 比我 / 小东 / 聪明
bǐ wǒ / Xiǎo Dōng / cōngming
_____ ✎

③ 我的手 / 小 / 比你的
wǒ de shǒu / xiǎo / bǐ nǐ de
_____ ✎

정답·해석·해설 p.271

比자문의 활용

① 比자문의 부정문은 比 대신 没有를 사용한다.

比자문의 부정문은 개사 比 대신 동사 没有를 넣어 '주어+没有+비교대상+술어'의 형태로, '(주어)가 (비교대상) 만큼 (술어)하지 않다'라는 뜻을 나타낸다. 이때 술어 앞에 这么/这样(zhème/zhèyàng, 이렇게), 那么/那样(nàme/ nàyàng, 그렇게, 저렇게)을 넣어 정도를 강조할 수 있다.

Jīntiān	méiyǒu zuótiān	nàme	rè.	
今天	没有昨天	那么	热。	오늘은 어제만큼 그렇게 덥지 않다.
주어	부사어(没有+비교대상)	부사어	술어	

> **TIP** 比자문의 개사 比 앞에 부사 不를 붙여 부정할 수도 있지만, 거의 사용되지 않는다. 예를 들어 弟弟不比哥哥高。(Dìdi bù bǐ gēge gāo, 남동생은 형보다 키가 크지는 않다.)는 남동생이 키가 더 작을 수도, 같을 수도 있다는 뜻이어서, 정확한 의미 전달이 어렵기 때문에 比자문의 부정문은 没有 비교문을 자주 사용한다.

② 比자문의 술어 앞에 부사 更/更加/还(gèng/gèngjiā/hái, 더, 더욱)가 와서 정도가 심함을 나타낼 수 있다.

비교의 의미가 있는 부사 更/更加/还는 比자문의 술어 앞에 올 수 있다. 하지만, 비교의 의미가 없는 부사 很(hěn, 매우), 非常(fēicháng, 아주), 太(tài, 너무) 등은 말하는 사람의 주관적인 판단에 의한 정도를 나타낼 뿐, 대상의 비교 의미를 나타낼 수 없기 때문에 比자문에 사용할 수 없다.

Zhège xīguā	bǐ nàge xīguā	gèng	zhòng.	
这个西瓜	比那个西瓜	更	重。	이 수박은 저 수박보다 더 무겁다.
관형어+주어	부사어(比+비교대상)	부사어	술어	这个西瓜比那个西瓜很重。 (X)

③ 比자문의 술어 뒤에는 차이의 정도를 나타내는 어휘가 올 수 있다.

비교문의 술어 뒤에 수량사(수사+양사)나 목적어를 붙여 구체적인 차이의 정도를 나타낼 수 있다. 또한 술어 뒤에 一些/一点儿(yìxiē/yìdiǎnr, 약간, 조금)를 붙여 차이의 정도가 낮음을, 多了/很多/得多(duō le/hěn duō/de duō, 훨씬)를 붙여 차이의 정도가 심함을 나타낼 수도 있다.

Tā	bǐ wǒ	dà	yí suì.	
她	比我	大	一岁。	그녀는 나보다 나이가 한 살 많다.
주어	부사어(比+비교대상)	술어	차이의 정도	

Zuò dìtiě	bǐ zuò gōngjiāochē	kuài	yìxiē.	
坐地铁	比坐公交车	快	一些。	지하철을 타는 것은 버스를 타는 것보다 약간 빠르다.
주어	부사어(比+비교대상)	술어	차이의 정도	

Wǒ de chéngjì	bǐ shàng cì	gāo	duō le.	
我的成绩	比上次	高	多了。	내 성적은 지난 번보다 훨씬 높다.
관형어+주어	부사어(比+비교대상)	술어	차이의 정도	

1. 제시된 문장을 부정문으로 바꿔 쓰세요.

Lǐmian bǐ wàimian lěng.
① 里面比外面冷。　　　　　　　　　　＿＿＿＿＿＿＿＿＿＿＿＿＿＿＿ ✎

Māma bǐ Lǐ āyí niánqīng.
② 妈妈比李阿姨年轻。　　　　　　　　＿＿＿＿＿＿＿＿＿＿＿＿＿＿＿ ✎

2. 제시된 어휘가 들어갈 알맞은 위치를 고르세요.

① gèng 更 더	Zhè tiáo yú 这条鱼 [A]	bǐ 比 [B]	nà tiáo yú 那条鱼 [C]	xīnxiān 新鲜。
	이 생선	~보다	저 생선	신선하다

② hái 还 더	Zhè běn shū 这本书 [A]	bǐ 比 [B]	nà běn shū 那本书 [C]	hòu 厚。
	이 책	~보다	저 책	두껍다

③ yìdiǎnr 一点儿 조금	Tā de fángjiān 他的房间 [A]	bǐ wǒ de hái 比我的还 [B]	dà 大 [C]。
	그의 방	내 것보다 더	크다

3. 제시된 比자문이 맞게 쓰였으면 O, 틀리게 쓰였으면 X 표시를 하세요.

Zhè kē shù bǐ nà kē shù fēicháng ǎi.
① 这棵树比那棵树非常矮。　　　　　　（　　　）

Zhè cì kǎoshì bǐ shàng cì kǎoshì tài jiǎndān.
② 这次考试比上次考试太简单。　　　　（　　　）

4. 제시된 표현들로 어순에 맞는 문장을 완성하세요. (HSK 대비)

bǐ jiāli　　　túshūguǎn　　ānjìng　　gèng
① 比家里 / 图书馆 / 安静 / 更　　＿＿＿＿＿＿＿＿＿＿＿＿＿ ✎

zhòng　　bǐ wǒ de　　tā de xiāngzi　　hěn duō
② 重 / 比我的 / 他的箱子 / 很多　　＿＿＿＿＿＿＿＿＿＿＿＿＿ ✎

정답·해석·해설 p.271

기타 비교문

① 和/跟(hé/gēn)···一样(yíyàng) 비교문은 '주어+和/跟+비교대상+一样' 형태로, '(주어)가 (비교대상)과 똑같다'라는 뜻을 나타낸다.

一样 뒤에는 형용사 혹은 동사(구), 술목구 술어가 와서 '(주어)가 (비교대상)과 똑같이 ~하다'라는 뜻을 나타낼 수도 있다. 부정형은 一样 앞에 부사 不를 붙이면 된다.

Wǒ de shǒujī	hé tā de shǒujī	yíyàng.	
我的手机	和他的手机	一样。	내 휴대폰은 그의 휴대폰과 똑같다.
관형어+주어	和+비교대상	一样	

Wǒ	gēn tā	yíyàng	jǐnzhāng.	
我	跟他	一样	紧张。	나는 그와 똑같이 긴장된다.
주어	跟+비교대상	一样	술어	

② 有(yǒu) 비교문은 '주어+有+비교대상(+这么/那么(zhème/nàme))+술어' 형태로, '(주어)가 (비교대상)만큼 (이렇게/그렇게) ~하다'라는 뜻을 나타낸다.

有 비교문은 의문문의 형식으로 자주 쓰이며, 부정형은 有 대신 没有를 사용하면 된다.

Tā	yǒu Xiǎo Dōng	zhème	xǐhuan	chànggē	ma?	
他	有小东	这么	喜欢	唱歌	吗?	그는 샤오둥만큼 이렇게 노래 부르는 것을 좋아하나요?
주어	有+비교대상	这么	술어	목적어		

Wǒ	méiyǒu tā	nàme	gāo.	
我	没有他	那么	高。	나는 그만큼 그렇게 키가 크지 않다.
주어	没有+비교대상	那么	술어	

③ 不如(bùrú) 비교문은 '주어+不如+비교대상' 형태로, '(주어)가 (비교대상)만 못하다'라는 뜻을 나타낸다.

비교대상 뒤에는 구체적인 비교의 내용이 와서 '(주어)가 (비교대상)만큼 ~하지 못하다'라는 뜻을 나타낼 수도 있다.

Zhè běn shū	bùrú	nà běn shū.	
这本书	不如	那本书。	이 책은 저 책만 못하다.
관형어+주어	不如	비교대상	

Tā de xuéxí tàidu	bùrú	Xiǎo Míng	hǎo.	
她的学习态度	不如	小明	好。	그녀의 학습 태도는 샤오밍만큼 좋지 못하다.
관형어+주어	不如	비교대상	비교내용	

④ 像(xiàng) 비교문은 '주어+像+비교대상+这么/那么(zhème/nàme)+비교내용'의 형태로, '(주어)가 (비교대상)처럼 이렇게/그렇게 ~하다' 라는 뜻을 나타낸다.

Jīnnián	xiàng	qùnián	nàme	rè.	
今年	像	去年	那么	热。	올해는 작년처럼 그렇게 덥다.
주어	像	비교대상	那么	비교내용	

Tā	bú xiàng	wǒ	nàme	lèi.	
他	不像	我	那么	累。	그는 나처럼 그렇게 힘들지 않다.
주어	不像	비교대상	那么	비교내용	

1. 제시된 어휘가 들어갈 알맞은 위치를 고르세요.

① yíyàng
一样
똑같다

Wǒ [A] gēn nǐ [B] xǐhuan yùndòng [C]。
我 [A] 跟你 [B] 喜欢运动 [C]。
나 당신과 운동을 좋아하다

② yǒu
有
~만큼

Zhèxiē shù [A] fángzi [B] nàme [C] gāo。
这些树 [A] 房子 [B] 那么 [C] 高。
이 나무들 집 그렇게 높다

③ bùrú
不如
~만 못하다

Zhè tiáo jiē [A] yǐqián [B] rènao [C]。
这条街 [A] 以前 [B] 热闹 [C]。
이 거리 예전 번화하다

2. 제시된 비교문의 부정문으로 올바르게 쓰인 것을 고르세요.

① Tā yǒu jiějie nàme shòu.
她有姐姐那么瘦。

A Tā bù yǒu jiějie nàme shòu.
她不有姐姐那么瘦。

B Tā méiyǒu jiějie nàme shòu.
她没有姐姐那么瘦。

② Tā xiàng wǒ zhème máng.
他像我这么忙。

A Tā bú xiàng wǒ zhème máng.
他不像我这么忙。

B Tā xiàng wǒ zhème bù máng.
他像我这么不忙。

③ Wǒ de àihào hé nǐ de yíyàng.
我的爱好和你的一样。

A Wǒ de àihào bù hé nǐ de yíyàng.
我的爱好不和你的一样。

B Wǒ de àihào hé nǐ de bù yíyàng.
我的爱好和你的不一样。

3. 제시된 표현들로 어순에 맞는 문장을 완성하세요. （HSK 대비）

① hǎohē / chá bùrú / kāfēi
好喝 / 茶不如 / 咖啡

　＿＿＿＿＿＿＿＿＿＿＿＿＿＿＿＿ 🖉

② méiyǒu / yǐzi / shāfā shūfu
没有 / 椅子 / 沙发舒服

　＿＿＿＿＿＿＿＿＿＿＿＿＿＿＿＿ 🖉

③ bú xiàng yǐqián / nàme yánzhòng / qíngkuàng
不像以前 / 那么严重 / 情况

　＿＿＿＿＿＿＿＿＿＿＿＿＿＿＿＿ 🖉

정답·해석·해설 p.272

포인트
97

是…的 강조구문의 쓰임

🎧 예문·연습문제 정답
바로 듣기

① **是…的 강조구문은 이미 발생한 일을 是(shì)과 的(de) 사이에 넣어 강조하는 문장이다.**

동태조사 了 등을 사용해서 이미 발생한 일을 이야기할 수도 있지만, 그 일이 언제, 어디서 발생했는지 등을 특히 더 강조하고 싶을 때 是과 的 사이에 강조할 내용과 술어를 배치하여 말할 수 있다.

Tā	shì	zuótiān	lái	de.	
他	是	昨天	来	的。	그는 어제 왔다.
주어	是	강조내용	술어	的。	

▶ 是과 的 사이에 강조내용인 昨天, 술어 来를 배치하여 이미 발생한 행위에 대한 시간, 즉 그가 온 날이 바로 '어제'임을 강조한다.

② **是…的 강조구문은 是 바로 뒤에 나오는 시간/장소/방식/대상/목적/도구를 강조한다.**

是…的 강조구문에서 강조하는 것은 이미 발생한 행위에 대한 시간/장소/방식/대상/목적/도구 등이며, 이 강조내용 은 是 바로 뒤에 온다. 술어와 목적어는 강조내용 뒤에 온다.

Tāmen	shì	qùnián	huíguó	de.	
他们	是	去年	回国	的。	그들은 작년에 귀국했다. (시간 강조)
주어	是	강조내용	술어	的	

Bǐsài	shì	zài Shànghǎi	jǔxíng	de.	
比赛	是	在上海	举行	的。	경기는 상하이에서 열렸다. (장소 강조)
주어	是	강조내용	술어	的	

Wǒ	shì	zuò dìtiě	qù	Hángzhōu	de.	
我	是	坐地铁	去	杭州	的。	나는 지하철을 타고 항저우에 갔다. (방식 강조)
주어	是	강조내용	술어	목적어	的	

Zhè	shì	Xiǎo Wáng	gàosu	wǒ	de.	
这	是	小王	告诉	我	的。	이것은 샤오왕이 나에게 알려준 것이다. (대상 강조)
주어	是	강조내용	술어	목적어	的	

Zhèxiē	cài	shì	wèi nǐmen	zuò	de.	
这些	菜	是	为你们	做	的。	이 음식들은 너희들을 위해 만든 것이다. (목적 강조)
관형어	주어	是	강조내용	술어	的	

Nà zhāng	zhàopiàn	shì	yòng shǒujī	pāi	de.	
那张	照片	是	用手机	拍	的。	그 사진은 휴대폰으로 찍은 것이다. (도구 강조)
관형어	주어	是	강조내용	술어	的	

1. 是이 들어갈 알맞은 위치를 고르세요.

Wǒ   zuótiān   tīngdào   zhège xiāoxi   de
① 我   [A]   昨天   [B]   听到   [C]   这个消息   的。
나   어제   듣다   이 소식

     tāmen   zuò huǒchē   qù   hǎibiān   de
② [A]   他们   [B]   坐火车   [C]   去   海边   的。
     그들   기차를 타다   가다   바닷가

2. 제시된 문장의 밑줄 친 부분을 강조하는 是…的 강조구문을 쓰세요.

Dìdi qùnián bìyè le.
① 弟弟<u>去年</u>毕业了。   ✎

Wǒmen zài gōngyuán jiànmiàn le.
② 我们<u>在公园</u>见面了。   ✎

Tā zuò chūzūchē guòlai le.
③ 他<u>坐出租车</u>过来了。   ✎

3. 제시된 표현들로 어순에 맞는 문장을 완성하세요. HSK 대비

shì Xiǎo Dōng   nàge diànhuà   dǎlai de
① 是小东   /   那个电话   /   打来的   ✎

gěi nǐ mǎi   shì   de   zhège dàngāo
② 给你买   /   是   /   的   /   这个蛋糕   ✎

xiě de   zhèxiē zì   shì   yòng qiānbǐ
③ 写的   /   这些字   /   是   /   用铅笔   ✎

정답·해석·해설 p.272

포인트
98

是…的 강조구문의 활용

🎧 예문·연습문제 정답
바로 듣기

① 是…的 강조구문의 부정형을 만들 때는 술어가 아닌 是 앞에 不를 붙여야 한다.

Zhè piān	xiǎoshuō	bú	shì	tā	xiě	de.	
这篇	小说	不	是	他	写	的。	이 소설은 그가 쓴 것이 아니다.
관형어	주어	부사어	是	강조내용(대상)	술어	的	

② 是…的 강조구문은 吗 의문문, 정반의문문, 의문대사 의문문을 만들 수 있다.

Zhè piān	xiǎoshuō	shì	tā	xiě	de	ma?	
这篇	小说	是	他	写	的	吗?	이 소설을 그가 쓴 것인가요?
관형어	주어	是	강조내용(대상)	술어	的	吗	

Zhè piān	xiǎoshuō	shì bu shì	tā	xiě	de?	
这篇	小说	是不是	他	写	的?	이 소설은 그가 쓴 것인가요?
관형어	주어	是不是	강조내용(대상)	술어	的	

Zhè piān	xiǎoshuō	shì	shéi	xiě	de?	
这篇	小说	是	谁	写	的?	이 소설은 누가 쓴 것인가요?
관형어	주어	是	강조내용(대상)	술어	的	

③ 是…的 강조구문에서 부사 都(dōu, 모두), 也(yě, ~도), 一定(yídìng, 반드시)과 같이 문장 전체를 수식하는 부사는 是 앞에 온다.

Shuǐguǒ	dōu	shì	zuótiān	mǎi	de.	
水果	都	是	昨天	买	的。	과일은 모두 어제 샀다.
주어	부사어	是	강조내용(시간)	술어	的	

Wǒ	yě	shì	bā diǎn	dào	de.	
我	也	是	八点	到	的。	저도 여덟 시에 도착했어요.
주어	부사어	是	강조내용(시간)	술어	的	

④ 是…的 강조구문에서 是은 대부분 생략할 수 있다. 단, 부정문에서는 생략할 수 없다.

Tā	(shì)	shàng xīngqī	qù	de.	
她	（是）	上星期	去	的。	그녀는 지난 주에 갔다.
주어	（是）	강조내용(시간)	술어	的	

Tā	bú	shì	shàng xīngqī	qù	de.	
她	不	是	上星期	去	的。	그녀는 지난 주에 가지 않았다.
주어	부사어	是	강조내용(시간)	술어	的	▶부정문에서는 是을 생략할 수 없다.

1. 是…的 강조구문의 부정문으로 올바르게 쓰인 것을 고르세요.

Zhège dēng shì yòng zhǐ zuò de.
① 这个灯是用纸做的。

Zhège dēng shì yòng zhǐ bú zuò de.
A 这个灯是用纸不做的。

Zhège dēng bú shì yòng zhǐ zuò de.
B 这个灯不是用纸做的。

Wǒ shì gēn jiārén qù lǚxíng de.
② 我是跟家人去旅行的。

Wǒ bú shì gēn jiārén qù lǚxíng de.
A 我不是跟家人去旅行的。

Wǒ shì bù gēn jiārén qù lǚxíng de.
B 我是不跟家人去旅行的。

2. 제시된 是…的 강조구문을 의문문으로 바꿔 쓰세요.

吗 의문문 　　　　　　　　　 정반의문문

Xiǎo Wáng shì kāichē lái de.
① 小王是开车来的。 　_____ 　_____

Tā shì zài jiàoshì xuéxí de.
② 她是在教室学习的。 　_____ 　_____

3. 제시된 是…的 강조구문이 맞게 쓰였으면 O, 틀리게 쓰였으면 X 표시를 하세요.

Tāmen xiàwǔ huíqu de.
① 他们下午回去的。 　　　　　(　　　)

Zhège jiànyì bù jīnglǐ tí chūlai de.
② 这个建议不经理提出来的。 　(　　　)

4. 제시된 표현들로 어순에 맞는 문장을 완성하세요. HSK 대비

nǐ 　　zǒu de 　shénme shíhou 　shì
① 你 / 走的 / 什么时候 / 是 　_____✎

zhè 　　shì 　tā zuò de 　yídìng
② 这 / 是 / 他做的 / 一定 　_____✎

dōu shì 　zhèxiē 　de 　wèi nǐ zhǔnbèi
③ 都是 / 这些 / 的 / 为你准备 　_____✎

강조내용이 없는 是…的 구문

🎧 예문·연습문제 정답
바로 듣기

① 강조내용이 없는 是…的 구문은 설명이나 설득의 어기를 나타낸다.

앞서 배운 是과 的 사이에 강조내용과 술어를 배치하는 是…的 강조구문과 달리, 是과 的 사이에 강조내용이 없는 是…的 구문이 있다. 이 구문은 주로 화자의 판단이나 생각 등을 설명하거나, 상대방을 설득시키는 어기를 나타낸다.

Tā	shì	fēicháng	cōngming	de.
他	是	非常	聪明	的。
주어	是	부사어	술어	的

그는 매우 똑똑해요.

▶ 是과 的 사이에 술어 聪明을 배치한 是…的 구문이다. 是…的가 없어도 문법적으로 옳은 문장이지만, 이 구문을 사용해서 상대방에게 설명하는 어기를 나타냈다.

② 강조내용이 없는 是…的 구문에서 是과 的 사이에는 동사 술어(+목적어) 혹은 형용사 술어가 온다. 동사 술어는 주로 조동사나 가능보어와 함께 나온다.

Māma	shì	zhīdào	zhè jiàn	shìqing	de.
妈妈	是	知道	这件	事情	的。
주어	是	술어	관형어	목적어	的

엄마는 이 일을 알아요. (동사 술어+목적어)

Bīngxiāng li de	niúnǎi	shì	xīnxiān	de.
冰箱里的	牛奶	是	新鲜	的。
관형어	주어	是	술어	的

냉장고 안의 우유는 신선해요. (형용사 술어)

Xiǎo Lín	shì	huì	jiānchí	de.
小林	是	会	坚持	的。
주어	是	부사어	술어	的

샤오린은 꾸준히 해 나갈 거예요. (조동사+동사)

③ 강조내용이 없는 是…的 구문의 부정형을 만들 때는 是과 的 사이에 不를 넣어 是과 的 사이의 내용을 부정해야 한다.

是…的 강조구문의 부정형처럼 不是…的로 부정하지 않는다.

Fēijī shang	shì	bù	kěyǐ	chōuyān	de.
飞机上	是	不	可以	抽烟	的。
주어	是	부사어	부사어	술어	的

비행기에서 담배를 피우면 안 됩니다.

▶ 是과 的 사이의 '조동사+동사' 형태인 可以抽烟 앞에 不를 붙여 부정형이 되었다.
飞机上不是可以抽烟的。(X)

④ 강조내용이 없는 是…的 구문에서 부사 都(dōu, 모두), 也(yě, ~도), 一定(yídìng, 반드시)과 같이 문장 전체를 수식하는 부사는 是 앞에 온다.

Tā	yídìng	shì	yǒu	mùdì	de.
他	一定	是	有	目的	的。
주어	부사어	是	술어	목적어	的

그는 반드시 목적이 있어요.

1. 是이 들어갈 알맞은 위치를 고르세요.

① [A] 他 [B] 理解 [C] 我 的。
　　　　tā　　　　　lǐjiě　　　　wǒ　de
　　　　그　　　　이해하다　　　　나

② 其实 [A] 她 [B] 很害怕 [C] 的。
　　Qíshí　　　tā　　　　hěn hàipà　　　de
　　사실　　　그녀　　　매우 두려워하다

2. 제시된 강조내용이 없는 是…的 구문을 부정문으로 바꿔 쓰세요.

① 我是同意这个意见的。
　Wǒ shì tóngyì zhège yìjiàn de.
　_____ 🖉

② 她的学习态度是很好的。
　Tā de xuéxí tàidu shì hěn hǎo de.
　_____ 🖉

③ 他肯定是会去的。
　Tā kěndìng shì huì qù de.
　_____ 🖉

3. 제시된 표현들로 어순에 맞는 문장을 완성하세요. (HSK 대비)

① 来帮 / 你的 / 我是
　lái bāng　nǐ de　wǒ shì
　_____ 🖉

② 做不了 / 这种事的 / 他是
　zuò bu liǎo　zhè zhǒng shì de　tā shì
　_____ 🖉

③ 也是 / 他说的话 / 对的
　yě shì　tā shuō de huà　duì de
　_____ 🖉

정답·해석·해설 p.274

부록

두고두고 써먹는 양사·보어

01 자주 쓰이는 양사

★ 양사와 자주 함께 쓰이는 명사도 알아두세요.

01 ge
个

개

píngguǒ	guójiā	wèntí
苹果 사과	国家 나라	问题 문제

명, 사람

rén	xuésheng	péngyou
人 사람	学生 학생	朋友 친구

02 wèi
位

분[사람을 세는 단위]

kèrén	dǎoyóu
客人 손님	导游 여행 가이드

03 běn
本

권

shū	zázhì	cídiǎn
书 책	杂志 잡지	词典 사전

04 bēi
杯

잔, 컵

shuǐ	niúnǎi	kāfēi
水 물	牛奶 우유	咖啡 커피

05 píng
瓶

병

píjiǔ	kělè	guǒzhī
啤酒 맥주	可乐 콜라	果汁 주스

06 wǎn
碗

그릇, 공기

mǐfàn	tāng
米饭 쌀밥	汤 국, 탕

07 suì
岁

살, 세

èrshí suì
二十岁 스무 살

08 kǒu
口

식구[가족을 세는 단위]

sì kǒu rén
四口人 네 식구

09 zhāng
张

장[종이를 세는 단위]

zhǐ	piào	dìtú
纸 종이	票 표	地图 지도

[평평한 면이 있는 가구를 세는 단위]

chuáng	zhuōzi
床 침대	桌子 책상

10 jiàn
件

벌[옷을 세는 단위]

yīfu	chènshān
衣服 옷	衬衫 셔츠

건[일, 사건 등을 세는 단위]

shì
事 일

[개별로 된 사물, 기구를 세는 단위]

lǐwù	chǎnpǐn	xíngli
礼物 선물	产品 제품	行李 짐

11 tiáo
条

[가늘고 긴 것을 세는 단위]

hé	kùzi
河 강	裤子 바지

[항목·조목 등을 세는 단위]

xīnwén	jiànyì	xiāoxi
新闻 뉴스	建议 제안	消息 소식

12 tái
台

대[기계·설비를 세는 단위]

diànshì	diànnǎo
电视 텔레비전	电脑 컴퓨터

13 bǎ
把

자루, 다발[손잡이가 있는 물건을 세는 단위]

dāo	sǎn	yàoshi
刀 칼	伞 우산	钥匙 열쇠

14 shuāng
双

켤레, 짝, 쌍[짝을 이룬 물건을 세는 단위]

xié	wàzi	kuàizi
鞋 신발	袜子 양말	筷子 젓가락

15 liàng
辆

대, 량[차량·자전거 등 탈 것을 세는 단위]

qìchē	zìxíngchē
汽车 자동차	自行车 자전거

16 dào
道

[문제, 요리 등을 세는 단위]

tí	cài
题 문제	菜 요리

17 kuài
块

덩어리, 조각

shítou	dàngāo	ròu
石头 바위	蛋糕 케이크	肉 고기

위안(=元 yuán)

sān kuài qián	
三块钱	3위안

18	fèn 份	부, 통[신문·잡지·문서 등을 세는 단위]

bàozhǐ **报纸** 신문   bàogào **报告** 보고서   shēnqǐngbiǎo **申请表** 신청서

인분, 세트

cài **菜** 요리   fàn **饭** 식사

[개별적인 것을 세는 단위]

gōngzuò **工作** 일   lǐwù **礼物** 선물

19	zhǒng 种	종류, 가지

fāngfǎ **方法** 방법   gǎnjué **感觉** 느낌   dōngxi **东西** 물건, 것

20	zhī 只	마리

gǒu **狗** 개   māo **猫** 고양이   yáng **羊** 양

쪽, 짝[쌍을 이루는 것의 한 쪽]

shǒu **手** 손   jiǎo **脚** 발

21	zhī 支	자루[가는 막대 모양의 물건을 세는 단위]

bǐ **笔** 펜   yān **烟** 담배

22	duǒ 朵	송이, 조각[꽃·구름 등을 세는 단위]

huā **花** 꽃   yún **云** 구름

23	kē 棵	그루, 포기

shù **树** 나무   báicài **白菜** 배추

24	kē 颗	알, 방울

yào **药** 약   xīngxing **星星** 별

25	piān 篇	편, 장[문장·글을 세는 단위]

wénzhāng **文章** 글   zuòwén **作文** 작문

26	duàn 段	단락, (한)동안

huà **话** 말   shíjiān **时间** 시간

27	céng 层	층, 겹[건물의 층수, 쌓여 있는 물건을 세는 단위]

lóu **楼** 건물   bōli **玻璃** 유리

28	lóu 楼	(건물의) 층

wǔ lóu **五楼** 5층(=五层 wǔ céng)

29	fēng 封	통, 봉투[편지를 세는 단위]

xìn **信** 편지

30	fú 幅	폭[그림·천을 세는 단위]

huà **画** 그림   zuòpǐn **作品** 작품

31	bù 部	편, 권[영화나 서적을 세는 단위]

diànyǐng **电影** 영화   diànshìjù **电视剧** 드라마   xiǎoshuō **小说** 소설

32	zuò 座	채, 동[부피가 크고 고정된 물체를 세는 단위]

shān **山** 산   qiáo **桥** 다리   fángzi **房子** 집

33	jiā 家	[가게, 회사 등을 세는 단위]

fàndiàn **饭店** 호텔   gōngsī **公司** 회사

34	suǒ 所	채, 동[집·학교·병원 등을 세는 단위]

dàxué **大学** 대학   yīyuàn **医院** 병원

35	tào 套	[세트로 이루어진 것을 세는 단위]

cānjù **餐具** 식기   jiājù **家具** 가구   fángzi **房子** 집

36	piàn 片	쪽, 조각, 장[어떤 물건에서 떨어진 작은 조각 등을 세는 단위]

yèzi **叶子** 잎   ròu **肉** 고기   miànbāo **面包** 빵

[면적이 큰 지역을 세는 단위]

sēnlín **森林** 숲   cǎodì **草地** 잔디밭

37	qún 群	무리, 떼[무리를 이룬 사람, 동물 등을 세는 단위]

rén **人** 사람   niǎo **鸟** 새   niú **牛** 소

02 자주 쓰이는 결과보어

★ 자주 쓰이는 결과보어를 예문과 함께 학습하세요.

01	wán 完 동 다 ~하다	어떤 동작이 다 완료되었음을 나타낸다. Jīdàn hé niúnǎi yǐjīng màiwán le. 鸡蛋和牛奶已经卖完了。 달걀과 우유는 이미 다 팔렸다.
02	hǎo 好 형 다 ~하다, 잘 ~하다	어떤 동작이 완료되었거나, 만족한 상태에 이르렀음을 나타낸다. Qǐng nǐ bǎ fángjiān zhěnglǐ hǎo. 请你把房间整理好。 방을 잘 정리해 주세요.
03	dào 到 동 ~해 내다	어떤 동작을 이루어 내거나 달성해 냄을 나타낸다. Tā mǎidàole qù Běijīng de fēijīpiào. 他买到了去北京的飞机票。 그는 베이징에 가는 비행기표를 구했다.
04	dǒng 懂 동 이해하다	어떤 동작을 통해 이해했음을 나타낸다. Mèimei kàn bu dǒng zhè běn shū de nèiróng. 妹妹看不懂这本书的内容。 여동생은 이 책의 내용을 이해하지 못한다.
05	jiàn 见 동 느끼다, 파악하다	어떤 동작을 통해 감각을 인지하고 느끼는 것을 나타낸다. 주로 감각 기관과 관련된 동사 뒤에 쓰인다. Nǐ néng kànjiàn qiánmian de nà jiā yínháng ma? 你能看见前面的那家银行吗? 앞에 저 은행이 보이나요?
06	gānjìng 干净 형 깨끗하다	어떤 동작의 결과로 깨끗해짐을 나타낸다. Māma bǎ shuǐguǒ xǐ gānjìng le. 妈妈把水果洗干净了。 엄마는 과일을 깨끗하게 씻었다.
07	míngbai/qīngchu 明白/清楚 형 분명하다, 명백하다	어떤 동작을 통해 명확해짐을 나타낸다. Qǐng bǎ shìqing shuō míngbai. 请把事情说明白。 일을 분명하게 말씀해보세요. Nǐ kěyǐ jiǎng qīngchu nà jiàn shì ma? 你可以讲清楚那件事吗? 그 일을 분명하게 말해줄 수 있나요?
08	zhù 住 동 확고함, 고정됨을 나타냄	동작이나 상태가 확고해지거나 고정됨을 나타낸다. Háizi bèi shāngdiàn li de wánjù xīyǐn zhù le. 孩子被商店里的玩具吸引住了。 아이는 상점 안의 장난감에 매료되었다.
09	chéng 成 동 ~으로 변하다	동작이 완료된 후 다른 것으로 변화됨을 나타낸다. Lǎoshī ràng wǒ bǎ zhè piān wénzhāng fānyì chéng Hànyǔ. 老师让我把这篇文章翻译成汉语。 선생님은 나에게 이 글을 중국어로 번역하라고 하셨다.

10	**guāng** **光** [형] 남김없이 ~하다	동작이 완료된 후 아무것도 남지 않음을 나타낸다. Xiǎo gǒu hēguāngle bēizi li de shuǐ. **小狗喝光了杯子里的水。** 강아지는 컵 안의 물을 남김없이 마셨다.
11	**duì** **对** [형] 맞게 ~하다	동작의 결과가 맞음을 나타낸다. Nǚ'ér xiěduìle suǒyǒu de Hànzì. **女儿写对了所有的汉字。** 딸은 모든 한자를 맞게 썼다.
12	**cuò** **错** [형] 잘못 ~하다	동작의 결과가 잘못됨을 나타낸다. Wǒ zài zhè cì kǎoshì dácuòle hěn duō tí. **我在这次考试答错了很多题。** 나는 이번 시험에서 많은 문제에 잘못 답했다.
13	**diào** **掉** [동] ~해 버리다	동작의 결과로 없어지거나 떠나감을 나타낸다. Zài zhè cì lǚxíng zhōng, wǒmen jiā zhìshǎo huādiàole sānwàn kuài. **在这次旅行中，我们家至少花掉了三万块。** 이번 여행에서 우리 가족은 최소 3만 위안을 써 버렸다.
14	**zháo** **着** [동] 동작의 목적이 달성됨을 나타냄	동작의 결과로 목적이 달성됨을 나타낸다. Mèimei yì tǎng zài chuáng shang jiù shuìzháo le. **妹妹一躺在床上就睡着了。** 여동생은 침대에 눕자마자 바로 잠들었다.
15	**suì** **碎** [형] 깨지다, 부서지다	동작의 결과로 깨어지거나 부서짐을 나타낸다. Xiǎo māo dǎsuìle māma de huāpíng. **小猫打碎了妈妈的花瓶。** 고양이는 엄마의 꽃병을 깨뜨렸다.
16	**zǒu** **走** [동] 가다, 떠나다	동작을 통해 사람이나 사물이 현재 위치에서 떠나감을 나타낸다. Líkāi bówùguǎn shí yào dàizǒu zìjǐ de lājī. **离开博物馆时要带走自己的垃圾。** 박물관을 떠날 때 자신의 쓰레기를 가지고 가야 한다.
17	**huì** **会** [동] 할 수 있다, 습득하다	학습을 통해 어떤 동작을 할 수 있게 됨을 나타낸다. Shàng ge xīngqī wǒ xuéhuìle yóuyǒng. **上个星期我学会了游泳。** 지난 주에 나는 수영을 배워서 할 줄 알게 되었다.
18	**wǎn** **晚** [형] 늦다	동작의 결과가 늦음을 나타낸다. Duìbuqǐ, wǒ láiwǎn le. **对不起，我来晚了。** 죄송합니다, 제가 늦게 왔습니다.

03 자주 쓰이는 방향보어 파생 의미

★ 방향보어는 기본적으로 동작의 진행 방향을 나타내지만, 기본 의미에서 파생된 의미도 자주 쓰여요. 자주 쓰이는 방향보어의 파생 의미를 예문과 함께 학습하세요.

01

shang
上
(원래 뜻: 오르다)

떨어져 있던 것이 합쳐져 고정됨을 나타낸다.

Mèimei chuānshang wàitào jiù chūmén le.
妹妹穿上外套就出门了。　여동생은 외투를 입고는 바로 외출했다.

Chūqu de shíhou qǐng bǎ mén guānshang.
出去的时候请把门关上。　나갈 때 문을 닫으세요.

새로운 상태에 진입하여 지속됨을 나타내거나, 목적이 실현됨을 나타낸다.

Xiǎo Míng zhōngyú kǎoshangle lǐxiǎng de dàxué.
小明终于考上了理想的大学。　샤오밍은 드디어 원하던 대학에 합격했다.

Tā àishangle xiǎoshíhou rènshi de nà ge nánháir.
她爱上了小时候认识的那个男孩儿。　그녀는 어렸을 때 안 그 남자아이를 사랑하게 되었다.

02

xia
下
(원래 뜻: 내리다)

분리된 상태가 지속됨을 나타낸다.

Tā tuōxiale xiézi.
他脱下了鞋子。　그는 신발을 벗었다.

Tā zhāixia yì duǒ huā sònggěi qīzi.
他摘下一朵花送给妻子。　그는 꽃 한송이를 꺾어 아내에게 주었다.

어떤 동작이 실현된 후 그 위치에 계속 존재하게 됨을 나타낸다.

Zhǎo ge kòng wèizi zuòxia ba!
找个空位子坐下吧!　빈 자리를 찾아 앉으세요!

Wǒmen kěyǐ fàngxia dōngxi xiūxi yí xià ma?
我们可以放下东西休息一下吗?　우리 짐을 내려두고 좀 쉴 수 있을까요?

03

xiàlai
下来
(원래 뜻: 내려오다)

어떤 상태가 나타나기 시작하여 그 상태가 계속됨을 나타낸다.

Jiějie yǐjing bǎ chūfā shíjiān dìng xiàlai le.
姐姐已经把出发时间定下来了。　언니는 이미 출발 시간을 정했다.

Dìdi xiǎng liú xiàlai wán yí huìr.
弟弟想留下来玩一会儿。　남동생은 남아서 놀고 싶어 한다.

움직이는 상태가 정지된 상태에 진입함을 나타낸다.

Guò yí huìr, tā zhōngyú lěngjìng xiàlai le.
过一会儿,他终于冷静下来了。　잠시 지나자, 그가 드디어 진정했다.

Wǒmen xiān bǎ chē tíng xiàlai.
我们先把车停下来。　우리 먼저 차를 세웁시다.

04

xiàqu
下去
(원래 뜻: 내려가다)

이미 시작된 동작이나 상태가 계속 지속되거나 존재함을 나타낸다.

Wúlùn zěnyàng yě yào jiānchí xiàqu.
无论怎样也要坚持下去。　어떻게든 끝까지 버텨야 한다.

Suīrán xué gāngqín hěn nán, dàn wǒ huì jìxù xué xiàqu.
虽然学钢琴很难,但我会继续学下去。　비록 피아노를 배우는 것은 어렵지만, 나는 계속 배워나갈 것이다.

05	chūlai 出来 (원래 뜻: 나오다)	없던 것이 생기거나, 명확하지 않았던 것이 명확해짐을 나타낸다.

Zhè shì péngyou xiǎng chūlai de hǎo zhǔyi.
这是朋友想出来的好主意。 이것은 친구가 생각해낸 좋은 아이디어다.

Nǐ néng tīng chūlai nǎ shǒu gē shì wǒ chàng de ma?
你能听出来哪首歌是我唱的吗？ 당신은 어떤 노래가 제가 부른 것인지 듣고 알 수 있나요?

06	guòlai 过来 (원래 뜻: 다가오다, 지나오다)	정상적인 상태로 회복됨을 나타낸다.

Guòle sān tiān, tā réngrán méi xǐng guòlai.
过了三天，他仍然没醒过来。 3일이 지났는데, 그는 여전히 깨어나지 못했다.

Tā juéde zhège xíguàn hěn nán gǎi guòlai.
他觉得这个习惯很难改过来。 그는 이 습관을 고치기 힘들다고 생각한다.

07	guòqu 过去 (원래 뜻: 다가가다, 지나가다)	정상적인 상태를 잃어버리게 됨을 나타낸다.

Tā chàdiǎnr yūn guòqu le.
她差点儿晕过去了。 그녀는 하마터면 쓰러질 뻔 했다.

Tā yí zuòxia jiù shuì guòqu le.
他一坐下就睡过去了。 그는 앉자마자 잠이 들었다.

08	qǐlai 起来 (원래 뜻: 일어나다)	새로운 상태에 진입함을 나타낸다.

Tīngle tóngshì de xiàohuà, dàjiā dōu xiào qǐlai le.
听了同事的笑话，大家都笑起来了。 동료의 농담을 듣고, 모두가 웃기 시작했다.

Yí dào Chūnjié, dàochù dōu huì rènao qǐlai.
一到春节，到处都会热闹起来。 춘절이 되면, 곳곳은 북적이기 시작한다.

'~하기에' 라는 뜻으로 동작을 시도해 봄을 나타낸다.

Zhège cài kàn qǐlai hěn hǎochī.
这个菜看起来很好吃。 이 음식은 보기에 매우 맛있어 보인다.

Zhè tiáo kùzi chuān qǐlai yǒudiǎnr jǐn.
这条裤子穿起来有点儿紧。 이 바지는 입기에 조금 타이트하다.

09	kai 开 (원래 뜻: 열리다, 분리되다)	동작을 통해 사람이나 사물이 멀어지거나 분리됨을 나타낸다.

Tā fàngkaile tā de shǒu.
她放开了他的手。 그녀는 그의 손을 놓았다.

Wǒ mǎshàng jiù huílai, nǐ bú yào zǒukai.
我马上就回来，你不要走开。 제가 바로 돌아올 테니, 가지 마세요.

99포인트로 마스터하는
해커스 중국어 문법

정답 해석 해설

포인트 01 일반명사, 고유명사

p.11

1

정답 　① 哥哥, 音乐　② 老师　③ 天安门

해석 　① 형은 음악을 듣는다.
　　② 그들은 선생님이다.
　　③ 천안문은 크다.

어휘 　哥哥 gēge 몡 형, 오빠　音乐 yīnyuè 몡 음악
　　天安门 Tiān'ānmén 고유 천안문

2

정답 　① C　② C

해석 　① 나는 컵 한 개가 있다.
　　② 그녀는 옷 세 벌을 산다.

해설 　① 杯子(컵)는 일반명사이므로, 앞에 '수사+양사'를 붙여 셀
　　수 있다. 따라서 수사 一(1)와 양사 个(개) 뒤인 C가 정답
　　이다.
　　② 衣服(옷)는 일반명사이므로, 앞에 '수사+양사'를 붙여 셀
　　수 있다. 따라서 수사 三(3)과 양사 件(벌) 뒤인 C가 정
　　답이다.

어휘 　杯子 bēizi 몡 컵, 잔　衣服 yīfu 몡 옷
　　件 jiàn 양 벌, 개[의류, 각각의 물건을 세는 단위]

3

정답 　① X　② O　③ X

해설 　① 복수를 나타내는 표현 很多는 们과 함께 사용하지 않으
　　므로, 정답은 X이다. 참고로, '많은 사람'은 很多人(hěn
　　duō rén)이다.
　　② 사람이나 사물을 셀 때 '수사+양사+명사'의 순으로 세므
　　로, 정답은 O이다.
　　③ 们은 사람을 나타내는 명사 뒤에서만 쓸 수 있으므로, 정
　　답은 X이다. 참고로, 여러 개의 컵을 나타내고자 할 때는
　　一些杯子(yìxiē bēizi, 몇몇 컵)라고 하면 된다.

어휘 　杯子 bēizi 몡 컵, 잔

4

정답 　① 妈妈看电视。　② 长城在北京。

해석 　① 엄마는 텔레비전을 본다.
　　② 만리장성은 베이징에 있다.

해설 　① 동사 看(보다)을 술어로 배치한 후, 술어와 의미상 어울리
　　는 일반명사 电视(텔레비전)을 목적어로, 일반명사 妈妈
　　(엄마)를 주어로 배치하여 문장을 완성한다.

② 동사 在(~에 있다)를 술어로 배치한 후, 술어와 의미상 어
울리는 고유명사 北京(베이징)을 목적어로, 고유명사 长
城(만리장성)을 주어로 배치하여 문장을 완성한다.

어휘 　北京 Běijīng 고유 베이징, 북경[중국의 수도]
　　长城 Chángchéng 고유 만리장성

포인트 02 방위명사

p.13

1

정답 　① 下　② 上面　③ 外头

해석 　① 의자 아래 우산 하나가 있다.
　　② 위를 보세요.
　　③ 밖은 춥다.

어휘 　椅子 yǐzi 몡 의자
　　把 bǎ 양 [손잡이가 있는 기구를 세는 단위]
　　伞 sǎn 몡 우산　外头 wàitou 밖, 바깥

2

정답 　① B　② A

해석 　① 사과는 책상 위에 있다.
　　② 베이징에는 재미있는 곳이 있다.

해설 　① 장소의 의미가 없는 일반명사 桌子(책상)는 방위명사를
　　붙여야 장소를 나타낼 수 있으므로, 방위명사 上(위)이 붙
　　은 B 桌子上이 정답이다.
　　② 나라명을 나타내는 고유명사 北京(베이징) 뒤에는 방위명
　　사를 붙이지 않으므로, A 北京이 정답이다.

어휘 　桌子 zhuōzi 몡 책상, 탁자
　　好玩(儿) hǎowán(r) 혱 재미있다
　　地方 dìfang 몡 곳, 장소

3

정답 　① 里面　② 旁边

해석 　① A: 과일은 어디에 있나요?
　　　B: 과일은 그릇 안에 있어요.
　　② A: 강아지는 어디에 있나요?
　　　B: 강아지는 고양이의 옆에 있어요.

해설 　① A가 水果在哪儿? (과일은 어디에 있나요?)이라고 했고,
　　사진을 통해 과일은 그릇 안에 있다는 것을 알 수 있으므
　　로, '안'이라는 의미의 방위명사 里面이 정답이다.
　　② A가 小狗在哪儿? (강아지는 어디에 있나요?)이라고 했고,
　　사진을 통해 강아지는 고양이의 옆에 있다는 것을 알 수
　　있으므로, '옆'이라는 의미의 방위명사 旁边이 정답이다.

| 어휘 | 水果 shuǐguǒ 몡 과일　碗 wǎn 몡 그릇
狗 gǒu 몡 강아지, 개　猫 māo 몡 고양이 |

4

| 정답 | ① 旁边有人。　② 爸爸在房间里。 |

| 해석 | ① 옆에 사람이 있다.
② 아빠는 방 안에 있다. |

| 해설 | ① 동사 有(~이 있다)를 술어로 배치한 후, 술어와 의미상 어
울리는 명사 人(사람)을 목적어로, 방위명사 旁边(옆)을
주어로 배치하여 문장을 완성한다.
② 동사 在(~에 있다)를 술어로 배치한 후, 술어와 의미상 어
울리는 '명사+방위명사' 형태의 房间里(방 안)를 목적어
로, 명사 爸爸(아빠)를 주어로 배치하여 문장을 완성한다. |

| 어휘 | 旁边 pángbiān 몡 옆　房间 fángjiān 몡 방 |

포인트 03 장소명사, 시간명사 p.15

1

| 정답 | ① 前面, 电影院　② 中国　③ 洗手间里 |

| 해석 | ① 앞에 영화관이 있다.
② 내일 나는 중국에 간다.
③ 화장실 안에 사람이 있다. |

| 어휘 | 电影院 diànyǐngyuàn 몡 영화관
洗手间 xǐshǒujiān 몡 화장실 |

2

| 정답 | ① 一个小时, 한 시간 (동안)　② 星期四, 목요일
③ 三点, 세 시 |

| 어휘 | 等 děng 동 기다리다　下午 xiàwǔ 몡 오후 |

3

| 정답 | ① 我喜欢春天。
② 咖啡店在餐厅左边。
③ 一年有十二个月。 |

| 해석 | ① 나는 봄을 좋아한다.
② 카페는 식당 왼쪽에 있다.
③ 일 년은 열두 달이 있다. |

| 해설 | ① 동사 喜欢(좋아하다)을 술어로 배치한 후, 술어와 의미상
어울리는 시간명사 春天(봄)을 목적어로, 대사 我(나)를
주어로 배치하여 문장을 완성한다.
② 동사 在(~에 있다)를 술어로 배치한 후, 술어와 의미상 어
울리는 장소명사 餐厅左边(식당 왼쪽)을 목적어로, 장소 |

명사 咖啡店(카페)을 주어로 배치하여 문장을 완성한다.
③ 동사 有(~이 있다)를 술어로 배치한다. 남은 어휘인 시간
명사 一年(일 년)과 十二个月(열두 달)는 목적어가 될 수
있는데, 문맥상 '일 년은 열두 달이 있다'가 자연스러우
므로, 一年을 주어, 十二个月를 목적어로 배치하여 문
장을 완성한다.

| 어휘 | 春天 chūntiān 몡 봄　咖啡店 kāfēidiàn 몡 카페
餐厅 cāntīng 몡 식당 |

포인트 04 인칭대사 p.17

1

| 정답 | ① X　② O　③ X |

| 어휘 | 它们 tāmen 대 그것들　她们 tāmen 대 그녀들
他们 tāmen 대 그들 |

2

| 정답 | ① 我　② 她　③ 他们 |

| 해석 | ① A: 당신의 이름은 무엇인가요?
　 B: 제 이름은 왕밍이에요.
② A: 그녀는 어디에 가나요?
　 B: 그녀는 마트에 가요.
③ A: 그들은 누구인가요?
　 B: 그들은 의사입니다. |

| 어휘 | 名字 míngzi 몡 이름　超市 chāoshì 몡 마트, 슈퍼마켓 |

3

| 정답 | ① 咱们看电影吧。
② 您是王老师吗?
③ 我买电脑了。 |

| 해석 | ① 우리 영화 보자.
② 당신은 왕 선생님인가요?
③ 나는 컴퓨터를 샀다. |

| 해설 | ① 동사 看(보다)을 술어로 배치한 후, 술어와 의미상 어울리
는 '명사+吧' 형태의 电影吧(영화를 ~하자)를 목적어로, 인
칭대사 咱们(우리)을 주어로 배치하여 문장을 완성한다.
② '인칭대사+동사' 형태의 您是(당신은 ~이다)을 '주어+술
어'로 배치한 후, 술어와 의미상 어울리는 王老师(왕 선생
님)을 목적어로 배치한다. 남은 어휘인 조사 吗는 문장 뒤
에 배치하여 문장을 완성한다. 조사 吗는 의문문을 만드
는 역할을 하므로 문장 끝에 물음표를 써야 한다.
③ 동사 买(사다)를 술어로 배치한 후, 술어와 의미상 어울
리는 '명사+了' 형태의 电脑了(컴퓨터를 ~했다)를 목적어 |

위치로, 인칭대사 我(나)를 주어로 배치하여 문장을 완성한다.

어휘   吧 ba [조] [문장 끝에 쓰여 제안·추측·명령의 어기를 나타냄]
咱们 zánmen [대] 우리(들)   您 nín [대] 당신[你의 존칭]

포인트 05 지시대사, 특수대사
p.19

1

정답   ① 这个, 这么   ② 这会儿   ③ 每

해석   ① 이 물건이 이렇게나 비싸나요?
② 이때 그가 집에 도착했다.
③ 나는 매일 일을 한다.

어휘   贵 guì [형] 비싸다   这会儿 zhèhuìr [대] 이때
到 dào [동] 도착하다   每天 měi tiān 매일
工作 gōngzuò [동] 일하다

2

정답   ① A   ② A   ③ B

해석   ① 이것은 나의 휴대폰이다.
② 그곳에 의자가 있다.
③ 나는 이렇게 할 계획이다.

어휘   手机 shǒujī [명] 휴대폰   椅子 yǐzi [명] 의자
打算 dǎsuan [동] ~할 계획이다

3

정답   ① 大家, 모두   ② 各国, 각국   ③ 自己, 자신

어휘   大家 dàjiā [대] 모두, 여러분   世界 shìjiè [명] 세계
旅行 lǚxíng [동] 여행하다   想法 xiǎngfǎ [명] 생각, 의견

포인트 06 의문대사
p.21

1

정답   ① B   ② A   ③ C

해석   ① 그는 누구인가요? - 제 남편이에요.
② 당신은 무엇을 하나요? - 노래를 들어요.
③ 당신은 언제 잠을 자나요? - 11시요.

해설   ① 사람을 묻는 의문대사 谁를 사용하여 그가 '누구'인지를 물었으므로, B 我的丈夫。가 정답이다.
② 사람이나 사물을 묻는 의문대사 什么를 사용하여 상대방이 '무엇'을 하고 있는지 물었으므로, A 听音乐。가 정답이다.
③ 시간을 묻는 의문대사 什么时候를 사용하여 상대방이

'언제' 잠을 자는지 물었으므로, C 11点。이 정답이다.

어휘   音乐 yīnyuè [명] 음악   丈夫 zhàngfu [명] 남편

2

정답   ① 哪儿   ② 哪   ③ 怎么样

해석   ① A: 당신은 어디에 가나요?
     B: 저는 화장실에 가요.
② A: 당신은 어느 것이 좋아요?
     B: 저는 왼쪽에 있는 그것이 좋아요.
③ A: 이 휴대폰 어때요?
     B: 아주 좋아요.

해설   ① B가 我去洗手间。(저는 화장실에 가요.)이라고 했으므로, 장소를 묻는 의문대사 哪儿(어디)이 정답이다.
② B가 我喜欢左边那个。(저는 왼쪽에 있는 그것이 좋아요.)라고 했으므로, 사물을 묻는 의문대사 哪(어느 (것))가 정답이다.
③ B가 非常好。(아주 좋아요.)라고 했으므로, A는 这个手机(이 휴대폰)의 상태가 어떠한지 물어보는 것을 알 수 있다. 따라서 상태나 방식을 묻는 의문대사 怎么样(어떻다, 어떠하다)이 정답이다.

어휘   洗手间 xǐshǒujiān [명] 화장실   左边 zuǒbian [명] 왼쪽
手机 shǒujī [명] 휴대폰

3

정답   ① X   ② O   ③ X

해석   ① 당신의 생일은 언제인가요? (你的生日是哪天？)
② 당신에게 무슨 문제가 있나요?
③ 이 한자는 어떻게 쓰나요? (这个汉字怎么写?)

해설   ① 의문대사 哪와 의문의 어기를 나타내는 조사 吗가 함께 쓰였으므로, 정답은 X이다. 참고로, '당신의 생일은 언제인가요?'는 你的生日是哪天? 이다.
② 의문대사 什么가 '무엇'이 아닌 '무슨'의 뜻으로 쓰여 명사를 꾸며주는 역할을 할 경우, 문장 끝에 吗가 올 수 있다. 따라서 정답은 O이다.
③ 의문대사 怎么와 의문의 어기를 나타내는 조사 吗가 함께 쓰였으므로, 정답은 X이다. 참고로, '이 한자는 어떻게 쓰나요?'는 这个汉字怎么写?이다.

어휘   生日 shēngrì [명] 생일   问题 wèntí [명] 문제, 질문
汉字 Hànzì [고유] 한자

포인트 07 의문대사의 쓰임
p.23

1

정답   ① 怎么   ② 为什么   ③ 怎么

해석   ① A: 리리 씨, 바빠요?
     B: 무슨 일이에요?

② A: 그들은 오늘 안 와요.

　　B: 왜요?

③ A: 당신은 왜 울었나요?

　　B: 우리집 강아지가 안 보여요.

해설　① A가 你忙吗?(바빠요?)라고 했으므로, 了와 함께 쓰여 '무슨 일이에요?'라는 뜻을 나타낼 수 있는 의문대사 怎 么가 정답이다. 참고로 怎么了는 구체적인 이유보다는 무슨 상황인지 궁금할 때 자주 쓰인다.

　　② A가 他们今天不来.(그들은 오늘 안 와요.)라고 했으므로, 구체적인 이유를 묻는 의문대사 为什么가 정답이다.

　　③ B가 我的狗不见了.(우리집 강아지가 안 보여요.)라고 했으므로, A는 哭了(울었다)의 원인을 물어보는 것을 알 수 있다. 따라서 원인을 묻는 의문대사 怎么가 정답이다. 참고로, 의문대사 哪는 '어느 (것)' 이라는 뜻이다.

어휘　忙 máng 형 바쁘다　哭 kū 동 울다
　　狗 gǒu 명 강아지, 개

2

정답　① B　② C　③ A

해석　① 당신은 오늘 어디에 가나요? - 저는 어디에도 안 가요.

　　② 샤오리가 있나요? - 없어요. 무슨 일이에요?

　　③ 오늘 책 안 봤죠? - 제가 책을 안 봤다고 누가 그래요?

어휘　也 yě 부 ~도, 또한

3

정답　① 谁都没说话。

　　② 我们去哪里都行。

　　③ 谁也不回答我的问题。

해석　① 누구도 말을 하지 않았다.

　　② 우리는 어디에 가든 다 괜찮다.

　　③ 누구도 내 질문에 대답하지 않는다.

해설　① '부사+동사' 형태의 没说话(말을 하지 않았다)를 술어 위치에 배치한 후, 술어와 의미상 어울리는 의문대사 谁(누구)를 주어로, 남은 어휘인 부사 都(모두)는 술어 앞에 부사어로 배치하여 문장을 완성한다.

　　② 동사 行(가능하다)과 去(가다)가 술어가 될 수 있는데, 문맥상 去哪里都行(어디에 가든 다 괜찮다)이 자연스럽게 연결되므로, 술어 위치에 배치한다. 남은 어휘인 대사 我们(우리)을 주어로 배치하여 문장을 완성한다.

　　③ '동사+대사+的' 형태의 回答我的(대답하다 나의)를 '술어+관형어'로 배치한 후, 술어와 의미상 어울리는 명사 问题(질문)를 목적어로, '의문대사+부사+부사' 형태의 谁也不(누구도 ~않다)를 '주어+부사어'로 배치하여 문장을 완성한다.

어휘　行 xíng 형 괜찮다, 된다, 좋다　回答 huídá 동 대답하다

1

정답　① B　② C　③ A

해설　① 33은 우리나라의 숫자 읽는 법과 같으므로, B 三十三이 정답이다.

　　② 숫자 중간에 0이 있으면 개수와 상관없이 零을 한 번만 쓰므로, C 三百零三이 정답이다.

　　③ 세자리 수의 끝자리가 0이면 零을 쓰지 않고 마지막 단위를 생략할 수 있으므로, A 三百三이 정답이다.

어휘　百 bǎi 수 100　零 líng 수 0

2

정답　① 157　② 640　③ 3002

해설　① 백(100)은 百 앞에 一를 붙여 말하므로, 一百五十七는 157이다.

　　② 세자리 수의 끝자리가 0이면 零을 쓰지 않고 마지막 단위를 생략할 수 있으므로, 六百四는 640이다.

　　③ 숫자 중간에 0이 있으면 개수와 상관없이 零을 한 번만 쓰므로, 三千零二은 3002이다.

어휘　千 qiān 수 1000

3

정답　① B　② B

해석　① A 세 개　B 세 번째 것

　　② A 사 일　B 넷째 날

해설　① 제시된 우리말 표현 '세 번째 것'은 순서를 나타내는 수이므로, 수사 三 앞에 第(~째)를 붙인 B 第三个가 정답이다.

　　② 제시된 우리말 표현 '넷째 날'은 순서를 나타내는 수이므로, 수사 四 앞에 第(~째)를 붙인 B 第四天이 정답이다.

어휘　个 gè 양 개

4

정답　① 我拿了第一名。　② 爸爸有五十本书。

해석　① 나는 1등을 차지했다.

　　② 아빠는 책 50권이 있다.

해설　① '동사+了' 형태의 拿了(차지했다)를 술어 위치에 배치한 후, 술어와 의미상 어울리는 '수사+양사' 형태의 第一名(1등)을 목적어로, 대사 我(나)를 주어로 배치하여 문장을 완성한다.

　　② '명사+동사' 형태의 爸爸有(아빠는 ~이 있다)를 '주어+술어'로 배치한 후, 술어와 의미상 어울리는 명사 书(책)를 목적어로 배치한다. 남은 어휘인 '수사+양사' 형태의 五十本(50권)을 목적어 앞에 관형어로 배치하여 문장을 완성한다.

어휘　第一名 dì yī míng 1등

치한 후, 술어와 의미상 어울리는 주어 他(그)가 포함된 他七点(그는 7시에)을 주어 위치에 배치한다. 남은 어휘인 左右(~정도)를 '수사+양사' 형태의 七点 뒤에 배치하여 문장을 완성한다.

어휘 需要 xūyào 통 필요하다　左右 zuǒyòu 명 ~정도

포인트 **10** 二과 两의 구분
p.29

1

정답　① 两本书　② 两个苹果　③ 两件衣服

어휘　件 jiàn 양 벌

2

정답　① X　② O　③ O

해설　① 十 앞에는 二만 쓸 수 있으므로, 21는 二十一라고 써야 한다. 따라서 정답은 X이다.
　　② 百 앞에는 주로 两을 쓰며, 세 자리 수의 끝자리가 0이면 零을 쓰지 않고 마지막 단위를 생략할 수 있다. 따라서 정답은 O이다.
　　③ 百 앞에는 二을 쓸 수 있으며, 숫자 중간에 0이 있으면 개수와 상관없이 零을 한 번만 쓴다. 따라서 정답은 O이다.

어휘　两 liǎng 수 2　百 bǎi 수 100　零 líng 수 0

3

정답　① 两　② 二　③ 两

해설　① 양사 앞에는 주로 两을 쓰므로, 两이 정답이다.
　　② 서수를 나타낼 때는 二을 쓰므로, 二이 정답이다.
　　③ '2시'는 两点이라고 하므로, 两이 정답이다. 참고로 시간을 나타낼 때는 二을 사용하지만, 예외적으로 2시만 两点이라고 한다.

어휘　咖啡 kāfēi 명 커피

포인트 **11** 날짜, 요일, 시간 나타내기
p.31

1

정답　① 2030年2月12号/日
　　② 星期六/周六/礼拜六
　　③ 三点五十分

어휘　礼拜 lǐbài 명 요일　分 fēn 양 분[시간]

2

정답　① B　② B　③ A　④ B

포인트 **09** 확실하지 않은 수를 나타내는 어림수
p.27

1

정답　① B　② A

해설　① '4~5개'는 四와 五를 연이어서 사용하여 四五个라고 하므로 B 四五个苹果가 정답이다.
　　② '3~4대'는 三과 四를 연이어서 사용하여 三四辆이라고 하므로 A 三四辆出租车가 정답이다.

어휘　辆 liàng 양 대

2

정답　① X　② X　③ O

해설　① 来(~정도)로 어림수를 나타낼 때는 '수사+来' 뒤에 양사를 써야 하므로, '10벌 정도'는 十来件(shí lái jiàn)이다. 따라서 정답은 X이다. 참고로, '옷 10벌 정도'는 十来件衣服(shí lái jiàn yīfu)이다.
　　② 多(~여)로 어림수를 나타낼 때는 '수사+多' 뒤에 양사를 써야 하므로, '30여 개'는 三十多个(sānshí duō ge)이다. 따라서 정답은 X이다. 참고로, '연필 30여 개'는 三十多个铅笔(sānshí duō ge qiānbǐ)이다.
　　③ 多(~여)로 어림수를 나타낼 때는 '수사+多' 뒤에 양사를 써야 하므로, '50여 권'은 五十多本(wǔshí duō běn)이다. 따라서 정답은 O이다.

어휘　件 jiàn 양 벌[의류, 각각의 물건을 세는 단위]
　　铅笔 qiānbǐ 명 연필

3

정답　① 左右　② 前后

해석　① 나는 10일 정도 머문다.
　　② 그는 춘절 전후에 돌아온다.

해설　① 빈칸 앞 十天(10일)은 '수사+양사' 형태이므로, 左右(~정도)가 정답이다.
　　② 빈칸 앞 春节(춘절)는 시점을 나타내는 시간사이므로, 前后(~전후)가 정답이다. 참고로 前后는 左右와 의미는 동일하지만, 前后는 시점을 나타내는 시간사 뒤에만 쓰이며, 시간의 길이를 나타내는 시간사 뒤에는 쓸 수 없다.

어휘　春节 Chūnjié 명 춘절

4

정답　① 我们需要五六个人。　② 他七点左右回家。

해석　① 우리는 사람 5~6명이 필요하다.
　　② 그는 7시 정도에 집에 간다.

해설　① 동사 需要(필요하다)를 술어로 배치한 후, 술어와 의미상 어울리는 '수사+양사+명사' 형태의 五六个人(사람 5~6명)을 목적어로, 대사 我们(우리)을 주어로 배치하여 문장을 완성한다.
　　② '동사+명사' 형태의 回家(집에 가다)를 '술어+목적어'로 배

해설 | ① 수사 뒤에 点을 붙여 시간을 나타낼 수 있고, 一刻는 15분을 나타내므로, B 5시 15분이 정답이다.

② 수사 뒤에 点을 붙여 시간을 나타낼 수 있고, 三刻는 45분을 나타내므로, B 9시 45분이 정답이다.

③ 수사 뒤에 点을 붙여 시간을 나타낼 수 있고, 半은 30분을 나타내므로, A 10시 반이 정답이다.

④ 수사 뒤에 点을 붙여 시간을 나타낼 수 있고, 差를 사용하여 '~시 ~분 전'을 나타낼 수 있으므로, B 2시 10분 전이 정답이다.

어휘 | 刻 kè 양 15분   半 bàn 수 반   分 fēn 양 분[시간]

3

정답 | ① 十点十分   ② 三月六号

해석 | ① A: 지금은 몇 시인가요?
　　　 B: 지금은 10시 10분이에요.
② A: 오늘은 몇 월 며칠인가요?
　　　 B: 오늘은 3월 6일이에요.

해설 | ① A가 现在几点?(지금은 몇 시인가요?)이라고 했고, 사진을 통해 지금은 10시 10분임을 알 수 있으므로, 十点十分(shí diǎn shí fēn)이 정답이다.

② A가 今天几月几号?(오늘은 몇 월 며칠인가요?)라고 했고, 사진을 통해 오늘은 3월 6일임을 알 수 있으므로, 三月六号(sān yuè liù hào)가 정답이다.

어휘 | 现在 xiànzài 명 지금   分 fēn 양 분[시간]

포인트 12 분수, 소수, 퍼센트, 가격, 배수 나타내기
p.33

1

정답 | ① B   ② B   ③ A

해설 | ① 분수는 分之을 사용해서 나타내며, 分之 앞에는 분모, 뒤에는 분자를 붙이므로, B 五分之四가 정답이다.

② 소수는 点을 사용해서 나타내며, 소수점 아래의 숫자는 단위 없이 수사만 읽으므로, B 二点七一가 정답이다.

③ 퍼센트는 百分之을 사용해서 나타내며, 百分之 뒤에 수사를 붙이므로, A 百分之九十이 정답이다.

어휘 | 百分之 bǎifēnzhī 퍼센트

2

정답 | ① 元   ② 毛

해설 | ① '위안'은 元이므로, 8000위안은 八千元이다. 따라서 元이 정답이다.

② 1위안은 10毛이며, 0.5위안은 5毛이므로, 11.5위안은 十一块五毛이다. 따라서 毛가 정답이다.

어휘 | 元 yuán 양 위안[중국의 화폐 단위]
毛 máo 양 마오[중국의 화폐 단위, 1위안(元)의 10분의 1]
分 fēn 양 펀[1위안(元)의 100분의 1]

3

정답 | ① X   ② X

해설 | ① 제시된 문장은 'A是B的(de)+수사+倍'의 형태로 'A는 B의 ~배이다.'라는 뜻이므로, 今年的学生数是去年的三倍。는 '올해의 학생수는 작년의 세 배이다.'라는 뜻이다. 따라서 정답은 X이다.

② 제시된 문장은 'A比B增加了+수사+倍'의 형태로 'A가 B보다 ~배 늘었다'라는 뜻이므로, 今年的学生数比去年增加了三倍。는 '올해의 학생수는 작년보다 세 배 늘었다.', 즉 올해의 학생수가 작년의 네 배라는 뜻이다. 따라서 정답은 X이다.

어휘 | 倍 bèi 양 배   增加 zēngjiā 동 늘다

4

정답 | ① 弟弟吃了三分之二的蛋糕。
② 我的收入是她的两倍。

해석 | ① 남동생이 3분의 2의 케이크를 먹었다.
② 내 수입은 그녀의 2배이다.

해설 | ① '명사+동사+了' 형태의 弟弟吃了(남동생이 먹었다)를 '주어+술어' 위치에 배치한 후, 술어와 의미상 어울리는 명사 蛋糕(케이크)가 포함된 的蛋糕(~의 케이크)를 목적어 위치에 배치한다. 남은 어휘인 三分之二(3분의 2)은 목적어 앞 관형어 위치에 배치하여 문장을 완성한다.

② 동사가 포함된 是她的(그녀의 ~이다)를 '술어+관형어'로 배치한 후, 술어와 의미상 어울리는 两倍(2배)를 목적어로 배치한다. 남은 어휘인 我的收入(내 수입)를 '관형어+주어' 위치에 배치하여 문장을 완성한다.

어휘 | 蛋糕 dàngāo 명 케이크   倍 bèi 양 배

포인트 13 양사의 종류와 쓰임
p.35

1

정답 | ① B   ② A   ③ B

해설 | ① 명사는 '수사+양사+명사'의 순서로 세므로, '우유 한 잔'은 B 一杯牛奶이다.

② 명사는 '수사+양사+명사'의 순서로 세므로, '여행용 가방 한 개'는 A 一个行李箱이다.

③ 지시대사 那(저)를 사용해 명사를 셀 때는 '수사+양사+명사' 앞에 那를 붙이며, 이때 수사 一는 생략할 수 있으므로, '저 바지 (한 벌)'은 B 那条裤子이다.

어휘 | 行李箱 xínglǐxiāng 명 여행용 가방   裤子 kùzi 명 바지
条 tiáo 양 [가늘고 긴 것을 세는 단위]

2

정답 | ① 次   ② 本   ③ 个

해설 | ① '번'이라는 뜻을 가진 양사 次가 정답이다. 참고로 次는 동

작의 횟수를 세는 동량사로, 빈칸 앞 동사 去(가다)의 횟수를 셀 수 있다.

② '권'이라는 뜻을 가진 양사 本이 정답이다. 참고로 本은 책의 개수를 세는 명량사로, 빈칸 뒤 명사 书(책)를 셀 수 있다.

③ '개'라는 뜻을 가진 양사 个가 정답이다. 참고로 个는 사람이나 사물의 개수를 세는 명량사로, 빈칸 뒤 명사 东西(물건)를 셀 수 있다.

어휘 银行 yínháng 몡 은행   重 zhòng 혱 무겁다

3

정답　① 我要两斤牛肉。
　　　② 我借这三本书。
　　　③ 我家有三只小狗。

해석　① 소고기 두 근 주세요.
　　　② 저는 이 책 세 권을 빌릴게요.
　　　③ 우리집에는 강아지 세 마리가 있다.

해설　① '대사+동사' 형태의 我要(나는 ~를 원하다)를 '주어+술어'로 배치한 후, 술어와 의미상 어울리는 명사 牛肉(소고기)를 목적어로 배치한다. 남은 어휘인 '수사+양사' 형태의 两斤(두 근)을 목적어 앞 관형어로 배치하여 문장을 완성한다.

　　　② '대사+동사' 형태의 我借(나는 빌리다)를 '주어+술어'로 배치한 후, 술어와 의미상 어울리는 명사 书(책)를 목적어로 배치한다. 남은 어휘인 这(이)와 三本(세 권)을 '대사+수사+양사' 형태의 这三本(이 세 권)으로 연결한 후, 목적어 书 앞 관형어로 배치하여 문장을 완성한다.

　　　③ '대사+명사+동사' 형태의 我家有(우리집에 ~이 있다)를 '주어+술어'로 배치한 후, 술어와 의미상 어울리는 명사 小狗(강아지)를 목적어로 배치한다. 남은 어휘인 三(3)과 只(마리)을 '수사+양사' 형태의 三只(세 마리)로 연결한 후, 목적어 小狗 앞 관형어로 배치하여 문장을 완성한다.

어휘　牛肉 niúròu 몡 소고기   借 jiè 동 빌리다
　　　只 zhī 양 마리

포인트 14 명사의 개수나 양을 세는 명량사
p.37

1

정답　① 件, 벌   ② 双, 켤레   ③ 群, 무리

해설　① 빈칸 뒤 명사 衣服(옷)를 셀 수 있는 명량사 件(벌)이 정답이다.
　　　② 빈칸 뒤 명사 运动鞋(운동화)를 셀 수 있는 명량사 双(켤레)이 정답이다.
　　　③ 빈칸 뒤 명사 孩子(아이)를 셀 수 있는 명량사 群(무리)이 정답이다.

어휘　双 shuāng 양 켤레, 쌍   对面 duìmiàn 몡 맞은편

2

정답　① 斤   ② 公里   ③ 升

어휘　公斤 gōngjīn 양 킬로그램(kg)
　　　厘米 límǐ 양 센티미터(cm)   克 kè 양 그램(g)

3

정답　① B   ② C   ③ A

해석　① 나는 계란을 조금 산다.
　　　② 밖이 추우니, 좀 많이 입으세요.
　　　③ 이 몇몇 도시들은 매우 유명하다.

해설　① 一些는 명사 앞에서 정해지지 않은 수량을 나타내므로, 명사 鸡蛋(계란) 앞인 B가 정답이다.
　　　② 명량사 点儿은 동사 뒤에서 '좀, 약간'의 뜻으로 정도가 심하지 않음을 나타내므로, 동사 穿(입다) 뒤인 C가 정답이다
　　　③ 명량사 些는 명사 앞에서 정해지지 않은 수량을 나타내므로, 명사 城市(도시) 앞인 A가 정답이다. 참고로 대사 这/那/哪가 오면 一는 자주 생략된다.

어휘　城市 chéngshì 몡 도시   有名 yǒumíng 혱 유명하다

포인트 15 동작의 횟수를 세는 동량사
p.39

1

정답　① C   ② A   ③ B

해석　① 한 번 하다   ② 두 번 밀다   ③ 세 번 듣다

어휘　推 tuī 동 밀다

2

정답　① 口   ② 场   ③ 趟

해석　① 제가 술 한 모금 마셔도 될까요?
　　　② 오늘 저녁에 나는 경기를 한 번 봤다.
　　　③ 저는 화장실을 한 번 갔다 올게요.

해설　① 빈칸 앞에 입과 관련된 동사 喝(마시다)가 있고, 빈칸 뒤에 명사 酒(술)가 있으므로, '모금, 입'이라는 뜻의 동량사 口가 정답이다.
　　　② 빈칸 앞에 동사 看(보다)이 있고, 빈칸 뒤에 체육 활동을 나타내는 명사 比赛(경기)가 있으므로, 완전하게 한 번 진행되는 동작의 횟수를 나타내는 동량사 场이 정답이다.
　　　③ 빈칸 앞 동사 去(가다)가 있고, 빈칸 뒤에 명사 洗手间(화장실)이 있으므로, 갔다가 오는 횟수를 나타내는 동량사 趟이 정답이다.

어휘　口 kǒu 양 모금   比赛 bǐsài 몡 경기

3

정답　① 我去一趟超市   ② 做三次运动

해석 　① A: 당신은 퇴근 후 집에 가나요?
　　　　B: 아니요. 저는 마트에 한 번 다녀올 거예요.
　　　② A: 당신은 운동하는 것을 좋아하나요?
　　　　B: 좋아해요. 저는 일주일에 세 번 운동을 해요.

해설 　① '동사+수사+동량사' 형태의 去一趟(한 번 가다)을 술어 위
　　　치에 배치한 후, 술어와 의미상 어울리는 명사 超市(마트)
　　　을 목적어, 대사 我(나)를 주어로 배치하여 문장을 완성한
　　　다.
　　　② 동사 做(하다)를 술어로 배치한 후, 술어와 의미상 어울
　　　리는 명사 运动(운동)을 목적어로 배치한다. 남은 어휘인
　　　'수사+동량사' 형태의 三次(세 번)는 술어 做 뒤에 배치하
　　　여 문장을 완성한다.

어휘 　超市 chāoshì 몡 마트　　周 zhōu 몡 주(일)

포인트 16 동사의 쓰임 　　　　　　p.41

1

정답 　① 开　② 看　③ 踢

해석 　① 나는 에어컨을 켠다.
　　　② 당신은 책을 보나요?
　　　③ 샤오왕은 축구를 한다.

어휘 　空调 kōngtiáo 몡 에어컨　　踢足球 tī zúqiú 축구를 하다

2

정답 　① 读　② 打　③ 听

해석 　① 할아버지는 신문을 읽는다.
　　　② 샤오둥은 농구를 한다.
　　　③ 우리 음악을 듣자.

해설 　① 빈칸 뒤 명사 报纸(신문)을 목적어로 가질 수 있으면서, 문
　　　맥과도 어울리는 동사 读(읽다)가 정답이다.
　　　② 빈칸 뒤 명사 篮球(농구)를 목적어로 가질 수 있으면서, 문
　　　맥과도 어울리는 동사 打(하다)가 정답이다.
　　　③ 빈칸 뒤 명사 音乐(음악)를 목적어로 가질 수 있으면서, 문
　　　맥과도 어울리는 동사 听(듣다)이 정답이다.

어휘 　爷爷 yéye 몡 할아버지　　音乐 yīnyuè 몡 음악

3

정답 　① A　② B　③ B

해석 　① 시작하다　A 공부하다　B 사전
　　　② ~라고 생각하다　A 커피　B 좋다
　　　③ 바라다　A 당신　B 당신이 행복하다

해설 　① 开始은 동사(구), 형용사(구), 술목구, 주술(목)구만을 목
　　　적어로 가지므로, 동사 A 学习가 정답이다. 참고로, 开始
　　　学习는 '공부를 시작하다'이다.

---

② 觉得는 동사(구), 형용사(구), 술목구, 주술(목)구만을 목
적어로 가지므로, 형용사구 B 很好가 정답이다. 참고로,
觉得很好는 '좋다고 생각하다'이다.
③ 希望은 동사(구), 형용사(구), 술목구, 주술(목)구만을 목
적어로 가지므로, 주술구 B 你开心이 정답이다. 참고로,
希望你开心은 '당신이 행복하길 바라다'이다.

어휘 　词典 cídiǎn 몡 사전　　开心 kāixīn 혱 행복하다

포인트 17 동작, 상태, 관계를 나타내는 동사 　　p.43

1

정답 　① C　② B　③ A

해석 　① 하다 - 전화　② 타다 - 기차　③ 마시다 - 맥주

어휘 　啤酒 píjiǔ 몡 맥주

2

정답 　① 叫, 叫　② 有　③ 是

해석 　① A: 당신의 이름은 무엇인가요?
　　　　B: 제 이름은 리리예요.
　　　② A: 연필 필요해요?
　　　　B: 저는 연필이 있어요. 감사합니다.
　　　③ A: 당신은 무슨 일을 하나요?
　　　　B: 저는 의사예요.

해설 　① 이름을 묻고 답할 때는 '~라고 한다'라는 뜻의 동사 叫를
　　　사용하므로, 두 개의 빈칸 모두 叫가 정답이다.
　　　② A가 你要铅笔吗? (연필 필요해요?)라고 했고, B가 '저는
　　　연필이 ___'라고 대답했으므로, '~이 있다'라는 뜻의 동
　　　사 有가 정답이다.
　　　③ A가 您做什么工作? (당신은 무슨 일을 하나요?)라고 했
　　　고, B가 '저는 의사___'라고 대답했으므로, '~이다'라는
　　　뜻의 동사 是이 정답이다.

어휘 　名字 míngzi 몡 이름　　铅笔 qiānbǐ 몡 연필
　　　医生 yīshēng 몡 의사

3

정답 　① 我很讨厌洗衣服。　② 我非常喜欢听音乐。

해석 　① 나는 빨래하는 것을 아주 싫어한다.
　　　② 나는 노래 듣는 것을 매우 좋아한다.

해설 　① 동사 讨厌(싫어하다)과 洗(씻다)가 술어가 될 수 있는데,
　　　문맥상 很讨厌洗衣服(빨래하는 것을 아주 싫어하다)가 자
　　　연스럽게 연결되므로 '술어+목적어' 위치에 배치한다. 남
　　　은 어휘인 대사 我(나)를 주어로 배치하여 문장을 완성한
　　　다.
　　　② 동사 喜欢(좋아하다)과 听(듣다)이 술어가 될 수 있는데,
　　　문맥상 喜欢听音乐(노래 듣는 것을 좋아하다)가 자연스럽
　　　게 연결되므로 '술어+목적어'로 배치한다. 남은 어휘 중

대사 我(나)를 주어로, 부사 非常(매우)을 술어 喜欢 앞 부사어로 배치하여 문장을 완성한다.

어휘   讨厌 tǎoyàn 图 싫어하다   音乐 yīnyuè 명 음악

포인트 18 이중목적어 동사, 이합동사

p.45

1

정답   ① A   ② A   ③ A

해석   ① 나는 그에게 몇몇 제안을 준다.
       ② 내가 너에게 몇몇 질문을 할게.
       ③ 장 선생님은 우리에게 역사를 가르친다.

해설   ① 给는 이중목적어 동사이므로, 목적어가 될 수 있는 他 (그)와 一些建议(몇몇 제안) 앞인 A가 정답이다.
       ② 问는 이중목적어 동사이므로, 목적어가 될 수 있는 你 (너)와 一些问题(몇몇 질문) 앞인 A가 정답이다.
       ③ 教는 이중목적어 동사이므로, 목적어가 될 수 있는 我们 (우리)과 历史(역사) 앞인 A가 정답이다.

어휘   建议 jiànyì 명 제안   教 jiāo 图 가르치다
       历史 lìshǐ 명 역사

2

정답   ① 送   ② 见面   ③ 告诉

해석   ① 나는 그녀에게 선물 하나를 준다.
       ② 당신들은 언제 만나나요?
       ③ 제가 당신에게 방법 하나를 알려줄게요.

해설   ① 빈칸 뒤 她(그녀)와 一件礼物(선물 하나)를 목적어로 가질 수 있는 이중목적어 동사이면서, 문맥과도 어울리는 동사 送(~에게 ~을 주다)이 정답이다.
       ② 빈칸 앞 你们什么时候(당신들은 언제)와 문맥상 어울리는 동사 见面(만나다)이 정답이다.
       ③ 빈칸 뒤 你(당신)와 一个办法(방법 하나)를 목적어로 가질 수 있는 이중목적어 동사이면서, 문맥과도 어울리는 동사 告诉(알려주다)가 정답이다.

어휘   见面 jiànmiàn 图 만나다   礼物 lǐwù 명 선물
       办法 bànfǎ 명 방법

3

정답   ① X   ② O   ③ X

해석   ① 나는 그녀를 도와준다. (我帮她的忙。)
       ② 학생들은 수업을 한다.
       ③ 나는 자주 공원에서 산책을 한다.(我经常在公园散步。)

해설   ① 제시된 문장 我帮忙她。에서 목적어를 가질 수 없는 이합동사 帮忙(돕다) 뒤에 她(그녀)가 쓰였다. 따라서 정답은 X이다. 참고로, '나는 그녀를 도와준다.'는 我帮她的忙。(Wǒ bāng tā de máng.)이다.

---

② 제시된 문장 学生们上课。는 '학생들은 수업을 한다.'라는 뜻이다. 上课(수업하다)는 목적어를 가질 수 없는 이합동사이며, 제시된 문장 뒤에 목적어가 없다. 따라서 정답은 O이다.

③ 제시된 문장 我经常散步公园。에서 목적어를 가질 수 없는 이합동사 散步(산책하다) 뒤에 公园(공원)이 쓰였다. 따라서 정답은 X이다. 참고로, '나는 자주 공원에서 산책을 한다.'는 我经常在公园散步。이다.

어휘   帮忙 bāngmáng 图 도와주다   经常 jīngcháng 부 자주
       散步 sànbù 图 산책하다   公园 gōngyuán 명 공원

포인트 19 동사의 중첩

p.47

1

정답   ① 问问, 问一问   ② 等等, 等一等   ③ 找找, 找一找

해석   ① 묻다 - 물어보다
       ② 기다리다 - 기다려보다
       ③ 찾다 - 찾아보다

어휘   问 wèn 图 묻다   等 děng 图 기다리다
       找 zhǎo 图 찾다

2

정답   ① O   ② O   ③ X

해석   ① 공부하다 - 공부해보다
       ② 산책하다 - 산책해보다
       ③ 알다 - 알아보다(认识认识)

해설   ① 제시된 2음절 동사 学习는 'ABAB' 형태로 중첩하므로 정답은 O이다.
       ② 제시된 2음절 동사 散步는 동사 부분만 중첩하므로 정답은 O이다.
       ③ 제시된 2음절 동사 认识은 'ABAB' 형태로 중첩하므로 정답은 X이다. 认识의 올바른 중첩 형태는 认识认识이다.

어휘   散步 sànbù 图 산책하다

3

정답   ① 聊聊天, 이야기해보고   ② 检查检查, 검토해보세요
       ③ 试试/试一试, 시도해보자

해설   ① 빈칸 앞 和朋友(친구와)와 문맥상 어울리는 동사는 聊天 (이야기하다)이다. 2음절 이합동사 聊天은 동사 부분만 중첩하므로 聊聊天(이야기해보다)이 정답이다.
       ② 빈칸 뒤 这些内容(이 내용들)과 문맥상 어울리는 동사는 检查(검토하다)이다. 2음절 동사 检查는 'ABAB' 형태로 중첩하므로 检查检查(검토해보다)가 정답이다.
       ③ 빈칸 뒤 别的方法(다른 방법)와 문맥상 어울리는 동사는 试(시도하다)이다. 1음절 동사 试은 'AA' 형태 혹은 'A一A' 형태로 중첩하므로 试试 혹은 试一试(시도해보다)이 정답이다.

어휘　聊天 liáotiān 图 이야기하다　检查 jiǎnchá 图 검토하다
内容 nèiróng 阁 내용　试 shì 图 시도하다

포인트 20 조동사의 쓰임　p.49

1

정답　① A　② A

해석　① 그는 네 가지 외국어를 할 줄 안다.
　　　② 나는 이 문제를 해결할 수 있다.

해설　① 조동사 会는 술어 앞에서 '~할 줄 안다'라는 의미를 더해
　　　주므로, 술어 说(말하다) 앞인 A가 정답이다.
　　　② 조동사 可以는 술어 앞에서 '~할 수 있다'라는 의미를 더
　　　해주므로, 술어 解决(해결하다) 앞인 A가 정답이다.

어휘　种 zhǒng 阳 가지, 종류　外语 wàiyǔ 阁 외국어
解决 jiějué 图 해결하다

2

정답　① A　② B

해석　① 나는 잠을 자고 싶다. - 나는 잠을 자고 싶지 않다.
　　　② 나는 매운 것을 먹을 수 있다. - 나는 매운 것을 먹을 수
　　　없다.

해설　① 제시된 문장 我想睡觉。는 조동사 想이 사용된 문장이므
　　　로, 부정을 나타낼 때 조동사 想 앞에 不를 붙여야 한다.
　　　따라서 A 我不想睡觉。가 정답이다.
　　　② 제시된 문장 我能吃辣的。는 조동사 能이 사용된 문장이
　　　므로, 부정을 나타낼 조동사 能 앞에 不를 붙여야 한다. 따
　　　라서 B 我不能吃辣的。가 정답이다.

어휘　辣 là 阏 맵다

3

정답　① 小东想爬山吗？　小东想不想爬山？
　　　② 他们可以来吗？　他们可以不可以来？ / 他们可不
　　　可以来？

해석　① 샤오둥은 등산을 하고 싶어한다.　샤오둥은 등산을 하고
　　　싶어하나요?
　　　② 그들은 와도 된다.　그들은 와도 되나요?

해설　① 제시된 문장 小东想爬山。끝에 조사 吗를 붙여 吗 의문
　　　문을 만들 수 있다. 따라서 첫 번째 빈칸은 小东想爬山
　　　吗? 가 정답이다. 제시된 문장에서 조동사 想의 긍정형
　　　과 부정형을 나란히 써서 정반의문문을 만들 수 있다. 따
　　　라서 두 번째 빈칸은 小东想不想爬山? 이 정답이다.
　　　② 제시된 문장 他们可以来。끝에 조사 吗를 붙여 吗 의문
　　　문을 만들 수 있다. 따라서 첫 번째 빈칸은 他们可以来
　　　吗? 가 정답이다. 제시된 문장에서 조동사 可以의 긍정
　　　형과 부정형을 나란히 써서 정반의문문을 만들 수 있다.
　　　따라서 두 번째 빈칸은 他们可以不可以来? 또는 他们
　　　可不可以来? 가 정답이다.

어휘　爬山 páshān 图 등산하다

4

정답　① 要　② 会

해석　① A: 커피 마실래요?
　　　B: 마실래요.
　　　② A: 그림 그릴 줄 알아요?
　　　B: 그릴 줄 알아요.

어휘　画 huà 阁 그림

**포인트 21 능력·허가를 나타내는 조동사
能/可以/会**　p.51

1

정답　① 会　② 可以　③ 能

해설　① '~할 줄 안다'라는 뜻의 배우고 익혀서 얻어낸 능력을 나
　　　타내는 조동사 会가 정답이다.
　　　② '~해도 된다'라는 뜻의 능력이나 허가를 나타내는 조동사
　　　可以가 정답이다.
　　　③ '~할 수 있다'라는 뜻의 능력이나 가능성을 나타내는 조
　　　동사 能이 정답이다.

어휘　任务 rènwu 阁 임무

2

정답　① O　② O　③ X

해석　① 나는 전화를 받을 수 있다. - 나는 전화를 받을 수 없다.
　　　② 나는 올 수 있다. - 나는 올 수 없다.
　　　③ 나는 수영을 할 줄 안다. - 나는 수영을 할 줄 모른다.
　　　(我不会游泳。)

해설　① 제시된 문장 我能接电话。는 조동사 能(~할 수 있다)이
　　　사용된 문장이다. 조동사 能의 부정형은 不能(~할 수 없
　　　다)이므로, 정답은 O이다.
　　　② 제시된 문장 我可以来。는 조동사 可以(~할 수 있다)가
　　　사용된 문장이다. 조동사 可以의 부정형은 不能(~할 수
　　　없다)이므로, 정답은 O이다.
　　　③ 제시된 문장 我会游泳。은 조동사 会(~할 줄 안다)가 사용
　　　된 문장이다. 조동사 会의 부정형은 不会(~할 줄 모른다)
　　　이므로, 정답은 X이다. 참고로, 我不可以游泳。은 '나는
　　　수영을 해서는 안 된다.'라는 뜻이다.

어휘　接 jiē 图 받다　游泳 yóuyǒng 阁 수영

3

정답　① 他会做饭。
　　　② 我能照顾孩子。
　　　③ 你不可以做这种事。

해석　① 그는 밥을 할 줄 안다.
　　　② 나는 아이를 보살필 수 있다.

③ 당신은 이런 종류의 일을 해서는 안 된다.

해설 　① '동사+명사' 형태의 做饭(밥을 하다)을 '술어+목적어'로 배치한 후, 술어와 의미상 어울리는 대사 他(그)를 주어로 배치한다. 남은 어휘인 조동사 会(~할 줄 안다)를 술어 做 앞 부사어로 배치하여 문장을 완성한다.
② 동사 照顾(보살피다)를 술어로 배치한 후, 술어와 의미상 어울리는 孩子(아이)를 목적어로 배치한다. '대사+조동사' 형태의 我能(나는 ~할 수 있다)을 술어 照顾 앞 '주어+부사어'로 배치하여 문장을 완성한다.
③ 동사 做(하다)를 술어로 배치한 후, 술어와 의미상 어울리는 这种事(이런 종류의 일)을 목적어로, 대사 你(당신)를 주어로 배치한다. 남은 어휘인 '부사+조동사' 형태의 不可以(~서는 (절대) 안 된다)를 술어 做 앞 부사어로 배치하여 문장을 완성한다.

어휘 　照顾 zhàogù 동 보살피다　　种 zhǒng 양 종류

포인트 22　소망·의지를 나타내는 조동사
想/要/愿意　　p.53

1

정답 　① 想　② 要　③ 愿意

해설 　① '~하고 싶다'라는 뜻의 소망을 나타내는 조동사 想이 정답이다.
② '~하려고 하다'라는 뜻의 의지를 나타내는 조동사 要가 정답이다.
③ '~하기를 원하다'라는 뜻의 소망이나 기꺼이 하고자 하는 의지를 나타내는 조동사 愿意가 정답이다.

어휘 　请假 qǐngjià 동 휴가를 내다

2

정답 　① X　② O　③ O

해석 　① 그는 변호사가 되고 싶어한다. - 그는 변호사가 되고 싶어 하지 않는다. (他不想当律师。)
② 나는 이 신발을 신어보려고 한다. - 나는 이 신발을 신어 보고 싶지 않다.
③ 나는 출장 가길 원한다. - 나는 출장 가길 원하지 않는다.

해설 　① 제시된 문장 他想当律师。은 조동사 想(~하고 싶다)이 사용된 문장이다. 조동사 想의 부정형은 不想(~하고 싶지 않다)이므로, 정답은 X이다. 참고로, 他不能当律师。은 '그는 변호사가 될 수 없다.'라는 뜻이다.
② 제시된 문장 我要试这双鞋。는 조동사 要(~하려고 하다)가 사용된 문장이다. 조동사 要의 부정형은 不想(~하고 싶지 않다)이므로, 정답은 O이다.
③ 제시된 문장 我愿意出差。는 조동사 愿意(~하기를 원하다)가 사용된 문장이다. 조동사 愿意의 부정형은 不愿意(~하기를 원하지 않는다)이므로, 정답은 O이다.

어휘 　当 dāng 동 되다　　律师 lǜshī 명 변호사
出差 chūchāi 동 출장 가다

3

정답 　① 他们要搬家。
② 我不愿意加班。
③ 妹妹想吃西瓜。

해석 　① 그들은 이사를 하려고 한다.
② 나는 야근하길 원하지 않는다.
③ 여동생은 수박을 먹고 싶어 한다.

해설 　① 동사 搬家(이사를 하다)를 술어로 배치한 후, 술어와 의미상 어울리는 대사 他们(그들)을 주어로 배치한다. 남은 어휘인 조동사 要(~하려고 하다)를 술어 搬家 앞 부사어로 배치하여 문장을 완성한다.
② 동사 加班(야근하다)을 술어로 배치한 후, 술어와 의미상 어울리는 대사 我(나)를 주어로 배치한다. 남은 어휘인 '부사+조동사' 형태의 不愿意(~하기를 원하지 않는다)를 술어 加班 앞 부사어로 배치하여 문장을 완성한다.
③ 동사 吃(먹다)를 술어로 배치한 후, 술어와 의미상 어울리는 명사 西瓜(수박)를 목적어로, 명사 妹妹(여동생)를 주어로 배치한다. 남은 어휘인 조동사 想(~하고 싶다)을 술어 吃 앞 부사어로 배치하여 문장을 완성한다.

어휘 　搬家 bānjiā 동 이사하다　　加班 jiābān 동 야근하다
西瓜 xīguā 명 수박

포인트 23　필요성을 나타내는 조동사
要/应该/得　　p.55

1

정답 　① 要　② 得　③ 应该

해설 　① '~해야 한다'라는 뜻의 필요성을 나타내는 조동사 要가 정답이다.
② '(반드시) ~해야 한다'라는 뜻의 강한 필요성을 나타내는 조동사 得가 정답이다.
③ '(마땅히) ~해야 한다'라는 뜻의 필요성을 나타내는 조동사 应该가 정답이다.

어휘 　努力 nǔlì 형 열심이다　　参加 cānjiā 동 참석하다
会议 huìyì 명 회의

2

정답 　① X　② O　③ X

해석 　① 내일 숙제를 내야 한다. - 내일 숙제를 낼 필요 없다. (明天不用交作业。)
② 당신은 이렇게 해야 한다. - 당신은 이렇게 해서는 안 된다.
③ 나는 은행에 가야 한다. - 나는 은행에 갈 필요 없다. (我不用去银行。)

해설 　① 제시된 문장 明天要交作业。는 조동사 要(~해야 한다)가 사용된 문장이다. 조동사 要의 부정형은 不用(~할 필요 없다)이므로, 정답은 X이다. 참고로, 明天不能交作业。는 '내일 숙제를 낼 수 없다.'라는 뜻이다.

② 제시된 문장 你应该这么做。는 조동사 应该((마땅히) ~해야 한다)가 사용된 문장이다. 조동사 应该의 부정형은 不应该(~해서는 안 된다)이므로, 정답은 O이다.

③ 제시된 문장 我得去银行。은 조동사 得(반드시 ~해야 한다)가 사용된 문장이다. 조동사 得의 부정형은 不用(~할 필요 없다)이므로, 정답은 X이다. 참고로, 我不可能去银行。은 '나는 은행에 갈 리가 없다.'라는 뜻이다.

어휘　交 jiāo 图 내다　作业 zuòyè 图 숙제
　　　银行 yínháng 图 은행

3

정답　① 你应该休息。
　　　② 您不用担心。
　　　③ 你要想想办法。

해석　① 당신은 쉬어야 한다.
　　　② 당신은 걱정할 필요 없다.
　　　③ 당신은 방법을 생각해봐야 한다.

해설　① 동사 休息(쉬다)을 술어로 배치한 후, 술어와 의미상 어울리는 대사 你(당신)를 주어로 배치한다. 남은 어휘인 조동사 应该((마땅히) ~해야 한다)를 술어 休息 앞 부사어로 배치하여 문장을 완성한다.
　　　② 동사 担心(걱정하다)을 술어로 배치한 후, 술어와 의미상 어울리는 대사 您(당신)을 주어로 배치한다. 남은 어휘인 '부사+동사' 형태의 不用(~할 필요 없다)을 술어 担心 앞 부사어로 배치하여 문장을 완성한다.
　　　③ 동사 想想(생각해보다)을 술어로 배치한 후, 술어와 의미상 어울리는 명사 办法(방법)를 목적어로, 대사 你(당신)를 주어로 배치한다. 남은 어휘인 조동사 要(~해야 한다)를 술어 想想 앞 부사어로 배치하여 문장을 완성한다.

어휘　担心 dānxīn 图 걱정하다　办法 bànfǎ 图 방법

포인트 24　추측을 나타내는 조동사 会/可能/要　　p.57

1

정답　① 会　② 可能　③ 要

해설　① '~할 것이다'라는 뜻의 미래에 일어날 사실 추측을 나타내는 조동사 会가 정답이다.
　　　② '(아마도) ~할 것이다'라는 뜻의 미래나 과거에 대한 추측을 나타내는 조동사 可能이 정답이다.
　　　③ '~할 것이다'라는 뜻의 추측을 나타내는 조동사 要가 정답이다.

어휘　见面 jiànmiàn 图 만나다　忘记 wàngjì 图 잊어버리다
　　　生气 shēngqì 图 화내다

2

정답　① O　② X　③ O

해석　① 오후에 눈이 올 것이다. - 오후에 눈이 오지 않을 것이다.

② 그는 아마도 병이 났을 것이다. - 그는 병이 날 리 없다. (他不可能生病。)

③ 그가 나를 때릴 것이다. - 그가 나를 때릴 리 없다.

해설　① 제시된 문장 下午会下雪。는 조동사 会(~할 것이다)가 사용된 문장이다. 조동사 会의 부정형은 不会(~하지 않을 것이다)이므로, 정답은 O이다.
　　　② 제시된 문장 他可能生病了。는 조동사 可能(아마도 ~할 것이다)이 사용된 문장이다. 조동사 可能의 부정형은 不可能(~할 리 없다)이므로, 정답은 X이다. 참고로, 他不会生病。은 '그는 병이 나지 않을 것이다.'라는 뜻이다.
　　　③ 제시된 문장 他要打我的。는 조동사 要(~할 것이다)가 사용된 문장이다. 조동사 要의 부정형은 不可能(~할 리 없다)이므로, 정답은 O이다.

어휘　雪 xuě 图 눈　生病 shēngbìng 图 병이 나다

3

정답　① 他不可能认识我。
　　　② 她会理解我的。
　　　③ 明天可能会很冷。

해석　① 그가 나를 알 리 없다.
　　　② 그녀는 나를 이해할 것이다.
　　　③ 내일은 아마도 추울 것이다.

해설　① '동사+대사' 형태의 认识我(나를 알다)를 '술어+목적어'로 배치한 후, 술어와 의미상 어울리는 대사 他(그)를 주어로 배치한다. 남은 어휘인 '부사+조동사' 형태의 不可能(~할 리 없다)을 술어 앞 부사어로 배치하여 문장을 완성한다.
　　　② '동사+대사+的' 형태의 理解我的(나를 이해하다)를 '술어+목적어' 위치에 배치한 후, 술어와 의미상 어울리는 대사 她(그녀)를 주어로 배치한다. 남은 어휘인 조동사 会(~할 것이다)를 술어 理解 앞 부사어로 배치하여 문장을 완성한다. 참고로, 문장 끝의 的는 '분명히 ~할 것이다'라는 확신의 어기를 나타낸다.
　　　③ '부사+형용사' 형태의 很冷(아주 춥다)을 술어 위치에 배치한 후, 술어와 의미상 어울리는 명사 明天(내일)을 주어로 배치한다. 남은 어휘인 조동사 可能과 会를 可能会(아마도 ~할 것이다)로 연결한 후, 술어 冷 앞 부사어로 배치하여 문장을 완성한다.

어휘　理解 lǐjiě 图 이해하다

포인트 25　형용사의 쓰임　　p.59

1

정답　① C　② C

해석　① 나의 머리가 아프다.
　　　② 이 커피는 비교적 달다.

해설　① 형용사 疼은 술어로 쓰일 때 앞에 습관적으로 부사 很(매우)을 붙이므로, 很 뒤인 C가 정답이다.

② 형용사 甜 앞에는 정도부사가 올 수 있으므로, 부사 比较 (비교적) 뒤인 C가 정답이다.

어휘   疼 téng 혱 아프다   甜 tián 혱 달다
      比较 bǐjiào 분 비교적

2

정답   ① B   ② A

해석   ① 이 가방은 진짜다.
      ② 이것들은 기본적인 요구 사항이다.

해설   ① 형용사 真(진짜이다)은 술어로 쓰이지 못하고, 的(de, ~한 것)를 뒤에 붙여 명사처럼 쓰이므로, B 这个包是真的。가 정답이다.
      ② 형용사 基本(기본적인)은 술어로 쓰이지 못하고 명사를 수식하는 관형어가 되므로, A 这些是基本要求。가 정답이다.

어휘   包 bāo 몡 가방   基本 jīběn 혱 기본적인
      要求 yāoqiú 몡 요구 사항

3

정답   ① 冷   ② 高, 高

해석   ① A: 밖은 덥나요?
      B: 아니요. 밖은 추워요.
      ② A: 누구의 키가 비교적 큰가요?
      B: 여자의 키가 비교적 커요.

어휘   个子 gèzi 몡 (사람의) 키   比较 bǐjiào 분 비교적

4

정답   ① 我有点儿紧张。   ② 这本书非常有趣。

해석   ① 나는 조금 긴장된다.
      ② 이 책은 매우 재미있다.

해설   ① 형용사 紧张(긴장되다)을 술어로 배치한 후, 술어와 의미상 어울리는 대사 我(나)를 주어로 배치한다. 남은 어휘인 부사 有点儿(조금)을 술어 紧张 앞 부사어로 배치하여 문장을 완성한다.
      ② 형용사 有趣(재미있다)를 술어로 배치한 후, 술어와 의미상 어울리는 这本书(이 책)를 주어 위치에 배치한다. 남은 어휘인 부사 非常(매우)을 술어 有趣 앞 부사어로 배치하여 문장을 완성한다.

어휘   紧张 jǐnzhāng 혱 긴장되다   有趣 yǒuqù 혱 재미있다

포인트
26   형용사의 중첩
                           p.61

1

정답   ① 高高   ② 胖胖   ③ 白白

해석   ① 높다 - 높디높다

---

      ② 뚱뚱하다 - 매우 뚱뚱하다
      ③ 하얗다 - 매우 하얗다

어휘   胖 pàng 혱 뚱뚱하다

2

정답   ① X   ② O   ③ O

해석   ① 간단하다 - 매우 간단하다(简简单单)
      ② 편안하다 - 매우 편안하다
      ③ 조용하다 - 매우 조용하다

해설   ① 제시된 2음절 형용사 简单은 'AABB' 형태로 중첩하므로, 简单简单은 틀리게 중첩되었다. 따라서 정답은 X이다. 简单의 올바른 중첩 형태는 简简单单이다.
      ② 제시된 2음절 형용사 舒服는 'AABB' 형태로 중첩하므로 정답은 O이다.
      ③ 제시된 2음절 형용사 安静은 'AABB' 형태로 중첩하므로 정답은 O이다.

어휘   简单 jiǎndān 혱 간단하다   舒服 shūfu 혱 편안하다
      安静 ānjìng 혱 조용하다

3

정답   ① 长长, 매우 길다
      ② 小小, 아주 작은
      ③ 开开心心, 매우 즐겁다

해설   ① 빈칸 앞 头发(머리카락)를 수식할 수 있으면서, 문맥과도 어울리는 형용사는 长(길다)이다. 1음절 형용사 长은 'AA' 형태로 중첩하므로 长长(매우 길다)이 정답이다.
      ② 빈칸 뒤 错误(오류)를 수식할 수 있으면서, 문맥과도 어울리는 형용사는 小(작다)이다. 1음절 형용사 小는 'AA' 형태로 중첩하므로 小小(아주 작은)가 정답이다.
      ③ 제시된 문장의 술어로 문맥상 자연스러운 형용사는 开心(즐겁다)이다. 2음절 형용사 开心은 'AABB' 형태로 중첩하므로 开开心心(매우 즐겁다)이 정답이다.

어휘   头发 tóufa 몡 머리카락   错误 cuòwù 몡 오류, 실수

포인트
27   부사의 쓰임과 종류
                           p.63

1

정답   ① B   ② C

해석   ① 샤오장은 자료를 복사하는 중이다.
      ② 오늘의 날씨는 아주 좋다.

해설   ① 부사 正在는 동사 앞에서 동사를 수식할 수 있으므로, 동사 复印(복사하다) 앞인 B가 정답이다.
      ② 부사 非常은 형용사 앞에서 형용사를 수식할 수 있으므로, 형용사 好(좋다) 앞인 C가 정답이다.

어휘   复印 fùyìn 동 복사하다   材料 cáiliào 몡 자료

2

정답 ① X ② O

해설
① A가 你累吗? (당신 피곤한가요?)라고 했는데, B의 대답인 很(매우)은 단독으로 쓸 수 없는 부사이므로, 답변이 될 수 없다. 따라서 정답은 X이다. 참고로, A의 질문에 '힘들어요.'는 累。(Lèi)로 답할 수 있다.

② A가 你喝酒吗? (당신 술을 마시나요?)라고 했고, B는 当然。(당연하죠.)이라고 답했다. 当然은 단독으로 쓸 수 있는 부사이므로, 정답은 O이다.

어휘 当然 dāngrán [형] 당연하다

3

정답 ① 特别, 특히 ② 经常, 자주

해설
① 빈칸 뒤 형용사 大(크다)를 수식할 수 있으면서, 문맥과도 어울리는 부사 特别(특히)가 정답이다.

② 빈칸 뒤 동사 打(하다)를 수식할 수 있으면서, 문맥과도 어울리는 부사 经常(자주)이 정답이다.

어휘 经常 jīngcháng [부] 자주, 늘   特别 tèbié [부] 특히

4

정답 ① 我马上来。 ② 他已经完成了作业。

해석
① 제가 곧 갈게요.
② 그는 이미 숙제를 끝냈다.

해설
① 동사 来(오다)를 술어로 배치한 후, 술어와 의미상 어울리는 대사 我(나)를 주어로 배치한다. 남은 어휘인 부사 马上(곧)을 술어 来 앞 부사어로 배치하여 문장을 완성한다.

② 동사 完成(끝내다)을 술어로 배치한 후, 술어와 의미상 어울리는 '了+명사' 형태의 了作业(숙제를 ~했다)를 목적어 위치에, 대사 他(그)를 주어로 배치한다. 남은 어휘인 부사 已经(이미)을 술어 完成 앞 부사어로 배치하여 문장을 완성한다.

어휘 马上 mǎshàng [부] 곧   已经 yǐjīng [부] 이미

포인트른 28 시간부사 刚(刚), 已(经)/曾(经)

p.65

1

정답 ① A ② B ③ A

해석
① 경기는 방금 끝났다.
② 나는 어제 이미 결정했다.
③ 나는 일찍이 후회한 적이 있다.

해설
① 시간부사 刚刚(방금)을 쓴 문장 끝에는 了를 사용할 수 없으므로, A 比赛刚刚结束。가 정답이다.

② 시간부사 已经(이미)은 어떤 행위가 이미 발생했음을 나타내므로, 명사 昨天(어제)이 쓰인 B 我昨天已经决定了。가 정답이다.

③ 시간부사 曾经(일찍이)은 어떤 행위가 이미 발생했음을 나타내므로, '~한 적 있다'라는 뜻의 过가 쓰인 A 我曾经后悔过。가 정답이다.

어휘 比赛 bǐsài [명] 경기   刚刚 gānggāng [부] 방금
结束 jiéshù [동] 끝나다   决定 juédìng [동] 결정하다
后悔 hòuhuǐ [동] 후회하다

2

정답 ① 刚才 ② 已经

해석
① A: 당신은 방금 무엇을 했나요?
   B: 저는 드라마를 봤어요.
② A: 그 물고기들은 지금 어떻게 되었나요?
   B: 그들은 이미 죽었습니다.

해설
① 문장 A의 끝에 了가 있으므로, 명사 刚才(방금)가 정답이다. 시간부사 刚을 쓴 문장 끝에는 了를 사용할 수 없다.

② 과거에 발생한 동작의 결과가 현재까지 지속됨을 나타내는 시간부사 已经이 정답이다. 참고로, 시간부사 曾经(일찍이)을 사용하면 '그들은 일찍이 죽었다.(지금은 죽지 않았다.)'라는 틀린 문장이 된다.

어휘 刚 gāng [부] 방금   刚才 gāngcái [명] 방금
电视剧 diànshìjù [명] 드라마   死 sǐ [동] 죽다

3

정답 ① 他们刚刚出发。 ② 她已经下班了。
③ 爸爸刚回来。 ④ 我曾经见过李教授。

해석
① 그들은 방금 출발했다.
② 그녀는 이미 퇴근했다.
③ 아빠는 방금 돌아왔다.
④ 나는 일찍이 리 교수님을 만난 적 있다.

해설
① 동사 出发(출발하다)를 술어로 배치한 후, 술어와 의미상 어울리는 대사 他们(그들)을 주어로 배치한다. 남은 어휘인 시간부사 刚刚(방금)을 술어 出发 앞 부사어로 배치하여 문장을 완성한다.

② '동사+了' 형태의 下班了(퇴근했다)를 술어 위치에 배치한 후, 술어와 의미상 어울리는 대사 她(그녀)를 주어로 배치한다. 남은 어휘인 시간부사 已经(이미)을 술어 下班 앞 부사어로 배치하여 문장을 완성한다.

③ 동사 回来(돌아오다)를 술어로 배치한 후, 술어와 의미상 어울리는 명사 爸爸(아빠)를 주어로 배치한다. 남은 어휘인 시간부사 刚(방금)을 술어 回来 앞 부사어로 배치하여 문장을 완성한다.

④ 동사 见(만나다)을 술어로 배치한 후, 술어와 의미상 어울리는 '过+명사' 형태의 过李教授(리 교수님을 ~한 적 있다)를 목적어 자리에, '대사+시간부사' 형태의 我曾经(나는 일찍이)을 '주어+부사어'로 배치하여 문장을 완성한다.

어휘 出发 chūfā [동] 출발하다   刚刚 gānggāng [부] 방금
曾经 céngjīng [부] 일찍이, 이전에
教授 jiàoshòu [명] 교수

1

정답 　①A 　②C 　③B

어휘 　才 cái 뤗 ~에야

2

정답 　①才 　②一共 　③就

어휘 　才 cái 뤗 ~에야 　接 jiē 뭉 받다
　刚才 gāngcái 뭅 아까, 방금 　一共 yígòng 뤗 총
　打算 dǎsuan 뭉 ~할 계획이다 　发 fā 뭉 보내다
　邮件 yóujiàn 뭅 메일

3

정답 　① 客人快要来了。
　② 她早上七点就上班了。
　③ 他们都喜欢旅游。

해석 　① 손님들이 곧 온다.
　② 그녀는 아침 7시에 벌써 출근했다.
　③ 그들은 모두 여행을 좋아한다.

해설 　① 제시된 어휘 중 了와 快要는 快要…了(곧 ~하려고 하다)
　　의 형태로 자주 쓰이므로, 快要와 来了를 연결한 후, '부
　　사어+술어' 위치에 배치한다. 남은 어휘인 명사 客人은
　　술어 앞 주어로 배치하여 문장을 완성한다.
　② '동사+了' 형태의 上班了(출근했다)를 술어 위치에 배치
　　한 후, 술어와 의미상 어울리는 '대사+명사' 형태의 她早
　　上(그녀는 아침에)을 '주어+부사어' 위치에 배치한다. 남은
　　어휘인 시간부사 就가 포함된 七点就(7시에)를 술어 上
　　班 앞 부사어로 배치하여 문장을 완성한다.
　③ 동사 喜欢(좋아하다)과 旅游(여행하다)가 술어가 될 수 있
　　는데, 문맥상 喜欢旅游(여행을 좋아하다)가 자연스럽게
　　연결되므로 '술어+목적어'로 배치한다. 술어와 의미상 어
　　울리는 대사 他们(그들)을 주어로 배치하고, 남은 어휘인
　　범위부사 都(모두)를 술어 喜欢 앞 부사어로 배치하여 문
　　장을 완성한다.

어휘 　客人 kèrén 뭅 손님

1

정답 　①又 　②再 　③还

해설 　① '또'라는 뜻의 동작의 중복이 이미 발생했음을 나타내는
　　빈도부사 又가 정답이다.
　② '다시'라는 뜻의 동작의 중복이 앞으로 일어날 것을 나타
　　내는 빈도부사 再가 정답이다.

③ '여전히'라는 뜻의 동작이나 상태가 지속됨을 나타내는 빈
　도부사 还가 정답이다.

어휘 　又 yòu 뤗 또 　行 xíng 혱 괜찮다
　当时 dāngshí 뭅 당시

2

정답 　①没 　②不 　③不

해석 　① 나는 어제 방을 청소하지 않았다.
　② 우리는 다음 주에 수업을 하지 않는다.
　③ 그는 평소에 지각하지 않는다.

해설 　① 문장에 과거를 나타내는 명사 昨天(어제)이 있으므로, 과
　　거에 어떤 동작이 일어나지 않았음을 부정하는 부정부사
　　没가 정답이다.
　② 문장에 미래를 나타내는 명사 下周(다음 주)가 있으므로,
　　미래의 일을 부정할 때 쓰이는 부정부사 不가 정답이다.
　③ 문장에 현재를 나타내는 명사 平时(평소)이 있으므로, 현
　　재의 일을 부정할 때 쓰이는 부정부사 不가 정답이다.

어휘 　打扫 dǎsǎo 뭉 청소하다 　平时 píngshí 뭅 평소
　迟到 chídào 뭉 지각하다

3

정답 　① 弟弟又出去了。
　② 这里的变化太大了。
　③ 这条裙子挺漂亮的。

해석 　① 남동생은 또 나갔다.
　② 이곳의 변화가 너무 크다.
　③ 이 치마는 꽤 예쁘다.

해설 　① '동사+了' 형태의 出去了(나갔다)를 술어 위치에 배치한
　　후, 술어와 의미상 어울리는 명사 弟弟(남동생)를 주어로
　　배치한다. 남은 어휘인 빈도부사 又(또)는 술어 出去 앞
　　부사어로 배치하여 문장을 완성한다.
　② 제시된 어휘 중 정도부사 太(너무)와 了는 太…了(너무 ~
　　하다)의 형태로 자주 쓰이므로, 太와 大了를 太大了(너무
　　크다)로 연결한 후, '부사어+술어' 위치에 배치한다. 남은
　　어휘인 这里的变化(이곳의 변화)를 '관형어+주어'로 배치
　　하여 문장을 완성한다.
　③ '형용사+的' 형태의 漂亮的(예쁘다)를 술어 위치에 배치
　　한 후, 술어와 의미상 어울리는 명사 裙子(치마)를 술어 앞
　　주어로 배치한다. 남은 어휘 중 '대사+양사' 형태의 这条
　　(이)를 주어 裙子 앞 관형어로 배치하고, 정도부사 挺(꽤)
　　을 술어 漂亮 앞 부사어로 배치하여 문장을 완성한다.

어휘 　又 yòu 뤗 또 　变化 biànhuà 뭅 변화
　裙子 qúnzi 뭅 치마 　条 tiáo 얭 [가늘고 긴 것을 세는 단위]
　挺 tǐng 뤗 꽤, 제법

술어 앞 부사어로 배치하여 문장을 완성한다.

② 동사 上课(수업을 하다)를 술어로 배치한 후, 술어와 의미상 어울리는 명사 学生们(학생들)을 주어로 배치한다. 남은 어휘인 '개사+명사' 형태의 개사구 在教室(교실에서)을 술어 앞 부사어로 배치하여 문장을 완성한다.

③ 동사 工作(일하다)와 介绍(소개하다)가 술어가 될 수 있는데, 문맥상 介绍工作(일자리를 소개하다)가 자연스럽게 연결되므로 '술어+목적어'로 배치한다. 남은 어휘인 대사 他(그)를 주어로, '개사+대사' 형태의 개사구 给我(나에게)를 술어 앞 부사어로 배치하여 문장을 완성한다.

어휘 介绍 jièshào 동 소개하다

1

정답 ① O ② X ③ O

해설 ① 제시된 문장 他在2018年来中国了。에서 개사 在는 '~에서, ~에'라는 뜻으로 장소나 시간을 나타내는데, 개사구 在2018年은 시간을 나타내므로 정답은 O이다.

② 제시된 문장 地铁站自从图书馆很远。에서 개사 自从은 '~한 이후, ~때부터'라는 라는 뜻으로 과거 행위의 시작 시간을 나타내는데, 개사구 自从图书馆은 과거 행위의 시작 시간을 나타내지 않으므로 정답은 X이다. 참고로, '지하철역은 도서관으로부터 멀다.'는 地铁站离图书馆很远。(Dìtiězhàn lí túshūguǎn hěn yuǎn.)이다.

③ 제시된 문장 这个旅游团由20个人组成。에서 개사 由는 '~으로'라는 뜻으로 특정 사물 혹은 조직의 구성 방식을 나타내는데, 개사구 由20个人은 조직의 구성 방식을 나타내므로 정답은 O이다.

어휘 地铁站 dìtiězhàn 명 지하철역
图书馆 túshūguǎn 명 도서관

2

정답 ① 由 ② 自从 ③ 离

해석 ① 이 일은 당신이 하세요.
② 그가 온 이후, 사무실은 더욱 활기를 띤다.
③ 비행기 이륙으로부터 아직 30분 남았다.

해설 ① 빈칸 뒤 대사 你(당신)와 개사구를 구성할 수 있는 개사 由(~이)가 정답이다. 이때 개사 由는 어떤 행위를 해야 하는 사람을 특별히 강조한다.

② 빈칸 뒤 他来了以后(그가 온 이후)와 개사구를 구성할 수 있는 개사 自从(~한 이후)이 정답이다. 이때 개사 自从은 과거 상태의 시작 시간을 나타낸다.

③ 빈칸 뒤 주술구 飞机起飞(비행기가 이륙하다)와 개사구를 구성할 수 있는 개사 离(~로부터)가 정답이다. 이때 개사 离는 시간이 기준점으로부터 떨어져 있는 정도를 나타낸다. 참고로, 이 문장에서 주어는 생략되었다.

어휘 办公室 bàngōngshì 명 사무실 更 gèng 부 더욱

1

정답 ① A ② B ③ A

해석 ① 리리는 우리와 함께 밥을 먹는다.
② 그는 업무 면에서 문제에 부딪혔다.
③ 회사의 규정에 따라, 우리는 아침 9시에 출근한다.

해설 ① 개사 跟은 대사나 명사(구) 앞에 쓰여 개사구를 구성하므로, 대사 我们(우리) 앞인 A가 정답이다.

② 개사 在는 대사나 명사(구) 앞에 쓰여 개사구를 구성한다. 대사 他와 명사구 工作上 중, 工作上 앞에 개사 在를 두면 在工作上(업무 면에서)이라는 개사구를 구성할 수 있으며, 대사 他는 주어가 된다. 따라서 B가 정답이다.

③ 개사 按照는 대사나 명사(구)와 함께 개사구를 구성하여 주어 앞에 올 수 있으므로, 명사구 公司的规定(회사의 규정)과 주어 我们 앞인 A가 정답이다.

어휘 跟 gēn 개 ~와 遇到 yùdào 동 부딪히다
按照 ànzhào 개 ~에 따라 规定 guīdìng 명 규정

2

정답 ① X ② O ③ X

해설 ① 제시된 문장 我在妹妹去公园。에서 개사 在는 '~에서, ~에'라는 뜻으로 장소나 시간을 나타내는데, 개사구 在妹妹는 장소나 시간을 나타내지 않으므로 정답은 X이다. 참고로, '나는 여동생과 공원에 간다.'는 我跟妹妹去公园。(Wǒ gēn mèimei qù gōngyuán.)이다.

② 제시된 문장 妈妈对新家很满意。에서 개사 对는 '~에게, ~에 대해'라는 뜻으로, 대상을 나타내는데, 개사구 对新家는 대상을 나타내므로 정답은 O이다.

③ 제시된 문장 从参加比赛，他每天都运动。에서 개사 从은 '~부터'라는 뜻으로 장소나 시간을 나타내는데, 개사구 从参加比赛는 장소나 시간을 나타내지 않으므로 정답은 X이다. 참고로, '경기에 참가하기 위해, 그는 매일 운동을 한다.'는 为了参加比赛，他每天都运动。(Wèile cānjiā bǐsài, tā měi tiān dōu yùndòng.)이다.

어휘 公园 gōngyuán 명 공원 满意 mǎnyì 동 만족하다
参加 cānjiā 동 참가하다 比赛 bǐsài 명 경기

3

정답 ① 我跟她说一下。
② 学生们在教室上课。
③ 他给我介绍工作。

해석 ① 제가 그녀에게 말할게요.
② 학생들은 교실에서 수업을 한다.
③ 그는 나에게 일자리를 소개해준다.

해설 ① 동사가 포함된 说一下(말하다)를 술어 위치에 배치한 후, 술어와 의미상 어울리는 대사 我(나)를 주어로 배치한다. 남은 어휘인 '개사+대사' 형태의 개사구 跟她(그녀에게)를

热闹 rènao 형 활기를 띠다　起飞 qǐfēi 동 이륙하다

3

정답　① 小王家离我家很近。
　　　② 他们由后门进来了。
　　　③ 弟弟在朋友家玩儿游戏。

해석　① 샤오왕의 집은 우리집으로부터 가깝다.
　　　② 그들은 뒷문으로 들어왔다.
　　　③ 남동생은 친구 집에서 게임을 한다.

해설　① 형용사가 포함된 很近(가깝다)을 술어 위치에 배치한 후, 술어와 의미상 어울리는 小王家(샤오왕의 집)를 주어로 배치한다. 남은 어휘인 '개사+명사구' 형태의 개사구 离我家(우리집으로부터)를 술어 앞 부사어로 배치하여 문장을 완성한다.
　　　② 동사가 포함된 进来了(들어왔다)를 술어 위치에 배치한 후, 술어와 의미상 어울리는 대사 他们(그들)을 주어로 배치한다. 남은 어휘인 개사 由(~로부터)와 명사 后门(뒷문)을 개사구 由后门(뒷문으로)으로 연결한 후, 술어 앞 부사어로 배치하여 문장을 완성한다.
　　　③ 동사 玩儿((게임을) 하다)을 술어로 배치한 후, 술어와 의미상 어울리는 명사 游戏(게임)를 목적어로, 명사 弟弟(남동생)를 주어로 배치한다. 남은 어휘인 '개사+명사구' 형태의 개사구 在朋友家(친구 집에서)를 술어 앞 부사어로 배치하여 문장을 완성한다.

어휘　游戏 yóuxì 명 게임

포인트 33　장소·시간, 방향을 나타내는 개사
从, 到, 往/向/朝　　　　p.75

1

정답　① O　② X　③ O

해설　① 제시된 문장 她到百货商店买衣服了。에서 개사 到는 '~까지'라는 뜻으로 행위의 도달점이나 끝나는 시간을 나타내는데, 개사구 到百货商店은 행위의 도달점을 나타내므로 정답은 O이다.
　　　② 제시된 문장 从这儿往火车站很远吗? 에서 개사 往은 '~을 향해'라는 뜻으로 행위의 방향을 나타내는데, 火车站很远吗? 는 행위의 방향을 나타내지 않으므로 정답은 X이다. 참고로, '여기서부터 기차역까지 멀어요?'는 从这儿到火车站很远吗? (Cóng zhèr dào huǒchēzhàn hěn yuǎn ma?)이다.
　　　③ 제시된 문장 从这件事上看，他很聪明。에서 개사 从은 从…上看(~로 보았을 때)의 형태로 자주 쓰이며, 개사구 从这件事上看은 '이 일로 보았을 때'라는 뜻이므로 정답은 O이다.

어휘　百货商店 bǎihuò shāngdiàn 명 백화점
火车站 huǒchēzhàn 명 기차역
聪明 cōngming 형 똑똑하다

2

정답　① 到　② 朝　③ 从

해석　① 그는 12시까지도 잠을 자지 않았다.
　　　② 샤오왕은 내 쪽을 향해 걸어왔다.
　　　③ 3월 이후로, 나는 매일 달리기를 한다.

해설　① 빈칸 뒤 명사구 12点(12시)과 개사구를 구성할 수 있는 개사 到(~까지)가 정답이다. 이때 개사 到는 행위가 끝나는 시간을 나타낸다.
　　　② 빈칸 뒤 我这边(내 쪽)과 개사구를 구성할 수 있는 개사 朝(~을 향해)가 정답이다. 이때 개사 朝는 행위가 향하는 방향이 '정면'임을 나타낸다.
　　　③ 빈칸 뒤 명사구 三月份以来(3월 이후로)와 개사구를 구성할 수 있는 개사 从(~부터)이 정답이다. 이때 개사 从은 从…以来(cóng…yǐlái, ~이후로)의 형태로 자주 쓰인다.

어휘　朝 cháo 개 ~을 향해　跑步 pǎobù 동 달리기를 하다

3

정답　① 我们从那儿开始找吧。
　　　② 小男孩向对面跑去了。
　　　③ 那个人往东边走了。

해석　① 우리 저기서부터 찾기 시작해요.
　　　② 남자아이는 맞은편을 향해 뛰어갔다.
　　　③ 그 사람은 동쪽을 향해 걸어갔다.

해설　① 동사가 포함된 开始找吧(찾기 시작해요)를 '술어+목적어' 위치에 배치한 후, 대사 我们(우리)을 주어로 배치한다. 남은 어휘인 '개사+대사' 형태의 개사구 从那儿(저기서부터)을 술어 앞 부사어로 배치하여 문장을 완성한다.
　　　② 동사가 포함된 跑去了(뛰어갔다)를 술어 위치에 배치한 후, 술어와 의미상 어울리는 명사 小男孩(남자아이)를 주어로 배치한다. 남은 어휘인 '개사+명사' 형태의 개사구 向对面(맞은편을 향해)을 술어 앞 부사어로 배치하여 문장을 완성한다.
　　　③ 동사가 포함된 走了(걸어갔다)를 술어 위치에 배치한 후, 술어와 의미상 어울리는 '대사+양사+명사' 형태의 那个人(그 사람)을 주어 위치에 배치한다. 남은 어휘인 '개사+명사' 형태의 개사구 往东边(동쪽을 향해)을 술어 앞 부사어로 배치하여 문장을 완성한다.

어휘　开始 kāishǐ 동 시작하다　对面 duìmiàn 명 맞은편
东边 dōngbian 명 동쪽

포인트 34　대상을 나타내는 개사
跟/和, 给/对, 对于/关于　　　p.77

1

정답　① O　② O　③ X

해설　① 제시된 문장 他对客人很热情。에서 개사 对는 '~에게, ~에 대해'라는 뜻으로 대상을 나타내는데, 개사구 对客

人은 대상을 나타내므로 정답은 O이다.

② 제시된 문장 我和你一起打扫卫生。에서 개사 和는 '~와'라는 뜻으로 행위를 함께 하는 대상을 나타내는데, 개사구 和你는 행위를 함께 하는 대상을 나타내므로 정답은 O이다.

③ 제시된 문장 那座桥关于，有个美丽的故事。에서 개사 关于는 대사나 명사(구) 앞에 쓰여 개사구를 구성하는데, 개사 关于가 명사구 뒤에 쓰였으므로 정답은 X이다. 참고로, '그 다리에 대해, 아름다운 이야기가 있다.'는 关于那座桥，有个美丽的故事。이다.

어휘 打扫 dǎsǎo 통 청소하다　桥 qiáo 명 다리
美丽 měilì 형 아름답다　故事 gùshi 명 이야기

2

정답 ① 给　② 跟　③ 对于

해석 ① 나는 아빠께 선물을 드렸다.
② 모두 나와 이야기하는 것을 좋아한다.
③ 이 일에 대해, 나는 의견이 없다.

해설 ① 빈칸 뒤 명사 爸爸(아빠)와 개사구를 구성할 수 있는 개사 给(~에게)가 정답이다. 이때 개사 给는 행위의 대상을 나타낸다.
② 빈칸 뒤 대사 我(나)와 개사구를 구성할 수 있는 개사 跟(~와)이 정답이다. 이때 개사 跟은 행위를 함께 하는 대상을 나타낸다.
③ 빈칸 뒤 명사구 这件事(이 일)과 개사구를 구성할 수 있는 개사 对于(~에 대해)가 정답이다. 이때 개사 对于는 대상에 대한 의견을 나타낸다.

어휘 礼物 lǐwù 명 선물　聊天 liáotiān 통 이야기하다
意见 yìjiàn 명 의견

3

정답 ① 他给女朋友打电话。
② 你跟他解释一下。
③ 我和你一起回家。

해석 ① 그는 여자친구에게 전화를 건다.
② 당신이 그들에게 설명 좀 해주세요.
③ 제가 당신과 함께 집에 갈게요.

해설 ① '동사+명사' 형태의 打电话(전화를 걸다)를 '술어+목적어'로 배치한 후, 술어와 의미상 어울리는 대사 他(그)를 주어로 배치한다. 남은 어휘인 '개사+명사' 형태의 개사구 给女朋友(여자친구에게)를 술어 앞 부사어로 배치하여 문장을 완성한다.
② 동사가 포함된 解释一下(설명 좀 하다)를 술어 위치에 배치한 후, 술어와 의미상 어울리는 대사 你(당신)를 주어로 배치한다. 남은 어휘인 '개사+대사' 형태의 개사구 跟他们(그들에게)을 술어 앞 부사어로 배치하여 문장을 완성한다.
③ '부사+동사+명사' 형태의 一起回家(함께 집에 가다)를 '부사어+술어+목적어'로 배치한 후, 술어와 의미상 어울리는 대사 我(나)를 주어로 배치한다. 남은 어휘인 '개사+대사' 형태의 개사구 和你(당신과)를 술어 앞 부사어로 배치

하여 문장을 완성한다.

어휘 解释 jiěshì 통 설명하다

포인트 **35** 근거·방식을 나타내는 개사 按照/根据, 以, 通过　p.79

1

정답 ① X　② O　③ O

해설 ① 제시된 문장 他根据优秀的成绩毕业了。에서 개사 根据는 '~에 근거하여'라는 뜻으로 행위의 근거를 나타내는데, 개사구 根据优秀的成绩는 행위의 근거를 나타내지 않으므로 정답은 X이다. 참고로, '그는 우수한 성적으로 졸업했다.'는 他以优秀的成绩毕业了。(Tā yǐ yōuxiù de chéngjì bìyè le.)이다.
② 제시된 문장 通过这次会议，我了解了大家的想法。에서 개사 通过는 '~을 통해'라는 뜻으로 어떤 목적이나 결과를 가져다준 방식 혹은 수단을 나타내는데, 개사구 通过这次会议는 결과를 가져다준 수단을 나타내므로 정답은 O이다.
③ 제시된 문장 按照客人的要求，这家饭店换了菜单。에서 개사 按照는 '~에 따라'라는 뜻으로 행위의 근거를 나타내는데, 개사구 按照客人的要求는 행위의 근거를 나타내므로 정답은 O이다.

어휘 优秀 yōuxiù 형 우수하다　成绩 chéngjì 명 성적
毕业 bìyè 통 졸업하다　会议 huìyì 명 회의
了解 liǎojiě 통 알다　客人 kèrén 명 손님
要求 yāoqiú 명 요구　换 huàn 통 바꾸다
菜单 càidān 명 메뉴

2

정답 ① 以　② 通过　③ 根据

해석 ① 학교에서 수업할 때는, 푸통화를 표준으로 삼아야 한다.
② 그를 통해, 나는 많은 지식을 배웠다.
③ 자신의 주변 이야기에 근거하여, 그는 소설을 한 권 썼다.

해설 ① 빈칸 뒤 명사 普通话(푸통화)와 개사구를 구성할 수 있는 개사 以(~으로)가 정답이다. 이때 개사 以는 以…为(~을 ~로 삼다)의 형태로 쓰여, 행위의 근거가 普通话임을 나타낸다.
② 빈칸 뒤 대사 他와 개사구를 구성할 수 있는 개사 通过(~을 통해)가 정답이다. 이때 개사 通过는 결과를 가져다준 수단을 나타낸다.
③ 빈칸 뒤 명사구 自己身边的故事(자신의 주변 이야기)과 개사구를 구성할 수 있는 개사 根据(~에 근거하여)가 정답이다. 이때 개사 根据는 행위의 근거를 나타낸다.

어휘 普通话 pǔtōnghuà 명 푸통화[현대 중국어의 표준어]
标准 biāozhǔn 명 표준　知识 zhīshi 명 지식
自己 zìjǐ 대 자신　故事 gùshi 명 이야기
小说 xiǎoshuō 명 소설

3

정답   ① 她以画画儿为职业。
       ② 我想通过努力提高成绩。
       ③ 他按照计划完成了工作。

해석   ① 그녀는 그림 그리는 것을 직업으로 삼는다.
       ② 나는 노력을 통해 성적을 올리고 싶다.
       ③ 그는 계획에 따라 업무를 완료했다.

해설   ① 동사 为(~로 삼다)와 画(그리다)가 술어가 될 수 있는데, '개사+동사+명사' 형태의 개사구 以画画儿(그림 그리는 것을)은 문장에서 부사어 역할을 하므로, '동사+명사' 형태의 为职业(~을 직업으로 삼다)를 '술어+목적어'로 배치하고, 以画画儿을 술어 앞 부사어로 배치한다. 남은 어휘인 대사 她(그녀)를 주어로 배치하여 문장을 완성한다.
       ② 형용사 努力(노력하다)와 동사 提高(올리다)가 술어가 될 수 있는데, '동사+명사' 형태의 提高成绩(성적을 올리다)가 술목구이므로 '술어+목적어'로 배치한다. 남은 어휘인 '대사+조동사+개사' 형태의 我想通过(나는 ~를 통해 ~를 하고 싶다)와 형용사 努力(노력하다)를 我想通过努力(나는 노력을 통해 ~하고 싶다)로 연결한 후 '주어+부사어'로 술어 앞에 배치하여 문장을 완성한다.
       ③ 동사 完成(완료하다)과 计划(계획하다)가 술어가 될 수 있는데, '동사+了+명사' 형태의 完成了工作(업무를 완료했다)가 술목구이므로 '술어+목적어'로 배치한다. 남은 어휘인 '대사+개사' 형태의 他按照(그는 ~에 따라)와 명사 计划를 他按照计划(그는 계획에 따라)로 연결한 후 '주어+부사어'로 술어 앞에 배치하여 문장을 완성한다.

어휘   职业 zhíyè 몡 직업   努力 nǔlì 혱 노력하다
       提高 tígāo 툉 올리다   成绩 chéngjì 몡 성적
       完成 wánchéng 툉 완성하다   计划 jìhuà 몡 계획

포인트 36 원인·목적을 나타내는 개사 由于, 为/为了   p.81

1

정답   ① O   ② X   ③ O   ④ O

해설   ① 제시된 문장 我为你感到高兴。에서 개사 为는 '~때문에, ~를 위해, ~에게'라는 뜻으로 행위의 원인, 목적, 대상을 나타내는데, 개사구 为你는 행위의 원인을 나타내므로 정답은 O이다.
       ② 제시된 문장 我由于她买了几件衣服。에서 개사 由于는 '~로 인하여, ~때문에'라는 뜻으로 행위의 원인을 나타내는데, 개사구 由于她는 행위의 원인을 나타내지 않으므로 정답은 X이다. 참고로, '나는 그녀에게 옷을 몇 벌 사 주었다.'는 我为她买了几件衣服。(Wǒ wèi tā mǎile jǐ jiàn yīfu.)이다.
       ③ 제시된 문장 由于身体不舒服 , 她没有上班。에서 개사 由于는 '~로 인하여, ~때문에'라는 뜻으로 행위의 원인을 나타내는데, 개사구 由于身体不舒服는 행위의 원인을 나타내므로 정답은 O이다.
       ④ 제시된 문장 为了学汉语 , 他决定去中国。에서 개사

为了는 '~를 위해'라는 뜻으로 행위의 목적을 나타내는데, 개사구 为了学汉语는 행위의 목적을 나타내므로 정답은 O이다.

어휘   件 jiàn 먕 벌, 개[의류, 각각의 물건을 세는 단위]
       决定 juédìng 툉 결정하다

2

정답   ① 为   ② 由于

해석   ① 우리의 성공을 위해 건배!
       ② 길에 차가 막힘으로 인하여, 나는 지각했다.

해설   ① 빈칸 뒤 명사구 我们的成功(우리의 성공)과 개사구를 구성할 수 있는 개사 为(~를 위해)가 정답이다. 이때 개사 为는 행위의 목적을 나타낸다.
       ② 빈칸 뒤 주술구 路上堵车(길에 차가 막히다)와 개사구를 구성할 수 있는 개사 由于(~로 인하여, ~때문에)가 정답이다. 이때 개사 由于는 행위의 원인을 나타낸다.

어휘   成功 chénggōng 툉 성공하다   干杯 gānbēi 툉 건배하다
       堵车 dǔchē 툉 차가 막히다   迟到 chídào 툉 지각하다

3

정답   ① 为了, 为了   ② 由于

해설   ① 질문: 환경 보호를 위해, 당신은 평소에 어떤 노력을 하나요?
       답변: 환경 보호를 위해, 저는 출근할 때 운전을 거의 하지 않습니다.
       ② 질문: 외국으로 여행 가는 것은 당신에게 도움이 되나요?
       답변: 외국으로 여행 가는 것은 저에게 도움이 됩니다. 모든 나라의 문화는 다 다르기 때문에, 저는 많은 것들을 배울 수 있습니다.

어휘   保护 bǎohù 툉 보호하다   环境 huánjìng 몡 환경
       努力 nǔlì 툉 노력하다   旅行 lǚxíng 툉 여행하다
       国家 guójiā 몡 나라   文化 wénhuà 몡 문화

포인트 37 구조조사 的/地/得의 구별   p.83

1

정답   ① X   ② X   ③ O

해설   ① 제시된 문장 我买了一条新鲜得鱼。에서 구조조사 得는 술어와 보어를 연결하는 역할을 하는데, 得 앞에 있는 新鲜(신선하다)과 뒤에 있는 鱼(생선)는 각각 술어와 보어가 아니므로 정답은 X이다. 참고로, '신선한 생선'은 명사를 꾸며줄 수 있는 구조조사 的를 사용하여 新鲜的鱼라고 한다.
       ② 제시된 문장 她小声的说了几句话。에서 구조조사 的는 명사를 꾸며주는 역할을 하는데, 的 뒤에 있는 说(말하다)는 명사가 아닌 동사이므로 정답은 X이다. 참고로, '작은 소리로 말하다'는 구조조사 地를 사용하여 小声地

说라고 한다.

③ 제시된 문장 我清楚地了解现在的情况。에서 구조조사 地는 뒤에 있는 술어를 꾸며주는 역할을 하는데, 地 뒤에 술어 了解(알다)가 왔으므로, 정답은 O이다.

어휘 条 tiáo 양 [가늘고 긴 것을 세는 단위]
新鲜 xīnxiān 형 신선하다   清楚 qīngchu 형 정확하다
了解 liǎojiě 동 알다   情况 qíngkuàng 명 상황

2

정답 ① 地   ② 得   ③ 的

해설 ① 빈칸 뒤 술어 笑(웃다)를 꾸며줄 수 있는 구조조사 地가 정답이다.
② 빈칸 앞 술어 吃(먹다)과 빈칸 뒤 보어 太饱(너무 배부르다)를 연결하는 구조조사 得가 정답이다.
③ 빈칸 앞 술목구 穿裙子(치마를 입다) 뒤에 와서 '~한 사람'이라는 뜻의 的자구를 만드는 구조조사 的가 정답이다.

어휘 开心 kāixīn 형 즐겁다   饱 bǎo 형 배부르다
裙子 qúnzi 명 치마

3

정답 ① 他听得很认真。
② 丽丽难过地哭了。
③ 这是很重要的材料。

해석 ① 그는 열심히 듣는다.
② 리리는 슬프게 울었다.
③ 이것은 매우 중요한 자료이다.

해설 ① 제시된 어휘 중 술어와 보어를 연결하는 구조조사 得가 있으므로, 听得와 很认真을 听得很认真(열심히 듣다)으로 연결하여 '술어+보어' 위치에 배치한다. 남은 어휘인 대사 他(그)를 주어로 배치하여 문장을 완성한다.
② '동사+了' 형태의 哭了(울었다)를 술어 위치에 배치한 후, 술어와 의미상 어울리는 명사 丽丽(리리)를 주어로 배치한다. 남은 어휘인 '형용사+구조조사 地' 형태의 难过地(슬프게)를 술어 앞 부사어로 배치하여 문장을 완성한다.
③ '대사+동사' 형태의 这是(이것은 ~이다)을 '주어+술어'로 배치한다. 남은 어휘 중 材料(자료)와 很重要的(매우 중요한 것)가 목적어가 될 수 있는데, 문맥상 '이것은 매우 중요한 자료이다.'가 자연스러우므로 명사 材料를 목적어로, 很重要的를 목적어 앞 관형어로 배치하여 문장을 완성한다.

어휘 认真 rènzhēn 형 열심히 하다   哭 kū 동 울다
难过 nánguò 형 슬프다   材料 cáiliào 명 자료
重要 zhòngyào 형 중요하다

포인트 38 어기조사 吗/呢/吧/啊의 쓰임
p.85

1

정답 ① O   ② X   ③ X

해설 ① 제시된 문장 他还没来呢。에서 단정의 어기를 나타내는 어기조사 呢가 있고, 우리말 뜻이 '그는 아직 오지 않은걸요.'이므로, 정답은 O이다.
② 제시된 문장 你洗衣服了吧?에서 제안·추측·명령의 어기를 나타내는 어기조사 吧가 사용되었는데, 우리말 뜻은 '당신 빨래했나요?'이므로, 정답은 X이다. 참고로, '당신 빨래했나요?'는 어기조사 吗를 사용한 你洗衣服了吗?이다.
③ 제시된 문장에서 의문문을 만들 수 있는 어기조서 吗가 사용되었는데, 우리말 뜻은 '우리 일찍 집에 가자.'이므로, 정답은 X이다. 참고로, '우리 일찍 집에 가자.'는 어기조사 吧를 사용한 我们早点儿回家吧。이다.

어휘 还 hái 부 아직   洗 xǐ 동 빨래하다

2

정답 ① 呢   ② 吧   ③ 呢

해석 ① A: 저는 서점에 가고 싶어요. 당신은요?
B: 저는 카페에 가고 싶어요.
② A: 빨리 그에게 전화해보세요.
B: 알겠어요.
③ A: 왜 아직도 출근 안 해요?
B: 저는 오늘 쉬는걸요.

해설 ① 괄호 앞 대사 你(당신) 뒤에 붙어 '~는요?'라는 의문문을 만들 수 있는 어기조사 呢가 정답이다.
② 문장 끝에 붙어 부드러운 명령의 어기를 나타내는 어기조사 吧가 정답이다.
③ 문장 끝에 붙어 단정적인 어기를 나타내는 어기조사 呢가 정답이다.

어휘 咖啡 kāfēi 명 커피   快 kuài 부 빨리   给 gěi 개 ~에게
知道 zhīdào 동 알다   还 hái 부 아직
上班 shàngbān 동 출근하다   休息 xiūxi 동 쉬다

3

정답 ① 你是新来的吧?
② 他不喜欢喝酒呢。
③ 这里的环境真好啊!

해석 ① 당신은 새로 온 사람이죠?
② 그는 술 마시는 것을 싫어하는 걸요.
③ 이곳의 환경은 정말 좋네요.

해설 ① '대사+동사' 형태의 你是(당신은 ~이다)을 '주어+술어'로 배치한 후, 술어와 의미상 어울리는 新来的(새로 온 사람)를 목적어로 배치한다. 남은 어휘인 어기조사 吧를 문장 끝에 배치하여 문장을 완성한다. 어떤 사실을 추측하는 어기조사 吧가 있으므로 문장 끝에 물음표를 쓴다. 참고로, 新来的(새로 온)의 的는 형용사구 뒤에서 '~한 사람'이라는 뜻을 나타낸다.
② 동사가 포함된 不喜欢(싫어하다)과 喝酒(술을 마시다)가 술어 위치에 올 수 있는데, 문맥상 不喜欢喝酒(술 마시는 것을 싫어하다)가 자연스럽게 연결되므로 '술어+목적어' 위치에 배치한다. 술어와 의미상 어울리는 대사 他(그)를 주어로 배치하고, 남은 어휘인 어기조사 呢를 문장 끝

에 배치하여 문장을 완성한다.
③ '부사+형용사' 형태의 真好(아주 좋다)를 '부사어+술어'로 배치한 후, 술어와 의미상 어울리는 명사 环境(환경)을 주어로 배치한다. 남은 어휘인 '대사+的' 형태의 这里的(이곳의)를 주어 环境 앞 관형어로, 어기조사 啊를 문장 끝에 배치하여 문장을 완성한다.

어휘 　环境 huánjìng 몡 환경

포인트 39 어기조사 了의 쓰임과 활용　　　　p.87

1

정답 　① B　② B　③ A

해석 　① 나는 힘들다. - 나는 아직 힘들지 않다.
　　② 아빠는 동의했다. - 아빠는 아직 동의하지 않았다.
　　③ 배가 고파졌다. - 배가 아직 안 고프다.

해설 　① 제시된 문장 我累了。에는 어기조사 了가 사용되었는데, 부정을 나타낼 때는 술어 앞에 还不(아직 ~하지 않다)를 쓰고 了를 사용하지 않아야 한다. 따라서 B 我还不累。가 정답이다.
　　② 제시된 문장 爸爸同意了。에는 어기조사 了가 사용되었는데, 부정을 나타낼 때는 술어 앞에 还没(有)(아직 ~하지 않았다)를 쓰고 了를 사용하지 않아야 한다. 따라서 B 爸爸还没有同意。가 정답이다.
　　③ 제시된 문장 肚子饿了。에는 어기조사 了가 사용되었는데, 부정을 나타낼 때는 술어 앞에 还不(아직 ~하지 않다)를 쓰고 了를 사용하지 않아야 한다. 따라서 A 肚子还不饿。가 정답이다.

어휘 　同意 tóngyì 동 동의하다　肚子 dùzi 몡 배
　　饿 è 혱 배고프다

2

정답 　① 花儿开了吗?　　花儿开了没有?
　　② 他们赢了吗?　　他们赢了没有?
　　③ 他有自己的车了吗?　　他有自己的车了没有?

해석 　① 꽃이 폈다.　꽃이 폈나요?
　　② 그들은 이겼다.　그들은 이겼나요?
　　③ 그는 자신의 차가 생겼다.　그는 자신의 차가 생겼나요?

해설 　① 제시된 문장 花儿开了。끝에 조사 吗를 붙여 吗 의문문을 만들 수 있다. 따라서 첫 번째 빈칸은 花儿开了吗? 가 정답이다. 제시된 문장에서 문장 끝에 没有를 붙여 정반의문문을 만들 수 있다. 따라서 두 번째 빈칸은 花儿开了没有? 가 정답이다.
　　② 제시된 문장 他们赢了。끝에 조사 吗를 붙여 吗 의문문을 만들 수 있다. 따라서 첫 번째 빈칸은 他们赢了吗? 가 정답이다. 제시된 문장에서 문장 끝에 没有를 붙여 정반의문문을 만들 수 있다. 따라서 두 번째 빈칸은 他们赢了没有? 가 정답이다.

③ 제시된 문장 他有自己的车了。끝에 조사 吗를 붙여 吗 의문문을 만들 수 있다. 따라서 첫 번째 빈칸은 他有自己的车了吗? 가 정답이다. 제시된 문장에서 문장 끝에 没有를 붙여 정반의문문을 만들 수 있다. 따라서 두 번째 빈칸은 他有自己的车了没有? 가 정답이다.

어휘 　花 huā 몡 꽃　赢 yíng 동 이기다　自己 zìjǐ 대 자신

3

정답 　① 我们下课了。
　　② 他开始学汉语了。
　　③ 你醒了吗?

해석 　① 우리는 수업이 끝났다.
　　② 그는 중국어를 배우기 시작했다.
　　③ 당신 깼어요?

해설 　① 동사 下课(수업이 끝나다)를 술어로 배치한 후, 술어와 의미상 어울리는 대사 我们(우리)을 주어로 배치한다. 남은 어휘인 어기조사 了를 문장 끝에 배치하여 문장을 완성한다.
　　② 동사 开始(시작하다)과 '동사+명사' 형태의 学汉语(중국어를 배우다)가 술어가 될 수 있는데, 문맥상 开始学汉语(중국어를 배우기 시작하다)가 자연스럽게 연결되므로 '술어+목적어'로 배치한다. 술어와 의미상 어울리는 대사 他(그)를 주어로 배치하고, 남은 어휘인 어기조사 了를 문장 끝에 배치하여 문장을 완성한다.
　　③ 동사 醒(깨다)을 술어로 배치한 후, 술어와 의미상 어울리는 대사 你(당신)를 주어로 배치한다. 남은 어휘인 어기조사 了는 술어 뒤에 배치한 후, 문장 끝에 吗를 붙여 문장을 완성한다. 의문을 나타내는 어기조사 吗가 있으므로 문장 끝에 물음표를 쓴다.

어휘 　醒 xǐng 동 (잠에서) 깨다

포인트 40 동태조사 了의 쓰임　　　　p.89

1

정답 　① 我喝了两杯咖啡。
　　② 她们看了一部电影。
　　③ 他买了一双袜子。

해석 　① 나는 커피 두 잔을 마신다. - 나는 커피 두 잔을 마셨다.
　　② 그녀들은 영화 한 편을 본다. - 그녀들은 영화 한 편을 봤다.
　　③ 그는 양말 한 켤레를 산다. - 그는 양말 한 켤레를 샀다.

어휘 　咖啡 kāfēi 몡 커피　袜子 wàzi 몡 양말

2

정답 　① 来了, 来了　② 吃了, 吃了　③ 做了

해설 　① '왔어요'는 '오다'라는 동작이 이미 발생했음을 나타내므로, 두 빈칸 모두 동사 来 뒤에 동태조사 了를 붙인 来了

(lálie)가 정답이다.

② '먹었어요'는 '먹다'라는 동작이 이미 발생했음을 나타내므로, 두 빈칸 모두 동사 吃 뒤에 동태조사 了를 붙인 吃了(chīle)가 정답이다.

③ '했어요'는 '하다'라는 동작이 이미 발생했음을 나타내므로, 동사 做 뒤에 동태조사 了를 붙인 做了(zuòle)가 정답이다.

어휘 包子 bāozi 몡 만두   刚才 gāngcái 몡 방금
辛苦 xīnkǔ 혱 수고롭다

3

정답 ① 小李离开了我们公司。
② 我买了两件衬衫。
③ 他们去了对面的餐厅。

해석 ① 샤오리는 우리 회사를 떠났다.
② 나는 셔츠 두 벌을 샀다.
③ 그들은 맞은편의 식당에 갔다.

해설 ① '동사+동태조사 了' 형태의 离开了(떠났다)를 술어 위치에 배치한 후, 술어와 의미상 어울리는 我们公司(우리 회사)를 목적어로, 명사 小李(샤오리)를 주어로 배치하여 문장을 완성한다.

② '동사+동태조사 了' 형태의 买了(샀다)를 술어 위치에 배치한 후, 술어와 의미상 어울리는 명사 衬衫(셔츠)을 목적어로, 대사 我(나)를 주어로 배치한다. 남은 어휘인 '수사+양사' 형태의 两件(두 벌)은 목적어 앞에 관형어로 배치하여 문장을 완성한다.

③ '동사+동태조사 了' 형태의 去了(갔다)를 술어 위치에 배치한 후, 술어와 의미상 어울리는 명사 餐厅(식당)을 목적어로, 대사 他们(그들)을 주어로 배치한다. 남은 어휘인 '명사+的' 형태의 对面的(맞은편의)를 목적어 餐厅 앞 관형어로 배치하여 문장을 완성한다.

어휘 离开 líkāi 동 떠나다   衬衫 chènshān 몡 셔츠
对面 duìmiàn 몡 맞은편   餐厅 cāntīng 몡 식당

포인트 41 동태조사 了의 활용
p.91

1

정답 ① A   ② A

해석 ① 우리는 출발했다. - 우리는 출발하지 않았다.
② 나는 옷을 정리했다. - 나는 옷을 정리하지 않았다.

해설 ① 동태조사 了가 사용된 문장에서 부정을 나타낼 때는 술어 앞에 没(有)를 쓰고 了를 사용하지 않으므로, A 我们没出发。가 정답이다.

② 동태조사 了가 사용된 문장에서 부정을 나타낼 때는 술어 앞에 没(有)를 쓰고 了를 사용하지 않으므로, A 我没有收拾衣服。가 정답이다.

어휘 出发 chūfā 동 출발하다   收拾 shōushi 동 정리하다

2

정답 ① 她听了这首歌吗？   她听了这首歌没有？
② 姐姐买了那些花吗？   姐姐买了那些花没有？

해석 ① 그녀는 이 노래를 들었다.   그녀는 이 노래를 들었나요？
② 누나는 그 꽃들을 샀다.   누나는 그 꽃들을 샀나요？

해설 ① 제시된 문장 她听了这首歌。끝에 조사 吗를 붙여 吗 의문문을 만들 수 있다. 따라서 첫 번째 빈칸은 她听了这首歌吗？가 정답이다. 제시된 문장에서 문장 끝에 没有를 붙여 정반의문문을 만들 수 있다. 따라서 두 번째 빈칸은 她听了这首歌没有？가 정답이다.

② 제시된 문장 姐姐买了那些花。끝에 조사 吗를 붙여 吗 의문문을 만들 수 있다. 따라서 첫 번째 빈칸은 姐姐买了那些花吗？가 정답이다. 제시된 문장에서 문장 끝에 没有를 붙여 정반의문문을 만들 수 있다. 따라서 두 번째 빈칸은 姐姐买了那些花没有？가 정답이다.

어휘 花 huā 몡 꽃

3

정답 ① B   ② A

해석 ① 나는 집에 돌아갈 계획이다.
② 나는 지난달부터 영어를 배우기 시작했다.

해설 ① 제시된 문장의 술어는 打算(~할 계획이다)이며, 목적어는 술목구 回家(집에 가다)이다. 목적어가 술목구일 때는 동태조사 了를 사용할 수 없으므로, B 我打算回家。가 정답이다.

② 제시된 문장의 술어는 开始(시작하다)이며, 목적어는 술목구 学英语(영어를 배우다)이다. 목적어가 술목구일 때는 동태조사 了를 사용할 수 없으므로, A 我上个月开始学英语。가 정답이다.

어휘 开始 kāishǐ 동 시작하다

4

정답 ① 我已经吃了饭。
② 你做了作业没有？

해석 ① 나는 이미 밥을 먹었다.
② 너 숙제 했니？

해설 ① '동사+동태조사 了+명사' 형태의 吃了饭(밥을 먹었다)을 '술어+목적어'로 배치한 후, 술어와 의미상 어울리는 대사 我(나)를 주어로 배치한다. 남은 어휘인 부사 已经(이미)을 술어 吃 앞 부사어로 배치하여 문장을 완성한다.

② '동사+동태조사 了+명사' 형태의 做了作业(숙제를 하다)를 '술어+목적어' 위치에 배치한 후, 술어와 의미상 어울리는 대사 你(너)를 주어로 배치한다. 남은 어휘인 부사 没有를 문장 끝에 붙여 문장을 완성한다. 동태조사 了가 사용된 문장 끝에 没有가 와서 정반의문문이 되었으므로 문장 끝에 물음표를 쓴다.

어휘 已经 yǐjīng 부 이미   作业 zuòyè 몡 숙제

어휘 　自行车 zìxíngchē 명 자전거
骑 qí 동 (동물이나 자전거 등에) 타다
当 dāng 동 맡다, 되다　记者 jìzhě 명 기자
信 xìn 명 편지　寄 jì 동 보내다, 부치다

포인트 42 동태조사 过의 쓰임

p.93

1

정답　① A　② A　③ B

해석　① 할아버지는 베이징에 간 적이 있다.
　　　② 나는 컴퓨터 게임을 한 적이 있다.
　　　③ 이 문제는 내가 선생님에게 물어본 적이 있다.

해설　① 동태조사 过는 동사 바로 뒤에서 어떤 동작을 해봤거나 어떤 상태였음을 나타내므로, 동사 去 뒤에 동태조사 过가 온 A 爷爷去过北京。이 정답이다.
　　　② 동태조사 过는 동사 바로 뒤에서 어떤 동작을 해봤거나 어떤 상태였음을 나타내므로, 동사 玩 뒤에 동태조사 过가 온 A 我玩过电脑游戏。가 정답이다.
　　　③ 동태조사 过는 동사 바로 뒤에 와야 하므로, 동사 问 뒤에 동태조사 过가 온 B 这个问题我问过老师。이 정답이다.

어휘　爷爷 yéye 명 할아버지　游戏 yóuxì 명 게임

2

정답　① 见过　② 听过, 听过　③ 坐过, 坐过

해설　① '만나다'라는 뜻을 가진 동사 见 뒤에 동태조사 过를 붙인 见过(jiànguo, 만난 적 있다)가 정답이다.
　　　② '듣다'라는 뜻을 가진 동사 听 뒤에 동태조사 过를 붙인 听过(tīngguo, 들어본 적 있다)가 정답이다.
　　　③ '타다'라는 뜻을 가진 동사 坐 뒤에 동태조사 过를 붙인 坐过(zuòguo, 타본 적 있다)가 정답이다.

어휘　以前 yǐqián 명 예전

3

정답　① 我骑过自行车。
　　　② 他曾经当过记者。
　　　③ 我给她寄过信。

해석　① 나는 자전거를 탄 적이 있다.
　　　② 그는 이전에 기자를 한 적이 있다.
　　　③ 나는 그녀에게 편지를 보낸 적이 있다.

해설　① '동사+동태조사 过' 형태의 骑过(~을 탄 적 있다)를 술어 위치에 배치한 후, 술어와 의미상 어울리는 명사 自行车(자전거)를 목적어로, 대사 我(나)를 주어로 배치하여 문장을 완성한다.
　　　② '동사+동태조사 过' 형태의 当过(~을 한 적 있다)를 술어 위치에 배치한 후, 술어와 의미상 어울리는 명사 记者(기자)를 목적어로, '대사+부사' 형태의 他曾经(그는 이전에)를 '주어+부사어' 위치에 배치하여 문장을 완성한다.
　　　③ '동사+동태조사 过' 형태의 寄过(보낸 적 있다)를 술어 위치에 배치한 후, 술어와 의미상 어울리는 명사 信(편지)을 목적어로, '대사+개사+대사' 형태의 我给她(나는 그녀에게)를 '주어+부사어'로 배치하여 문장을 완성한다.

포인트 43 동태조사 过의 활용

p.95

1

정답　① B　② B

해석　① 나는 이 일에 대해 들은 적이 있다. - 나는 이 일에 대해 들은 적이 없다.
　　　② 왕 선생님은 중국어를 가르친 적이 있다. - 왕 선생님은 중국어를 가르친 적이 없다.

해설　① 제시된 문장 我听过这件事。에는 동태조사 过가 사용되었는데, 부정을 나타낼 때는 술어 앞에 부사 没(有)를 쓴다. 따라서 B 我没听过这件事。이 정답이다.
　　　② 제시된 문장 王老师教过汉语。에는 동태조사 过가 사용되었는데, 부정을 나타낼 때는 술어 앞에 부사 没(有)를 쓴다. 따라서 B 王老师没有教过汉语。가 정답이다.

어휘　教 jiāo 동 가르치다

2

정답　① 丽丽读过这本书吗？　丽丽读过这本书没有？
　　　② 他检查过作业吗？　他检查过作业没有？

해석　① 리리는 이 책을 읽은 적이 있다.　리리는 이 책을 읽은 적이 있나요?
　　　② 그는 숙제를 검사한 적이 있다.　그는 숙제를 검사한 적이 있나요?

해설　① 제시된 문장 丽丽读过这本书。끝에 조사 吗를 붙여 吗 의문문을 만들 수 있다. 따라서 첫 번째 빈칸은 丽丽读过这本书吗？가 정답이다. 제시된 문장에서 문장 끝에 没有를 붙여 정반의문문을 만들 수 있다. 따라서 두 번째 빈칸은 丽丽读过这本书没有？가 정답이다.
　　　② 제시된 문장 他检查过作业。끝에 조사 吗를 붙여 吗 의문문을 만들 수 있다. 따라서 첫 번째 빈칸은 他检查过作业吗？가 정답이다. 제시된 문장에서 문장 끝에 没有를 붙여 정반의문문을 만들 수 있다. 따라서 두 번째 빈칸은 他检查过作业没有？가 정답이다.

어휘　检查 jiǎnchá 동 검사하다　作业 zuòyè 명 숙제

3

정답　① X　② X　③ O

해설　① 동태조사 过는 평생동안 한 번 밖에 할 수 없는 동작인 出生(태어나다)과 함께 사용할 수 없다. 따라서 정답은 X이다.
　　　② 동태조사 过는 인지를 나타내는 동작인 了解(알다, 이해하다)와 함께 사용할 수 없다. 따라서 정답은 X이다.

③ 동사 复习(복습하다) 뒤에 동태조사 过가 쓰여 동작을 해봤다는 의미를 나타냈고, 목적어 这些内容(이 내용들)이 过 뒤에 쓰였다. 따라서 정답은 ⓞ이다. 참고로, 我复习过这些内容。은 '나는 이 내용들을 복습한 적이 있다.'라는 뜻이다.

어휘 出生 chūshēng ⑤ 태어나다
了解 liǎojiě ⑤ 알다, 이해하다   复习 fùxí ⑤ 복습하다
内容 nèiróng ⑲ 내용

4

정답 ① 我接过她的电话。
② 我没有吃过饺子。

해석 ① 나는 그녀의 전화를 받은 적이 있다.
② 나는 만두를 먹어본 적이 없다.

해설 ① '동사+동태조사 过+대사+的' 형태의 接过她的(그녀의 ~를 받은 적 있다)를 술어 위치에 배치한 후, 술어와 의미상 어울리는 명사 电话(전화)를 목적어로, 대사 我(나)를 주어로 배치하여 문장을 완성한다. 참고로, '대사+的' 형태의 她的는 목적어 电话 앞에서 관형어로 쓰였다.
② 동사 吃(먹다)과 没有(없다)가 술어가 될 수 있는데, 동태조사 过가 사용된 문장에서 부정을 나타낼 때는 술어 앞에 没有를 사용하므로 '동사+过+명사' 형태의 吃过饺子(만두를 먹어 본 적이 없다)를 '술어+목적어' 위치에 배치하고, 부사 没有(없다)를 술어 앞 부사어로 배치한다. 남은 어휘인 대사 我(나)를 주어로 배치하여 문장을 완성한다.

어휘 接 jiē ⑤ (전화를) 받다   饺子 jiǎozi ⑲ 만두, 교자

포인트 44 동태조사 着의 쓰임과 활용   p.97

1

정답 ① B   ② A

해석 ① 저기에는 그림 한 폭이 걸려 있다.
② 샤오둥은 누워서 책을 읽고 있다.

해설 ① 동태조사 着는 동사 바로 뒤에서 동작이나 상태가 지속되고 있음을 나타내므로, 동사 挂 뒤에 동태조사 着가 온 B 那里挂着一幅画。가 정답이다.
② 동태조사 着가 첫 번째 동작 뒤에 오면, 첫 번째 동작이 지속되는 상태에서 두 번째 동작을 하는 것을 나타내므로, 躺着 앞에, 看书 뒤에 온 A 小东躺着看书。가 정답이다.

어휘 挂 guà ⑤ 걸다   幅 fú ⑱ 폭[그림 등을 세는 단위]
躺 tǎng ⑤ 눕다

2

정답 ① B   ② A

해석 ① 할머니는 안경을 쓰고 있다. - 할머니는 안경을 쓰고 있지 않다.

② 선생님은 나를 보고 있다. - 선생님은 나를 보고 있지 않다.

해설 ① 제시된 문장 奶奶戴着眼镜。에는 동태조사 着가 사용되었는데, 부정을 나타낼 때는 술어 앞에 부사 没(有)를 써야 한다. 따라서 B 奶奶没有戴着眼镜。이 정답이다.
② 제시된 문장 老师看着我。에는 동태조사 着가 사용되었는데, 부정을 나타낼 때는 술어 앞에 부사 没(有)를 써야 한다. 따라서 A 老师没有看着我。가 정답이다.

어휘 奶奶 nǎinai ⑲ 할머니   眼镜 yǎnjìng ⑲ 안경

3

정답 ① 空调开着吗？   空调开着没有？
② 外面下着雨吗？   外面下着雨没有？

해석 ① 에어컨이 켜져 있다.   에어컨이 켜져 있나요?
② 밖에 비가 오고 있다.   밖에 비가 오고 있나요?

해설 ① 제시된 문장 空调开着。끝에 조사 吗를 붙여 吗 의문문을 만들 수 있다. 따라서 첫 번째 빈칸은 空调开着吗？가 정답이다. 제시된 문장에서 문장 끝에 没有를 붙여 정반의문문을 만들 수 있다. 따라서 두 번째 빈칸은 空调开着没有？가 정답이다.
② 제시된 문장 外面下着雨。끝에 조사 吗를 붙여 吗 의문문을 만들 수 있다. 따라서 첫 번째 빈칸은 外面下着雨吗？가 정답이다. 제시된 문장에서 문장 끝에 没有를 붙여 정반의문문을 만들 수 있다. 따라서 두 번째 빈칸은 外面下着雨没有？가 정답이다.

어휘 空调 kōngtiáo ⑲ 에어컨

4

정답 ① 他们穿着校服。
② 她哭着离开了教室。

해석 ① 그들은 교복을 입고 있다.
② 그녀는 울면서 교실을 떠났다.

해설 ① '동사+동태조사 着' 형태의 穿着(입고 있다)를 술어 위치에 배치한 후, 술어와 의미상 어울리는 명사 校服(교복)를 목적어로, 대사 他们(그들)을 주어로 배치하여 문장을 완성한다.
② 동사 哭(울다)와 离开(떠나다)가 술어가 될 수 있는데, 문맥상 哭着离开了(울면서 떠났다)가 자연스럽게 연결되므로 이를 술어1, 술어2로 배치한다. 남은 어휘인 명사 教室(교실)을 술어2 뒤 목적어로, 대사 她(그녀)를 주어로 배치하여 문장을 완성한다.

어휘 校服 xiàofú ⑲ 교복   哭 kū ⑤ 울다
离开 líkāi ⑤ 떠나다

1

정답   ① B   ② C   ③ C

해석   ① 나와 리리는 그림 그리는 것을 배운 적이 있다.
        ② 그 아이는 귀엽고 똑똑하기도 하다.
        ③ 이 셔츠는 예쁠 뿐만 아니라, 또한 저렴하다.

해설   ① 접속사 和는 두 대상을 연결하므로, 我(나)와 丽丽(리리) 사이인 B가 정답이다.
        ② 접속사 又는 既…又…(~하고 ~하기도 하다)의 형태로 자주 쓰이므로, 既可爱(귀엽고) 뒤, 聪明(똑똑하다) 앞인 C가 정답이다.
        ③ 접속사 而且는 不但…而且…(~할 뿐만 아니라, 또한)의 형태로 자주 쓰이므로, 不但很好看(예쁠 뿐만 아니라) 뒤, 很便宜(저렴하다) 앞인 C가 정답이다.

어휘   画 huà 동 (그림을) 그리다 명 그림
        可爱 kě'ài 형 귀엽다   聪明 cōngming 형 똑똑하다
        衬衫 chènshān 명 셔츠

2

정답   ① 与   ② 以及   ③ 也   ④ 一边 , 一边

해석   ① 리 선생님과 장 선생님은 모두 외국인이다.
        ② 베이징, 상하이 및 광저우는 모두 대도시이다.
        ③ 이 책은 내용이 풍부할 뿐만 아니라, 또한 재미있기도 하다.
        ④ 그는 항상 길을 걸으면서 휴대폰을 본다.

해설   ① 괄호 앞의 李先生(리 선생님)과 괄호 뒤의 张先生(장 선생님)을 연결할 수 있는 접속사 与(~와/과)가 정답이다.
        ② 괄호 앞의 北京、上海(베이징, 상하이)와 괄호 뒤의 广州(광저우)를 연결할 수 있는 접속사 以及(및)가 정답이다.
        ③ 앞 문장의 접속사 不仅(~뿐만 아니라)과 자주 함께 쓰이는 부사 也(또한)가 정답이다.
        ④ 괄호 뒤의 동작 走路(길을 걷다)와 看手机(휴대폰을 본다)가 동시에 진행되고 있음을 나타내는 접속사 一边…一边(~하면서 ~하다)이 정답이다.

어휘   城市 chéngshì 명 도시   内容 nèiróng 명 내용
        丰富 fēngfù 형 풍부하다   有趣 yǒuqù 형 재미있다
        总是 zǒngshì 부 항상

3

정답   ① 跟   ② 不仅   ③ 既

해석   ① 나와 그는 모두 한국에서 왔다.
        ② 그녀는 중국어를 할 줄 알 뿐만 아니라, 영어도 할 줄 안다.
        ③ 우리 엄마는 젊고 예쁘다.

해설   ① 빈칸 앞 我(나)와 빈칸 뒤 他(그)를 연결할 수 있는 접속사 跟(~와/과)이 정답이다.
        ② 뒤 문장 还会说英语에서 부사 还(또한)와 자주 함께 쓰이

        는 접속사 不仅(~뿐만 아니라)이 정답이다.
        ③ 빈칸 뒤 부사 又(~하다)와 자주 함께 쓰이는 접속사 既(~하고)가 정답이다.

어휘   来自 láizì 동 ~에서 오다   年轻 niánqīng 형 젊다

포인트
46 전환을 나타내는 접속사   p.101

1

정답   ① B   ② C   ③ B

해석   ① 이 영화는 긴데, 재미있다.
        ② 그 집은 비록 크지 않지만, 아주 깨끗하다.
        ③ 나는 쇼핑을 하고 싶지만, 남편은 집에서 쉬고 싶어한다.

해설   ① 접속사 不过는 앞에서 나온 상황과 다른 상황이 펼쳐짐을 나타내므로, 很长(길다)과 很有意思(재미있다) 사이인 B가 정답이다.
        ② 접속사 但是은 앞에서 나온 상황과 다른 상황이 펼쳐짐을 나타내며, 虽然…但是…(비록 ~이지만, 그러나)의 형태로 자주 쓰이므로 不大(크지 않다)와 非常干净(아주 깨끗하다) 사이인 C가 정답이다.
        ③ 접속사 而은 병렬, 점층, 전환을 모두 나타낼 수 있는 접속사인데, 我想去逛街(나는 쇼핑하고 싶다)와 상반된 상황인 丈夫想在家休息(남편은 집에서 쉬고 싶어한다) 사이인 B가 정답이다. 이때 접속사 而은 전환을 나타낸다.

어휘   有意思 yǒu yìsi 재미있다   干净 gānjìng 형 깨끗하다

2

정답   ① 可是   ② 尽管   ③ 然而

해석   ① 나는 이미 노력했지만, 시험을 통과하지 못했다.
        ② 비록 이 임무는 어렵지만, 우리는 그래도 완수했다.
        ③ 그들은 비록 동료이지만, 평소에 이야기를 많이 하지 않는다.

해설   ① 괄호 앞의 很努力了(노력했다)와 괄호 뒤의 没有通过考试(시험을 통과하지 못했다)을 연결할 수 있으면서, 문맥과도 어울리는 접속사 可是(하지만)이 정답이다.
        ② 앞 문장의 任务很难(임무가 어렵다)과 뒤 문장의 还是完成了(그래도 완수했다)를 연결할 수 있으면서, 뒤 문장의 접속사 但(그러나)과 자주 함께 쓰이는 접속사 尽管(비록 ~이지만)이 정답이다.
        ③ 괄호 앞의 是同事(동료이다)과 괄호 뒤의 平时很少说话(평소에 이야기를 많이 하지 않는다)를 연결할 수 있으면서, 앞 문장의 접속사 虽然(비록 ~이지만)과 자주 함께 쓰이는 접속사 然而(그러나)이 정답이다.

어휘   努力 nǔlì 동 노력하다   通过 tōngguò 동 통과하다
        任务 rènwu 명 임무   难 nán 형 어렵다
        还是 háishi 부 그래도   完成 wánchéng 동 완수하다
        同事 tóngshì 명 동료   平时 píngshí 명 평소

3

정답 ① 尽管　② 然而

해석 ① 그는 비록 그 일을 하기 싫어했지만, 그래도 했다.
② 나는 그를 안 지 여러 해가 되었지만, 그를 잘 알지는 못한다.

해설 ① 앞 문장의 不愿意做(하기 싫어하다)와 뒤 문장의 还是做了(그래도 했다)를 연결할 수 있으면서, 뒤 문장의 접속사 可(그러나)와 자주 함께 쓰이는 접속사 尽管(비록 ~이지만)이 정답이다.
② 빈칸 앞의 认识他很多年了(그를 안 지 여러 해가 되었다)와 빈칸 뒤의 문장 不是很了解他(그를 잘 알지 못한다)를 연결할 수 있으면서, 문맥과도 어울리는 접속사 然而(그러나)이 정답이다.

어휘 还是 háishi 부 그래도　了解 liǎojiě 동 알다

포인트 47 인과, 조건을 나타내는 접속사
p.103

1

정답 ① B　② B　③ A

해석 ① 일이 있기 때문에, 그래서 반드시 회사에 한 번 가야 한다.
② 듣자 하니 샤오왕이 오려고 한다는데, 그래서 저도 왔어요.
③ 내가 어떻게 설명하든 그는 나를 믿지 않는다.

해설 ① 접속사 所以는 원인과 결과를 연결하며, 因为…所以…(~하기 때문에, 그래서~)의 형태로 자주 쓰이므로, 원인을 나타내는 有事(일이 있다) 뒤, 결과를 나타내는 得去一趟公司(회사에 한 번 가야 한다) 앞인 B가 정답이다.
② 접속사 于是은 뒤의 상황이 앞의 상황 때문에 일어남을 나타내므로, 小王要来(샤오왕이 오려고 한다) 뒤, 我也来了(나도 왔다) 앞인 B가 정답이다.
③ 접속사 无论은 无论…都…(~든, ~에 관계없이)형태로 자주 쓰이므로, 문장의 가장 앞인 A가 정답이다.

어휘 得 děi 조동 반드시 ~해야 한다
趟 tàng 양 번[횟수를 세는 데 쓰임]
解释 jiěshì 동 설명하다　相信 xiāngxìn 동 믿다

2

정답 ① 才　② 就　③ 才

해석 ① 열심히 연습해야만, 비로소 좋은 성적을 받을 수 있다.
② 이런 물건은 돈만 있으면, 살 수 있다.
③ 그가 와야만, 이 문제를 해결할 수 있다.

해설 ① 괄호 앞의 努力练习(열심히 연습하다)와 괄호 뒤의 能拿到好成绩(좋은 성적을 받을 수 있다)를 연결할 수 있으면서, 앞 문장의 접속사 只有(~해야만)와 자주 함께 쓰이는 부사 才(비로소)가 정답이다.
② 괄호 앞의 有钱(돈이 있다)과 괄호 뒤의 能买到(살 수 있

다)를 연결할 수 있으면서, 앞 문장의 접속사 只要(~하기만 하면)와 자주 함께 쓰이는 부사 就가 정답이다.
③ 괄호 앞의 他来(그가 오다)와 괄호 뒤의 能解决这个问题(이 문제를 해결할 수 있다)를 연결할 수 있으면서, 앞 문장의 접속사 除非(~하여야만)와 자주 함께 쓰이는 부사 才(비로소)가 정답이다.

어휘 练习 liànxí 동 연습하다　拿 ná 동 받다
成绩 chéngjì 명 성적　解决 jiějué 동 해결하다

3

정답 ① 既然　② 因此　③ 不管

해석 ① 당신이 원하지 않는 이상, 할 수 없죠.
② 그는 아프기 때문에, 그래서 수업을 하러 오지 않았다.
③ 당신이 언제 오든, 저는 당신을 환영해요.

해설 ① 앞 문장의 不愿意(원하지 않다)와 뒤 문장의 那就算了(할 수 없다)를 연결할 수 있으면서, 뒤 문장의 부사 就와 함께 쓸 수 있는 접속사 既然(~인 이상)이 정답이다.
② 빈칸 앞 生病了(아프다)와 빈칸 뒤 没有来上课(수업을 하러 오지 않았다)를 연결할 수 있으면서, 앞 문장의 접속사 由于(~하기 때문에)와 함께 쓸 수 있는 접속사 因此(그래서)가 정답이다.
③ 앞 문장의 你什么时候来(당신이 언제 오다)와 뒤 문장의 我都欢迎你(나는 당신을 환영한다)를 연결할 수 있으면서, 뒤 문장의 부사 都와 함께 쓸 수 있는 접속사 不管(~든, ~에 관계없이)이 정답이다.

어휘 欢迎 huānyíng 동 환영하다

포인트 48 선택을 나타내는 접속사
p.105

1

정답 ① C　② C　③ A

해석 ① 앞의 저 건물은 서점이 아니라 도서관이다.
② 마트에 가면, 바나나 아니면 수박을 사세요.
③ 나는 혼자 갈지언정, 그와 함께 가고 싶지 않다.

해설 ① 접속사 而是은 不是…而是…(~가 아니라 ~이다)의 형태로 자주 쓰이므로, 不是书店(서점이 아니다) 뒤, 图书馆(도서관) 앞인 C가 정답이다.
② 접속사 或者는 '~ 아니면 ~'의 뜻으로 여러 대상을 연결하므로, 香蕉(바나나) 뒤, 西瓜(수박) 앞인 C가 정답이다.
③ 접속사 宁可는 宁可…也不…(~지언정, ~하지 않겠다)의 형태로 자주 쓰이므로, 一个人去(혼자 가다) 앞인 A가 정답이다.

어휘 楼 lóu 명 건물　图书馆 túshūguǎn 명 도서관
超市 chāoshì 명 마트　香蕉 xiāngjiāo 명 바나나
跟 gēn 개 ~와/과

2

정답　① 不如　② 要么, 要么　③ 就是

해석　① 집에서 인터넷을 하느니, 나가서 노는 것이 낫다.
　　　② 제가 가든지 당신이 오세요.
　　　③ 리 매니저는 회의하는 것이 아니면 손님을 만나고 있다.

해설　① 앞 문장의 접속사 与其(~하느니)와 자주 함께 쓰이는 접속사 不如(~하는 것이 낫다)가 정답이다.
　　　② 앞 문장의 我去(내가 가다)와 뒤 문장의 你来(당신이 오다)라는 두 상황 중 하나를 선택하는 것을 나타내는 접속사 要么…要么…(~하든지, ~하든지)가 정답이다.
　　　③ 앞 문장의 접속사 不是(~이 아니다)과 자주 함께 쓰이는 접속사 就是(~이다)이 정답이다.

어휘　上网 shàngwǎng 图 인터넷을 하다
　　　经理 jīnglǐ 图 매니저　客人 kèrén 图 손님

3

정답　① 就是　② 与其　③ 还是

해석　① 그는 주말에 친구를 만나는 것이 아니면, 농구를 한다.
　　　② 앉아서 기회를 기다리느니, 나가서 기회를 찾는 것이 낫다.
　　　③ 당신은 영화를 보고 싶나요, 아니면 드라마를 보고 싶나요?

해설　① 앞 문장의 접속사 不是(~이 아니다)과 자주 함께 쓰이는 접속사 就是(~이다)이 정답이다.
　　　② 뒤 문장의 접속사 不如(~하는 것이 낫다)와 자주 함께 쓰이는 접속사 与其(~하느니)가 정답이다.
　　　③ 빈칸 앞 看电影(영화를 보다)과 빈칸 뒤 看电视剧(드라마를 보다)를 연결할 수 있으면서, 문맥과도 어울리는 접속사 还是(~ 아니면 ~)이 정답이다.

어휘　周末 zhōumò 图 주말　机会 jīhuì 图 기회

포인트 49　가정을 나타내는 접속사　　p.107

1

정답　① A　② A　③ C

해석　① 만약 당신이 힘들다면, 좀 쉬세요.
　　　② 설령 오늘 저녁에 자지 않을지라도, 축구 경기를 볼 것이다.
　　　③ 우리 빨리 가요. 그렇지 않으면 지각하겠어요.

해설　① 접속사 如果는 가정을 나타내며, 如果…的话(만약 ~다면)의 형태로 자주 쓰이므로, 가정을 나타내는 상황인 你很累的话(만약 당신이 힘들다면) 앞인 A가 정답이다.
　　　② 접속사 哪怕는 가정을 나타내며, 哪怕…也…(설령 ~할지라도)의 형태로 자주 쓰이므로, 가정을 나타내는 상황인 今晚不睡觉(오늘 저녁에 자지 않는다) 앞인 A가 정답이다.
　　　③ 접속사 不然은 가정을 나타내므로, 가정을 나타내는 상황

인 就迟到了(지각하다)앞인 C가 정답이다.

어휘　比赛 bǐsài 图 경기　迟到 chídào 图 지각하다

2

정답　① 万一　② 假如　③ 就是

해석　① 만일 비가 와도 괜찮아요. 제가 우산을 가져왔어요.
　　　② 만약 기회가 있다면, 저는 외국으로 유학을 가고 싶어요.
　　　③ 설령 모두가 반대한다고 해도, 나는 견딜 것이다.

해설　① 괄호 뒤의 두 문장을 연결할 수 있으면서, 문맥과도 어울리는 접속사 万一(만일)이 정답이다.
　　　② 앞 문장의 的话와 자주 함께 쓰이고, 문맥과도 어울리는 접속사 假如(만약)가 정답이다. 참고로, 万一도 假如와 비슷한 '만일'이라는 뜻이지만, 발생하지 않길 바라는 일을 가정할 때 쓰이므로 문맥과 맞지 않다.
　　　③ 뒤 문장의 부사 也와 자주 함께 쓰이는 접속사 就是(설령 ~할지라도)이 정답이다.

어휘　带 dài 图 가지다　伞 sǎn 图 우산　机会 jīhuì 图 기회
　　　留学 liúxué 图 유학하다　反对 fǎnduì 图 반대하다
　　　坚持 jiānchí 图 견디다

3

정답　① 即使　② 要是　③ 不然

해석　① 설령 당신이 건강할지라도 자주 신체를 단련해야 한다.
　　　② 만약 내가 이런 일에 부딪힌다면, 이렇게 하지 않을 것이다.
　　　③ 사고 싶으면 사세요. 그렇지 않으면 후회할 거예요.

해설　① 뒤 문장의 부사 也와 자주 함께 쓰이는 접속사 即使(설령 ~할지라도)이 정답이다.
　　　② 뒤 문장의 부사 就와 자주 함께 쓰이는 접속사 要是(만약 ~라면)이 정답이다.
　　　③ 빈칸 앞 뒤 문장을 연결할 수 있으면서, 문맥과도 어울리는 접속사 不然(그렇지 않으면)이 정답이다.

어휘　健康 jiànkāng 图 건강하다　经常 jīngcháng 图 자주
　　　锻炼 duànliàn 图 단련하다　遇到 yùdào 图 부딪치다
　　　后悔 hòuhuǐ 图 후회하다

포인트 50　주어가 될 수 있는 것　　p.109

1

정답　① 你　② 安全　③ 六

해석　① 당신이 잠깐 올 수 있어요?
　　　② 안전이 가장 중요하다.
　　　③ 6은 내가 가장 좋아하는 숫자이다.

어휘　安全 ānquán 图 안전하다　重要 zhòngyào 图 중요하다
　　　数字 shùzì 图 숫자

2

정답　① B　② A　③ C

해석　① 우리 아빠 - 중국어를 가르치다
　　　② 모레 - 일요일
　　　③ 책을 읽다 - 좋은 습관이다

해설　① 我爸爸教汉语。는 '우리 아빠는 중국어를 가르친다.'라는 뜻이다.
　　　② 后天礼拜天。은 '모레는 일요일이다.'라는 뜻이다.
　　　③ 读书是很好的习惯。은 '책을 읽는 것은 좋은 습관이다.'라는 뜻이다.

어휘　礼拜天 lǐbàitiān 명 일요일　教 jiāo 동 가르치다
　　　习惯 xíguàn 명 습관

3

정답　① 你吃的　② 一公里　③ 我加班

해석　① 당신이 먹은 것은 무엇인가요?
　　　② 1km는 1,000m이다.
　　　③ 내가 야근하는 것은 업무를 끝내기 위함이다.

해설　① 的자구 형태의 你吃的(당신이 먹은 것)가 정답이다.
　　　② 수량사 一公里(1km)가 정답이다.
　　　③ 주술구 형태의 我加班(내가 야근하는 것은)이 정답이다.

어휘　公里 gōnglǐ 양 킬로미터(km)　加班 jiābān 동 야근하다
　　　为了 wèile 개 ~하기 위해서　完成 wánchéng 동 끝내다

포인트 51 술어가 될 수 있는 것　p.111

1

정답　① 去睡觉　② 大　③ 怎么样

해석　① 가서 자세요.
　　　② 이 공원은 크다.
　　　③ 몸은 어떤가요?

어휘　公园 gōngyuán 명 공원

2

정답　① C　② A　③ B

해석　① 내일 - 8월 15일
　　　② 이 책 - 두껍다
　　　③ 그들 네 명 - 사이가 좋다

해설　① 明天八月十五号。는 '내일은 8월 15일이다.'라는 뜻이다.
　　　② 这本书很厚。는 '이 책은 두껍다.'라는 뜻이다.
　　　③ 他们四个人关系很好。는 '그들 네 명은 사이가 좋다.'라는 뜻이다.

어휘　关系 guānxi 명 사이

3

정답　① 性格很好　② 怎么　③ 三十块

해석　① 여동생은 성격이 좋다.
　　　② 샤오왕, 무슨 일이에요?
　　　③ 이 사과들은 총 30위안이다.

해설　① 주술구 형태의 性格很好가 정답이다.
　　　② 의문대사 怎么가 정답이다.
　　　③ 수량사 三十块가 정답이다.

어휘　性格 xìnggé 명 성격　一共 yígòng 부 총, 모두

포인트 52 목적어가 될 수 있는 것　p.113

1

정답　① 我们　② 他去了哪里　③ 李阿姨给的

해석　① 선생님은 우리에게 관심을 가지고 계신다.
　　　② 나는 그가 어디에 갔는지 안다.
　　　③ 이것은 리 아주머니가 주신 것이다.

어휘　关心 guānxīn 동 관심을 갖다　阿姨 āyí 명 아주머니

2

정답　① B　② C　③ A

해석　① 나는 사고 싶다 - 음료수
　　　② 나는 ~할 계획이다 - 경기에 참가하다
　　　③ 모두들 ~라고 생각하다 - 힘들다

해설　① 我想买饮料。는 '나는 음료수를 사고 싶다.'라는 뜻이다.
　　　② 我打算参加比赛。는 '나는 경기에 참가할 계획이다.'라는 뜻이다.
　　　③ 大家都觉得很累。는 '모두들 힘들다고 생각한다.'라는 뜻이다.

어휘　打算 dǎsuan 동 ~할 계획이다　饮料 yǐnliào 명 음료수
　　　参加 cānjiā 동 참가하다　比赛 bǐsài 명 경기

3

정답　① 你开心　② 我父母　③ 两百多块

해석　① 나는 당신이 기쁘길 바라요.
　　　② 그들은 나의 부모님이다.
　　　③ 그 사전들은 200여 위안에 팔렸다.

해설　① 주술구 형태의 你开心이 정답이다.
　　　② 명사구 형태의 我父母가 정답이다.
　　　③ 수량사 两百多块가 정답이다.

어휘　词典 cídiǎn 명 사전

어휘   精彩 jīngcǎi 톙 훌륭하다   比赛 bǐsài 몡 경기

1

정답   ① C   ② C   ③ A

해석   ① 나는 간단한 방법을 찾았다.
② 우리는 즐거운 경험이 하나 있다.
③ 그가 아는 내용은 많지 않다.

해설   ① 형용사 简单은 的와 함께 쓰여 관형어가 되므로, 的办法
(~한 방법) 앞인 C가 정답이다.
② 형용사구 很开心은 的와 함께 쓰여 관형어가 되므로, 的
经历(~한 경험) 앞인 C가 정답이다.
③ 주술구 他知道는 的와 함께 쓰여 관형어가 되므로, 的 앞
인 A가 정답이다.

어휘   简单 jiǎndān 톙 간단하다   办法 bànfǎ 몡 방법
经历 jīnglì 몡 경험   内容 nèiróng 몡 내용

2

정답   ① A   ② B   ③ B

해석   ① 새로 온 선생님은 젊다.
② 나는 더 좋은 컴퓨터를 사고 싶다.
③ 책에는 중국의 역사에 대한 것이 쓰여 있다.

해설   ① 동사구 新来(새로 오다)는 的와 함께 쓰여 관형어가 되므
로, A 新来的老师很年轻. 이 정답이다.
② 동사구 更好(더 좋다)는 的와 함께 쓰여 관형어가 되므로,
B 我想买更好的电脑. 가 정답이다.
③ 개사구 关于中国(중국에 대한)는 的와 함께 쓰여 관형어
가 되므로, B 书里写了关于中国的历史. 이 정답이다.

어휘   年轻 niánqīng 톙 젊다   更 gèng 뷔 더
关于 guānyú 개 ~에 대해   历史 lìshǐ 몡 역사

3

정답   ① 昨天的比赛很精彩。
② 她有长长的头发。
③ 她写的字很好看。

해석   ① 어제의 경기는 훌륭했다.
② 그녀는 기다란 머리가락을 가지고 있다.
③ 그녀가 쓴 글자는 예쁘다.

해설   ① 형용사가 포함된 很精彩(훌륭하다)를 술어 위치에 배치한
후, 술어와 의미상 어울리는 명사 比赛(경기)를 주어로 배
치한다. 남은 어휘인 '명사+的' 형태의 昨天的(어제의)를
주어 앞 관형어로 배치하여 문장을 완성한다.
② '대사+동사' 형태의 她有(그녀는 ~을 가지고 있다)를 '주어
+술어'로 배치한 후, 술어와 의미상 어울리는 명사 头发
(머리카락)를 목적어로 배치한다. 남은 어휘인 '형용사+
的' 형태의 长长的(기다란)를 목적어 앞 관형어로 배치하
여 문장을 완성한다.
③ 동사가 포함된 很好看(예쁘다)을 술어 위치에 배치한 후,

1

정답   ① A   ② C   ③ B

해석   ① 우리 회사는 크다.
② 나는 컵 두 개가 필요하다.
③ 그녀의 학습 태도는 매우 좋다.

해설   ① 인칭대사 我们은 的 없이 관형어가 되어 명사를 꾸며주
므로, 명사 公司(회사) 앞인 A가 정답이다.
② '수사+양사'인 两个는 的 없이 관형어가 되어 명사를 꾸
며주므로, 명사 杯子(컵) 앞인 C가 정답이다.
③ 동사 学习는 的 없이 관형어가 되어 명사를 꾸며주므로,
명사 态度(태도) 앞인 B가 정답이다.

어휘   态度 tàidu 몡 태도

2

정답   ① B   ② A   ③ B

해석   ① 샤오왕의 아빠는 교통 경찰이다.
② 엄마가 사과 세 근을 샀다.
③ 나의 이웃은 중국 사람이다.

해설   ① 가족을 나타내는 인칭대사가 아닌 관형어에는 的가 있어
야 하므로, B 小王的爸爸是交通警察. 가 정답이다.
② '수사+양사'인 三斤(세 근)은 的 없이 관형어가 되므로, A
妈妈买了三斤苹果. 가 정답이다.
③ 명사 中国(중국)와 의미적으로 밀접한 人(사람)은 的 없이
관형어가 되므로, B 我的邻居是中国人. 이 정답이다.

어휘   交通 jiāotōng 몡 교통   警察 jǐngchá 몡 경찰
邻居 línjū 몡 이웃

3

정답   ① 那个箱子很重。
② 他喜欢喝冰咖啡。
③ 奶奶家有三只猫。

해석   ① 그 상자는 무겁다.
② 그는 아이스커피 마시는 것을 좋아한다.
③ 할머니 집에는 고양이가 세 마리가 있다.

해설   ① 형용사가 포함된 很重(무겁다)를 술어 위치에 배치한 후,
술어와 의미상 어울리는 명사 箱子(상자)를 주어로 배치
한다. 남은 어휘인 대사 那个(그)를 주어 앞 관형어로 배
치하여 문장을 완성한다.

② 동사 喜欢(좋아하다)과 喝(마시다)가 술어가 될 수 있는데, 이 중 喜欢은 술목구를 목적어로 취할 수 있는 동사이므로, 喜欢을 술어로 먼저 배치한다. 그 후 喝와 咖啡(커피)를 술목구 喝咖啡(커피를 마시다)로 연결하여 술어 喜欢 뒤 목적어로 배치한다. 남은 어휘인 명사 冰(아이스)을 목적어 앞 관형어로 배치하여 문장을 완성한다.

③ 동사 有(~이 있다)를 술어로 배치한 후, 술어와 의미상 어울리는 명사 猫(고양이)를 목적어로, 奶奶家(할머니 집)를 주어로 배치한다. 남은 어휘인 '수사+양사' 형태의 三只(세 마리)을 목적어 앞 관형어로 배치하여 문장을 완성한다.

어휘 重 zhòng 형 무겁다   冰 bīng 명 아이스, 얼음
奶奶 nǎinai 명 할머니   只 zhī 양 마리

포인트 55 여러 개의 관형어의 배열 순서 p.119

1

정답 ① B   ② B   ③ B

해석 ① 그는 그 고기를 몇 점 먹었다.
② 나는 어제 한 편의 좋은 영화를 보았다.
③ 나는 더 큰 그 접시를 선택했다.

해설 ① 지시대사 那는 '수사+양사' 관형어 앞에 오므로, 几块(몇 점) 앞인 B가 정답이다.
② '수사+양사'인 一部는 형용사 관형어 앞에 오므로, 好(좋다) 앞인 B가 정답이다.
③ 형용사구 更大的는 '대사+양사' 관형어보다 앞에 오므로, 那个(그) 앞인 B가 정답이다.

어휘 更 gèng 부 더   盘子 pánzi 명 접시

2

정답 ① X   ② O   ③ X

해석 ① 나의 그 우산은 고장났다. (我的那把雨伞坏了。)
② 나는 그 친절한 이웃에게 감사한다.
③ 샤오리의 형은 유명한 작가이다. (小李的哥哥是一位有名的作家。)

해설 ① 제시된 문장 那把我的雨伞坏了。에서 소유를 나타내는 관형어 我的(나의)가 가장 앞에 와야 한다. 따라서 정답은 X이다. 참고로, '나의 그 우산은 고장났다.'는 我的那把雨伞坏了。(Wǒ de nà bǎ yǔsǎn huài le.)이다.
② 제시된 문장 我很感谢那位热情的邻居。에서 형용사 관형어 热情(친절하다)은 '대사+양사' 관형어 那位(그 분) 뒤에 온다. 따라서 정답은 O이다.
③ 제시된 문장 小李的哥哥是有名的一位作家。에서 형용사 관형어 有名(유명하다)은 '대사+양사' 관형어 一位(한 분) 뒤에 와야 한다. 따라서 정답은 X이다. 참고로, '샤오리의 형은 유명한 작가이다.'는 小李的哥哥是一位有名的作家。(Xiǎo Lǐ de gēge shì yí wèi yǒumíng de zuòjiā.)이다.

어휘 把 bǎ 양 [손잡이가 있는 기구를 세는 단위]
雨伞 yǔsǎn 명 우산   坏 huài 동 고장나다
感谢 gǎnxiè 동 감사하다   位 wèi 양 분
热情 rèqíng 형 친절하다   邻居 línjū 명 이웃
有名 yǒumíng 형 유명하다   作家 zuòjiā 명 작가

3

정답 ① 昨天参加的那场考试很重要。
② 我想喝一杯新鲜的果汁。
③ 那是一座小小的城市。

해석 ① 어제 참가한 그 시험은 중요하다.
② 나는 신선한 과일주스 한 잔을 마시고 싶다.
③ 그것은 하나의 작디 작은 도시이다.

해설 ① 형용사가 포함된 很重要(중요하다)를 술어 위치에 배치한 후, 술어와 의미상 어울리는 '대사+양사+명사' 형태의 那场考试(그 시험)을 '관형어+주어'로 배치한다. 남은 어휘인 동사구 관형어 昨天参加的(어제 참가한)는 '대사+양사' 관형어 앞에 오므로, 那场考试 앞에 배치하여 문장을 완성한다.
② '대사+조동사+동사' 형태의 我想喝(나는 마시고 싶다)를 '주어+부사어+술어' 위치에 배치한 후, 술어와 의미상 어울리는 명사 果汁(과일주스)을 목적어로 배치한다. 남은 어휘 중 형용사 관형어는 '수사+양사' 뒤에 오므로, 一杯(한 잔) 뒤에 新鲜的(신선한)를 연결한 후 목적어 앞에 배치하여 문장을 완성한다.
③ '대사+동사' 형태의 那是(그것은 ~이다)을 '주어+술어'로 배치한 후, 술어와 의미상 어울리는 명사 城市(도시)을 목적어로 배치한다. 남은 어휘 중 형용사 관형어는 '수사+양사' 뒤에 오므로, 一座(하나) 뒤에 小小的(작디 작은)를 연결한 후 목적어 앞 관형어로 배치하여 문장을 완성한다.

어휘 重要 zhòngyào 형 중요하다   场 chǎng 양 번, 차례
参加 cānjiā 동 참가하다   新鲜 xīnxiān 형 신선하다
果汁 guǒzhī 명 과일주스   城市 chéngshì 명 도시

포인트 56 부사어의 쓰임, 地를 포함하는 부사어 p.121

1

정답 ① B   ② B   ③ B

해석 ① 비행기는 안전하게 이륙했다.
② 당신은 열심히 공부해야 한다.
③ 그녀는 이 문제를 잘 해결했다.

해설 ① '2음절 형용사+地' 형태의 부사어 安全地는 동사 술어를 수식하므로, 술어 起飞(이륙하다) 앞인 B가 정답이다.
② 형용사 努力는 地 없이 술어 앞에서 부사어가 될 수 있으므로, 술어 学习(공부하다) 앞인 B가 정답이다.
③ '형용사구+地' 형태의 很好地는 동사 술어를 수식하므로, 술어 解决了(해결했다) 앞인 B가 정답이다.

어휘 起飞 qǐfēi 동 이륙하다

应该 yīnggāi [조동] (마땅히) ~해야 한다
解决 jiějué [동] 해결하다

2

정답   ① B ② B ③ A

해석   ① 그녀는 열정적으로 나를 도와주었다.
      ② 그는 순리대로 받아들였다.
      ③ 학생들은 손을 높게 들었다.

해설   ① 2음절 형용사 热情(열정적이다)은 地와 함께 쓰여 부사어가 되므로, B 她热情地帮助了我。가 정답이다.
      ② 사자성어 顺其自然(순리에 따르다)은 地와 함께 쓰여 부사어가 되므로, B 他顺其自然地接受了。가 정답이다.
      ③ 중첩된 형용사 高高(높디 높다)는 地와 함께 쓰여 부사어가 되므로, A 同学们高高地举了手。가 정답이다.

어휘   热情 rèqíng [형] 열정적이다
      顺其自然 shùnqízìrán [성] 순리에 따르다   举 jǔ [동] 들다

3

정답   ① 她开心地出门了。
      ② 小狗不停地叫着。
      ③ 我清楚地了解这件事。
      ④ 我们愉快地聊天了。

해석   ① 그녀는 기쁘게 문을 나섰다.
      ② 강아지는 끊임없이 짖고 있다.
      ③ 나는 이 일에 대해 정확하게 안다.
      ④ 우리는 신나게 이야기했다.

해설   ① 동사가 포함된 出门了(문을 나섰다)를 술어 위치에 배치한 후, 술어와 의미상 어울리는 대사 她(그녀)를 주어로 배치한다. 남은 어휘인 '형용사+地' 형태의 开心地(기쁘게)를 술어 앞 부사어로 배치하여 문장을 완성한다.
      ② 동사가 포함된 叫着(짖고 있다)를 술어 위치에 배치한 후, 술어와 의미상 어울리는 명사 小狗(강아지)를 주어로 배치한다. 남은 어휘인 '부사+地' 형태의 不停地(끊임없이)를 술어 앞 부사어로 배치하여 문장을 완성한다.
      ③ 동사 了解(알다)를 술어로 배치한 후, 술어와 의미상 어울리는 这件事(이 일)을 '관형어+목적어'로, 대사 我(나)를 주어로 배치한다. 남은 어휘인 '형용사+地' 형태의 清楚地(정확하게)를 술어 앞 부사어로 배치하여 문장을 완성한다.
      ④ 동사 聊天(이야기하다)을 술어로 배치한 후, 술어와 의미상 어울리는 대사 我们(우리)을 주어로 배치한다. 남은 어휘인 '형용사+地' 형태의 愉快地(신나게)를 술어 앞 부사어로 배치하고, 조사 了는 술어 뒤에 배치하여 문장을 완성한다.

어휘   开心 kāixīn [형] 기쁘다   不停 bùtíng [부] 끊임없이
      清楚 qīngchu [형] 정확하다   了解 liǎojiě [동] 알다
      聊天 liáotiān [동] 이야기하다   愉快 yúkuài [형] 신나다

포인트 **57** 地를 포함하지 않는 부사어   p.123

1

정답   ① B ② B ③ A

해석   ① 나는 중요한 일을 자주 잊어버린다.
      ② 그녀는 10분 늦게 도착했다.
      ③ 최근에 그는 그곳에 거의 가지 않는다.

해설   ① 부사 经常은 地 없이 술어 앞에서 부사어가 되므로, 술어 忘记(잊어버리다) 앞인 B가 정답이다.
      ② 1음절 형용사 晚은 地 없이 술어 앞에서 부사어가 되므로, 술어 到了(도착했다) 앞인 B가 정답이다.
      ③ 시간명사 最近은 地 없이 문장 앞에서 부사어가 되므로, 문장 맨 앞인 A가 정답이다.

어휘   忘记 wàngjì [동] 잊어버리다
      重要 zhòngyào [형] 중요하다   最近 zuìjìn [명] 최근
      很少 hěn shǎo 거의 ~하지 않는다

2

정답   ① A ② B ③ A

해석   ① 회사 입구에서 봐요.
      ② 옷을 좀 많이 입으세요.
      ③ 나는 당신과 함께 동물원에 가고 싶어요.

해설   ① 장소명사 公司门口(회사 입구)는 地 없이 부사어가 되므로, A 公司门口见。이 정답이다.
      ② 1음절 형용사 多(많다)는 地 없이 부사어가 되므로, B 你多穿点儿衣服。가 정답이다.
      ③ 개사구 跟你(당신과 함께)는 地 없이 부사어가 되므로, A 我想跟你去动物园。이 정답이다.

어휘   跟 gēn [개] ~와   动物园 dòngwùyuán [명] 동물원

3

정답   ① 她在上海工作。
      ② 你能开车吗？
      ③ 我比较喜欢这种音乐。

해석   ① 그녀는 상하이에서 일한다.
      ② 당신은 운전할 수 있나요?
      ③ 나는 이런 종류의 음악을 비교적 좋아한다.

해설   ① 동사 工作(일하다)를 술어로 배치한 후, 술어와 의미상 어울리는 대사 她(그녀)를 주어로 배치한다. 남은 어휘인 개사구 在上海(상하이에서)를 술어 앞 부사어로 배치하여 문장을 완성한다.
      ② 동사 开车(운전하다)를 술어로 배치한 후, 술어와 의미상 어울리는 대사 你(당신)를 주어로 배치한다. 남은 어휘 중 조동사 能(~할 수 있다)을 술어 앞 부사어로 배치하고, 조사 吗는 문장 뒤에 배치하여 문장을 완성한다. 조사 吗는 의문문을 만드는 역할을 하므로 문장 끝에 물음표를 써야 한다.

③ '동사+대사+양사' 형태의 喜欢这种(이런 종류의 ~를 좋아
하다)을 '술어+관형어' 위치에 배치한 후, 술어와 의미상
어울리는 명사 音乐(음악)를 목적어로, 대사 我(나)를 주
어로 배치한다. 남은 어휘인 부사 比较(비교적)를 술어 앞
부사어로 배치하여 문장을 완성한다.

어휘 种 zhǒng 양 종류   音乐 yīnyuè 명 음악
比较 bǐjiào 부 비교적

포인트 58 여러 개의 부사어의 배열 순서   p.125

1

정답   ① A   ② A   ③ B

해석   ① 우리는 모두 경기에 참가할 수 있다.
② 그는 작년에 외국에서 돌아왔다.
③ 나는 집에서 곧 출발한다.

해설   ① 한 문장에 여러 개의 부사어가 있을 때, 부사 都는 조동사
보다 앞에 오므로, 조동사 能(~할 수 있다) 앞인 A가 정답
이다.
② 한 문장에 여러 개의 부사어가 있을 때, 시간을 나타내는
부사어 去年은 다른 부사어보다 앞에 오므로, 부사어 从
国外(외국으로부터) 앞인 A가 정답이다.
③ 장소를 나타내는 개사 从…(~로부터)이 포함된 개사구는
시간부사 马上(곧)의 앞이나 뒤에 모두 올 수 있으므로,
B가 정답이다.

어휘   参加 cānjiā 동 참가하다   比赛 bǐsài 명 경기
马上 mǎshàng 부 곧   出发 chūfā 동 출발하다

2

정답   ① O   ② X   ③ X

해석   ① 나는 자주 도서관에서 공부한다.
② 당신은 설마 아직도 모르나요? (你难道还不知道吗？)
③ 나는 당신과 함께 마트에 갈 수 있어요. (我可以跟你去
超市。)

해설   ① 제시된 문장 我经常在图书馆学习。에서 부사 经常(자
주)이 개사구 在图书馆(도서관에서) 앞에 쓰였다. 따라서
정답은 O이다.
② 제시된 문장 你还难道不知道吗？ 에서 어기를 나타내
는 부사 难道(설마 ~하겠는가)가 빈도부사 뒤에 왔다. 따
라서 정답은 X이다. 참고로, '당신은 설마 아직도 모르나
요?'는 你难道还不知道吗？ (Nǐ nándào hái bù zhīdào
ma?)이다.
③ 제시된 문장 我跟你可以去超市。에서 개사구 跟你(당
신과 함께)가 조동사 可以(~할 수 있다) 앞에 왔다. 따라
서 정답은 X이다. 참고로, '나는 당신과 함께 마트에 갈
수 있어요.'는 我可以跟你去超市。(Wǒ kěyǐ gēn nǐ qù
chāoshì.)이다.

어휘   经常 jīngcháng 부 자주   图书馆 túshūguǎn 명 도서관

难道 nándào 부 설마 ~하겠는가?   跟 gēn 개 ~와
超市 chāoshì 명 마트

3

정답   ① 你到底想怎么做？
② 他一直在家里休息。
③ 我们一定会成功。

해석   ① 당신은 도대체 어떻게 하고 싶은 거예요?
② 그는 줄곧 집에서 쉰다.
③ 우리는 반드시 성공할 것이다.

해설   ① 동사 做(하다)와 想(생각하다)이 술어가 될 수 있는데,
想은 '~하고 싶다'라는 뜻의 조동사로 쓰일 수 있으므로,
想怎么做(어떻게 하고 싶은가)로 연결하여 '부사어+술어'
로 배치한다. 남은 어휘인 '대사+부사' 형태의 你到底(당
신은 도대체)를 '주어+부사어'로 배치하여 문장을 완성
한다.
② 동사 休息(쉬다)를 술어 위치에 배치한 후, 술어와 의미
상 어울리는 '대사+부사' 형태의 他一直(그는 줄곧)을 '주
어+부사어'로 배치한다. 남은 어휘인 개사구 在家里(집에
서)를 술어 休息 앞 부사어로 배치하여 문장을 완성한다.
③ 동사 成功(성공하다)을 술어로 배치한 후, 술어와 의미상
어울리는 대사 我们(우리)을 주어로 배치한다. 남은 어휘
부사 一定(반드시)과 조동사 会(~할 것이다)는 모두 부사
어가 될 수 있는데, 부사는 조동사 앞에 오므로 一定会(반
드시 ~할 것이다)로 연결 후 술어 成功 앞에 배치하여 문
장을 완성한다.

어휘   到底 dàodǐ 부 도대체   一直 yìzhí 부 줄곧
一定 yídìng 부 반드시   成功 chénggōng 동 성공하다

포인트 59 동량보어의 쓰임   p.127

1

정답   ① C   ② C   ③ B

해석   ① 나는 두 번 복습했다.
② 그는 영화를 한 번 봤다.
③ 그녀는 당신을 세 번 찾았다.

해설   ① '수사+동량사'인 两遍은 동사 술어 뒤에서 동작의 횟수를
나타내는 동량보어가 될 수 있으므로, 동사 술어 复习了
(복습했다) 뒤인 C가 정답이다.
② 명사 电影은 동량보어 뒤에 목적어로 오므로, 동량보어
一场(한 번) 뒤인 C가 정답이다.
③ 대사 你는 동량보어 앞에 목적어로 올 수 있으므로, 동량
보어 三回(세 번) 앞인 B가 정답이다.

어휘   复习 fùxí 동 복습하다

2

정답   ① O   ② X   ③ O

해석 ① 회사에 한 번 다녀올게요.
　　　② 그녀는 여기 두 번 온 적 있다. (她来过这儿两次。)
　　　③ 샤오리는 과자를 한 입 먹었다.

해설 ① 제시된 문장 我去一趟公司。에서 장소를 나타내는 목적어 公司(회사)는 동량보어 一趟(한 번) 앞, 뒤에 모두 올 수 있으므로 정답은 O이다.
　　　② 제시된 문장 她来过两次这儿。에서 대사 목적어 这儿(여기)은 동량보어 两次(두 번) 앞에만 올 수 있으므로 정답은 X이다. 참고로, '그녀는 여기 두 번 온 적 있다.'는 她来过这儿两次。(Tā láiguo zhèr liǎng cì.)이다.
　　　③ 제시된 문장 小李吃了一口饼干。에서 사물을 나타내는 목적어 饼干(과자)은 동량보어 一口(한 입) 뒤에 오므로, 정답은 O이다.

어휘 口 kǒu 양 입, 모금　饼干 bǐnggān 명 과자

3

정답 ① 我们试了四次。
　　　② 我见过他两回。
　　　③ 她喝了几口咖啡。

해석 ① 우리는 네 번 시도했다.
　　　② 나는 그를 두 번 본 적 있다.
　　　③ 그녀는 커피를 몇 모금 마셨다.

해설 ① 동사가 포함된 试了(시도했다)를 술어 위치에 배치한 후, 술어와 의미상 어울리는 대사 我们(우리)을 주어로 배치한다. 남은 어휘인 '수사+동량사' 형태의 四次(네 번)를 술어 뒤 동량보어로 배치하여 문장을 완성한다.
　　　② '대사+동사+过' 형태의 我见过(나는 본 적 있다)를 '주어+술어' 위치에 배치한 후, 술어와 의미상 어울리는 대사 他(그)를 목적어로 배치한다. 남은 어휘인 '수사+동량사' 형태의 两回(두 번)를 목적어 뒤에 동량보어로 배치하여 문장을 완성한다. 참고로, 목적어가 대사일 경우, 동량보어는 목적어 뒤에 온다.
　　　③ 동사가 포함된 喝了(마셨다)를 술어 위치에 배치한 후, 술어와 의미상 어울리는 명사 咖啡(커피)를 목적어로, 대사 她(그녀)를 주어로 배치한다. 남은 어휘인 '수사+동량사' 형태의 几口(몇 모금)를 술어 뒤 동량보어로 배치하여 문장을 완성한다.

어휘 试 shì 동 시도하다　口 kǒu 양 모금

포인트 60 시량보어의 쓰임
　　　　　　　　　　　　　　　　p.129

1

정답 ① C　② B　③ B

해석 ① 나는 10시간 동안 잤다.
　　　② 나는 그를 한참 동안 기다렸다.
　　　③ 우리는 하루 동안 수업을 했다.

해설 ① 十个小时은 동사 술어 뒤에서 상태가 지속되는 시간을

나타내는 시량보어가 될 수 있으므로, 술어 睡了(잤다) 뒤인 C가 정답이다.
　　　② 대사 他는 시량보어 앞에 목적어로 오므로, 시량보어 半天(한참 동안) 앞인 B가 정답이다.
　　　③ 一天은 동사 술어 뒤에서 행위나 상태가 지속되는 시간을 나타내는 시량보어가 될 수 있으며, 사물을 나타내는 목적어 课(수업)는 시량보어 뒤에 오므로, 술어 上了(수업을 했다) 뒤, 목적어 课(수업) 앞인 B가 정답이다.

어휘 等 děng 동 기다리다　课 kè 명 수업

2

정답 ① X　② O　③ O

해석 ① 나는 졸업한 지 5년이 되었다. (我毕业有五年了。)
　　　② 장 선생님은 우리를 3년간 가르쳤다.
　　　③ 그들은 두 시간 동안 회의를 했다.

해설 ① 제시된 문장 我毕业五年有了。에서 동사 毕业(졸업하다)는 시량보어와 함께 쓰여 '~한 지 ~이 되었다'는 뜻을 나타낼 수 있는데, 이때 有는 시량보어 五年(5년)앞에 와야 한다. 따라서 정답은 X이다. 참고로, '나는 졸업한 지 5년이 되었다.'는 我毕业有五年了。(Wǒ bìyè yǒu wǔ nián le.)이다.
　　　② 제시된 문장 张老师教了我们三年。에서 사람을 나타내는 목적어 我们(우리)은 시량보어 三年(3년) 앞에 와야 하므로, 정답은 O이다.
　　　③ 제시된 문장 他们开会开了两个小时。은 사물을 나타내는 목적어가 쓰인 문장인데, '주어(+술어)+목적어+술어+시량보어'의 순서로 올바르게 쓰였으므로, 정답은 O이다. 참고로, '주어+술어+시량보어(+的)+목적어' 형태인 他们开了两个小时的会。(Tāmen kāile liǎng ge xiǎoshí de huì.)로 쓸 수도 있다.

어휘 毕业 bìyè 동 졸업하다　教 jiāo 동 가르치다

3

정답 ① 我们休息一会儿吧。
　　　② 他们结婚有四十年了。
　　　③ 他打了一个小时的篮球。

해석 ① 우리 잠시 쉬어요.
　　　② 그들은 결혼한 지 40년이 되었다.
　　　③ 그는 농구를 한 시간 동안 했다.

해설 ① 동사 休息(쉬다)를 술어로 배치한 후, 술어와 의미상 어울리는 대사 我们(우리)을 주어로 배치한다. 남은 어휘인 一会儿吧(잠시 ~해요)를 술어 뒤 시량보어로 배치하여 문장을 완성한다.
　　　② 동사가 포함된 结婚有(결혼한지 ~이 되다)를 술어로 배치한 후, 술어와 의미상 어울리는 대사 他们(그들)을 주어로 배치한다. 남은 어휘 중 四十年(40년)을 술어 뒤 시량보어로 배치하고, 조사 了를 문장 끝에 배치하여 문장을 완성한다.
　　　③ 동사가 포함된 打了(쳤다)를 술어로 배치한 후, 술어와 의미상 어울리는 的篮球(~의 농구)를 목적어 위치에, 대사 他(그)를 주어로 배치한다. 남은 어휘인 一个小时(한

시간)을 술어 뒤 시량보어로 배치하여 문장을 완성한다.

어휘 結婚 jiéhūn 동 결혼하다

포인트 61 정도보어의 쓰임

p.131

1

정답 ① C ② C ③ C

해석 ① 남동생은 느리게 걷는다.
② 이 그릇들은 싸게 판다.
③ 그녀는 슬프게 울었다.

해설 ① 很慢은 동사 술어 뒤에서 동작이나 상태의 정도를 나타내는 정도보어가 될 수 있으며, 得를 사용하여 동사와 정도보어를 이어주므로, '走(걷다)+得' 뒤인 C가 정답이다.
② 很便宜는 동사 술어 뒤에서 동작이나 상태의 정도를 나타내는 정도보어가 될 수 있으며, 得를 사용하여 동사와 정도보어를 이어주므로, '卖(팔다)+得' 뒤인 C가 정답이다.
③ 哭了는 형용사 술어 뒤에서 상황이 주어를 어떤 상태에 처하게 했는지 나타내는 정도보어가 될 수 있으며, 得를 사용하여 형용사와 정도보어를 이어주므로, '难过(슬프다)+得' 뒤인 C가 정답이다.

어휘 碗 wǎn 명 그릇 哭 kū 동 울다
难过 nánguò 형 슬프다

2

정답 ① 叫了一声 ② 很干净 ③ 非常对

해석 ① 그는 아파서 소리를 질렀다.
② 그녀는 깨끗하게 청소했다.
③ 당신이 한 말이 매우 맞아요.

해설 ① 빈칸 앞 술어 疼(아프다)의 정도보어가 될 수 있으면서, 문맥과도 어울리는 叫了一声(소리를 질렀다)이 정답이다.
② 빈칸 앞 술어 打扫(청소하다)의 정도보어가 될 수 있으면서, 문맥과도 어울리는 很干净(깨끗하다)이 정답이다.
③ 빈칸 앞 술어 说(말하다)의 정도보어가 될 수 있으면서, 문맥과도 어울리는 非常对(매우 맞다)가 정답이다.

어휘 疼 téng 형 아프다 打扫 dǎsǎo 동 청소하다
干净 gānjìng 형 깨끗하다

3

정답 ① 她穿得很漂亮。
② 妈妈高兴得流了眼泪。
③ 那个地方冷得不能睡觉。

해석 ① 그녀는 매우 예쁘게 입었다.
② 엄마는 기뻐서 눈물을 흘렸다.
③ 그 곳은 추워서 잠을 잘 수가 없다.

해설 ① 제시된 어휘 중 穿得에 정도보어를 이끄는 구조조사 得가 있으므로, '술어+得+정도보어' 형태의 문장을 완성해야 한다. '동사+得' 형태의 穿得를 '술어+得'로 배치한 후, '부사+형용사' 형태의 很漂亮(예쁘다)을 '술어+得' 뒤 정도보어로 배치한다. 남은 어휘인 대사 她(그녀)를 주어로 배치하여 문장을 완성한다.
② 제시된 어휘 중 高兴得에 정도보어를 이끄는 구조조사 得가 있으므로, '술어+得+정도보어' 형태의 문장을 완성해야 한다. '형용사+得' 형태의 高兴得를 '술어+得'로 배치한 후, '동사+명사'를 포함한 流了眼泪(눈물을 흘렸다)를 '술어+得' 뒤 정도보어로 배치한다. 남은 어휘인 명사 妈妈(엄마)를 주어로 배치하여 문장을 완성한다.
③ 제시된 어휘 중 冷得에 정도보어를 이끄는 구조조사 得가 있으므로, '술어+得+정도보어' 형태의 문장을 완성해야 한다. '형용사+得' 형태의 冷得를 '술어+得'로 배치한 후, '부사+조동사+동사' 형태의 不能睡觉(잠을 잘 수 없다)를 '술어+得' 뒤 정도보어로 배치한다. 남은 어휘인 '대사+명사' 형태의 那个地方(그 곳)을 '관형어+주어'로 배치하여 문장을 완성한다.

어휘 眼泪 yǎnlèi 명 눈물 地方 dìfang 명 곳, 장소

포인트 62 정도보어의 활용

p.133

1

정답 ① A ② B

해석 ① 샤오왕은 성실하게 숙제를 한다.
② 그는 차를 잘 운전한다.

해설 ① 명사 作业는 제시된 문장에서 목적어가 될 수 있으며, 정도보어가 쓰인 문장에서 목적어는 '술어+得+정도보어' 앞에 오므로, 做得很认真(성실하게 하다) 앞인 A가 정답이다.
② 명사 车는 제시된 문장에서 목적어가 될 수 있으며, 정도보어가 쓰인 문장에서 목적어는 '술어+得+정도보어' 앞에 오므로, 开得很好(잘 운전한다) 앞인 B가 정답이다.

어휘 作业 zuòyè 명 숙제 认真 rènzhēn 형 성실하다

2

정답 ① O ② X

해석 ① 샤오리는 글자를 예쁘게 쓴다. - 샤오리는 글자를 예쁘게 못 쓴다.
② 그녀는 그림을 잘 그린다. - 그녀는 그림을 못 그린다. (她画画儿画得不好。)

해설 ① 제시된 문장 小李字写得很好看。은 정도보어 很好看(예쁘다)이 사용된 문장으로, 부정을 나타낼 때 '술어+得' 바로 뒤에 不를 붙여야 한다. 따라서 정답은 O이다.
② 제시된 문장 她画画儿画得很好。는 정도보어 很好(아주 좋다)가 사용된 문장으로, 부정을 나타낼 때 술어 앞에 不를 붙이는 것이 아닌, '술어+得' 바로 뒤에 不를 붙여야

한다. 따라서 정답은 X이다. 참고로, '그녀는 그림을 못 그린다.'는 她画画儿画得不好。이다.

어휘 　画画儿 huà huàr 그림을 그리다

3

정답　① 他网球打得棒不棒？　　他网球打得怎么样？
　　　② 她钢琴弹得好不好？　　她钢琴弹得怎么样？

해석　① 그는 테니스를 잘 친다.　　그는 테니스를 잘 치나요?
　　　② 그녀는 피아노를 잘 친다.　　그녀는 피아노를 잘 치나요?

해설　① 제시된 문장 他网球打得很棒。은 정도보어 很棒(잘 한다)의 긍정형과 부정형을 나란히 써서 정반의문문을 만들 수 있다. 따라서 첫 번째 빈칸은 他网球打得棒不棒? 이 정답이다. 제시된 문장에서 정도보어 很棒 대신 怎么样을 써서 의문문을 만들 수 있다. 따라서 두 번째 빈칸은 他网球打得怎么样? 이 정답이다.
　　　② 제시된 문장 她钢琴弹得很好。는 정도보어 很好(좋다)의 긍정형과 부정형을 나란히 써서 정반의문문을 만들 수 있다. 따라서 첫 번째 빈칸은 她钢琴弹得好不好? 가 정답이다. 제시된 문장에서 정도보어 很好 대신 怎么样을 써서 의문문을 만들 수 있다. 따라서 두 번째 빈칸은 她钢琴弹得怎么样? 이 정답이다.

어휘　网球 wǎngqiú 몡 테니스　棒 bàng 혱 잘 하다
　　　钢琴 gāngqín 몡 피아노　弹 tán 동 치다

4

정답　① 外面雨下得很大。
　　　② 王老师汉语教得很好。
　　　③ 他踢足球踢得不好。

해석　① 밖에 비가 많이 내린다.
　　　② 왕 선생님은 중국어를 잘 가르치신다.
　　　③ 그는 축구를 못 한다.

해설　① 제시된 어휘 중 下得에 정도보어를 이끄는 구조조사 得가 있으므로, '술어+得+정도보어' 형태의 문장을 완성해야 한다. '동사+得' 형태의 下得를 '술어+得'로 배치한 후, '부사+형용사' 형태의 很大(크다)를 '술어+得' 뒤 정도보어로 배치한다. 남은 어휘인 外面雨(밖에 비가)를 '부사어+주어'로 배치하여 문장을 완성한다.
　　　② 제시된 어휘 중 教得에 정도보어를 이끄는 구조조사 得가 있으므로, '술어+得+정도보어' 형태의 문장을 완성해야 한다. '동사+得' 형태의 教得를 '술어+得'로 배치한 후, '부사+형용사' 형태의 很好(좋다)를 '술어+得' 뒤 정도보어로 배치한다. 남은 어휘인 명사 汉语(중국어)를 술어 앞 목적어로, 王老师(왕 선생님)를 주어로 배치하여 문장을 완성한다. 참고로, 정도보어가 쓰인 문장에는 목적어가 '술어+得+정도보어' 앞에 온다.
　　　③ 제시된 어휘 중 踢得에 정도보어를 이끄는 구조조사 得가 있으므로, '술어+得+정도보어' 형태의 문장을 완성해야 한다. '동사+得' 형태의 踢得를 '술어+得'로 배치한 후, '부사+형용사' 형태의 不好(잘 못 하다)를 '술어+得' 뒤 정도보어로 배치한다. 남은 어휘인 대사 他(그)를 주어로, '동사+명사' 형태의 踢足球(축구를 하다)를 술어 앞에 배치하여 문장을 완성한다. 참고로, 정도보어가 쓰인 문장

에는 목적어가 '술어+得+정도보어' 앞에 오며, 목적어 앞에 술어를 한 번 더 반복할 수 있다.

어휘　教 jiāo 동 가르치다

포인트 63 정도보어의 고정 형식　p.135

1

정답　① B　② B　③ C

해석　① 그녀는 정말 기뻐했다.
　　　② 아빠는 몹시 화가 났다.
　　　③ 나는 밥을 먹지 않아서, 배가 고파 죽을 지경이다.

해설　① 坏는 '술어+坏了'의 형태로 得 없이 정도보어가 되므로, 술어 高兴(기쁘다) 뒤, 了 앞인 B가 정답이다.
　　　② 不行은 '술어+得+不行'의 형태로 정도의 지나침을 나타내므로, 술어 气(화가 나다)가 포함된 气得 뒤인 B가 정답이다.
　　　③ 要命은 '술어+得+要命'의 형태로 정도의 지나침을 나타내므로, 술어 饿(배고프다)가 포함된 饿得 뒤인 C가 정답이다.

어휘　饿 è 혱 배고프다

2

정답　① O　② X　③ X

해석　① 내 이가 아파 죽겠다.
　　　② 이 약은 매우 쓰다. (这个药苦得很。)
　　　③ 우리의 조건은 그녀들보다 좋다. (我们的条件比她们好得多了。)

해설　① 제시된 문장 我的牙疼死了。에서 死了(~해 죽겠다)는 술어 뒤에서 得 없이 정도보어가 되므로, 정답은 O이다.
　　　② 제시된 문장 这个药很苦得。에서 정도의 충분함 또는 지나침은 '술어+得+很'의 형태로 나타내므로, 정답은 X이다. 참고로, '이 약은 매우 쓰다.'는 这个药苦得很。(Zhège yào kǔ de hěn.)이다.
　　　③ 제시된 문장 我们的条件比她们多得好了。에서 정도의 충분함 또는 지나침은 '술어+得+多了'의 형태로 나타내므로, 정답은 X이다. 참고로, '우리의 조건은 그녀들보다 좋다.'는 我们的条件比她们好得多了。(Wǒmen de tiáojiàn bǐ tāmen hǎo de duō le.)이다.

어휘　疼 téng 혱 아프다　苦 kǔ 혱 쓰다
　　　条件 tiáojiàn 몡 조건

3

정답　① 她厉害得不得了。
　　　② 南方的夏天热得很。
　　　③ 这里的景色美丽极了。

해석　① 그녀는 정말 대단하다.

---

② 남쪽의 여름은 아주 덥다.

③ 이곳의 경치는 정말 아름답다.

해설 ① '형용사+得' 형태의 厉害得와 不得了를 厉害不得了了 (정말 대단하다)로 연결하여 '술어+得+정도보어'로 배치한 후, 술어와 의미상 어울리는 대사 她(그녀)를 주어로 배치하여 문장을 완성한다.

② 동사가 포함된 热得很(아주 덥다)을 '술어+得+정도보어'로 배치한 후, 술어와 의미상 어울리는 명사 夏天(여름)을 주어로 배치한다. 남은 어휘인 南方的(남쪽의)를 주어 앞 관형어로 배치하여 문장을 완성한다.

③ 형용사 美丽(아름답다)를 술어로 배치한 후, 술어와 의미상 어울리는 명사 景色(경치)를 주어로 배치한다. 남은 어휘 중 这里的(이곳의)를 주어 앞 관형어로, 极了(정말 ~하다)를 술어 뒤 정도보어로 배치하여 문장을 완성한다. 참고로, 极了는 술어 뒤에서 得 없이 정도보어가 될 수 있다.

어휘 厉害 lìhai 형 대단하다   夏天 xiàtiān 명 여름
南方 nánfāng 명 남쪽   美丽 měilì 형 아름답다
景色 jǐngsè 명 경치

포인트 64 결과보어의 쓰임과 활용
p.137

1

정답 ① B ② B

해석 ① 나는 더 좋은 방법을 찾았다.

② 당신은 그 책을 다 봤나요?

해설 ① 결과보어 到는 동사 술어 뒤에서 동작이나 상태가 어떤 결과로 변화했는지 나타내므로, 동사 술어 找(찾다) 뒤인 B가 정답이다.

② 결과보어 完은 동사 술어 뒤에서 동작이나 상태가 어떤 결과로 변화했는지 나타내므로, 동사 술어 看(보다) 뒤인 B가 정답이다.

어휘 更 gèng 부 더   办法 bànfǎ 명 방법

2

정답 ① X ② O

해석 ① 나는 운동화를 샀다. - 나는 운동화를 사지 못했다. (我没(有)买到运动鞋。)

② 그는 자신의 가방을 가지고 갔다. - 그는 자신의 가방을 가지고 가지 않았다.

해설 ① 제시된 문장 我买到了运动鞋。는 결과보어 到(~해 내다)가 사용된 문장으로, 부정을 나타낼 때는 술어 앞에 没(有)를 붙여야 하는데, 不가 사용되었으므로 정답은 X 이다.

② 제시된 문장 他带走了自己的包。는 결과보어 走(걷다)가 사용된 문장으로, 부정을 나타낼 때는 술어 앞에 没(有)를 붙여야 하므로 정답은 O이다.

어휘 带 dài 동 가지다   自己 zìjǐ 대 자신   包 bāo 명 가방

3

정답 ① 他们搬走了吗?   他们搬走了没有?

② 小王吃了早饭吗?   小王吃了早饭没有?

해석 ① 그들은 이사를 갔다.   그들은 이사를 갔나요?

② 샤오왕은 아침을 먹었다.   샤오왕은 아침을 먹었나요?

해설 ① 제시된 문장 他们搬走了。는 끝에 조사 吗를 붙여 吗 의문문을 만들 수 있다. 따라서 첫 번째 빈칸은 他们搬走了吗? 가 정답이다. 제시된 문장에서 문장 끝에 没有를 붙여서 정반의문문을 만들 수 있다. 따라서 두 번째 빈칸은 他们搬走了没有? 가 정답이다.

② 제시된 문장 小王吃了早饭。은 끝에 조사 吗를 붙여 吗 의문문을 만들 수 있다. 따라서 첫 번째 빈칸은 小王吃了早饭吗? 가 정답이다. 제시된 문장에서 문장 끝에 没有를 붙여서 정반의문문을 만들 수 있다. 따라서 두 번째 빈칸은 小王吃了早饭没有? 가 정답이다.

어휘 搬 bān 동 이사를 하다

4

정답 ① 丽丽来晚了。

② 那些事我都做完了。

③ 我们已经准备好了。

해석 ① 리리는 늦게 왔다.

② 그 일들은 내가 다 했다.

③ 우리는 이미 준비를 다 했다.

해설 ① 동사 来(오다)와 형용사 晚(늦다)이 술어가 될 수 있는데, 晚은 来의 결과보어가 될 수 있으므로, 来晚了(늦게 왔다)로 연결한 후 '술어+결과보어'로 배치한다. 남은 어휘인 명사 丽丽(리리)를 주어로 배치하여 문장을 완성한다.

② 동사가 포함된 做完了(다 했다)를 '술어+결과보어' 위치에 배치한다. 술어와 의미상 어울리는 목적어는 那些事(그 일들), 주어는 我(나)인데, 목적어가 주어 앞에 있으므로 목적어를 문장 맨 앞에 두어 강조한 문장임을 알 수 있다. 따라서 那些事我(그 일들은 내가)를 '목적어+주어'로 배치한다. 남은 어휘인 부사 都(모두)를 술어 앞 부사어로 배치하여 문장을 완성한다.

③ 동사 准备(준비하다)와 형용사 好(좋다, 다 ~하다)가 술어가 될 수 있는데, 好는 准备의 결과보어가 될 수 있으므로, 准备好了(준비가 다 되었다)로 연결한 후 '술어+결과보어'로 배치한다. 남은 어휘인 대사 我们(우리)을 주어로, 부사 已经(이미)을 술어 앞 부사어로 배치하여 문장을 완성한다.

어휘 准备 zhǔnbèi 동 준비하다   已经 yǐjīng 부 이미

포인트 65 결과보어 完, 好, 到, 懂
p.139

1

정답   ① B   ② C   ③ A

해설   ① 제시된 문장의 看到了(보았다)는 술어 看(보다) 뒤에 '~해
　　　　내다'라는 뜻의 결과보어 到가 쓰인 것이므로, 'B 나는 그
　　　　의 그림을 보았다.'가 정답이다.
　　　② 제시된 문장 看完了(다 보았다)는 술어 看 뒤에 '다 ~하다'
　　　　라는 뜻의 결과보어 完이 쓰인 것이므로, 'C 나는 그의 그
　　　　림을 다 보았다.'가 정답이다.
　　　③ 제시된 문장 看懂了(이해했다)는 술어 看 뒤에 '이해하다'
　　　　라는 뜻의 결과보어 懂이 쓰인 것이므로, 'A 나는 그의 그
　　　　림을 이해했다.'가 정답이다.

어휘   画(儿) huà(r) 명 그림

2

정답   ① 好   ② 懂   ③ 到

해설   ① '다 수리되었다'는 修理(수리하다)라는 동작의 완료를 나
　　　　타내므로, 결과보어 好(다 ~하다)가 정답이다.
　　　② '알아들을 수 있다'는 听(듣다)이라는 동작을 통해 이해
　　　　했음을 나타내므로, 결과보어 懂(이해하다)이 정답이다.
　　　③ '왔다'는 来(오다)라는 동작을 달성해 냄을 나타내므로, 결
　　　　과보어 到(~해 내다)가 정답이다.

어휘   修理 xiūlǐ 동 수리하다   楼下 lóuxià 명 아래(층)

3

정답   ① 奶奶看完电视剧了。
　　　② 我听到了奇怪的声音。
　　　③ 你穿好衣服了吗?

해석   ① 할머니는 드라마를 다 봤다.
　　　② 나는 이상한 소리를 들었다.
　　　③ 옷 다 입었어요?

해설   ① 동사가 포함된 看完(다 보다)을 '술어+결과보어' 위치에
　　　　배치한 후, 술어와 의미상 어울리는 电视剧了(드라마를 ~
　　　　했다)를 목적어 위치에, 명사 奶奶(할머니)를 주어로 배치
　　　　하여 문장을 완성한다.
　　　② 동사가 포함된 听到了(들었다)를 '술어+결과보어' 위치
　　　　에 배치한 후, 술어와 의미상 어울리는 명사 声音(소리)
　　　　을 목적어로, 대사 我(나)를 주어로 배치한다. 남은 어휘
　　　　인 奇怪的(이상한)를 목적어 앞 관형어로 배치하여 문장
　　　　을 완성한다.
　　　③ 형용사 好(좋다)와 동사 穿(입다)이 술어가 될 수 있는데,
　　　　好는 穿의 결과보어가 될 수 있으므로 穿好(다 입다)로 연
　　　　결한 후 '술어+결과보어'로 배치한다. 남은 어휘인 衣服
　　　　了吗(옷을 ~했나요?)를 목적어 위치에, 대사 你(당신)를 주
　　　　어로 배치하여 문장을 완성한다. 조사 吗는 의문문을 만
　　　　드는 역할을 하므로 문장 끝에 물음표를 써야 한다.

포인트 66 결과보어 见, 明白/清楚, 在/到/给
p.141

1

정답   ① O   ② O   ③ X

해설   ① 제시된 문장 运动会安排在星期四。에서 결과보어 在
　　　　(~에) 뒤에는 동작의 장소나 시간을 나타내는 목적어가
　　　　와야 하는데, 在 뒤에 시간명사 星期四(목요일)가 왔으므
　　　　로 정답은 O이다.
　　　② 제시된 문장 我带给你一些吃的。에서 결과보어 给(~에
　　　　게) 뒤에는 동작의 대상을 나타내는 목적어가 와야 하는
　　　　데, 给 뒤에 대사 你(당신)가 왔으므로 정답은 O이다.
　　　③ 제시된 문장 考试地点定到A103教室。에서 결과보어
　　　　到(~까지) 뒤에는 동작의 시간을 나타내는 목적어가 와
　　　　야 하는데, 장소를 나타내는 A103教室(A103 교실)이 왔
　　　　으므로 정답은 X이다. 참고로, '시험 장소는 A103교실로
　　　　정했다.'는 考试地点定在A103教室。(Kǎoshì dìdiǎn
　　　　dìngzài A yāo líng sān jiàoshì.)이다.

어휘   安排 ānpái 동 계획하다   带 dài 동 가지다
　　　　地点 dìdiǎn 명 장소

2

정답   ① 清楚   ② 在   ③ 见

해설   ① '분명하게 듣다'는 听(듣다)이라는 동작을 통해 명확해짐
　　　　을 나타내므로, 결과보어 清楚(명백하다)가 정답이다.
　　　② '옆에 서 있다'는 站(서다)이라는 동작이 일어난 장소를 나
　　　　타내므로, 결과보어 在(~에)가 정답이다.
　　　③ '꿈에서 보다'는 梦(꿈을 꾸다)이라는 동작을 통해 봤음을
　　　　나타내므로, 결과보어 见(느끼다,파악하다)이 정답이다.

어휘   清楚 qīngchu 형 분명하다   站 zhàn 동 서다
　　　　梦 mèng 동 꿈을 꾸다   自己 zìjǐ 대 자신
　　　　演员 yǎnyuán 명 배우

3

정답   ① 我分给你几个糖。
　　　② 他终于想明白了。
　　　③ 比赛进行到晚上。

해석   ① 당신에게 사탕 몇 개를 나눠 줄게요.
　　　② 그는 드디어 분명히 깨닫게 되었다.
　　　③ 경기는 저녁까지 진행된다.

해설   ① '대사+동사+동사' 형태의 我分给(내가 ~에게 ~를 나누어
　　　　주다)를 '주어+술어+결과보어' 위치에 배치한다. 남은 어
　　　　휘인 대사 你(당신)와 几个糖(사탕 몇 개) 중 你를 첫 번째
　　　　목적어로, 几个糖을 두 번째 목적어로 배치하여 문장을
　　　　완성한다.

② 동사 想(생각하다)과 형용사 明白(분명하다)가 술어가 될 수 있는데, 明白가 想의 결과보어가 될 수 있으므로 想明白(깨닫다)로 연결한 후 '술어+결과보어'로 배치한다. 남은 어휘인 '대사+부사' 형태의 他终于(그는 드디어)를 '주어+부사어'로, 조사 了를 문장 끝에 배치하여 문장을 완성한다.

③ 동사 到(도착하다)와 进行(진행하다)이 술어가 될 수 있는데, 到가 进行의 결과보어가 될 수 있으므로 进行到(~까지 진행하다)로 연결한 후 '술어+결과보어'로 배치한다. 남은 어휘인 명사 晚上(저녁)을 목적어로, 명사 比赛(경기)를 주어로 배치하여 문장을 완성한다.

어휘 糖 táng 몡 사탕　分 fēn 동 나누다
终于 zhōngyú 뷰 드디어　进行 jìnxíng 동 진행하다
比赛 bǐsài 몡 경기

포인트 67 방향보어의 쓰임

p.143

1

정답 ① C　② C

해석 ① 그녀는 들어갔다.
② 샤오둥이 뛰어왔다.

해설 ① 방향보어 去는 술어 뒤에서 동작이 말하는 사람과 멀어짐을 나타내므로, 술어 进(들다) 뒤인 C가 정답이다.
② 방향보어 来는 술어 뒤에서 동작이 말하는 사람과 가까워짐을 나타내므로, 술어 跑(뛰다) 뒤인 C가 정답이다.

어휘 进 jìn 동 (밖에서 안으로) 들다

2

정답 ① X　② O　③ O　④ O

해석 ① 그는 베이징으로 돌아갔다. (他回北京去了。)
② 컵 하나 가져오세요.
③ 형이 돈을 좀 빌려갔다.
④ 샤오왕이 친구 몇 명을 데려왔다.

해설 ① 제시된 문장 他回去北京了。는 방향보어 去가 사용된 문장으로, 이때 장소를 나타내는 목적어는 去 바로 앞에 와야 하는데, 北京(베이징)이 去 뒤에 왔으므로 정답은 X이다. 참고로, '그는 베이징으로 돌아갔다.'는 他回北京去了。(Tā huí Běijīng qu le.)이다.
② 제시된 문장 你拿一个杯子来。는 방향보어 来가 사용된 문장으로, 이때 일반 목적어는 방향보어 앞이나 뒤에 모두 올 수 있는데, 一个杯子(컵 하나)가 来 뒤에 왔으므로 정답은 O이다.
③ 제시된 문장 哥哥借去了一些钱。은 방향보어 去가 사용된 문장으로, 이때 일반 목적어는 방향보어 앞이나 뒤에 모두 올 수 있는데, 一些钱(돈 조금)이 去 뒤에 왔으므로 정답은 O이다.
④ 제시된 문장 小王带来了几个朋友。는 방향보어 来가 사용된 문장으로, 이때 일반 목적어는 방향보어 앞이나

뒤에 모두 올 수 있는데, 几个朋友(친구 몇 명)가 来 뒤에 왔으므로 정답은 O이다.

어휘 借 jiè 동 빌리다　带 dài 동 데리다

3

정답 ① 爸爸回房间去了。
② 一个小孩进书店来了。
③ 邻居送来了一些水果。

해석 ① 아빠는 방으로 돌아갔다.
② 아이 한 명이 서점으로 들어왔다.
③ 이웃이 과일 조금을 보내왔다.

해설 ① 동사 去(가다)와 回(돌아가다)가 술어가 될 수 있는데, 去는 回의 방향보어가 될 수 있으므로 爸爸回去了(아빠가 돌아갔다)로 연결한 후 '주어+술어+방향보어' 위치에 배치한다. 남은 어휘인 명사 房间(방)은 장소를 나타내는 목적어이므로 去 앞에 목적어로 배치하여 문장을 완성한다. 참고로, 장소를 나타내는 목적어는 去 바로 앞에 온다.
② 동사 进(들어오다)과 来(오다)가 술어가 될 수 있는데, 来는 进의 방향보어가 될 수 있으므로 进书店来了(서점으로 들어왔다)로 연결한 후 '술어+목적어+방향보어' 위치에 배치한다. 남은 어휘인 一个小孩(한 아이)를 주어로 배치하여 문장을 완성한다.
③ 동사가 포함된 送来了(보내왔다)를 '술어+방향보어' 위치에 배치한 후, 술어와 의미상 어울리는 一些水果(과일 조금)를 목적어로, 명사 邻居(이웃)를 주어로 배치하여 문장을 완성한다.

어휘 房间 fángjiān 몡 방　送 sòng 동 보내다

포인트 68 단순방향보어의 쓰임

p.145

1

정답 ① O　② O　③ X

해설 ① 제시된 문장 他拿来了吃的。에서 단순방향보어 来(오다)가 쓰인 拿来了는 '가져왔다'는 뜻이므로 정답은 O이다.
② 제시된 문장 一群人走进了咖啡店。에서 단순방향보어 进(들다)이 쓰인 走进了는 '걸어 들어왔다'는 뜻이므로 정답은 O이다.
③ 제시된 문장 那个歌手跳上了舞台。에서 단순방향보어 上(오르다)이 쓰인 跳上了는 '뛰어올랐다'는 뜻이므로 정답은 X이다. 참고로, '그 가수는 무대로 뛰어내렸다.'는 那个歌手跳下了舞台。(Nàge gēshǒu tiàoxiale wǔtái.)이다.

어휘 拿 ná 동 가지다

2

정답 ① 过　② 起　③ 开

해설	① 빈칸 앞 走(가다)와 함께 '지나가다'라는 의미를 나타낼 수 있는 단순방향보어 过가 정답이다.
	② 빈칸 앞 站(일어나다)과 함께 '일어서다'라는 의미를 나타낼 수 있는 단순방향보어 起가 정답이다.
	③ 빈칸 앞 拉(당기다)와 함께 '당겨서 열다'라는 의미를 나타낼 수 있는 단순방향보어 开가 정답이다.

어휘 　刚才 gāngcái 圐 방금　座位 zuòwèi 圐 자리
　　　站 zhàn 동 서다　窗户 chuānghu 圐 창문

3

정답	① 人们走下了楼梯。
	② 他推开了大门。
	③ 她拿出了一本书。
해석	① 사람들이 계단을 내려갔다.
	② 그는 대문을 밀어서 열었다.
	③ 그녀는 책 한 권을 꺼낸다
해설	① 동사가 포함된 走下了(내려갔다)를 '술어+방향보어' 위치에 배치한 후, 술어와 의미상 어울리는 명사 楼梯(계단)를 목적어로, 명사 人们(사람들)을 주어로 배치하여 문장을 완성한다.
	② 동사가 포함된 推开了(밀어서 열었다)를 '술어+방향보어' 위치에 배치한 후, 술어와 의미상 어울리는 명사 大门(대문)을 목적어로, 대사 他(그)를 주어로 배치하여 문장을 완성한다.
	③ 동사가 포함된 拿出了(꺼냈다)를 '술어+방향보어' 위치에 배치한 후, 술어와 의미상 어울리는 一本书(책 한 권)를 목적어로, 대사 她(그녀)를 주어로 배치하여 문장을 완성한다.

어휘 　楼梯 lóutī 圐 계단　推 tuī 동 밀다

포인트 69 복합방향보어의 쓰임
p.147

1

정답	① X　② X　③ O
해설	① 제시된 문장 他起来站了。에서 복합방향보어 起来(일어서다)는 술어 뒤에서 동작의 진행 방향을 나타내야 하는데, 起来가 술어 站(일어나다) 앞에 쓰였으므로 정답은 X이다. 참고로, '그가 일어섰다.'는 他站起来了。(Tā zhàn qǐlai le.)이다.
	② 제시된 문장 他们走超市进去了。에서 복합방향보어 进去(들어가다)는 동사 술어 뒤에서 동사의 진행 방향을 나타낸다. 이때 장소를 나타내는 목적어는 去 바로 앞에 와야 하는데, 목적어 超市(마트)이 进去 앞에 쓰였으므로 정답은 X이다. 참고로, '그들은 마트로 걸어 들어갔다.'는 他们走进超市去了。(Tāmen zǒujìn chāoshì qu le.)이다.
	③ 제시된 문장 她搬出一把椅子来。에서 복합방향보어 出来(나오다)는 술어 뒤에서 동작의 진행 방향을 나타내며, 이때 장소가 아닌 일반 목적어는 복합방향보어의 앞, 뒤,

사이에 모두 올 수 있으므로 정답은 O이다.

어휘 　站 zhàn 동 서다　超市 chāoshì 圐 마트
　　　搬 bān 동 옮기다
　　　把 bǎ 양 [손잡이가 있는 기구를 세는 단위]

2

정답	① 出去　② 回来　③ 过去
해설	① 빈칸 앞 带(가지다)와 함께 '가지고 나가다'라는 의미를 나타낼 수 있는 복합방향보어 出去가 정답이다.
	② 빈칸 앞 买(사다)와 함께 '사서 돌아오다'라는 의미를 나타낼 수 있는 복합방향보어 回来가 정답이다.
	③ 빈칸 앞 送(보내다)과 함께 '보내다'라는 의미를 나타낼 수 있는 복합방향보어 过去가 정답이다.

어휘 　带 dài 동 가지다　包子 bāozi 圐 만두
　　　礼物 lǐwù 圐 선물

3

정답	① 我们从这里走过去。
	② 他们爬下山来了。
	③ 那只小狗跑回我家来了。
해석	① 우리는 여기서부터 걸어간다.
	② 그들은 산을 내려왔다.
	③ 그 강아지는 우리집으로 뛰어 들어왔다.
해설	① 동사가 포함된 走过去(걸어가다)를 '술어+방향보어'로 배치한 후, 술어와 의미상 어울리는 대사 我们(우리)을 주어로 배치한다. 남은 어휘인 개사구 从这里(여기서부터)를 술어 앞 부사어로 배치하여 문장을 완성한다.
	② 동사 爬(타다)와 来(오다)가 술어가 될 수 있는데, 来는 爬下山의 下 뒤에 결합하여 '내려오다'라는 뜻의 방향보어 下来가 될 수 있으므로 爬下山来了(산을 내려왔다)로 연결한 후 '술어+방향보어+목적어+방향보어'로 배치한다. 남은 어휘인 대사 他们(그들)을 주어로 배치하여 문장을 완성한다.
	③ 동사 跑(뛰다)와 来(오다)가 술어가 될 수 있는데, 来가 跑回의 回 뒤에 결합하여 '돌아오다'라는 뜻의 방향보어 回来가 될 수 있으므로 跑回我家来了(우리집으로 뛰어들어왔다)를 '술어+방향보어+목적어+방향보어'로 배치한다. 남은 어휘인 那只小狗(그 강아지)를 주어 위치에 배치하여 문장을 완성한다.

어휘 　只 zhī 양 마리

포인트 70 가능보어의 쓰임
p.149

1

정답	① 做得完　做不完
	② 买得到　买不到
	③ 看得清楚　看不清楚

해석	① 다 하다 다 할 수 있다 다 할 수 없다
	② 사다 살 수 있다 살 수 없다
	③ 정확하게 보다 정확하게 볼 수 있다 정확하게 볼 수 없다
어휘	清楚 qīngchu 형 정확하다

2

정답	① 看不起, 무시한다
	② 差不多, 비슷하다
	③ 来不及, 시간이 없어요
어휘	别人 biérén 대 다른 사람 自己 zìjǐ 대 자신
	迟到 chídào 동 늦다, 지각하다

3

정답	① 这种鱼吃不得。
	② 你能回答得出来吗？
	③ 我可以改得了这个习惯。
해석	① 이런 종류의 물고기는 먹을 수 없다.
	② 대답할 수 있나요?
	③ 나는 이 습관을 고칠 수 있다.
해설	① 동사가 포함된 吃不得(먹을 수 없다)를 '술어+得+가능보어' 위치에 배치한 후, 술어와 의미상 어울리는 명사 鱼(물고기)를 주어로 배치한다. 남은 어휘인 这种(이 종류의)을 주어 앞 관형어로 배치하여 문장을 완성한다.
	② '동사+得' 형태의 回答得(걸어가다)와 방향보어가 포함된 出来吗를 回答得出来吗로 연결한 후, '술어+得+가능보어' 위치에 배치한다. 남은 어휘인 '대사+조동사' 형태의 你能(당신은 ~할 수 있다)을 '주어+부사어'로 배치하여 문장을 완성한다.
	③ 동사가 포함된 改得了这个(고칠 수 있다 이것)를 술어 위치에 배치한 후, 술어와 의미상 어울리는 명사 习惯(습관)을 목적어로, '대사+조동사' 형태의 我可以(나는 ~할 수 있다)를 '주어+부사어' 위치에 배치하여 문장을 완성한다. 참고로, 대사 这个는 목적어 习惯 앞에서 관형어로 쓰였다.
어휘	种 zhǒng 양 종류 回答 huídá 동 대답하다

포인트 71 가능보어의 활용

p.151

1

정답	① C ② A
해석	① 나는 이 옷을 입을 수 있다.
	② 당신은 이 일들을 해낼 수 있나요?
해설	① 这件衣服는 제시된 문장에서 목적어가 될 수 있으며, 가능보어가 쓰인 문장에서 목적어는 가능보어 뒤에 오므로 得上(~할 수 있다) 뒤인 C가 정답이다.
	② 这些事은 제시된 문장에서 목적어가 될 수 있으며, 가능

보어가 쓰인 문장에서 목적어는 가능보어 뒤에 오지만, 목적어를 문장의 맨 앞으로 두어 강조할 수 있으므로 문장 맨 앞인 A가 정답이다.

어휘	穿 chuān 동 입다 能 néng 조동 ~할 수 있다

2

정답	① 小王来得了吗？ 小王来得了来不了？
	② 她听得懂汉语吗？ 她听得懂听不懂汉语？
	③ 他吃得了那些东西吗？ 他吃得了吃不了那些东西？
해석	① 샤오왕은 올 수 있다. 샤오왕은 올 수 있나요？
	② 그녀는 중국어를 알아들을 수 있다. 그녀는 중국어를 알아들을 수 있나요？
	③ 그는 그 음식들을 먹을 수 있다. 그는 그 음식들을 먹을 수 있나요？
해설	① 제시된 문장 小王来得了。끝에 조사 吗를 붙여 吗 의문문을 만들 수 있다. 따라서 첫 번째 빈칸은 小王来得了吗？가 정답이다. 제시된 문장에서 '술어+가능보어'의 긍정형과 부정형을 나란히 써서 정반의문문을 만들 수 있다. 따라서 두 번째 빈칸은 小王来得了来不了？가 정답이다.
	② 제시된 문장 她听得懂汉语。끝에 조사 吗를 붙여 吗 의문문을 만들 수 있다. 따라서 첫 번째 빈칸은 她听得懂汉语吗？가 정답이다. 제시된 문장에서 '술어+가능보어'의 긍정형과 부정형을 나란히 써서 정반의문문을 만들 수 있다. 따라서 두 번째 빈칸은 她听得懂听不懂汉语？가 정답이다.
	③ 제시된 문장 他吃得了那些东西。끝에 조사 吗를 붙여 吗 의문문을 만들 수 있다. 따라서 첫 번째 빈칸은 他吃得了那些东西吗？가 정답이다. 제시된 문장에서 '술어+가능보어'의 긍정형과 부정형을 나란히 써서 정반의문문을 만들 수 있다. 따라서 두 번째 빈칸은 他吃得了吃不了那些东西？가 정답이다.
어휘	懂 dǒng 동 알다, 이해하다 汉语 Hànyǔ 고유 중국어

3

정답	① 你的声音我听得见。
	② 我能用得完它。
	③ 这本书我可以看得懂。
해석	① 당신의 목소리를 나는 들을 수 있다.
	② 나는 그것을 다 쓸 수 있다.
	③ 이 책을 나는 이해할 수 있다.
해설	① 동사가 포함된 听得见(들을 수 있다)을 '술어+得+가능보어' 위치에 배치한다. 술어와 의미상 어울리는 목적어는 声音(소리), 주어는 我(나)인데, 목적어가 주어 앞에 있으므로 목적어를 문장 맨 앞에 두어 강조한 문장임을 알 수 있다. 따라서 声音我(목소리를 나는)를 '목적어+주어'로 배치한다. 남은 어휘인 你的(당신의)를 목적어 앞 관형어로 배치하여 문장을 완성한다.
	② '동사+대사'가 포함된 用得完它(그것을 다 쓸 수 있다)를 '술어+得+가능보어+목적어' 위치에 배치한 후, 술어와 의미상 어울리는 대사 我(나)를 주어로 배치한다. 남은 어휘

인 조동사 能(~할 수 있다)을 술어 앞 부사어로 배치하여 문장을 완성한다.

③ 동사가 포함된 看得懂(이해할 수 있다)를 '술어+得+가능보어' 위치에 배치한다. 술어와 의미상 어울리는 목적어는 这本书(이 책), 주어는 我(나)인데, 목적어가 주어 앞에 있으므로 목적어를 문장 맨 앞에 두어 강조한 문장임을 알 수 있다. 따라서 这本书我(이 책을 나는)를 '목적어+주어'로 배치한다. 남은 어휘인 조동사 可以(~할 수 있다)를 술어 앞 부사어로 배치하여 문장을 완성한다.

어휘　声音 shēngyīn 몡 목소리　用 yòng 동 쓰다

포인트
72 평서문과 감탄문
p.153

1

정답　① 看电影　② 回来了

어휘　回来 huílai 동 돌아오다

2

정답　① 天气好冷！
② 这只小猫多可爱啊！
③ 这件衬衫真好看啊！

해석　① 날씨가 춥다.　날씨가 춥네요!
② 이 고양이는 귀엽다.　이 고양이는 정말 귀엽네요!
③ 이 셔츠는 예쁘다.　이 셔츠는 정말 예쁘네요!

해설　① '好+형용사'의 형식으로 감탄문을 만들 수 있으므로, 天气好冷！(Tiānqì hǎo lěng!)이 정답이다.
② '多+형용사+啊'의 형식으로 감탄문을 만들 수 있으므로, 这只小猫多可爱啊！(Zhè zhī xiǎo māo duō kě'ài a!)가 정답이다.
③ '真+형용사+啊'의 형식으로 감탄문을 만들 수 있으므로, 这件衬衫真好看啊！(Zhè jiàn chènshān zhēn hǎokàn a!)가 정답이다.

어휘　只 zhī 양 마리　可爱 kě'ài 형 귀엽다
衬衫 chènshān 몡 셔츠

3

정답　① 她是新来的同学。
② 你的房间真干净啊！
③ 这座山多么高啊！

해석　① 그녀는 새로 온 학생이다.
② 당신의 방은 정말 깨끗하군요!
③ 이 산은 얼마나 높습니까!

해설　① '대사+동사' 형태의 她是(그녀는 ~이다)을 '주어+술어'로 배치한 후, 술어와 의미상 어울리는 명사 同学(학생)를 목적어로 배치한다. 남은 어휘인 新来的(새로 온)를 목적어 앞 관형어로 배치하여 문장을 완성한다.
② 형용사 干净(깨끗하다)을 술어로 배치한 후, 술어와 의미

상 어울리는 你的房间(당신의 방)을 '관형어+주어'로 배치한다. 남은 어휘인 부사 真(정말)을 술어 앞 부사어로, 어기조사 啊를 문장 끝에 배치하여 문장을 완성한다.

③ 형용사 高(높다)를 술어로 배치한 후, 술어와 의미상 어울리는 这座山(이 산)을 '관형어+주어'로 배치한다. 남은 어휘인 부사 多么(얼마나)를 술어 앞 부사어로, 어기조사 啊를 문장 끝에 배치하여 문장을 완성한다.

어휘　干净 gānjìng 형 깨끗하다　多么 duōme 부 얼마나
座 zuò 양 채[부피가 크고 고정된 물체를 세는 단위]

포인트
73 吗 의문문, 呢 의문문, 반문
p.155

1

정답　① 订吗　② 死吗

어휘　中国菜 Zhōngguócài 몡 중국 요리
考试 kǎoshì 동 시험을 치다

2

정답　① 去洗手间了吗　② 下班了吗

해설　① B가 是的，小李去洗手间了。라고 했으므로, 去洗手间了(화장실에 갔다) 뒤에 吗를 붙인 去洗手间了吗가 정답이다.
② B가 没有，我还没下班。이라고 했으므로, 下班了(퇴근했다) 뒤에 吗를 붙인 下班了吗가 정답이다.

어휘　洗手间 xǐshǒujiān 몡 화장실　下班 xiàbān 동 퇴근하다

3

정답　① 爸爸不在家吗？　② 她们没(有)准备好吗？

해석　① 아빠는 집에 계신다.　아빠는 집에 계시지 않나요?
② 그녀들은 준비를 다 했다.　그녀들은 준비를 다 안 했나요?

해설　① 제시된 문장의 술어 在(~에 있다) 앞에 不를 붙이고 문장 끝에 吗를 붙이면 반문을 할 수 있으므로, 爸爸不在家吗? 가 정답이다. 참고로, 不는 객관적인 사실을 부정하므로, 이 문장에서는 不를 쓴다.
② 제시된 문장의 술어 准备(준비하다) 앞에 没(有)를 붙이고 문장 끝에 吗를 붙이면 반문을 할 수 있으므로, 她们没(有)准备好吗? 가 정답이다. 참고로, 没(有)는 이미 발생한 과거 동작을 부정하므로, 이 문장에서는 没(有)를 쓴다.

어휘　准备 zhǔnbèi 동 준비하다

4

정답　① 你说什么呢？　② 你不认识我吗？

해석　① 당신 무슨 말을 하는 거예요?
② 당신은 저를 모르나요?

해설	① 동사 说(말하다)를 술어로 배치한 후, 술어와 의미상 어울리는 대사 什么(무슨)를 목적어로, 你(당신)를 주어로 배치한다. 남은 어휘인 어기조사 呢를 문장 끝에 배치하여 문장을 완성한다. 완성된 문장은 의문대사 什么와 어기조사 呢를 사용한 의문문이므로 문장 끝에 물음표를 쓴다.

① 동사 说(말하다)를 술어로 배치한 후, 술어와 의미상 어울리는 대사 什么(무슨)를 목적어로, 你(당신)를 주어로 배치한다. 남은 어휘인 어기조사 呢를 문장 끝에 배치하여 문장을 완성한다. 완성된 문장은 의문대사 什么와 어기조사 呢를 사용한 의문문이므로 문장 끝에 물음표를 쓴다.

② 동사 认识(알다)을 술어로 배치한 후, 술어와 의미상 어울리는 대사 我(나)를 목적어로, 你不(당신은 ~하지 않다)를 '주어+부사어' 위치에 배치한다. 남은 어휘인 어기조사 吗를 문장 끝에 배치하여 문장을 완성한다. 완성된 문장은 술어 앞에 不를 붙이고 문장 끝에 吗를 붙인 반문이므로 문장 끝에 물음표를 쓴다.

어휘　认识 rènshi 동 알다

포인트 74 정반의문문, 선택의문문, 의문대사 의문문 p.157

1

정답　① B　② B　③ A

해석　① 당신은 내일 오나요?
② 제가 가나요, 아니면 당신이 가나요?
③ 당신은 지금 느낌이 어때요?

해설　① 제시된 문장의 술어 来(오다)의 긍정형과 부정형을 나란히 쓴 来不来는 정반의문문에 쓰이며, 정반의문문은 그 자체로 의문문이므로 어기조사 吗가 오지 않는다. 따라서 B 你明天来不来? 가 정답이다.
② 还是(아니면)은 선택의문문에 쓰이며, 선택의문문은 그 자체로 의문문이므로 어기조사 吗가 오지 않는다. 따라서 B 我去，还是你去? 가 정답이다.
③ 怎么样(어때요)은 의문대사로, 의문대사 의문문은 그 자체로 의문문이므로 어기조사 吗가 오지 않는다. 따라서 A 你现在感觉怎么样? 이 정답이다.

어휘　还是 háishi 접 아니면　感觉 gǎnjué 명 느낌

2

정답　① 还是　② 怎么

어휘　阳光 yángguāng 명 햇빛　往 wǎng 개 ~를 향해

3

정답　① 你吃不吃面条?
② 她下午回不回公司?
③ 小李什么时候请假?

해석　① 당신은 국수를 먹나요?
② 그녀는 오후에 회사로 돌아가나요?
③ 샤오리는 언제 휴가를 쓰나요?

해설　① 동사 吃(먹다)이 두 번 제시되므로, 吃不吃面条(국수 먹나요)로 연결한 후 '술어+목적어' 위치에 배치한다. 남은 어휘인 대사 你(당신)를 주어로 배치하여 문장을 완성한다. 완성된 문장은 술어의 긍정형과 부정형을 나란히 써

서 만든 정반의문문이므로 문장 끝에 물음표를 쓴다. 참고로, 정반의문문의 不는 경성으로 읽는다.
② 동사 回(돌아가다)가 두 번 제시되었으므로, 回不回(돌아가나요?)로 연결한 후 술어 위치에 배치한다. 남은 어휘인 술어와 의미상 어울리는 명사 公司(회사)를 목적어로, '대사+명사' 형태의 她下午(그녀는 오후에)를 '주어+부사어'로 배치하여 문장을 완성한다. 완성된 문장은 정반의문문이므로 문장 끝에 물음표를 쓴다.
③ 동사 请假(휴가를 쓰다)를 술어 위치에 배치한 후, 술어와 의미상 어울리는 명사 小李(샤오리)를 주어로 배치한다. 남은 어휘인 의문대사 什么时候(언제)를 술어 앞 부사어로 배치하여 문장을 완성한다. 완성된 문장은 의문대사 什么时候를 사용한 의문문이므로 문장 끝에 물음표를 쓴다.

어휘　请假 qǐngjià 동 휴가를 쓰다

포인트 75 명령문 p.159

1

정답　① 请坐　② 来一下　③ 慢一点儿

해설　① '앉으세요'의 동사 '앉다'는 坐(zuò)이며, 문장 맨 앞에 请을 붙여 가벼운 명령문을 만들 수 있으므로, '앉으세요'는 请坐(qǐng zuò)이다.
② '좀 와주세요'의 동사 '오다'는 来(lái)이며, 동사 뒤에 一下를 붙여 가벼운 명령문을 만들 수 있으므로, '좀 와주세요'는 来一下(lái yí xià)이다.
③ '천천히 좀'의 형용사 '천천히'는 慢(màn)이며, 형용사 뒤에 一点儿을 붙여 명령문을 만들 수 있으므로, '천천히 좀'은 慢一点儿(màn yìdiǎnr)이다.

어휘　经理 jīnglǐ 명 매니저　马上 mǎshàng 부 바로
着急 zháojí 형 조급하다　担心 dānxīn 동 걱정하다
迟到 chídào 동 늦다, 지각하다

2

정답　① 不要　② 不用　③ 不必

어휘　跟 gēn 개 ~에게　解释 jiěshì 동 설명하다

3

정답　① 你们等一下。
② 请看黑板。
③ 你再吃一点儿。

해석　① 좀 기다려 주세요.
② 칠판을 보세요.
③ 조금 더 드세요.

해설　① 동사 等(기다리다)을 술어로 배치한 후, 술어와 의미상 어울리는 대사 你们(당신들)을 주어로 배치한다. 남은 어휘인 一下(좀 ~해 주세요)를 술어 뒤에 배치하여 문장을 완성한다.

99포인트로 마스터하는 해커스 중국어 문법

② 동사 看(보다)을 술어로 배치한 후, 술어와 의미상 어울리는 명사 黑板(칠판)을 목적어로 배치한다. 남은 어휘인 请(~하세요)을 문장 맨 앞에 배치하여 문장을 완성한다.

③ 동사 吃(먹다)을 술어로 배치한 후, 술어와 의미상 어울리는 대사 你(당신)를 주어로 배치한다. 남은 어휘인 一点儿(좀 ~해 주세요)을 술어 뒤에, 부사 再(더)를 술어 앞 부사어로 배치하여 문장을 완성한다.

어휘　黑板 hēibǎn 뗑 칠판

포인트 76　주어 혹은 술어가 없는 비주술문
p.161

1

정답　① 我　② 好　③ 来了

어휘　打扫 dǎsǎo 뙹 청소하다

2

정답　① C　② A　③ B

해석　① 잘 했어요! - 감사합니다!
② 드디어 다 했어요. - 수고했어요.
③ 빨리 돌아오세요! - 저는 안 가요.

어휘　辛苦 xīnkǔ 뻉 수고스럽다　终于 zhōngyú 뿐 드디어

3

정답　① 睡觉吧, 자요
② 开会了, 회의를 해요
③ 下雪了, 눈이 내려요

어휘　会议室 huìyìshì 뗑 회의실　注意 zhùyì 뙹 주의하다
安全 ānquán 뻉 안전하다

포인트 77　동사술어문
p.163

1

정답　① 打　② 搬

해석　① 나는 배드민턴을 친다.
② 그들은 상자를 옮긴다.

어휘　羽毛球 yǔmáoqiú 뗑 배드민턴　搬 bān 뙹 옮기다
箱子 xiāngzi 뗑 상자

2

정답　① 不　② 没(有)　③ 没有

해석　① 나는 내일 출근한다.　나는 내일 출근하지 않는다.
② 그녀는 방금 빨래를 했다.　그녀는 방금 빨래를 하지

않았다.
③ 샤오둥은 연필이 있다.　샤오둥은 연필이 없다.

해설　① 제시된 문장에 明天(내일)이 있으므로, 술어 앞에 미래의 일을 부정하는 부사 不를 써야 한다. 따라서 不가 정답이다.
② 제시된 문장에 刚才(방금)가 있으므로, 술어 앞에 과거의 일을 부정하는 부사 没(有)를 써야 한다. 따라서 没(有)가 정답이다.
③ 제시된 문장의 술어 有(~이 있다)는 동사 没有(~이 없다)로 부정해야 한다. 따라서 没有가 정답이다.

어휘　刚才 gāngcái 뗑 방금

3

정답　① 丽丽吃晚饭吗?　丽丽吃不吃晚饭?
② 他知道这件事吗?　他知道不知道这件事? / 他知不知道这件事?

해석　① 리리는 저녁을 먹는다.　리리는 저녁을 먹나요?
② 그는 이 일을 안다.　그는 이 일을 아나요?

해설　① 제시된 문장 丽丽吃晚饭。끝에 조사 吗를 붙여 吗 의문문을 만들 수 있다. 따라서 첫 번째 빈칸은 丽丽吃晚饭吗? 가 정답이다. 제시된 문장에서 동사 술어의 긍정형과 부정형을 나란히 써서 정반의문문을 만들 수 있다. 따라서 두 번째 빈칸은 丽丽吃不吃晚饭? 이 정답이다.
② 제시된 문장 他知道这件事。끝에 조사 吗를 붙여 吗 의문문을 만들 수 있다. 따라서 첫 번째 빈칸은 他知道这件事吗? 가 정답이다. 제시된 문장의 2음절 동사 술어의 긍정형과 부정형을 나란히 써서 'AB不AB' 또는 'A不AB'의 형식으로 정반의문문을 만들 수 있다. 따라서 두 번째 빈칸은 他知道不知道这件事? 또는 他知不知道这件事? 이 정답이다.

어휘　晚饭 wǎnfàn 뗑 저녁(밥)

4

정답　① 她们吃水果。　② 昨天我买了一本杂志。

해석　① 그녀들은 과일을 먹는다.
② 어제 나는 잡지 한 권을 샀다.

해설　① 동사 吃(먹다)을 술어로 배치한 후, 술어와 의미상 어울리는 대사 她们(그녀들)을 주어로, 명사 水果(과일)를 목적어로 배치하여 문장을 완성한다.
② '동사+了' 형태의 买了(샀다)를 술어 위치에 배치한 후, 술어와 의미상 어울리는 '수사+양사+명사' 형태의 一本杂志(잡지 한 권)을 '관형어+목적어'로, '명사+대사' 형태의 昨天我(어제 나는)를 '부사어+주어'로 배치하여 문장을 완성한다.

어휘　杂志 zázhì 뗑 잡지

1

정답 ① 简单 ② 贵, 便宜

해석 ① 이 문제는 간단하다.
② 계란은 비싸고, 토마토는 저렴하다.

어휘 简单 jiǎndān 형 간단하다　西红柿 xīhóngshì 명 토마토

2

정답 ① 舒服, 편안하 ② 新鲜, 신선하

어휘 新鲜 xīnxiān 형 신선하다　舒服 shūfu 형 편안하다
双 shuāng 양 켤레　条 tiáo 양 [가늘고 긴 것을 세는 단위]

3

정답 ① 天气好吗?　天气好不好?
② 蛋糕好吃吗? 蛋糕好吃不好吃? / 蛋糕好不好吃?

해석 ① 날씨가 좋다.　날씨가 좋나요?
② 케이크가 맛있다.　케이크는 맛있나요?

해설 ① 제시된 문장 天气很好。끝에 조사 吗를 붙여 吗 의문문을 만들 수 있고, 이때 부사 很은 쓰지 않으므로, 첫 번째 빈칸은 天气好吗? 가 정답이다. 제시된 문장에서 형용사 술어의 긍정형과 부정형을 나란히 써서 정반의문문을 만들 수 있다. 따라서 두 번째 빈칸은 天气好不好? 가 정답이다.
② 제시된 문장 蛋糕很好吃。끝에 조사 吗를 붙여 吗 의문문을 만들 수 있고, 이때 부사 很은 쓰지 않으므로, 첫 번째 빈칸은 蛋糕好吃吗? 가 정답이다. 제시된 문장의 2음절 형용사 술어의 긍정형과 부정형을 나란히 써서 'AB不AB' 또는 'A不AB'의 형식으로 정반의문문을 만들 수 있다. 따라서 두 번째 빈칸은 蛋糕好吃不好吃? 또는 蛋糕好不好吃? 이 정답이다.

어휘 蛋糕 dàngāo 명 케이크

4

정답 ① 这些花儿很漂亮。 ② 一切都很顺利。

해석 ① 이 꽃들은 예쁘다.
② 모든 것이 다 순조롭다.

해설 ① '부사+형용사' 형태의 很漂亮(예쁘다)을 '부사어+술어'로 배치한 후, 술어와 의미상 어울리는 명사 花儿(꽃)을 주어로 배치한다. 남은 어휘인 这些(이 ~들)를 주어 앞 관형어로 배치하여 문장을 완성한다.
② '부사+형용사' 형태의 很顺利(순조롭다)를 '부사어+술어'로 배치한 후, 술어와 의미상 어울리는 명사 一切(모든 것)를 주어로 배치한다. 남은 어휘인 부사 都(다)를 술어 앞 부사어로 배치하여 문장을 완성한다.

어휘 花(儿) huā(r) 명 꽃　顺利 shùnlì 형 순조롭다
一切 yíqiè 대 모든 것

1

정답 ① 二十七岁 ② 一米六八

해석 ① 언니는 27살이다.
② 그녀는 168cm이다.

어휘 米 mǐ 양 미터(m)

2

정답 ① B ② A

해석 ① 지금은 2시이다. - 지금은 2시가 아니다.
② 모레는 9월 10일이다. - 모레는 9월 10일이 아니다.

해설 ① 명사술어문은 술어인 명사구 앞에 不是를 붙여 부정을 나타내므로, B 现在不是两点。이 정답이다.
② 명사술어문은 술어인 명사구 앞에 不是을 붙여 부정을 나타내므로, A 后天不是九月十号。가 정답이다.

어휘 后天 hòutiān 명 모레

3

정답 ① 明天星期一吗? / 明天是星期一吗?
明天是不是星期一?
② 小东中国人吗? / 小东是中国人吗?
小东是不是中国人?

해석 ① 오늘은 월요일이다.　오늘은 월요일인가요?
② 샤오둥은 중국인이다.　샤오둥은 중국인인가요?

해설 ① 제시된 문장 明天星期一。끝에 조사 吗를 붙여 吗 의문문을 만들 수 있고, 이때 是을 써도 되고 쓰지 않아도 되므로, 첫 번째 빈칸은 明天星期一吗? 또는 明天是星期一吗? 가 정답이다. 제시된 문장에서 명사 술어 앞에 是不是를 붙여서 정반의문문을 만들 수 있다. 따라서 두 번째 빈칸은 明天是不是星期一? 가 정답이다.
② 제시된 문장 小东中国人。끝에 조사 吗를 붙여 吗 의문문을 만들 수 있고, 이때 是을 써도 되고 쓰지 않아도 되므로, 첫 번째 빈칸은 小东中国人吗? 또는 小东是中国人吗? 가 정답이다. 제시된 문장에서 명사 술어 앞에 是不是을 붙여서 정반의문문을 만들 수 있다. 따라서 두 번째 빈칸은 小东是不是中国人? 이 정답이다.

어휘 中国人 Zhōngguórén 명 중국인

4

정답 ① 一千六百米 ② 二点五公斤 ③ 二十元

해석 ① 이 산은 1,600m이다.
② 이 꽃병은 2.5kg이다.
③ 바나나는 20위안이다.

어휘 座 zuò 양 채[부피가 크고 고정된 물체를 세는 단위]
米 mǐ 양 미터(m)　花瓶 huāpíng 명 꽃병

公斤 gōngjīn 양 킬로그램(kg)　香蕉 xiāngjiāo 명 바나나
元 yuán 양 위안[중국의 화폐 단위]

포인트 **80** **주술술어문**　　　　　　p.169

1

정답　① 头疼　② 冬天很冷

해석　① 그는 머리가 아프다.
　　　② 이곳은 겨울이 춥다.

어휘　疼 téng 형 아프다　冬天 dōngtiān 명 겨울

2

힌트　① A　② B

해석　① 그는 일이 바쁘다. - 그는 일이 바쁘지 않다.
　　　② 샤오왕은 성적이 좋다. - 샤오왕은 성적이 좋지 않다.

해설　① 주술술어문은 주술구의 술어 앞에 不를 붙여 부정을 나타
　　　내므로, A 他工作不忙. 이 정답이다.
　　　② 주술술어문은 주술구의 술어 앞에 不를 붙여 부정을 나타
　　　내므로, B 小王成绩不好. 가 정답이다.

어휘　成绩 chéngjì 명 성적

3

정답　① 那里环境好吗?　那里环境好不好?
　　　② 他们班学生多吗?　他们班学生多不多?

해석　① 그 곳은 환경이 좋다.　그곳은 환경이 좋나요?
　　　② 그 반은 학생이 많다.　그 반은 학생이 많나요?

해설　① 제시된 문장 那里环境很好. 끝에 조사 吗를 붙여 吗 의
　　　문문을 만들 수 있다. 따라서 첫 번째 빈칸은 那里环境好
　　　吗? 가 정답이다. 제시된 문장에서 주술구의 술어의 긍정
　　　형과 부정형을 나란히 써서 정반의문문을 만들 수 있다.
　　　따라서 두 번째 빈칸은 那里环境好不好? 가 정답이다.
　　　② 제시된 문장 他们班学生很多. 끝에 조사 吗를 붙여 吗
　　　의문문을 만들 수 있다. 따라서 첫 번째 빈칸은 他们班
　　　学生多吗? 가 정답이다. 제시된 문장에서 주술구의 술
　　　어의 긍정형과 부정형을 나란히 써서 정반의문문을 만들
　　　수 있다. 따라서 두 번째 빈칸은 他们班学生多不多?
　　　가 정답이다.

어휘　环境 huánjìng 명 환경　班 bān 명 반

4

정답　① 他心情不好。
　　　② 妹妹眼睛很大。
　　　③ 这杯茶味道不错。

해석　① 그는 기분이 좋지 않다.
　　　② 여동생은 눈이 크다.

③ 이 차는 맛이 좋다.

해설　① '부사+형용사' 형태의 不好(좋지 않다)를 '부사어+술어'로
　　　배치한다. 남은 어휘인 명사 心情(기분)과 대사 他(그)가
　　　주어가 될 수 있는데, '그는 기분이 좋지 않다'가 문맥상
　　　자연스러우므로 心情과 不好를 心情不好(기분이 좋지 않
　　　다)로 연결하여 주술구 술어로 배치한 후, 대사 他를 주어
　　　로 배치하여 문장을 완성한다.
　　　② '부사+형용사' 형태의 很大(크다)를 '부사어+술어'로 배치
　　　한다. 남은 어휘인 명사 眼睛(눈)과 妹妹(여동생)가 주어
　　　가 될 수 있는데, '여동생은 눈이 크다'가 문맥상 자연스러
　　　우므로 眼睛과 很大를 眼睛很大(눈이 크다)로 연결하여
　　　주술구 술어로 배치한 후, 명사 妹妹를 주어로 배치하여
　　　문장을 완성한다.
　　　③ 형용사 不错(좋다)를 술어로 배치한다. 남은 어휘인 这杯
　　　茶(이 차)와 명사 味道(맛)가 주어가 될 수 있는데, '이 차는
　　　맛이 좋다'가 자연스럽게 연결되므로 味道와 不错를 味
　　　道不错(맛이 좋다)로 연결하여 주술구 술어를 배치한 후,
　　　这杯茶를 '관형어+주어'로 배치하여 문장을 완성한다.

어휘　心情 xīnqíng 명 기분　味道 wèidao 명 맛

포인트 **81** **是자문**　　　　　　p.171

1

정답　① 他是数学家吗?　他是不是数学家?
　　　② 明天是丽丽的生日吗?　明天是不是丽丽的生日?
　　　③ 这件衣服是爸爸的吗?　这件衣服是不是爸爸的?

해석　① 그는 수학자이다.　그는 수학자인가요?
　　　② 내일은 리리의 생일이다.　내일은 리리의 생일인가요?
　　　③ 이 옷은 아빠 것이다.　이 옷은 아빠 것인가요?

해설　① 제시된 문장 他是数学家. 끝에 조사 吗를 붙여 吗 의문
　　　문을 만들 수 있다. 따라서 첫 번째 빈칸은 他是数学家
　　　吗? 가 정답이다. 제시된 문장에서 是 뒤에 부정형 不
　　　是를 나란히 써서 정반의문문을 만들 수 있다. 따라서 두
　　　번째 빈칸은 他是不是数学家? 가 정답이다.
　　　② 제시된 문장 明天是丽丽的生日. 끝에 조사 吗를 붙여
　　　吗 의문문을 만들 수 있다. 따라서 첫 번째 빈칸은 明天
　　　是丽丽的生日吗? 가 정답이다. 제시된 문장에서 是 뒤
　　　에 부정형 不是를 나란히 써서 정반의문문을 만들 수 있
　　　다. 따라서 두 번째 빈칸은 明天是不是丽丽的生日? 이
　　　정답이다.
　　　③ 제시된 문장 这件衣服是爸爸的. 끝에 조사 吗를 붙여
　　　吗 의문문을 만들 수 있다. 따라서 첫 번째 빈칸은 这件
　　　衣服是爸爸的吗? 가 정답이다. 제시된 문장에서 是 뒤
　　　에 부정형 不是를 나란히 써서 정반의문문을 만들 수 있
　　　다. 따라서 두 번째 빈칸은 这件衣服是不是爸爸的? 가
　　　정답이다.

어휘　数学家 shùxuéjiā 명 수학자

2

정답 ① 是很舒服 ② 好吃是好吃 ③ 不是, 而是

해설 ① 是 뒤에 형용사구 목적어가 와서 '확실히 ~하다'라는 인정하는 뉘앙스를 나타낼 수 있다. 따라서 是很舒服(shì hěn shūfu)가 정답이다.
② …是…의 형태로 '~하긴 ~한데'라는 의미를 나타낼 수 있다. 따라서 好吃是好吃(hǎochī shì hǎochī)이 정답이다.
③ 不是…而是…의 형태로 '~이 아니라 ~이다'라는 의미를 나타낼 수 있다. 따라서 첫 번째 빈칸은 不是(bú shì)이, 두 번째 빈칸은 而是(ér shì)이 정답이다.

어휘 沙发 shāfā 뗑 소파   舒服 shūfu 휑 편안하다
咸 xián 휑 짜다   词典 cídiǎn 뗑 사전

3

정답 ① 你的爱好是什么?
② 西红柿不是水果。

해석 ① 당신의 취미는 무엇인가요?
② 토마토는 과일이 아니다.

해설 ① '동사+의문대사' 형태의 是什么(~은 무엇인가)를 '술어+목적어'로 배치한 후, 술어와 의미상 어울리는 명사 爱好(취미)를 주어로 배치한다. 남은 어휘인 '대사+的' 형태의 你的(당신의)를 주어 앞 관형어로 배치하여 문장을 완성한다. 의문대사 什么는 의문문을 만드는 역할을 하므로 문장 끝에 물음표를 써야 한다.
② '부사+동사' 형태의 不是(~이 아니다)을 '부사어+술어' 위치에 배치한다. 남은 어휘 중 명사 水果(과일)와 西红柿(토마토)이 목적어와 주어 모두 될 수 있는데, 문맥상 '토마토는 과일이 아니다.'가 자연스러우므로, 西红柿를 주어로, 水果를 목적어로 배치하여 문장을 완성한다.

어휘 爱好 àihào 뗑 취미   西红柿 xīhóngshì 뗑 토마토

포인트 **82** 有자문 p.173

1

정답 ① 我没有时间。 ② 小王没有地图。

해석 ① 나는 시간이 있다.   나는 시간이 없다.
② 샤오왕은 지도가 있다.   샤오왕은 지도가 없다.

해설 ① 有자문은 동사 没有를 써서 부정하므로, 我没有时间。이 정답이다.
② 有자문은 동사 没有를 써서 부정하므로, 小王没有地图。가 정답이다.

어휘 地图 dìtú 뗑 지도

2

정답 ① 她有别的事吗?   她有没有别的事?
② 他们有信心吗?   他们有没有信心?

해석 ① 그녀는 다른 일이 있다.   그녀는 다른 일이 있나요?
② 그들은 자신감이 있다.   그들은 자신감이 있나요?

해설 ① 제시된 문장 她有别的事。끝에 조사 吗를 붙여 吗 의문문을 만들 수 있다. 따라서 첫 번째 빈칸은 她有别的事吗? 가 정답이다. 제시된 문장에서 有 뒤에 부정형 没有를 나란히 써서 정반의문문을 만들 수 있다. 따라서 두 번째 빈칸은 她有没有别的事? 이 정답이다.
② 제시된 문장 他们有信心。끝에 조사 吗를 붙여 吗 의문문을 만들 수 있다. 따라서 첫 번째 빈칸은 他们有信心吗? 가 정답이다. 제시된 문장에서 有 뒤에 부정형 没有를 나란히 써서 정반의문문을 만들 수 있다. 따라서 두 번째 빈칸은 他们有没有信心? 이 정답이다.

어휘 信心 xìnxīn 뗑 자신감

3

정답 ① 八十岁 ② 十年

해석 ① 우리 할머니는 80살이다.
② 샤오리는 한국에 온 지 10년이 되었다.

어휘 奶奶 nǎinai 뗑 할머니

4

정답 ① 那条河有五千米长。
② 这个箱子有三公斤重。

해석 ① 그 하천은 대략 5,000m (길이) 정도이다.
② 그 상자는 대략 3kg (무게) 정도이다.

해설 ① 동사 有(~이 있다)를 술어로 배치한 후, 술어와 의미상 어울리는 五千米长(5,000m (길이))을 목적어로, '대사+양사+명사' 형태의 那条河(그 하천)를 '관형어+주어'로 배치하여 문장을 완성한다.
② 동사 有(~이 있다)를 술어로 배치한 후, 술어와 의미상 어울리는 三公斤重(3kg (무게))을 목적어로, '대사+명사' 형태의 这个箱子(이 상자)를 '관형어+주어'로 배치하여 문장을 완성한다.

어휘 河 hé 뗑 하천   箱子 xiāngzi 뗑 상자
公斤 gōngjīn 양 킬로그램(kg)

포인트 **83** 존재함을 나타내는 존현문 p.175

1

정답 ① O ② X ③ X

해석 ① 1층은 꽃가게이다.
② 거실에 한 노인이 앉아 있다. (客厅里坐着一位老人。)
③ 사무실에 지도 한 장이 걸려 있다. (办公室里挂着一张地图。)

해설 ① 제시된 문장 一楼是花店。에서 장소를 나타내는 一楼(1층)가 주어, 존재하는 대상인 花店(꽃가게)이 목적어이므

로, 정답은 O이다.

② 존재함을 나타내는 존현문에서 존재하는 사람이나 사물은 동사 술어 뒤에 와야 하는데, 제시된 문장 客厅里一位老人坐着。에서 老人(노인)이 坐着(앉아 있다) 앞에 왔으므로, 정답은 X이다. 참고로, '거실에 한 노인이 앉아 있다.'는 客厅里坐着一位老人。(Kètīng li zuòzhe yí wèi lǎorén.)이다.

③ 존재함을 나타내는 존현문에서 주어 자리에는 장소명사가, 목적어 자리에는 존재하는 사람이나 사물이 와야 하는데, 제시된 문장 一张地图挂着办公室里。에서 주어 자리에 一张地图(지도 한 장)가, 목적어 자리에 办公室(사무실)이 왔으므로, 정답은 X이다. 참고로, '사무실에 지도 한 장이 걸려 있다.'는 办公室里挂着一张地图。(Bàngōngshì li guàzhe yì zhāng dìtú.)이다.

어휘   花店 huādiàn 몡 꽃가게   客厅 kètīng 몡 거실
老人 lǎorén 몡 노인   挂 guà 동 걸다
办公室 bàngōngshì 몡 사무실

2

정답   ① 挂着, 걸려 있다   ② 放着, 놓여 있다
③ 住着, 살고 있다

어휘   灯 dēng 몡 전등
把 bǎ 양 [손잡이가 있는 기구를 세는 단위]
年轻 niánqīng 혱 젊다   夫妻 fūqī 몡 부부

3

정답   ① 外面有很多人。
② 地上躺着一个人。
③ 对面站着十多个男子。

해석   ① 밖에는 많은 사람이 있다.
② 바닥에 사람 한 명이 누워 있다.
③ 맞은편에 남자 열 명 남짓이 서 있다.

해설   ① 동사 有(~이 있다)를 술어로 배치한 후, 술어와 의미상 어울리는 '부사+형용사+명사' 형태의 很多人(많은 사람)을 '관형어+목적어'로, 명사 外面(밖)을 주어로 배치하여 문장을 완성한다.

② '동사+着' 형태의 躺着(누워 있다)를 술어 위치에 배치한 후, 술어와 의미상 어울리는 '수사+양사+명사' 형태의 一个人(사람 한 명)을 '관형어+목적어'로, 명사 地上(바닥)을 주어로 배치하여 문장을 완성한다.

③ '동사+着' 형태의 站着(서 있다)를 술어 위치에 배치한 후, 술어와 의미상 어울리는 명사 男子(남자)를 목적어로, 对面(맞은편)을 주어로 배치한다. 남은 어휘인 十多个(열 명 남짓)를 목적어 앞 관형어로 배치하여 문장을 완성한다.

어휘   躺 tǎng 동 눕다   站 zhàn 동 서다
对面 duìmiàn 몡 맞은편

포인트 **84** 나타남, 사라짐을 나타내는 존현문   p.177

1

정답   ① O   ② X   ③ O

해석   ① 이웃집은 고양이 한 마리를 잃어버렸다.
② 방 안에서 한 무리의 사람이 걸어 나왔다. (房间里走出来一群人。)
③ 어제 그 세 사람이 나타났다.

해설   ① 제시된 문장 邻居家丢了一只猫。에서 장소를 나타내는 邻居家(이웃집)가 주어, 사라지는 대상을 나타내는 一只猫(고양이 한 마리)가 목적어이므로, 정답은 O이다.

② 나타남, 사라짐을 나타내는 존현문에서 주어 자리에는 장소를 나타내는 표현이, 목적어 자리에는 나타나는 사람이 와야 하는데, 제시된 문장 一群人走出来房间里。에서 주어 자리에 一群人(한 무리의 사람)이, 목적어 자리에 房间里(방 안)가 왔으므로, 정답은 X이다. 참고로, '방 안에서 한 무리의 사람이 걸어 나왔다.'는 房间里走出来一群人。(Fángjiān li zǒu chūlai yì qún rén.)이다.

③ 제시된 문장 昨天出现了那三个人。에서 시간을 나타내는 昨天(어제)이 주어, 나타나는 사람을 나타내는 那三个人(그 세 사람)이 목적어이므로, 정답은 O이다.

어휘   邻居 línjū 몡 이웃   丢 diū 동 잃어버리다
只 zhī 양 마리   出现 chūxiàn 동 나타나다

2

정답   ① 发生了, 발생했다   ② 来了, 왔다
③ 跑了, 도망갔다

어휘   发生 fāshēng 동 발생하다   刚才 gāngcái 몡 방금
奇怪 qíguài 혱 이상하다

3

정답   ① 对面跑过来一个学生。
② 我们公司走了很多人。
③ 门口开来了一辆出租车。

해석   ① 맞은편에서 한 학생이 뛰어온다.
② 우리 회사는 많은 사람이 떠났다.
③ 입구에 택시 한 대가 왔다.

해설   ① 동사가 포함된 跑过来(뛰어오다)를 '술어+방향보어' 위치에 배치한 후, 술어와 의미상 어울리는 '수사+양사+명사' 형태의 一个学生(한 학생)을 '관형어+목적어'로, 명사 对面(맞은편)을 주어로 배치하여 문장을 완성한다.

② '동사+了' 형태의 走了(떠났다)를 술어 위치에 배치한 후, 술어와 의미상 어울리는 '부사+형용사+명사' 형태의 很多人(많은 사람)을 '관형어+목적어'로, '대사+명사' 형태의 我们公司(우리 회사)를 '관형어+주어'로 배치하여 문장을 완성한다.

③ '동사+了' 형태의 开来了(몰고 왔다)를 술어 위치에 배치한 후, 술어와 의미상 어울리는 명사 出租车(택시)를 목적

어로, 명사 门口(입구)를 주어로 배치한다. 남은 어휘인 '수사+양사' 형태의 一辆(한 대)을 목적어 出租车 앞 관형어로 배치하여 문장을 완성한다.

어휘	对面 duìmiàn 명 맞은편　出租车 chūzūchē 명 택시 辆 liàng 양 대[차량·자전거 등 탈 것을 세는 단위]

포인트 85 把자문의 쓰임
p.179

1

정답	① A　② B

해석	① 나는 쓰레기를 버렸다. ② 당신 이 돈을 저축하세요.

해설	① 개사 把는 행위의 대상 앞에 오므로, 垃圾(쓰레기) 앞인 A가 정답이다. ② 개사 把는 행위의 대상 앞에 오므로, 这些钱(이 돈) 앞인 B가 정답이다.

어휘	垃圾 lājī 명 쓰레기　扔 rēng 동 버리다 存 cún 동 저축하다

2

정답	① B　② A

해석	① 그는 이 술을 다 마셨다. ② 샤오둥은 그의 책을 가져갔다.

해설	① 把자문에서 술어 뒤에 행위의 결과를 나타내는 기타성분이 반드시 와야 하므로, B 他把这瓶酒喝完了。가 정답이다. 이때 결과보어 完과 동태조사 了는 기타성분이다. ② 把자문에서 술어 뒤에 행위의 결과를 나타내는 기타성분이 반드시 와야 하므로, A 小东把他的书带走了。가 정답이다. 이때 결과보어 走와 동태조사 了는 기타성분이다.

어휘	瓶 píng 양 병　带 dài 동 가지다

3

정답	① 我把房间打扫完了。 ② 他把我的手机弄坏了。

해석	① 나는 방을 다 청소했다. ② 그는 나의 휴대폰을 망가뜨렸다.

해설	① 제시된 문장의 목적어 房间(방) 앞에 把를 붙여 술어 打扫(청소하다) 앞으로 둔 후, 기타성분인 결과보어 完(다 ~하다)과 동태조사 了를 술어 뒤에 두면 把자문이 된다. 따라서 我把房间打扫完了。(Wǒ bǎ fángjiān dǎsǎo wán le.)가 정답이다. ② 제시된 문장의 목적어 我的手机(나의 휴대폰) 앞에 把를 붙여 술어 弄(~하다) 앞으로 둔 후, 기타성분인 결과보어 坏(망가지다)와 동태조사 了를 술어 뒤에 두면 把자문이 된다. 따라서 他把我的手机弄坏了。(Tā bǎ wǒ de

shǒujī nònghuài le.)가 정답이다.

어휘	打扫 dǎsǎo 동 청소하다　弄坏 nònghuài 망가뜨리다

4

정답	① 她把东西收拾好了。 ② 你把这些材料复印一下。

해석	① 그녀는 물건을 다 정리했다. ② 당신이 이 자료들을 좀 복사해주세요.

해설	① '동사+결과보어+了' 형태의 收拾好了(다 정리했다)를 '술어+기타성분'으로 배치한 후, 술어와 의미상 어울리는 把东西(물건을)를 술어 앞에 '把+행위의 대상'으로, 대사 她(그녀)를 주어로 배치하여 문장을 완성한다. ② 동사 复印(복사하다)을 술어로 배치한 후, '대사+把' 형태의 你把(당신이 ~을)와 这些材料(이 자료들)를 你把这些材料(당신이 이 자료들을)로 연결한 후 '주어+把+행위의 대상'으로 술어 앞에 배치한다. 남은 어휘인 一下(좀 ~하다)를 술어 뒤 기타성분으로 배치하여 문장을 완성한다.

어휘	收拾 shōushi 동 정리하다　复印 fùyìn 동 복사하다 材料 cáiliào 명 자료

포인트 86 把자문의 활용
p.181

1

정답	① X　② O

해석	① 당신 그 책을 저에게 주세요. (你把那本书给我。) ② 그들은 소파를 밖으로 옮겼다.

해설	① 제시된 문장 你把一本书给我。에서 把 뒤의 행위의 대상은 말하는 사람과 듣는 사람이 모두 아는 특정한 것이어야 하는데, 一本书(책 한 권)는 불특정한 사물이므로 정답은 X이다. 참고로, 那本书(그 책)와 같은 특정한 행위의 대상을 사용하여 '당신 그 책을 저에게 주세요.'는 你把那本书给我。(Nǐ bǎ nà běn shū gěi wǒ.)라고 할 수 있다. ② 제시된 문장 他们将沙发搬出去了。는 把 대신 将이 쓰인 문장이다. 把자문의 기본 어순과 동일하게 将 앞에 주어, 将 뒤에 '행위의 대상+술어+기타성분'이 와야 한다. 따라서 정답은 O이다.

어휘	沙发 shāfā 명 소파　搬 bān 동 옮기다

2

정답	① 他没有把工作做完。 ② 我没有把护照拿来。

해석	① 그는 일을 다 했다.　그는 일을 다 하지 않았다. ② 나는 여권을 가져왔다.　나는 여권을 가져오지 않았다.

해설	① 把자문에서 부정부사 没有는 把 앞에 오므로, 他没有把工作做完。(Tā méiyǒu bǎ gōngzuò zuòwán.)이 정답이다. 조사 了는 没有와 함께 사용하지 않으므로 삭제한다.

정답·해석·해설 265

정답·해석·해설

99포인트로 마스터하는 해커스 중국어 문법

② 把자문에서 부정부사 没有는 把 앞에 오므로, 我没有 把护照拿来.(Wǒ méiyǒu bǎ hùzhào nálai.)가 정답이다. 조사 了는 没有와 함께 사용하지 않으므로 삭제한다.

어휘　护照 hùzhào 명 여권　拿 ná 동 가지다

3

정답　① 收拾收拾　② 一遍　③ 吃完

해석　① 우리 이 옷들을 좀 치웁시다.
　　② 나는 모든 컵을 한 번 씻었다.
　　③ 그녀는 집에 있는 빵을 다 먹었다.

해설　① 빈칸 앞 把这些衣服(이 옷들을)가 '把+행위의 대상'이므로, 빈칸에는 술어와 기타성분이 와야 한다. 따라서 술어가 될 수 있으면서, 기타성분이 될 수 있는 중첩된 동사 형태이면서, 문맥과도 어울리는 收拾收拾(좀 치우다)이 정답이다.
　　② 빈칸 앞 洗(씻다)가 술어이므로 빈칸에는 기타성분이 와야 한다. 따라서 기타성분이 될 수 있는 수량보어 형태이면서, 문맥과도 어울리는 一遍(한 번)이 정답이다.
　　③ 빈칸 앞 把家里的面包(집에 있는 빵)가 '把+행위의 대상'이므로, 빈칸에는 술어가 포함된 표현이 와야 한다. 따라서 술어와 기타성분이 될 수 있는 결과보어를 포함하면서, 문맥과도 어울리는 吃完(다 먹다)이 정답이다.

어휘　遍 biàn 양 번　收拾 shōushi 동 치우다
　　所有 suǒyǒu 형 모든　面包 miànbāo 명 빵

4

정답　① 他终于把电脑修好了。
　　② 你可以把地址告诉我吗?

해석　① 그는 드디어 컴퓨터를 다 수리했다.
　　② 주소를 저에게 알려줄 수 있나요?

해설　① 동사 修(수리하다)가 포함된 '把+명사+동사' 형태의 把电脑修(컴퓨터를 수리하다)를 '把+행위의 대상+술어'로 바로 배치한다. 대사 他를 주어로 배치한 후, '형용사+了' 형태의 好了(다 ~했다)를 술어 뒤 기타성분으로 배치한다. 남은 어휘인 부사 终于(드디어)를 把 앞에 부사어로 배치하여 문장을 완성한다. 참고로, 好了는 '결과보어+동태조사 了' 형태의 기타성분이다.
　　② '동사+대사+吗' 형태의 告诉我吗(나에게 알려주다)를 '술어+목적어'로 배치한 후, '把+명사' 형태의 把地址(주소를)을 술어 앞에 '把+행위의 대상'으로, 대사 你(당신)를 주어 위치에 배치한다. 남은 어휘인 조동사 可以(~할 수 있다)를 把 앞에 부사어로 배치하고, 문장 끝에 물음표를 붙여 문장을 완성한다. 참고로, 我는 목적어 형태의 기타성분이다.

어휘　终于 zhōngyú 부 드디어　地址 dìzhǐ 명 주소

포인트 **87** 被자문의 쓰임
p.183

1

정답　① A　② B

해석　① 열쇠는 나에 의해 잃어버려졌다. (나는 열쇠를 잃어버렸다.)
　　② 나의 제안은 그에게 거절당했다.

해설　① 개사 被는 행위의 주체 앞에 오므로, 我(나) 앞인 A가 정답이다.
　　② 개사 被는 행위의 주체 앞에 오므로, 他(그) 앞인 B가 정답이다.

어휘　钥匙 yàoshi 명 열쇠　弄丢 nòngdiū 잃어버리다
　　建议 jiànyì 명 제안　拒绝 jùjué 동 거절하다

2

정답　① X　② O

해석　① 케이크는 샤오왕에 의해 먹혔다. (蛋糕被小王吃了。)
　　② 환경이 오염됐다.

해설　① 被자문의 기본 어순은 '주어+被+행위의 주체+술어+기타성분'인데, 제시된 문장 蛋糕小王被吃了。에서 被 앞에 주어와 행위의 주체가 왔으므로, 정답은 X이다. 참고로, '케이크는 샤오왕에 의해 먹혔다.'는 蛋糕被小王吃了。(Dàngāo bèi Xiǎo Wáng chī le.)이다.
　　② 被자문의 기본 어순은 '주어+被+행위의 주체+술어+기타성분'인데, 제시된 문장 环境被污染了。에서 被 앞에 주어가, 뒤에 행위의 주체가 왔다. 따라서 정답은 O이다. 참고로, 이 문장에서 행위의 주체는 생략되었다.

어휘　蛋糕 dàngāo 명 케이크　环境 huánjìng 명 환경
　　污染 wūrǎn 동 오염되다

3

정답　① 这个问题被他发现了。
　　② 旧衣服被我扔掉了。

해석　① 이 문제는 그에 의해 발견되었다.
　　② 낡은 옷은 나로 인해 버려졌다.

해설　① 제시된 문장의 주어 他(그) 앞에 被를 붙인 후, 목적어 这个问题를 문장 맨 앞에 두면 被자문이 된다. 따라서 这个问题被他发现了。(Zhège wèntí bèi tā fāxiàn le.)가 정답이다.
　　② 제시된 문장의 주어 我(나) 앞에 被를 붙인 후, 목적어 旧衣服를 문장 맨 앞에 두면 被자문이 된다. 따라서 旧衣服被我扔掉了。(Jiù yīfu bèi wǒ rēngdiào le.)가 정답이다.

어휘　发现 fāxiàn 동 발견하다　扔掉 rēngdiào 버리다
　　旧 jiù 형 낡다

4

정답　① 水被浪费了。

② 电视被搬到房间里了。

해석   ① 물이 낭비되었다.
     ② 텔레비전은 방 안으로 옮겨졌다.

해설   ① '동사+了' 형태의 浪费了(낭비했다)를 '술어+기타성분'으로 배치한 후, 술어와 의미상 어울리는 명사 水(물)를 주어로 배치한다. 남은 어휘인 被를 주어 뒤, 술어 앞에 배치하여 문장을 완성한다. 참고로, 이 문장에서 행위의 주체는 생략되었다.
     ② '동사+동사' 형태의 搬到(~로 옮기다)를 '술어+결과보어'로 배치한 후, 술어와 의미상 어울리는 명사 电视(텔레비전)을 주어로, 房间里了(방 안으로 ~되다)를 기타성분으로 배치한다. 남은 어휘인 被를 주어 뒤, 술어 앞에 배치하여 문장을 완성한다. 참고로, 이 문장에서 행위의 주체는 생략되었으며, 결과보어 到와 목적어 房间里了은 기타성분이다.

어휘   浪费 làngfèi 동 낭비하다   搬 bān 동 옮기다

포인트 88 被자문의 활용

p.185

1

정답   ① O   ② X

해석   ① 내 안경은 망가졌다.
     ② 문제는 나에 의해 해결되었다. (问题被我解决了。)

해설   ① 제시된 문장 我的眼镜被弄坏了。에서 被 뒤 행위의 대상은 생략될 수 있고, 주어는 말하는 사람과 듣는 사람이 모두 아는 특정한 것이다. 따라서 정답은 O이다.
     ② 被자문에서 주어는 말하는 사람과 듣는 사람이 모두 아는 특정한 것이어야 하는데, 제시된 문장 一个问题被我解决了。에서 주어 一个问题(한 문제)는 불특정한 사물이므로, 정답은 X이다. 참고로, '문제는 나에 의해 해결되었다.'는 问题被我解决了。(Wèntí bèi wǒ jiějué le.)라고 할 수 있다.

어휘   眼镜 yǎnjìng 명 안경   弄坏 nònghuài 망가지다
     解决 jiějué 동 해결하다

2

정답   ① 他没有被我弄哭。
     ② 那本词典没有被小东借走。

해석   ① 그는 나에 의해 울려졌다. (그는 나 때문에 울었다.)
     그는 나에 의해 울려지지 않았다. (그는 나 때문에 울지 않았다.)
     ② 그 사전은 샤오둥에게 빌려졌다.
     그 사전은 샤오둥에게 빌려지지 않았다.

해설   ① 被자문에서 부정부사 没有는 被 앞에 오므로, 他没有被我弄哭。(Tā méiyǒu bèi wǒ nòngkū。)가 정답이다. 조사 了는 没有와 함께 사용하지 않으므로 삭제한다.

     ② 被자문에서 부정부사 没有는 被 앞에 오므로, 那本词典没有被小东借走。(Nà běn cídiǎn méiyǒu bèi Xiǎo Dōng jièzǒu.)가 정답이다. 조사 了는 没有와 함께 사용하지 않으므로 삭제한다.

어휘   哭 kū 동 울다   词典 cídiǎn 명 사전   借 jiè 동 빌리다

3

정답   ① 漂漂亮亮   ② 一下   ③ 带走

해석   ① 그녀는 아주 예쁘게 꾸며졌다.
     ② 나는 다른 사람에게 한 번 밀렸다.
     ③ 그 고양이는 아빠에 의해 데려가졌다. (그 고양이는 아빠가 데려갔다.)

해설   ① 빈칸 앞 被打扮(~에 의해 꾸며졌다)은 '被+술어'이며, 구조조사 得가 있으므로 빈칸에는 기타성분으로 정도보어가 와야 한다. 따라서 정도보어가 될 수 있으면서, 문맥과도 어울리는 漂漂亮亮(아주 예쁘다)이 정답이다. 참고로 이 문장에서 행위의 주체는 생략되었다.
     ② 빈칸 앞 推(밀다)가 술어이므로, 빈칸에는 기타성분이 와야 한다. 따라서 기타성분이 될 수 있는 수량보어 형태이면서, 문맥과도 어울리는 一下(한 번)가 정답이다.
     ③ 빈칸 앞 被爸爸(아빠에 의해)가 '被+행위의 대상'이므로, 빈칸에는 술어가 포함된 표현이 와야 한다. 따라서 술어와 기타성분이 될 수 있는 결과보어를 포함하면서, 문맥과도 어울리는 带走(데려가다)가 정답이다.

어휘   带 dài 동 데리다   打扮 dǎban 동 꾸미다
     别人 biérén 대 다른 사람   推 tuī 동 밀다
     只 zhī 양 마리

4

정답   ① 运动会可能会被推迟。
     ② 这件事已经被他发现了。

해석   ① 운동회는 연기될 수 있다.
     ② 이 일은 이미 그에게 발견되었다.

해설   ① '被+동사' 형태의 被推迟(연기되다)을 '被+술어'로 배치한 후, 술어와 의미상 어울리는 명사 运动会(운동회)를 주어로 배치한다. 남은 어휘인 '조동사+조동사' 형태의 可能会(아마 ~할 것이다)를 被 앞에 부사어로 배치하여 문장을 완성한다.
     ② '동사+了' 형태의 发现了(발견했다)를 '술어+기타성분'으로 배치한 후, '被+대사' 형태의 被他(그에게)를 술어 앞 '被+행위의 대상'으로, '대사+양사+명사' 형태의 这件事(이 일)을 '관형어+주어' 위치에 배치한다. 남은 어휘인 부사 已经(이미)을 被 앞에 부사어로 배치하여 문장을 완성한다.

어휘   推迟 tuīchí 동 연기하다   发现 fāxiàn 동 발견하다

1

정답 ① 去, 买 ② 有, 喝 ③ 看, 生气

해석 ① 할머니는 시장에 가서 야채를 산다.
② 나는 커피를 마실 시간이 있다.
③ 엄마는 내 성적을 보고 화가 났다.

어휘 市场 shìchǎng 몡 시장 成绩 chéngjì 몡 성적

2

정답 ① X ② O ③ X

해석 ① 그는 우리를 데리고 학교를 견학했다. (他带我们参观学校。)
② 친구는 밥을 먹으러 우리집에 온다.
③ 연필로 써 보세요. (你用铅笔写一下。)

해설 ① 제시된 문장 他参观学校带我们。에서 첫 번째 술어 参观(견학하다)이 두 번째 술어 带(데리다) 이후에 발생하는 것이 자연스러우므로, 정답은 X이다. 참고로, '그는 우리를 데리고 학교를 견학했다.'는 他带我们参观学校。(Tā dài wǒmen cānguān xuéxiào.)이다.
② 제시된 문장 朋友来我家吃饭。에서 두 번째 술어 吃(먹다)이 첫 번째 술어 来(오다)의 목적을 나타내므로, 정답은 O이다.
③ 제시된 문장 你写一下用铅笔。에서 用(사용하다)은 写(쓰다)의 수단을 나타내므로, 用이 첫 번째 술어가 되고, 写가 두 번째 술어가 되어야 한다. 따라서 정답은 X이다. 참고로, '연필로 써 보세요.'는 你用铅笔写一下。(Nǐ yòng qiānbǐ xiě yí xià.)이다.

어휘 参观 cānguān 동 견학하다 带 dài 동 데리다

3

정답 ① 我坐公共汽车去学校。
② 我没有时间睡觉。
③ 他们会来北京参加会议。

해석 ① 나는 버스를 타고 학교에 간다.
② 나는 잠을 잘 시간이 없다.
③ 그들은 베이징에 와서 회의에 참가할 것이다.

해설 ① 동사 去(가다)와 坐(타다)가 술어가 될 수 있는데, 坐公共汽车(버스를 타다)는 去学校(학교에 가다)의 수단을 나타내므로 坐公共汽车를 '술어1+목적어1'로, 去学校를 '술어2+목적어2'로 배치한다. 남은 어휘인 대사 我(나)를 주어로 배치하여 문장을 완성한다.
② 동사 没有(없다)와 睡觉(잠을 자다)가 술어가 될 수 있는데, 술어1로 没有가 오면 '~할 ~이 없다'라는 연동문을 만들 수 있으므로, 没有를 술어1로, 명사 时间(시간)을 목적어로, 睡觉를 술어2로 배치한다. 남은 어휘인 대사 我(나)를 주어로 배치하여 문장을 완성한다.

③ 동사 来(오다)와 参加(참가하다)가 술어가 될 수 있는데, 문맥상 参加는 来의 목적을 나타내므로 来北京(베이징에 오다)을 '술어1+목적어1'로, 参加(참가하다)를 술어2로 배치한다. 남은 어휘인 명사 会议(회의)는 술어2의 목적어로, '대사+조동사' 형태의 他们会(그들은 ~할 것이다)를 '주어+부사어'로 배치하여 문장을 완성한다.

어휘 会议 huìyì 몡 회의 参加 cānjiā 동 참가하다

1

정답 ① O ② X ③ X

해석 ① 나는 판다를 보러 동물원에 간다.
② 내가 다 말하고 나서, 모두들 웃었다. (我说完，大家笑起来了。)
③ 나는 앉아서 쉬지 않았다. (我没有坐着休息。/我没坐着休息。)

해설 ① 제시된 문장 我去动物园看熊猫。에서 두 번째 술어 看(보다)는 첫 번째 술어 去(가다)의 목적을 나타내므로 정답은 O이다.
② 제시된 문장 我说完大家笑起来了。에서 주어가 我(나)와 大家(모두들) 2개이므로 정답은 X이다. 참고로, 이 문장은 大家(모두들) 앞에 콤마(,)를 삽입하여 앞, 뒤 구절로 나눠야 옳은 문장이 된다.
③ 제시된 문장 我坐着没有休息。에서 부정부사 没有는 첫 번째 술어 앞에 와야 하므로 정답은 X이다. 참고로, '나는 앉아서 쉬지 않았다.'는 我没有坐着休息。(Wǒ méiyǒu zuòzhe xiūxi.) 또는 我没坐着休息。(Wǒ méi zuòzhe xiūxi.)이다.

어휘 动物园 dòngwùyuán 몡 동물원
熊猫 xióngmāo 몡 판다

2

정답 ① C ② B ③ B

해석 ① 나는 휴대폰으로 사진을 찍었다.
② 나는 상하이에 가서 음악회를 본 적이 있다.
③ 서서 말하지 마세요.

해설 ① 수단을 나타내는 연동문에서 동태조사 了는 두 번째 술어 뒤에 오므로, 두 번째 술어 拍照(사진을 찍다) 뒤인 C가 정답이다.
② 목적을 나타내는 연동문에서 동태조사 过는 두 번째 술어 뒤에 오므로, 두 번째 술어 看(보다) 뒤인 B가 정답이다.
③ 연동문에서 동태조사 着는 첫 번째 술어 뒤에 오므로, 첫 번째 술어 站(서다) 뒤인 B가 정답이다.

어휘 用 yòng 동 사용하다 站 zhàn 동 서다

3

정답   ① 小东用电脑画过画儿。
        ② 他们正在笑着聊天。
        ③ 我想去中国旅游。

해석   ① 샤오둥은 컴퓨터로 그림을 그린 적이 있다.
        ② 그들은 웃으면서 이야기하는 중이다.
        ③ 나는 중국에 여행하러 가고 싶다.

해설   ① 동사 用(사용하다)과 画(그리다)가 술어가 될 수 있는데, 문맥상 用电脑(컴퓨터를 사용하다)는 画의 수단/방식을 나타내므로 用电脑를 '술어1+목적어1'로, 画过画儿(그림을 그린 적이 있다)를 '술어2+목적어2'로 배치한다. 남은 어휘인 명사 小东(샤오둥)을 주어로 배치하여 문장을 완성한다.
        ② 동사 聊天(이야기하다)과 笑(웃다)가 술어가 될 수 있는데, 연동문에서 동태조사 着는 첫 번째 술어 뒤에 오므로 笑着를 술어1 위치에, 聊天을 술어2로 배치한다. 남은 어휘인 대사 他们(그들)을 주어로 배치하고, 부사 正在(~하는 중이다)를 술어1 앞 부사어로 배치하여 문장을 완성한다.
        ③ 동사 去(가다)와 旅游(여행하다)가 술어가 될 수 있는데, 문맥상 旅游는 去中国(중국에 가다)의 목적을 나타내므로 去中国을 '술어1+목적어1'로, 旅游를 술어2로 배치한다. 남은 어휘인 대사 我(나)를 주어로, 조동사 想(~하고 싶다)을 술어1 앞 부사어로 배치하여 문장을 완성한다.

어휘   画 huà [동] (그림을) 그리다 [명] 그림
        聊天 liáotiān [동] 이야기하다

포인트 91   사역, 요청을 나타내는 겸어문   p.191

1

정답   ① 我   ② 外人   ③ 你

해석   ① 그들은 나에게 오후에 다시 오라고 했다.
        ② 우리 회사는 외부인이 들어오는 것을 금지한다.
        ③ 장 선생님이 당신에게 그녀의 사무실로 오라고 했어요.

어휘   禁止 jìnzhǐ [동] 금지하다   外人 wàirén [명] 외부인
        办公室 bàngōngshì [명] 사무실

2

정답   ① 允许   ② 使   ③ 请

해석   ① 나는 당신이 이렇게 하는 것을 허락하지 않는다.
        ② 이 일은 모두를 슬프게 했다.
        ③ 여기에 이름을 써주세요.

어휘   允许 yǔnxǔ [동] 허락하다   难过 nánguò [형] 슬프다

3

정답   ① 结果令小东很满意。
        ② 我建议你重新考虑。

③ 经理要求我们整理资料。

해석   ① 결과는 샤오둥을 만족하게 했다.
        ② 저는 당신에게 다시 고려해볼 것을 제안합니다.
        ③ 매니저는 우리에게 자료를 정리하라고 요구했다.

해설   ① 제시된 어휘 중 사역동사 令이 있으므로 겸어문을 완성한다. 令이 있는 '동사+명사' 형태의 令小东(샤오둥을 ~하게 하다)을 '술어1+겸어' 위치에 배치한 후, '부사+동사' 형태의 很满意(만족하다)를 '부사어+술어2'로 배치한다. 남은 어휘인 명사 结果(결과)를 주어1로 배치하여 문장을 완성한다.
        ② 제시된 어휘 중 요청동사 建议가 있으므로 겸어문을 완성한다. 建议가 있는 '동사+대사' 형태의 建议你(당신에게 제안하다)를 '술어1+겸어' 위치에 배치한 후, '부사+동사' 형태의 重新考虑(다시 고려하다)를 '부사어+술어2'로 배치한다. 남은 어휘인 대사 我(나)를 주어1로 배치하여 문장을 완성한다.
        ③ 제시된 어휘 중 요청동사 要求가 있으므로 겸어문을 완성한다. 要求가 있는 '동사+대사' 형태의 要求我们(우리에게 요구하다)을 '술어1+겸어' 위치에, '동사+명사' 형태의 整理资料(자료를 정리하다)를 '술어2+목적어2'로 배치한다. 남은 어휘인 명사 经理(매니저)를 주어1로 배치하여 문장을 완성한다.

어휘   满意 mǎnyì [동] 만족하다   结果 jiéguǒ [명] 결과
        重新 chóngxīn [부] 다시   考虑 kǎolǜ [동] 고려하다
        整理 zhěnglǐ [동] 정리하다   资料 zīliào [명] 자료
        经理 jīnglǐ [명] 매니저

포인트 92   호칭, 인정을 나타내는 겸어문과 有 겸어문   p.193

1

정답   ① A   ② B   ③ A

해석   ① 사람들은 이런 요리를 '오리구이'라고 부른다.
        ② 동료들은 나를 책임자로 뽑았다.
        ③ 나는 장밍이라는 친구가 있다.

해설   ① 동사 叫는 호칭의 의미를 나타내는 겸어문에서 첫 번째 술어로 쓰이므로, 겸어 这道菜(이 요리) 앞인 A가 정답이다.
        ② 동사 选은 인정의 의미를 나타내는 겸어문에서 첫 번째 술어로 쓰이므로, 겸어 我(나) 앞인 B가 정답이다.
        ③ 동사 有는 有 겸어문에서 첫 번째 술어로 쓰이며, 겸어 뒤에 오는 '술어2+목적어2'인 叫张明(장밍이라고 부른다)은 겸어가 어떤 사람인지 묘사하므로, 겸어 一个朋友(한 친구) 앞인 A가 정답이다.

어휘   烤鸭 kǎoyā [명] 오리구이   同事 tóngshì [명] 동료
        当 dāng [동] ~로 삼다   负责人 fùzérén [명] 책임자

2

정답   ① 认   ② 称   ③ 有

해석	① 장 교수는 나를 그의 학생으로 삼았다. ② 사람들은 그를 '중국 영화의 아버지'라고 부른다. ③ 우리 회사에 있는 몇 명의 사람은 외국인이다.
어휘	教授 jiàoshòu 명 교수　外国人 wàiguórén 명 외국인

3

정답	① 大家选老王当校长。 ② 人们称这种鸟为"森林医生"。 ③ 这里有几张画儿是我画的。
해석	① 모두들 라오왕을 교장으로 뽑았다. ② 사람들은 이런 종류의 새를 '숲속 의사'라고 부른다. ③ 여기에 있는 그림 몇 장은 내가 그린 것이다.
해설	① 동사 选(뽑다)과 当(~로 삼다)이 술어가 될 수 있는데, 选은 인정의 의미를 나타내는 겸어문에서 첫 번째 술어로 쓰이므로 选老王(라오왕을 뽑다)을 '술어1+목적어1'로, 当校长(교장으로 삼다)을 '술어2+목적어2'로 배치한다. 남은 어휘인 대사 大家(모두)를 주어로 배치하여 문장을 완성한다. 참고로, 명사 老王(라오왕)은 술어1 选의 목적어이자 술어2 当의 주어가 되는 겸어이다. ② 동사 为(~로 삼다)와 称(~라고 부르다)이 술어가 될 수 있는데, 称은 호칭의 의미를 나타내는 겸어문에서 첫 번째 술어로 쓰이므로 人们称을 '주어1+술어1'로, 这种鸟为(이런 새를 ~로 삼다)를 '주어2+술어2'로 배치한다. 남은 어휘인 "森林医生"(숲속 의사)을 술어2의 목적어로 배치하여 문장을 완성한다. 참고로, 这种鸟(이런 종류의 새)는 술어1 称의 목적어이자 술어2 为의 주어가 되는 겸어이다. ③ 동사 是(~이다)과 有(~이 있다)가 술어가 될 수 있는데, 有는 有 겸어문에서 첫 번째 술어로 쓰이므로 这里有(여기에 있다)를 '주어1+술어1'로, 是我画的를 '술어2+목적어'로 배치한다. 남은 어휘인 几张画儿(그림 몇 장)을 술어1 有의 목적어이자 술어2 是의 주어인 겸어로 배치하여 문장을 완성한다.
어휘	校长 xiàozhǎng 명 교장　鸟 niǎo 명 새 森林 sēnlín 명 숲　画 huà 동 (그림을) 그리다 명 그림

포인트 93　겸어문의 쓰임과 활용　p.195

1

정답	① A　② C
해석	① 그는 나에게 이렇게 하길 요구하지 않았다. ② 엄마는 나에게 휴대폰을 가지고 놀지 말라고 했다.
해설	① 겸어문에서 부정부사 没有는 첫 번째 술어 앞에 오므로, 要求(요구하다) 앞인 A가 정답이다. ② 겸어문에서 금지를 나타내는 别는 두 번째 술어 앞에 오므로, 玩(놀다) 앞인 C가 정답이다.
어휘	要求 yāoqiú 동 요구하다

2

정답	① X　② O　③ O　④ X
해석	① 그는 나에게 한 가지 일을 깨닫게 했다. (他使我明白了一件事。) ② 제가 생각 좀 하게 해주세요. ③ 그에게 들어오라고 하세요. ④ 당신의 일이 순조롭길 바랍니다! (祝你工作顺利！)
해설	① 제시된 문장 他使我明白了一件事。은 사역동사 使이 쓰인 겸어문이다. 使이 쓰인 겸어문에서 첫 번째 술어 뒤에는 일반적으로 동태조사 了를 사용할 수 없으므로, 정답은 X이다. 참고로, '그는 나에게 한 가지 일을 깨닫게 했다.'는 他使我明白了一件事。(Tā shǐ wǒ míngbáile yí jiàn shì.)이다. ② 제시된 문장 你让我考虑考虑。는 사역동사 让이 쓰인 겸어문이다. 让이 쓰인 겸어문에서 마지막으로 나오는 술어는 중첩할 수 있으므로, 정답은 O이다. ③ 제시된 문장 让他进来。는 사역동사 让이 쓰인 겸어문이다. 让이 쓰인 겸어문에서 첫 번째 주어를 생략할 수 있으므로, 정답은 O이다. ④ 제시된 문장 你祝工作顺利!는 동사 祝가 쓰인 겸어문이다. 동사 祝가 쓰인 겸어문은 祝가 첫 번째 술어로 쓰이고, 보통 첫 번째 주어를 생략한다. 따라서 정답은 X이다. 참고로, '당신의 일이 순조롭길 바랍니다!'는 祝你工作顺利！(Zhù nǐ gōngzuò shùnlì!)이다.
어휘	明白 míngbai 동 깨닫다, 알다　考虑 kǎolǜ 동 생각하다 祝 zhù 동 바라다, 축하하다　顺利 shùnlì 형 순조롭다

3

정답	① 麻烦你过来一下。 ② 他没有让大家失望。 ③ 祝你旅行愉快。
해석	① 번거롭겠지만 잠시 와주세요. ② 그는 모두를 실망시키지 않았다. ③ 여행이 즐겁길 바랍니다.
해설	① 동사 过来(오다)와 麻烦(번거롭게 하다)이 술어가 될 수 있는데, 麻烦은 주어를 생략하여 겸어문에서 자주 쓰이는 동사이므로, 麻烦을 술어1로, 过来一下(잠시 와주세요)를 술어2 위치에 배치한다. 남은 어휘인 대사 你(당신)를 술어1의 목적어이자 술어2의 주어인 겸어로 배치하여 문장을 완성한다. ② 제시된 어휘 중 사역동사 让이 있으므로 겸어문을 완성한다. '让+대사' 형태의 让大家(모두를 ~하게 하다)를 '술어1+겸어' 위치에 배치한 후, 동사 失望(실망하다)을 술어2로, 술어1과 의미상 어울리는 대사 他(그)를 주어로 배치한다. 남은 어휘인 부사 没有(~않다)를 술어1 앞 부사어로 배치하여 문장을 완성한다. ③ 형용사 愉快(즐겁다)와 동사 祝(바라다), 旅行(여행하다)이 술어가 될 수 있는데, 祝는 주어를 생략하여 겸어문에서 자주 쓰이는 동사이므로, 祝를 술어1로 먼저 배치한 후, 술어와 의미상 어울리는 대사 你(당신)를 겸어로 배치한다. 남은 어휘인 형용사 愉快와 동사 旅行(여행하다)은 旅

行愉快(여행이 즐겁다)라는 주술구로 연결한 후, 술어2로
배치하여 문장을 완성한다.

어휘 麻烦 máfan 图 번거롭다   失望 shīwàng 图 실망하다
愉快 yúkuài 图 즐겁다   祝 zhù 图 바라다, 축하하다
旅行 lǚxíng 图 여행하다

포인트 94 比자문의 쓰임
p.197

1

정답 ① B   ② A

해석 ① 바나나는 수박보다 달다.
② 이 옷은 저것보다 예쁘다.

해설 ① 比는 주어와 비교대상 사이에 오므로, 주어 香蕉(바나나)
뒤, 비교대상 西瓜(수박) 앞인 B가 정답이다.
② 比는 주어와 비교대상 사이에 오므로, 주어 这件衣服(이
옷) 뒤, 비교대상 那件(저것) 앞인 A가 정답이다.

어휘 香蕉 xiāngjiāo 图 바나나   甜 tián 图 달다

2

정답 ① 那个比这个便宜。
② 面条比米饭好吃。
③ 今年比去年热。

어휘 便宜 piányi 图 (값이) 싸다   面条 miàntiáo 图 국수
好吃 hǎochī 图 맛있다   今年 jīnnián 图 올해
去年 qùnián 图 작년

3

정답 ① 这个题比那个题简单。
② 小东比我聪明。
③ 我的手比你的小。

해석 ① 이 문제는 그 문제보다 간단하다.
② 샤오둥은 나보다 똑똑하다.
③ 내 손은 당신 것보다 작다.

해설 ① 형용사 简单(간단하다)을 술어로 배치한 후, 比가 포함
된 这个题比(이 문제는 ~보다)를 '주어+比'으로, 那个题(
그 문제)를 비교대상으로 배치하여 문장을 완성한다.
② 형용사 聪明(똑똑하다)을 술어로 배치한 후, 比가 포함된
比我(나보다)를 '比+비교대상'으로, 小东(샤오둥)을 주어
로 배치하여 문장을 완성한다.
③ 형용사 小(작다)를 술어로 배치한 후, 比가 포함된 比你的
(당신 것보다)를 '比+비교대상'으로, 我的手(내 손)를 '관형
어+주어'로 배치하여 문장을 완성한다.

어휘 简单 jiǎndān 图 간단하다   聪明 cōngming 图 똑똑하다

포인트 95 比자문의 활용
p.199

1

정답 ① 里面没有外面冷。
② 妈妈没有李阿姨年轻。

해석 ① 안은 밖보다 춥다.   안은 밖만큼 춥지 않다.
② 엄마는 리 아주머니보다 젊다.   엄마는 리 아주머니만큼
젊지 않다.

해설 ① 比자문의 부정문은 比 대신 没有를 사용하므로, 里面没
有外面冷。이 정답이다.
② 比자문의 부정문은 比 대신 没有를 사용하므로, 妈妈没
有李阿姨年轻。이 정답이다.

어휘 阿姨 āyí 图 아주머니   年轻 niánqīng 图 젊다

2

정답 ① C   ② C   ③ C

해석 ① 이 생선은 저 생선보다 더 신선하다.
② 이 책은 저 책보다 더 두껍다.
③ 그의 방은 내 것보다 조금 더 크다.

해설 ① 부사 更은 比자문의 술어 앞에 와서 정도가 심함을 나타
내므로, 술어 新鲜(신선하다) 앞인 C가 정답이다.
② 부사 还는 比자문의 술어 앞에 와서 정도가 심함을 나타
내므로, 술어 厚(두껍다) 앞인 C가 정답이다.
③ 부사 一点儿은 比자문의 술어 뒤에 와서 차이의 정도가
낮음을 나타내므로, 술어 大(크다) 뒤인 C가 정답이다.

어휘 条 tiáo 图 [가늘고 긴 것을 세는 단위]
新鲜 xīnxiān 图 신선하다   厚 hòu 图 두껍다

3

정답 ① X   ② X

해석 ① 이 나무는 저 나무보다 더 작다. (这棵树比那棵树更矮。)
② 이번 시험은 지난번 시험보다 더 간단하다. (这次考试比
上次考试更简单。)

해설 ① 제시된 문장 这棵树比那棵树非常矮。에서 부사 非常
(아주)은 비교의 의미가 없는 부사로 比자문에 사용할 수
없으므로, 정답은 X이다. 참고로, 이 문장에서 정도가 심
함을 나타내고 싶다면 부사 更을 사용해서 这棵树比那
棵树更矮。(이 나무는 저 나무보다 더 작다.)라고 할 수 있
다.
② 제시된 문장 这次考试比上次考试太简单。에서 부사
太(너무)는 비교의 의미가 없는 부사로 比자문에 사용할
수 없으므로, 정답은 X이다. 참고로, 이 문장에서 정도가
심함을 나타내고 싶다면 부사 更을 사용해서 这次考试
比上次考试更简单。(이번 시험은 지난번 시험보다 더 간
단하다.)이라고 할 수 있다.

어휘 棵 kē 图 그루   树 shù 图 나무   矮 ǎi 图 (키가) 작다
简单 jiǎndān 图 간단하다

4

정답 ① 图书馆比家里更安静。
② 他的箱子比我的重很多。

해석 ① 도서관은 집 안보다 더 조용하다.
② 그의 상자는 내 것보다 훨씬 무겁다.

해설 ① 형용사 安静(조용하다)을 술어로 배치한 후, 比가 포함된 比家里(집 안보다)를 '比+비교대상'으로, 명사 图书馆(도서관)을 주어로 배치한다. 남은 어휘인 부사 更(더)을 술어 앞 부사어로 배치하여 문장을 완성한다.
② 형용사 重(무겁다)을 술어로 배치한 후, 比가 포함된 比我的(내 것보다)를 '比+비교대상'으로, 他的箱子(그의 상자)를 '관형어+주어'로 배치한다. 남은 어휘인 很多(훨씬)를 술어 뒤 보어로 배치하여 문장을 완성한다.

어휘 图书馆 túshūguǎn 몡 도서관   安静 ānjìng 혱 조용하다
重 zhòng 혱 무겁다

포인트 96 기타 비교문
p.201

1

정답 ① B   ② A   ③ A

해석 ① 나는 당신과 똑같이 운동을 좋아한다.
② 이 나무들은 집만큼 그렇게 높다.
③ 이 거리는 예전만큼 번화하지 못하다.

해설 ① 一样은 跟…一样的 형태로 '(주어)가 (비교대상)과 똑같이 ~하다'라는 뜻을 나타낼 수 있으므로, 我跟你(나는 당신과) 뒤, 喜欢运动(운동을 좋아하다) 앞인 B가 정답이다.
② 有는 주어 뒤, 비교대상 앞에서 '(주어)가 (비교대상)만큼 (그렇게) ~하다'라는 뜻을 나타낼 수 있으므로, 这些树(이 나무들) 뒤, 房子(집) 앞인 A가 정답이다.
③ 不如는 주어 뒤, 비교대상 앞에서 '(주어)가 (비교대상)만 못하다'라는 뜻을 나타낼 수 있으므로, 这条街(이 거리) 뒤, 以前(예전) 앞인 A가 정답이다.

어휘 房子 fángzi 몡 집   以前 yǐqián 몡 예전
热闹 rènao 혱 번화하다

2

정답 ① B   ② A   ③ B

해석 ① 그녀는 언니만큼 그렇게 말랐다. - 그녀는 언니만큼 그렇게 마르지 않았다.
② 그는 나처럼 이렇게 바쁘다. - 그는 나처럼 이렇게 바쁘지 않다.
③ 내 취미는 당신과 같다. - 내 취미는 당신과 같지 않다.

해설 ① 有 비교문의 부정문은 비교대상 앞에 没有를 붙이므로, B 她没有姐姐那么瘦。가 정답이다.
② 像 비교문의 부정문은 像 앞에 不를 붙이므로, A 他不像我这么忙。이 정답이다.

③ 和…一样 비교문의 부정문은 一样 앞에 不를 붙이므로, B 我的爱好和你的不一样。이 정답이다.

어휘 瘦 shòu 혱 마르다   爱好 àihào 몡 취미

3

정답 ① 茶不如咖啡好喝。
② 椅子没有沙发舒服。
③ 情况不像以前那么严重。

해석 ① 차는 커피만큼 맛있지 않다.
② 의자는 소파만큼 편안하지 않다.
③ 상황은 예전처럼 그렇게 심각하지 않다.

해설 ① 제시된 어휘 중 不如(~만 못하다)가 있으므로, 不如 비교문을 완성한다. 好喝(맛있다)를 술어 위치에 배치한 후, 不如가 포함된 茶不如(차는 ~만 못하다)를 '주어+不如'로, 명사 咖啡(커피)를 비교대상으로 배치하여 문장을 완성한다.
② 제시된 어휘 중 没有가 있으므로, 有 비교문을 완성한다. '명사+형용사' 형태의 沙发舒服(소파가 편안하다)를 '비교대상+술어' 위치에 배치한 후, 명사 椅子(의자)를 주어로 배치한다. 남은 어휘인 没有를 비교대상 앞에 배치하여 문장을 완성한다.
③ 제시된 어휘 중 不像(~처럼 ~하지 않다)이 있으므로, 像 비교문을 완성한다. 형용사가 포함된 那么严重(그렇게 심각하다)을 술어 위치에 배치한 후, 不像이 포함된 不像以前(예전처럼 ~하지 않다)을 '不像+비교대상'으로, 명사 情况(상황)을 주어로 배치하여 문장을 완성한다.

어휘 沙发 shāfā 몡 소파   舒服 shūfu 혱 편안하다
严重 yánzhòng 혱 심각하다   情况 qíngkuàng 몡 상황

포인트 97 是…的 강조구문의 쓰임
p.203

1

정답 ① A   ② B

해석 ① 나는 어제 이 소식을 들었다.
② 그들은 기차를 타고 바닷가에 갔다.

해설 ① 是…的 강조구문에서 是 바로 뒤에 강조내용이 나오므로, 강조내용 昨天(어제) 앞인 A가 정답이다. 참고로 이 문장은 시간을 강조하는 是…的 강조구문이다.
② 是…的 강조구문에서 是 바로 뒤에 강조내용이 나오므로, 강조내용 坐火车(기차를 타다) 앞인 B가 정답이다. 참고로 이 문장은 방식을 강조하는 是…的 강조구문이다.

어휘 消息 xiāoxi 몡 소식

2

정답 ① 弟弟是去年毕业的。
② 我们是在公园见面的。
③ 他是坐出租车过来的。

| 해석 | ① 남동생은 작년에 졸업했다.
② 우리는 공원에서 만났다.
③ 그는 택시를 타고 왔다. |

해설 ① 是…的 강조구문은 是 바로 뒤에 강조내용이 나오므로, 밑줄 친 부분 去年(작년) 앞에 是을 추가하고, 문장 끝에 的를 붙이면 된다. 따라서 弟弟是去年毕业的。(Dìdi shì qùnián bìyè de.)가 정답이다. 참고로 是…的 강조구문은 이미 발생한 일을 강조하는 문장이므로, 조사 了를 붙이지 않아도 된다.

② 是…的 강조구문은 是 바로 뒤에 강조내용이 나오므로, 밑줄 친 부분 在公园(공원에서) 앞에 是을 추가하고, 문장 끝에 的를 붙이면 된다. 따라서 我们是在公园见面的。(Wǒmen shì zài gōngyuán jiànmiàn de.)가 정답이다.

③ 是…的 강조구문은 是 바로 뒤에 강조내용이 나오므로, 밑줄 친 부분 坐出租车(택시를 타다) 앞에 是을 추가하고, 문장 끝에 的를 붙이면 된다. 따라서 他是坐出租车过来的。(Tā shì zuò chūzūchē guòlai de.)가 정답이다.

어휘 毕业 bìyè 동 졸업하다　公园 gōngyuán 명 공원
见面 jiànmiàn 동 만나다

3

정답 ① 那个电话是小东打来的。
② 这个蛋糕是给你买的。
③ 这些字是用铅笔写的。

해석 ① 그 전화는 샤오둥이 걸어왔다.
② 이 케이크는 당신에게 사주는 것이다.
③ 이 글자들은 연필로 썼다.

해설 ① 제시된 어휘 중 是과 的가 있으므로, 是…的 강조구문을 완성한다. 是이 포함된 是小东(샤오둥이)을 '是+강조내용'으로 배치하고, 뒤에 打来的(걸어오다)를 '술어+的'로 배치한다. 남은 어휘인 '대사+명사' 형태의 那个电话(그 전화)를 '관형어+주어'로 배치하여 문장을 완성한다. 참고로 이 문장은 小东이라는 대상을 강조한 是…的 강조구문이다.

② 제시된 어휘 중 是과 的가 있으므로, 是…的 강조구문을 완성한다. 동사가 포함된 给你买(당신에게 사주다)를 是과 的 사이에 '강조내용+술어'로 배치한 후, 남은 어휘인 '대사+명사' 형태의 这个蛋糕(이 케이크)를 '관형어+주어'로 배치하여 문장을 완성한다. 참고로 이 문장은 你라는 대상을 강조한 是…的 강조구문이다.

③ 제시된 어휘 중 是과 的가 있으므로, 是…的 강조구문을 완성한다. '동사+的' 형태의 写的(쓰다)를 '술어+的'로 배치하고, 앞에 是을 배치한다. '동사+명사' 형태의 用铅笔(연필로)를 是 바로 뒤에 강조내용으로 배치한다. 남은 어휘인 '대사+명사' 형태의 这些字(이 글자들)를 '관형어+주어'로 배치하여 문장을 완성한다. 참고로 이 문장은 铅笔라는 도구를 강조한 是…的 강조구문이다.

어휘 蛋糕 dàngāo 명 케이크　用 yòng 동 사용하다

포인트
98 是…的 강조구문의 활용　p.205

1

정답 ① B　② A

해석 ① 이 등은 종이로 만들었다. - 이 등은 종이로 만든 것이 아니다.
② 나는 가족들과 여행을 갔다. - 나는 가족들과 여행을 간 것이 아니다.

해설 ① 是…的 강조구문의 부정문은 是 앞에 不를 붙이므로, B 这个灯不是用纸做的。가 정답이다.
② 是…的 강조구문의 부정문은 是 앞에 不를 붙이므로, A 我不是跟家人去旅行的。가 정답이다.

어휘 灯 dēng 명 등　家人 jiārén 명 가족
旅行 lǚxíng 동 여행하다

2

정답 ① 小王是开车来的吗？　小王是不是开车来的？
② 她是在教室学习的吗？　她是不是在教室学习的？

해석 ① 샤오왕은 차를 운전해서 왔다.　샤오왕은 차를 운전해서 왔나요?
② 그녀는 교실에서 공부한다.　그녀는 교실에서 공부하나요?

해설 ① 제시된 문장 小王是开车来的。끝에 조사 吗를 붙여 吗 의문문을 만들 수 있다. 따라서 첫 번째 빈칸은 小王是开车来的吗？가 정답이다. 제시된 문장에서 是 뒤에 부정형 不是을 나란히 써서 정반의문문을 만들 수 있다. 따라서 두 번째 빈칸은 小王是不是开车来的？가 정답이다.

② 제시된 문장 她是在教室学习的。끝에 조사 吗를 붙여 吗 의문문을 만들 수 있다. 따라서 첫 번째 빈칸은 她是在教室学习的吗？가 정답이다. 제시된 문장에서 是 뒤에 부정형 不是을 나란히 써서 정반의문문을 만들 수 있다. 따라서 두 번째 빈칸은 她是不是在教室学习的？가 정답이다.

어휘 开车 kāi chē 차를 운전하다　教室 jiàoshì 명 교실

3

정답 ① O　② X

해석 ① 그들은 오후에 돌아갔다.
② 이 제안은 매니저가 낸 것이 아니다. (这个建议不是经理提出来的。)

해설 ① 제시된 문장 他们下午回去的。는 是…的 강조구문이다. 是…的 강조구문에서 是은 생략할 수 있으므로, 정답은 O이다.

② 是…的 강조구문의 부정문에서는 是을 생략할 수 없으므로, 정답은 X이다. 참고로, '이 제안은 매니저가 낸 것이 아니다.'는 这个建议不是经理提出来的。(Zhège jiànyì bú shì jīnglǐ tí chūlai de.)이다.

| 어휘 | 建议 jiànyì 몡 제안　经理 jīnglǐ 몡 매니저
提 tí 통 (생각이나 의견 등을) 내다 |

4

| 정답 | ① 你是什么时候走的?
② 这一定是他做的。
③ 这些都是为你准备的。 |

| 해석 | ① 당신은 언제 갔나요?
② 이것은 분명히 그가 한 것이다.
③ 이것들은 모두 당신을 위해 준비했어요. |

| 해설 | ① 제시된 어휘 중 是과 的가 있으므로, 是…的 강조구문을
완성한다. '동사+的' 형태의 走的(가다)를 '술어+的'로 배
치하고, 앞에 是을 배치한다. 의문대사 什么时候(언제)를
是 바로 뒤에 강조내용으로 배치한다. 남은 어휘인 대사
你(당신)를 주어로 배치하여 문장을 완성한다. 의문대사
什么时候는 의문문을 만드는 역할을 하므로 문장 끝에
물음표를 써야 한다.
② 제시된 어휘 중 是과 的가 있으므로, 是…的 강조구문
을 완성한다. '대사+동사+的' 형태의 他做的(그가 하다)를
'강조내용+술어+的'로 배치하고, 앞에 是을 배치한다. 부
사 一定(분명히)를 是 바로 앞 부사어로 배치한다. 남은 어
휘인 대사 这(이것)를 주어로 배치하여 문장을 완성한다.
③ 제시된 어휘 중 是과 的가 있으므로, 是…的 강조구문
을 완성한다. 是가 포함된 '부사+是' 형태의 都是(모두 ~
이다)을 '부사어+是'로 배치한 후, 为你准备(당신을 위해
준비하다)를 '강조내용+술어'로 都是과의 사이에 배치한
다. 남은 어휘인 这些(이것들)를 주어로 배치하여 문장을
완성한다. |

| 어휘 | 一定 yídìng 뷔 분명히, 반드시　为 wèi 개 ~을 위해 |

포인트 99 강조내용이 없는 是…的 구문

p.207

1

| 정답 | ① B　② B |

| 해석 | ① 그는 나를 이해한다.
② 사실 그녀는 매우 두렵다. |

| 해설 | ① 강조내용이 없는 是…的 구문에서 是과 的 사이에 동사
술어가 오므로, 동사 理解(이해하다) 앞인 B가 정답이다.
② 강조내용이 없는 是…的 구문에서 是과 的 사이에 동사
술어가 오므로, '부사+동사' 형태의 很害怕(매우 두려워하
다) 앞인 B가 정답이다. |

| 어휘 | 理解 lǐjiě 통 이해하다　其实 qíshí 뷔 사실
害怕 hàipà 통 두려워하다 |

2

| 정답 | ① 我是不同意这个意见的。
② 她的学习态度是不好的。 |

| | ③ 他肯定是不会去的。 |

| 해석 | ① 나는 이 의견에 동의한다.　나는 이 의견에 동의하지 않
는다.
② 그녀의 학습 태도는 좋다.　그녀의 학습 태도는 좋지
않다.
③ 그는 분명히 갈 것이다.　그는 분명히 가지 않을 것이다. |

| 해설 | ① 강조내용이 없는 是…的 구문의 부정문은 是과 的 사이
에 不를 넣어 是과 的 사이의 내용을 부정하므로, 我是不
同意这个意见的。가 정답이다.
② 강조내용이 없는 是…的 구문의 부정문은 是과 的 사이
에 不를 넣어 是과 的 사이의 내용을 부정하므로, 她的学
习态度是不好的。가 정답이다.
③ 강조내용이 없는 是…的 구문의 부정문은 是과 的 사이
에 不를 넣어 是과 的 사이의 내용을 부정하므로, 他肯定
是不会去的。가 정답이다. |

| 어휘 | 同意 tóngyì 통 동의하다　意见 yìjiàn 몡 의견
态度 tàidu 몡 태도　肯定 kěndìng 뷔 분명히 |

3

| 정답 | ① 我是来帮你的。
② 他是做不了这种事的。
③ 他说的话也是对的。 |

| 해석 | ① 저는 당신을 도우러 왔어요.
② 그는 이런 일을 하지 못한다.
③ 그가 한 말도 맞다. |

| 해설 | ① 제시된 어휘 중 是과 的가 있으므로, 是…的 구문을 완
성해야 한다. '대사+是' 형태의 我是(나는)을 '주어+是'으
로, '대사+的'인 你的(당신)를 '목적어+的'로 배치한다. 남
은 어휘인 '동사+동사' 형태의 来帮(돕다)을 술어로 배치
하여 문장을 완성한다. 참고로, 여기에서 是…的 구문은
설명의 어기를 나타낸다.
② 제시된 어휘 중 是과 的가 있으므로, 是…的 구문을 완
성해야 한다. '대사+是' 형태의 他是(그는)을 '주어+是'로,
这种事的(이런 일)를 '목적어+的'로 배치한다. 남은 어휘
인 做不了(하지 못하다)를 '술어+가능보어'로 배치하여 문
장을 완성한다.
③ 제시된 어휘 중 是과 的가 있으므로, 是…的 구문을 완성
해야 한다. '부사+是' 형태의 也是(~도)을 '부사어+是'로,
'형용사+的'인 对的(맞다)를 '술어+的'로 배치한다. 남은
어휘인 他说的话(그가 한 말)를 '관형어+주어'로 배치하
여 문장을 완성한다. |

| 어휘 | 帮 bāng 통 돕다 |